同济·法哲学文库

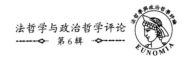

法哲学与政治哲学评论
第 6 辑
EUNOMIA

魏玛国家学

吴 彦 主编

商务印书馆
The Commercial Press
创于1897

目 录

资料

书评

主题论文

民主的基础[*]

凯尔森(Hans Kelsen)　著

张书友　译

一、民主与哲学

(一)民主即"民治"——一种政治程序

民主是 19 世纪的政治观念,这个观念孕育于 18 世纪的美、法两大革命。西方文明中固然不乏致力于维护独裁统治的势力,但其头面人物却不得不背上反动派的骂名。未来属于民治政府(a government by the people),对于笃信进步、赞同改良的人们来说,可谓是人同此心。那时为民主观念奋斗的,首先是年轻且处在上升阶段的资产阶级。

20 世纪的学风与政风却为之一变。第一次世界大战看似直接带来了民主原则的胜利:新生的国家都制定了民主宪法,就连最顽固的帝制堡垒德意志帝国也变为共和国。然而,《凡尔赛和约》盟血未干,法西斯党徒已操意大利国柄,纳粹分子也在德国胜利进军。与之相伴而生的是一种备受鼓

---

[*]　本文原系芝加哥大学公开课的讲义(1954 年 4 月),受沃尔格林基金会(Charles R. Walgreen Foundation)"美国机构研究"(Study of American Institutions)项目资助,后发表于《伦理学》(*Ethics*)杂志第 66 卷(1955 年 10 月出版)。

吹的新政治学说,这种学说狂热地反对民主,并号称找到了新的政治救星,这就是专政(dictatorship)。毫无疑问,新偶像对布尔乔亚知识分子具有莫大的吸引力,不独德、意举国若狂,就连整个西方世界都为之倾倒。尽管第二次世界大战摧毁了法西斯和纳粹政权,其意识形态却死而不僵,至今仍若明若暗地杯葛着民主的信条。

比法西斯主义与纳粹主义更危险的是苏维埃共产主义,它反对民主观念,却又用民主的辞藻做伪装。看来,民主符号所体现的价值已普遍被接受,纵然抛弃了民主的实质,却不得不依旧打着民主的幌子。正如那句愤世嫉俗的格言:"即便美国搞了法西斯主义,它的名字也一定叫作民主。"①因此,"民主"的意义必须发生根本性的改变,否则就无法用以表示其对立面:在苏维埃政治理论中,共产党的专政通过伪装成无产阶级专政从而也表现为一种民主。揭露这种借以扭曲民主原义的概念设计当然是极其重要的。

古希腊政治理论所创造的"民主"(demoskratein)一词最初的含义是"民治"(demos 即人民,kratein 即统治)。这一术语所指的政治现象在本质上意味着被统治者参与统治,以及在政治上不言自明的自由原则,这种含义曾为西方文明在政治理论上普遍接受。不论古代民主政治还是当代民治政府,其之所以值得合理地期待,正是由于这种统治被假定为"民享"(for the people)。"民享"政府意味着政府代表人民利益,但人民的利益究竟何在却人言人殊,即便是人民自身所认定的利益,也远非这个问题唯一可能的答案。甚至人民对自身的利益究竟有无意见(opinion)以及有无实现该意见的意志(will)也颇值得怀疑。那么,就只能指望政府以民享自命了——其实每个政府也正是如此标榜的。不过这样的民享政府却完全称不上民治政府了。早在古希腊关于民主问题的争论中,诸如柏拉图(Plato)与亚里士多德(Aristotle)之辈就曾指出,由缺乏统治经验且欠缺必要政治知识的人们统

---

① 参见蒲尔(Ithiel de Sola Pool):《民主的符号》(*Symbol of Democracy*, "Hoover Institute Studies", Stanford: Stanford University Press, 1952),第 2 页。

治的民治政府根本不能代表全体人民的利益,最终只能被证明是对人民不利的政府。政治学家一而再、再而三地想要证明,专制——不论世袭君主制还是领袖独裁制——相对于民治政府(即民主)而言反而更合乎民享的要求。平心而论,上述主张也不全是歪理,"民享"不等于"民治"更毋庸讳言。因为不论民主还是其对立面——专制——都可能为民所享,定义民主时不应考虑民享与否这一因素。因此,下述学说也是错误的:民主预设了(presupposes)可客观确定的公共利益,人民能够认识公共利益并将其作为自身意志的内容。若该理论成立,就根本不可能有所谓的民主。因为没有可客观确定的公共利益,这是一目了然的事,对于何谓公共利益这一问题的回答均系主观价值判断,故难免因人而异;纵然真有公共利益,也非普通人及其所构成的人民所能知。不容否认的是,人民乃是由经济地位不同且文化传统有别的个人汇聚而成的大众,不具有整齐划一的意志,只有人类个体才有真实的意志,将其称之为"人民的意志"只是打比方,而不是在描述事实。被定义为"民治"的政体不必预设人民依其意见对所谓"公共利益"这一现实表达了意志。"民治"这一术语仅指人民直接或间接参与统治,也就是人民在全体参加的集会中根据多数人的决定进行统治;或人民选举产生一个或数个团体,再由上述团体根据其中多数人的决定进行统治;甚至人民可以选举某个人来统治。人民选出的人就称作代表。所谓"代表人民",就表明选举人与被选举人通过选举形成关系。此处的"人民"应理解为全体成年人,他们通过集会直接进行统治或通过选举代表间接进行统治。普遍、平等、自由且不记名投票的选举便是民主选举。一旦选举符合上述要求,尤其是普遍投票的要求,民主原则就能在不同程度上获得实现。选举的民主化在20世纪取得了可观的进步:19世纪享有选举权的仅限于男性纳税人,到20世纪则惠及不纳税的雇佣劳动者及女性,民主发展成了大民主(mass democracy)。至于不受限制的民主的兑现程度是否真的高过受限制的民主,以及人民的意志究竟是什么,抑或如何根据人民的意见与意志确定神秘的公共利益,凡此种种则是另外的问题。民享政府的概念正是对这些问题的回答,但民享既不排斥也不能代替民治的概念。

因此,必须承认民主的本质特征是参与统治,也就是参与到通过创制与适用社会秩序中的一般规范与个别规范来缔造共同体(community)的那个过程中。不论这种参与是直接的还是间接的,不论是直接民主还是代议民主,民主总是一种程序(*procedure*),一种通过创制和适用社会秩序来缔造共同体的特殊方式,符合这种标准的政治制度就可以恰如其分地称为民主。民主并非社会秩序的一项特殊内容,也就是说,民主程序不是社会秩序的内容,反而受社会秩序的调整。如果社会秩序系一法律秩序,则其总是调整着自身的创制方式。因为法律的独特之处就在于调整着自身的创制和适用。[①]诚然,现代西方文明中盛行的民主概念已与最初的古代民主大异其趣,民主经过了政治自由主义的改造,而政治自由主义倾向于通过限制政府权力来保障个人自由。受此影响,对思想自由尤其是良心自由的保障也被包含在民主的概念之中,以至于缺乏上述保障的政治秩序就不再被视为民主,即便其创制与适用程序依旧确保了被统治者参与统治。然而,自由民主或现代民主不过是民主的特殊类型罢了。民主原则与自由主义原则不是一码事,二者之间甚至存在着对立,认识到这一点很重要。因为根据民主原则,人民的权力不受限制,正如法国的《人权宣言》写道:"全部主权的本原主要寄托于国民。"这就是主权在民观念。然而,自由主义却主张不论采取何种政体,皆需限制政府权力,这意味着纵然是民主的权力也应受到限制。因此,民主在本质上就是民治政府。对于民主而言,最主要的仍是程序性因素,作为社会秩序个别内容的自由主义因素则是次要的。即便是自由民主,也首先是一种特殊程序而已。

有学者认为,民主是一种政治途径,即关于如何做出政治决定、立法决定及行政决定的一类制度性安排,"其自身不能充当目标,也与在已知的历史条件下将做出何种决定无关"[②];既然只是一种途径,民主就并非"不论何

①　参见拙著《法与国家的一般理论》(*General Theory of Law and State*,Cambridge:Harvard University Press,1945),第 113 页以下。

②　熊彼特(Joseph A. Schumpeter):《资本主义、社会主义与民主》(*Capitalism,Socialism and Democracy*,New York and London:Harper & Bros.,1942),第 242 页。

时何地必然忠于那些我们乐意无条件为之奋斗甚至献出生命的利益与理想";"在相似的条件下,民主途径并不必然能比其他政治途径保证更多的个人自由"①,尤其是民主"并不总是比专制更能捍卫良心自由"②。从民主的程序特征进一步推论民主的其他优点并不正确。我们如果将民主定义为被统治者创制和适用社会秩序的政治方式,这种方式用以保障自决(self-determination)意义上的政治自由,那么民主总是不论何时何地必然忠于自由的政治理想。进而,我们若在民主的定义中加入这样的观念——以上述方式创制的社会秩序必须保障某种思想自由、良心自由、出版自由等等,那么民主就不论何时何地皆必然忠于这种思想自由的理想。假如在个案中,社会秩序并未以符合上述定义的方式创制,或者并未包含对自由的保障,则此秩序就非但不忠于上述理想的民主,毋宁是只因抛弃了民主才不忠于上述理想。这种说法是把民主观念与现实中明明不符合民主观念却自称民主的情形混为一谈了。

非但如此,上述说法还混淆了民主能否必然忠于某一理想的问题与民主自身能否作为一个绝对理想的问题。看来上述学者从对第一个问题的否定回答推出了对第二个问题的否定回答。但是,即便对第一个问题总能做出肯定的回答,第二个问题的答案也依然是否定的。自由的理想像任何社会理想一样,在政治科学看来都只是一种相对的理想罢了。但从情感教育的角度考虑,自由却可以成为个人至高无上的理想,成为凌驾于与之冲突的其他价值之上的价值。我当然可以无条件地为自由、民主奋斗甚至不惜献出生命,但同时我却也可以从理性科学的观点出发,承认我的理想只是一个相对理想,二者并不矛盾。熊彼特(Joseph Alois Schumpeter)说得好:"一面承认自身信仰只具有相对效力,一面却毫不妥协地坚持这一信仰,这正是文明人所以异于野蛮人之处。"③

---

① 熊彼特:《资本主义、社会主义与民主》,第 271 页。
② 熊彼特:《资本主义、社会主义与民主》,第 243 页,注释。
③ 熊彼特:《资本主义、社会主义与民主》,第 243 页。

民主是一种方式或程序,因而是统治的"形式"。由于社会秩序创制和适用的程序被当作形式性的部分,相应地,社会秩序的内容就是实质性或实体性的因素。然而,如果民主首先是形式,即国家形式或政体,那么必须牢记形式与实体、形式与内容的对立只是相对的,同一事物从一个角度看是形式,从另一角度看则是内容。尤其是并没有一种客观原理来区分形式的价值与内容的价值。在有些方面,形式更重要;在其他方面,实体或内容更重要。给某种思路尤其是政治策略扣上"形式主义"的帽子,这是贬损对方的常见伎俩,其目的主要是掩盖其持反对意见的真正原因,这个真正原因就是反对者自身的利益。因此,想要对抗民主运动并为专制铺路,想要打消人民参与统治的渴望,最高明的招数莫过于指责将民主定义为程序的做法是一种"形式主义",从而使人民相信:只要政府代表人民的利益,人民的愿望就能得到满足;只要有了民享政府,人民所渴望的民主也就实现了。为上述倾向提供合适意识形态的政治理论强调,民主的实质在于政府体现人民大众的利益,人民对统治的参与则是次要的。假如政府为民所享,也就是政府依人民的利益行事,人民的意志就实现了,因此该政府也就成了民治政府。因为每个人"意志"的内容都是其切身利益,既然政府实现了人民利益,也就体现了人民意志,从而实现了民治。即使政府并非通过普遍、平等、自由且不记名投票的选举产生的,甚至根本不是通过选举产生的,抑或是由一个不许个人自由表达其政治意愿的选举制度产生的,皆不影响上述结论的成立。如果有人提出异议,认为上述例子中政府想要实现的利益未必就是人民本身承认的利益,则会遭到这样的反驳:人民可能误解了什么才是其"真正"的利益,只要政府实现了真正的利益,也就代表了人民的真正意志,因此才能称之为"真正"的民主——相对形式民主或虚假民主而言。在"真正"的民主中,人民可由精英、先锋队(avant garde)甚至魅力型领导人(charismatic leader)来"代表"。所要做的,仅仅是将定义民主的调门从"民治"改为"民享"而已。

（二）苏维埃民主学说

苏维埃民主学说主张共产党专政才是民主①，这种学说的主要特色就是前文提到的对民主含义的改变。早在《共产党宣言》中，就表现出这种将群众利益放在政治意识形态首位的倾向，《共产党宣言》将建立无产阶级专政作为社会主义运动的最近目的，而实现无产阶级专政意味着民主的胜利。"工人革命的第一步"就是"争得民主"。"无产阶级的运动"的特征是"绝大多数人的、为绝大多数人谋利益的独立的运动"。沿着这一思路，列宁（Lenin）提出无产阶级专政即"被压迫者的先锋队组织"，是"把民主制度大规模地扩大，使它第一次成为穷人的、人民的而不是（像资产阶级民主那样的）富人的民主"②。这种民主在本质上是"民主在世界历史上空前地扩大，是假民主变为真民主"③。这种民主的关键不是代表制的形式主义标准，而是在实质上实现大众的利益。因此列宁宣称"社会主义民主无论如何都不反对个人管理和个人独裁，阶级意志有时可以由独裁者代表，他有时需要独立完成比其他人更多的工作，并且常常比其他人更需要这样做"④。"列宁教导我们，"《真理报》（Pravda）写道，"无产阶级专政在阶级社会中代表了多数人的利益并因此是无产阶级民主的形式。"⑤

但无产阶级专政的民主并不是社会主义民主发展的最终阶段。"民主意味着平等"，但资产阶级民主只是"形式上的"平等，社会主义民主则"要更进一步，从形式上的平等到事实上的平等，即实现'各尽所能，按需分配'的原则"⑥。这就是马克思主义者给未来的无国家社会提供的正义公式。

---

① 蒂玛谢夫（N. S. Timasheff）：《苏维埃的民主概念》（"The Soviet Concept of Democracy"，in *Review of Politics*，XII，1950），第506页以下。

② 列宁：《国家与革命》（"State and Revolution"，in *Selected Works*，ed. J. Fineburg, New York：International Publishers，1935—1938，VII），第80页。着重号为原文所加。

③ 列宁：《论民主和专政》（"Bourgeois Democracy and Proletarian Dictatorship"，ibid.），第231页。

④ 列宁：《在俄共（布）第九次代表大会上的讲话》（"Speech to the 9th Congress of CPSU"，March 31，1920，ibid.，VIII），第222页。

⑤ 《真理报》，1945年8月。着重号为原文所加。

⑥ 列宁：《国家与革命》，第91页。

在这种民主中，人民不参与政府，因为政府已经不复存在了。

　　民主的本义是民治政府，在现代国家中只能通过民选代表实现。将民主的概念曲解为一种民享政体，不仅在理论是一种让人无法接受的术语滥用，而且在政治上也会带来更严重的问题。因为这种判断民主政体的标准是用高度主观性的价值判断——人民的利益——代替了民选机构代表人民这个可以客观确定的事实。前文已经指出，任何政府都可能自称其代表人民的利益，它们实际上也确实是这样自称的。既然不存在判断何谓人民利益的客观标准，那么"民享政府"一词就成了一个空洞的公式，可以为任何政体做意识形态上的辩护。① 最明显的例子就是，纳粹党的理论家不敢公然反对民主，于是他们也使用了与共产党的理论家一样的伎俩，他们将德国的民主政治制度贬低为金钱政治，认为这实际上只是一种维护富人对大多

---

① 　如果接受了马克思主义关于所谓无产阶级专政才是真正民主的学说，就等于接受了"极权主义民主"的概念。塔尔蒙(J. L. Talmon)在《极权主义民主的起源》(*The Rise of Totalitarian Democracy*, Boston：Beacon Press, 1952)一书中试图说明"自由主义的民主制度和另一种我们建议叫作极权主义的民主制度，这两种思潮自 18 世纪就并行存在并发展到今天"。"在这两种思潮之间的紧张关系，构成了近代史上的重要一章，并扩展成为我们讨论整个时代特征的概括与缩影。"(第 1 页)在塔尔蒙看来，自由主义民主的特征体现在将自由观念界定为"具有自发的性质，并且是在没有强制的情况下自发产生的"，而极权主义民主的基础是相信"自由如果不成为一个集体目标，就不可能实现"。自由主义民主对于最终目的"还不如说是采取了一种否定的消极态度，为了达到这种目的强行行使权力，这会被他们看成一种罪恶"。极权主义民主"想要在最大程度上实现社会公正与社会安全"，其"目的"是"在最大程度上满足其(成员的)真正利益，并保障其成员的自由"(第 2 页)。"现代极权主义民主的专政依赖群众的热情支持，完全不同于神授的君权或篡权的僭主的绝对权力。"(第 6 页)假如"群众的热情"不通过普遍、平等、自由的无记名投票的选举制度来表达，那么这种热情存在与否也就颇为可疑了。这种热情不是事实，而是未经证实的想象，它可能被用来为任何政体哪怕是最专制的政府做意识形态上的辩护，它在现实中也确实扮演了这样的角色。"神授君权"常常标榜他们的政权受到人民的爱戴，人民的"爱戴"与人民的热情其实没有什么本质区别。如果群众的热情是判断民主与否的标准，那么纳粹政权和共产党政权也就都是民主制的了。如果民主可以是一种专政，那么民主的概念就丧失了具体的含义，民主和专制也就没有区别了。塔尔蒙描述的那种自由主义民主与极权主义民主之间的紧张关系其实是自由主义与社会主义的对立，而不是两种民主类型的对立。民主确实有两种类型，即政府权力受限制的民主与政府权力不受限制的民主；后者古已有之，是民主古老的、原始的类型，而前者则迟至 18 世纪才产生。两种民主类型的共同特征是统治要么通过群众的直接集会进行，要么由普遍、平等、自由的无记名投票选举产生的代表进行，至于政府权力受限制与否则在所不问。塔尔蒙的书也像苏维埃民主理论一样无视了这一关键事实，难怪他会把专政称为民主。

数穷人统治的"形式"民主,他们宣称纳粹党是德国人民的精英,并将实现德国人民的真正意志:日耳曼民族的伟大和荣耀。

(三) 新代表学说

前文谈到的对民主概念的曲解不仅见诸苏维埃或国家社会主义的政治学说,在一种自称"新政治科学"的代表理论中,[①]也能发现类似的蛛丝马迹。该理论的提出者将代表制分为"初级的"(elemental)类型和"存在的"(existential)类型,就像苏维埃理论家将民主分成"形式上的"民主和"真正的"民主一样。初级类型的代表制是指"立法会议的成员经由大众选举取得代表资格",为进一步刻画这种代表制的特点,这位学者援引了"美国由人民选举行政首长的制度""英国国会多数党的委员会成为内阁部的制度""瑞士由议会两院在常规会期内选举行政部门的制度",甚至"君主行事须经首相附署"的君主制,用以强调这种代表制的特点在于代表须经"政区内全体成年居民选举产生",选举应"足够经常",政党可以担任"选举程序的组织者和斡旋者"[②]。这种"初级的"代表制类型或多或少与苏维埃政治理论所谓的资产阶级国家"形式上的"民主是一码事。"初级的"代表也被称为仅具"宪法意义"的代表,[③]新政治科学认为这种代表在理论上只是一个缺乏"研究价值"的概念。[④] 之所以称之为"初级",就是由于这种代表只是"社会外部的存在"[⑤],只是"外部世界的材料"[⑥]。但社会既然是人际关系的总和,就能存在于外部世界中,代表作为一个社会现象只能是外部世界的材料。我们接下来就会看到,其实新政治科学想要用来代替初级型代表的存在型代表,也不过是社会外部的存在罢了。

---

① 沃格林(Eric Voegelin):《新政治科学》(*The New Science of Politics*, Chicago: University of Chicago Press, 1952),第 27 页以下。
② 沃格林:《新政治科学》,第 32 页。
③ 沃格林:《新政治科学》,第 49 页。
④ 沃格林:《新政治科学》,第 32 页。
⑤ 沃格林:《新政治科学》,第 31 页。
⑥ 沃格林:《新政治科学》,第 33 页。

为了从初级型代表发展为存在型代表,新政治科学的提出者认为:"初级类型的代表"——也就是通过普遍、平等、自由选举产生的代表机关——"并未穷尽代表的全部问题"。① 当然是这样,代表既有民主型的,也有非民主型的。说某人"代表"一个共同体,就意味着此人是共同体的机关,当他行使的职权由构成共同体的社会秩序决定时,他就是共同体的机关。当共同体是国家时,那个社会秩序就是法律秩序,该秩序所决定的职权就是法律的创制和适用。显而易见,此法律秩序必须是一个有效秩序,当此秩序大体上具有实效(effective)时,也就是说此秩序得到被统治者的大体遵守时,它便有效。只有当个人的行为被归属(imputed to)于国家时,也就是他的行为可以被解释为国家行为、他可以被看作国家的代表时,此人才担任了国家机关。法律秩序不仅决定国家职权,也决定何人行使此职权、何人担任此机关。决定国家机关有不同的方式:当此机关由受国家统治的人们组成或由他们选举产生的人组成时,民主制或民主型代表制就建立起来了。但共同体尤其是国家并不是只有采取民主的组织方式才能被代表。专制国家也由机关代表,尽管此机关的产生方式并不民主。既然有组织的共同体皆有其机关,那么只要是有组织的共同体,尤其是国家,就皆有其代表。

然而,传统政治理论认为,所谓代议民主制下的国家机关是通过代表该国人民来代表国家的。前文已经指出,那种民主国家的立法机关(也就是议会)和最高执行机关(也就是总统)代表人民的说法所表达的意思仅仅是:受构成国家的法律秩序统治的人们对法律创制机关和法律适用机关具有决定性的影响,他们行使宪法赋予的权利,选举上述国家机关。代表国家和代表该国人民的确是两个不同的概念,传统政治理论并不总是能将二者分清。但传统政治理论在谈及代表时,所表达的意思应当不会让人产生困惑。同一术语具有广狭两义,这是再司空见惯不过的事情了。譬如"立宪"君主制原本是指那种拥有一部或多或少带有民主色彩的宪法的君主制;而专制君主制只要有了宪法,就也成了这种意义上的立宪君主制。"代表"原

① 沃格林:《新政治科学》,第35页。

本指的是民主型代表,尽管也存在非民主型代表。正如国家皆有宪法,尽管"宪法"一词在狭义上是指特定类型的宪法;国家也皆有代表,尽管"代表"这一术语在狭义上专指特定类型的代表。兼用一个术语的广狭两义在术语学上当然不是一种可取的做法,但却与代表的"初级"与否风马牛不相及。此外,新政治科学的提出者本人将民主型代表称为"宪法意义上的代表",但其他类型的代表包括存在型代表也都只能是宪法意义上的,因为任何类型的代表制都要靠宪法建立。

"代表"一词其实不仅可以指国家的代表,当国家机关以民主的方式选举产生时,这个术语也可以专指该国人民的代表,这个区别比代表的双重含义重要得多,而且不会引起任何误解。假如国家机关代表人民这种说法不是一个显而易见的拟制(fiction),那么它的意思只能是受构成国家的法律秩序统治的人们对法律创制和法律适用机关具有决定性的影响。看来新政治科学并不打算避免上述拟制。

其实,民主型代表制之所以被称作"初级的",并不是由于它不能穷尽代表的全部问题,而是另有缘故。在新政治科学看来,这种代表制是因其无关紧要才被称作"初级的"。这种看法在描述民主投票过程时表现得尤为明显:"这种(初级)水平的代表制度经过理论化后,解释被归入这一类型的代表制就会涉及下述概念……选民的性别、年龄,印着候选人姓名和复选标记的纸制选票,确定何人当选代表的计票活动以及作为要式行为(formal acts)的代表们的活动,诸如此类,都要通过外部世界的材料呈现出来。"①上述引文的倾向性非常明显,这位学者将民主程序当成了与民主现象的本质无关的东西。由于民主程序仅具有形式特征,因而是次要的。"只有满足了某些相关的实质要求,产生代表的程序才是有意义的";"建立起这种程序并不会自动带来我们所期待的那些实质内容"。②"建立起这种程序"仅仅意味着有了选举程序。如果民主程序自身不能带来"我们所期待的实质

---

① 沃格林:《新政治科学》,第33页。
② 沃格林:《新政治科学》,第35页。

内容",那么说不定非民主的程序反而能提供这种东西。所谓实质内容指的是什么呢？既然要用"存在的"代表概念取代"初级的"代表概念,则所谓实质可能指的就是存在之类的东西。当新政治科学的提出者因初级的代表缺乏研究价值而拒绝接受此概念时,他写道:"用这种初级的方式描述民主国家的代表制度时,仅涉及了国家机关由人民选举的事实,这就必然造成讨论民主国家的'存在'时,'自然而然地忽视了许多重要问题,诸如什么令民主国家存在以及存在本身指的是什么'。"①这个说法的意思只能是,把民主代表制界定为由选举产生代表机关是没有意义的,因为人民选举产生机关本身并不能确保国家存在,或者不能确保国家以令人满意的方式存在。这一针对所谓初级的代表概念的批评把两个截然不同的问题混为一谈了:何谓民主代表制是一码事,民主代表制能否保证国家的存在或以令人满意的方式存在则是另一码事。这是对政治现象及其价值的混淆,在方法论上是个严重错误。当谈到代表的"实质"时,这位学者告诉我们,"某些斡旋机构,如政党,与这一实质的维系或败坏有关",并且"这一实质与人民的意志存在模糊的关联,但'人民'一词的确切意思还并不清楚"。② 这种说法就太奇怪了,因为在初级类型的代表制中,"人民"一词的确切含义是:共同体中能够参与产生代表的民主程序的最大多数人。显然,新政治科学不希望"人民"一词在存在型代表制中表达上述含义,但也并未放弃使用这个词汇。存在型代表看起来也像新政治科学所标榜的那样,是某种人民的代表。既然"某些斡旋机构,如政党,与这一实质的维系或败坏有关",这位学者就提出,对于政党在代表制度中所起的作用是有不同评价的,并总结道:

> 什么样的代表制度才是真正的代表制度？有人认为是无政党的代表制,有人认为是一党制,有人认为是两党制或多党制,还有人认为是相当于两党制的党内有派制……因为一旦两党或多党对原则性问题缺

---

① 沃格林:《新政治科学》,第32页。
② 沃格林:《新政治科学》,第35页。

乏共识,代表制度就无法运行。①

新政治科学的提出者在引文中又一次混淆了民主代表制的本质和民主制度有效运行的条件这两个不同的问题。不论赞同引文中提到的关于政党的哪种看法,有一件事是不容否认也不曾被否认的,那就是民主制下才有政党,如果宪法禁止政党存在或只许一党存在,而不允许自由组党,那就不是民主制了。为确保政府效能而只许一党存在,此原则正是法西斯主义、国家社会主义以及共产主义等反民主意识形态的常见内容。法西斯意大利和纳粹德国是典型的"一党制国家",共产主义俄国至今仍是如此。"一党制"这个词不可能有别的含义,因为在宪法保障组党自由的民主国家,将无可避免地产生一个以上的政党。民主国家不可能是一党制国家。迄今为止,我们仍然持下述观点,即只许一党存在的政治制度与允许自由组党的政治制度之间存在根本区别,一党制国家没有自由选举,因为如果公民只能把选票投给一个政党的候选人,那就不能认为这个政府代表了人民。但新政治科学却告诉我们:

> 只能认为"一党制国家"这类概念在理论上的价值是可疑的,当然它在当前的政治辩论中或许因简洁明快而有用,但显然还不是足够清楚的科学分类。"一党制国家"也像初级型代表一样是个初级类型的概念。②

我们接下来就会看到,一党制国家或许为存在型代表提供了一个完美的榜样。

最典型的一党制国家是苏联。关于苏联,新政治科学的提出者写道:"尽管对于苏维埃政府能否代表人民这个问题存在着严重分歧,但毫无疑

---

① 沃格林:《新政治科学》,第35页。
② 沃格林:《新政治科学》,第36页。

问,苏维埃政府代表苏联社会这个政治社会,这是因其行动而形成的历史地位。"①他不是模棱两可地说苏维埃政府不代表人民,也不是说该政府不代表苏联人民而只代表苏维埃国家。他只确定无疑地承认一件事,那就是苏维埃政府代表苏联"社会"。但苏联社会也可以理解为苏联人民,那么又产生了苏维埃政府能否代表苏联人民的问题。为了说明苏维埃政府代表苏联社会,他提到"苏维埃政府的立法与行政活动是具有实效的,因为政府的命令得到了人民的服从",他还指出,"凭借苏联社会的人力和物力,苏维埃政府能够有效地运作庞大的军事机器"。苏维埃政府代表了苏联社会,因为它有效地控制了苏联人民。关于此点,他写道:"苏联以其行动取得了政治社会的资格,它也就作为历史上的权力单位进入了我们的视野。""权力单位"通常被称为"国家",不知新政治科学为何不使用这个术语,它为何不明白地区分国家的代表和人民的代表。这位学者写道:

> 靠行动形成的政治社会必须具有一种内在的结构,以便令其部分成员——统治者……的命令被习惯性地服从;他们的命令必须体现社会存在的必要条件,诸如保卫领土和执行正义。②

人们组成的团体要想被承认为国家的政府,就必须独立于别国的政府,并且其据以作为政府行事的那个法律秩序必须获得被统治者持久的服从,这是一条被普遍接受的原则。任何政府,不论民主政府还是专制政府皆适用此原则。其实,此原则只不过是另一更加一般的原则的具体应用罢了,这个更加一般的原则就是:构成国家的法律秩序只有在大体上具有实效时——也就是说,得到行为受此秩序调整的人们的大体遵守时——方才具有效力(validity)。这条原则对于旧政治科学和旧法律科学来说本属老生常谈,看来新政治科学要打着存在型代表的幌子再次煞有介事地提出这条

---

① 沃格林:《新政治科学》,第36页。
② 沃格林:《新政治科学》,第36、37页。

原则了。因为这位学者宣称"保卫领土"和"执行正义"乃是"社会存在的必要条件"：

> 人类通过行动将自身组成一个社会的（那个）过程可以称之为社会的结合（articulation）。政治结合的结果是，我们找到了作为统治者的人，他们可以代表社会行事，他们的行为不被归属于本人，而是被归属于整个社会。如此一来，调整人们某个生活领域的一般规则就不再被理解为道德哲学的实践，而是被社会成员感知为对他们宣告了一条有强制力的规则。如果某人的行为被如此实际有效地归属于社会，他就是这个社会的代表。①

在其语境中，这位学者强调"代表的含义""取决于实际有效的归属"，他的意思只能是：只有在统治具有实效时，统治者的行为才能被归属于国家。

构成国家的法律秩序只有在一定程度上具有实效时方才具有效力，显然此原则与代表问题没有直接关系，因为法律秩序所构成的共同体有哪些机关，哪些人有资格代表国家，这些问题才是代表问题，而上述问题是由法律秩序本身决定的。有效力的法律秩序才能决定其代表，而具有相对实效的法律秩序才有效力。实效原则涉及的是法律秩序构成国家的问题，而不是国家机关的问题。实效原则不要求国家机关具有实效，而是要求国家机关创制和适用的那些符合有效法律秩序的规范具有实效。所谓政府具有实效的意思是，该机关所发布的、构成法律秩序一部分的那些规范具有实效。国家机关尤其是政府的行为就是国家行为，也就是说，这些行为可以归属于国家；因此，具体实施上述行为的人就可以代表国家。这并不是因为上述机关具有实效，而是因为那些人及其行为是由有效力的——也就是具有相对实效的——法律秩序决定的。因为只有具有效力的——也就是具有相对实

---

① 沃格林：《新政治科学》，第37页。

效的——法律秩序所构成的共同体才能称为"国家",只有在这样的法律秩序的基础上,才能有国家机关;这意味着国家的代表——不论民主的代表还是非民主的代表——未必同时是人民的代表。实效作为构成性秩序(constituent order)所具有的品质,可以充当任何类型代表的条件,因为它原本就是国家据以存在的条件。至于一国政府这个人的团体是否能同时代表国家和人民,并不能通过其所发布的命令——也就是规范——是否具有实效进行判断。因为只有当那个团体的行为符合构成国家——不论民主国家还是专制国家——的有实效的法律秩序时,只有当那个团体发布的、构成法律秩序不可或缺的一部分的那些规范大体上具有实效时,该团体才是政府。至于该政府只代表国家还是同时也代表人民,亦即该政府是否为民主政府,这个问题取决于并且仅取决于该政府是否以民主的方式建立,亦即是否由普遍且自由的选举产生。因此,实效标准并不能将民主型代表和其他类型的代表区分开来。

新政治科学之所以将民主型代表斥为"初级"类型的代表,正是认为这种代表不像存在型代表那样具有实效。只有抹杀了国家代表与人民代表的界限,新政治科学才能主张民主型代表这一"初级型"代表在研究价值上逊于国家代表这一"存在"型代表。通过抹杀上述界限,通过避免使用"国家代表"一词,通过使用"社会代表"这个模棱两可的表述,新政治科学造成了这样一种印象:只有包含了实效因素的代表概念才是正确的概念,这种类型的代表总是以某种方式代表着人民。"显而易见,"这位学者写道,"代表已结合社会(articulated society)的统治者只有维系与其他社会成员的某种联系,才能代表整个社会。"[①]"其他社会成员"只能理解为人民:

> 在民主符号象征的压力之下,在术语上区分两种关系的阻力尤其地大,甚至影响到政治理论。……政府代表人民,而"人民"这一符号负载了两种意义,用中世纪的词汇来表达的话,就是"王国"和"臣民",

---

① 沃格林:《新政治科学》,第38页。

进行上述区分在情感上是不会有障碍的。①

在民主符号象征的压力之下无法进行区分的"两种关系"是,统治者与整个社会之间的关系,以及统治者与"其他社会成员"之间的关系。"民主国家的政府代表它所统治的人民"这种说法的意思是,政府通过代表其组成人员之外的人民,也就是"其他社会成员",从而代表了整个社会。因为政府成员也属于它所统治的人民,他们既是统治者,同时也是被统治者。这些政府成员不像专制国家的统治者那样不受政府的统治。唯其如此,民主国家的政府才能代表整个社会,因为它代表的社会就包含了政府成员。但是,新政治科学很可能将"整个社会"理解成了国家。因为据说这个术语具有与中世纪词汇"王国"同样的含义,并与"臣民"一词相区别。这一用法刚好与现代词汇中"国家"与"人民"的区别相对应。民主政府代表人民这种说法的真正意思的确就是政府通过代表人民来代表国家。我们又要问:既然"国家"一词的意义远不像"王国"这个中世纪词汇那样模棱两可——"王国"(realm)的意思就是"王的领地"(kingdom),那么新政治科学何以不愿使用"国家"这个术语? 显然,由于"代表整个社会"必然意味着"代表其他社会成员",由于国家的存在型代表必须被同时当作人民的代表,"已结合社会的统治者"只能是有实效地代表了社会的统治者,假如他有实效地代表了社会,也就代表了"整个社会",假如"整个社会"表示"国家"的话。存在意义上的统治者,也就是存在型统治者所代表的只能是"整个社会",在前面的引文中,"已结合社会的代表"显然指的是"存在"型统治者。但任何政府——不论民主政府还是专制政府——都是存在意义上的统治者,也就是"存在"型统治者。而新政治科学却宣称代表已结合社会的统治者如果不维系与其他社会成员——也就是人民——的某种联系,就不能代表整个社会——意思可能是不能代表国家。维持与人民的联系,只能意味着是代表人民,因为对人民的代表正是因民主符号象征的压力而无法在术语上加

———————

① 沃格林:《新政治科学》,第38页。

以区分的两种关系之一。统治者必须维系与其他社会成员也就是人民的"某种"联系,但却未必是通过普遍、平等、自由且不记名投票的选举建立的联系。因为选举所建立的只是"初级的"联系而不是"存在的"联系。

新政治科学断言,苏维埃政府以具有高度实效的方式代表了苏联社会这个"政治社会",因为"苏维埃政府的立法与行政活动是有实效的,因为政府的命令得到了人民的服从",并且"凭借苏联社会的人力和物力,苏维埃政府能够有效地运作庞大的军事机器"。[①] 这个说法的意思只能是,苏维埃政府代表了"整个"苏联社会,假如"整个社会"表示国家的话。因此,苏维埃政府就是存在型统治者的理想类型(ideal type)。假如代表已结合社会的统治者不维系与其他社会成员的某种联系,也就是说不能以某种方式代表人民,它就不能代表整个社会;那么苏维埃政府尽管显然不是民主政府,却也代表了苏联人民。当然,新政治科学并未公然采取这种说法,但其代表学说却清楚地隐含了此观点。因为这种代表学说将民主型代表贬低为初级类型,以便让存在型代表登场,而存在型代表所强调的因素正是实效。

作为这种代表学说的结果,新政治科学提出了警告:"如果政府仅仅是宪法意义上的代表,那么它迟早要被具有存在意义上的代表性的统治者所取代;而且新的存在意义上的统治者很可能不是宪法意义上的代表。"[②]我们还记得,具有"存在意义上"的代表性的统治者"只有维系与其他社会成员的某种联系"——也就是维系与人民的联系——才能代表整个社会,那么,这个政府也能以某种方式代表人民,尽管它不是民主意义上的"代表",而是法西斯主义意义上代表人民的统治者——能够有效组织人民大众投入行动并自称能实现民主的"元首"(Fuehrer)或"领袖"(Duce)。

我们对新政治科学所鼓吹的代表理论进行的分析表明,被这种科学贬低为"初级"的代表概念反而是极端重要且需要尽最大努力来严格坚持的概念。作为代表概念的民主意味着政府仅在"宪法"意义上代表人民,而不

---

① 沃格林:《新政治科学》,第36页。
② 沃格林:《新政治科学》,第49页。

能代之以"存在型"代表的概念,后者只能模糊民主与专制的根本对立,从而干扰对民主本质的客观理解。

要达到对民主本质的客观理解,仅靠描述两种对立的组织系统的典型结构是不够的。假如我们承认,人类社会的全部历史都贯穿了一场永不停息的斗争:一方是积极人格试图支配大众并压制其反抗的权力意志,另一方则是对他人意志支配的反抗,也就是对自决的渴望;假如我们承认,人类思想史上关于专制与民主的价值论战仍未分胜负,就像现实中的两个政治国家间的战争一样不决出雌雄誓不罢休,那么我们就不难设想,专制与民主之争恐怕不仅是个社会技术问题,也不单纯是在两种组织类型间做选择,而是比这要生死攸关得多。因而,我们就会在世界观的对立中寻找专制与民主对立的根源:我们可以设法找到政治与哲学的联系。

在下面的几个小节中,我打算证明:在专制与民主的对立和哲学绝对主义(philosophical absolutism)与哲学相对主义(philosophical relativism)的对立之间,不仅存在外在的对应,而且确实有内在的联系,也就是专制作为政治绝对主义与哲学绝对主义相协调,而民主作为政治相对主义同哲学相对主义相一致。①

(四) 哲学上的绝对主义与相对主义

自亚里士多德将《政治学》(Politics)作为《伦理学》(Ethics)的续篇以来,政治理论与哲学中被称为"伦理学"的部分之间的密切联系就成了老生常谈。不过两门学问之间尚有某些不为人知的认识论上的关联。所谓认识论,是关于认知和价值的理论。政治理论的主要问题是统治者与被统治者的关系,认识论的主要问题则是认知主体与认知客体的关系。统治过程其实与认知过程差不多:认知主体通过为混乱的感官知觉建立某种秩序来成为认知客体的主人;评价的过程也大同小异:主体通过给客体贴上善恶的标

① 参见拙著《论民主的本质与价值》[*Vom Wesen und Wert der Demokratie*, 2nd ed.; Tübingen: J. C. B. Mohr (P. Siebeck), 1929],以及《国家形式与信仰》[*Staatsform und Weltanschauung*, Tübingen: J. C. B. Mohr (P. Siebeck), 1933]。

签来对客体做出判断。我将证明,哲学相对主义与哲学绝对主义在认识论和价值论上的对立类似于民主与专制的对立,因为民主体现政治上的相对主义,而专制则体现政治上的绝对主义。

为避免对上述类似关系的误解,这里必须预先做些说明。上文已经指出,不论政治学、认识论还是价值论,其主要任务都是解决主体与客体的关系问题。不论政治上的统治者还是哲学上的认知主体,他对他与被统治者、认知客体与评价客体间关系的基本看法将极大地影响他在政治、认知与评价活动中的初始态度。至今政治教条与哲学信念依旧取决于政治家与哲学家的心态,植根于其自我意识的本质,也就是说他的自我如何体会他与其他有自我之人的关系及与无自我之物的关系。除非承认政治体系与哲学体系的构成最终是由人类思维的偏好决定的,否则我们就无法解释何以这些体系间的对立是不可克服的,何以体系间的相互理解如此困难——如果不是完全不可能的话,何以原本不过是思想层面上的观点分歧,又不是权力之争,却能引起那么激烈的冲突。最终,要么政治与哲学理论的类型学(typology)将演变为一种性格学(characterology),要么至少类型学将尽可能地采纳性格学的研究成果。由于不论政治家还是哲学家都是人,他们的工作都是详细解释他与同类以及与世界的关系,那么我们不妨假设特定的政治信条总是与特定的世界观相协调。但只因政治与哲学皆产生于人类这一经验存在的精神世界中,而不是产生于纯粹理性的世界中,所以我们不能指望特定的政治观点不论何时何地总与那个与之在逻辑上一致的哲学体系联袂而行。在政治理论与哲学理论的历史上,能够通过分析那些著名思想家的作品发现二者之间的联系,但如果忽视了人类精神的巨大力量,那就大错特错了,后者足以割断二者之间的联系,令政治态度不再符合相应的哲学立场,反之亦然。人类的精神并不完全受理性支配,因而也就并不总是讲逻辑,情感的力量足以令人的思考偏离最初的方向。也必须考虑到外部环境的影响:尽管哲学思辨可能不受环境制约,但表达政治观点的自由却完全可能被剥夺。还要注意,政治判断尤其支持民主或专制的结论,常常并不是基于对于事实的全面研究,也不是出于谨慎的自省,而是一种权宜之计或是心血来潮。此外，不能罔顾下述事实：每一政体总有反对者，出于这样或那样的原因对民主心怀不满者就很可能赞成专制；同理，对专制失望者也可能转向民主。还有这种情况：不满民主的是他，反对专制的也是他。可能理由还挺充分：有人总憧憬未来的政体或怀念过去的政体，可就是对现行政体不满意。受民主统治的人把一切罪恶都归给民主制，可是在法西斯统治下，他反而可能以民主派自居；相反，如果民主政府掌权的时间足够久，久到惹他厌烦，他可能又成了法西斯主义的拥趸。当然，这样的人毕竟是少数，对于我们讨论的问题可以忽略不计。至于大人物尤其是大思想家，其政治立场与哲学立场的关系有时之所以难以证明，则是由于哲学家并非专攻政治理论，而政治家或政治理论家还未达到自觉思考哲学问题的高度。只有在排除上述例外情形之后，才能在政治和哲学之间建立联系。

哲学绝对主义是一种形而上学立场，主张有着绝对存在（absolute reality），即独立于人的认知的存在。这种存在客观真实且超越时空，而人的认知却受制于时空。相反，哲学相对主义则宣称，存在者仅在人的认知之内存在，即作为认知客体的事实乃是相对于认知主体而言。绝对存在因超越了人的经验而非人所能知，所以是不可知的。

绝对存在的假设与绝对真理及绝对价值的可能性相一致，哲学相对主义对其皆持否定态度，而仅承认相对真理与相对价值。只有当事实判断最终诉诸绝对存在，人才有追求绝对真理的企图，也就是宣称该真理不仅对于认知主体而言，而且不论何时何地对任何人皆是真理。若真有绝对存在，那么它必然符合绝对价值。绝对必定意味着尽善尽美。绝对存在是绝对价值之源，它必定与绝对权威一致。哲学绝对主义不可避免的后果就是把绝对存在拟人化（personification），那个代表着全能与致公的宇宙创造者，他的意志便是自然与社会的法则。哲学绝对主义的形而上学具有一种不可抗拒地趋向于一神教的趋势。就其本质而言，哲学绝对主义与认为价值是至善的产物且内在于事实的观点勾连，相应地，也与将真理（即符合事实）等同于正义（即符合绝对价值）的倾向有关。如此一来，对于公正与否的判断就可如同对真伪的判断一样客观。那么当其诉诸内在于绝对存在或由绝对权威所确立的价值时,就可以宣称据此做出的价值判断不仅对判断主体有效,而且不论何时何地对任何人皆有效。相反,价值相对主义作为反形而上学的经验主义(或实证主义),强调绝对因超出经验范围而不可理解。哲学相对主义坚持事实与价值泾渭分明,区分事实命题与地道的价值判断,总之,认为后者并非基于对事实的理性认知,而是出于人类精神中的情感影响,来自人的欲望与恐惧。哲学相对主义者仅讨论相对价值。相对主义哲学是彻底经验化和理性化的,因而具有坦率的怀疑论倾向。

哲学绝对主义假设有独立于人的认知的绝对存在,进而将认知的功能想象为如镜子般反映现实,而认知客体却不受认知活动的影响而独立存在。以康德(Immanuel Kant)为典型代表的相对主义认识论,则将认知过程解释为创造客体的过程。这种观点暗示,在认识论意义上,认知主体是其世界的创造者,而这个世界便是由其认知所创造并存在于其认识之中的。如此一来,认知主体的自由就成了相对主义认识论的首要条件。当然,这并不意味着认知过程具有任意性。认知主体通过认知过程对其客体的创造不同于上帝创世。主体与客体间存在相关性。人在认知过程中并非绝对自由,某些规范性的法则支配着这一过程。遵守了这些规范,对事实的理性认知便不同于基于主观情绪的评价,而是具有了客观性。由于认知法则产生于人类头脑之中,认知主体就可以被看作自律的立法者(autonomous lawgiver),他的自由便是自律。哲学绝对主义则刚好相反,若其立场一以贯之,就必须将认知主体想象为受内在于客观事实的他律(heteautonomous)法则决定,即受到绝对存在的统治,假如绝对存在被想象为某一个体和超人权威的话。

相对主义认识论的上述特征带来了两种风险。一种风险是荒谬的唯我论(solipsism),即假设作为认知主体的自我是唯一存在者,而不承认同时存在的其他自我,也就是自我本位对你(tu)的否认。这一假设将导致一种自相矛盾的相对主义认识论。因为自我若是唯一存在者,则其必为绝对存在。彻底的唯我论不过是绝对主义哲学的变形而已。另一种风险是同样荒谬的多元论(pluralism)。由于世界仅存在于人的认识中,据此,自我就成了世界中心。然而,假如必须承认众多"自我"存在,则结果似乎不可避免地便是有多少认知主体就有多少个世界。哲学相对主义通过深思熟虑避免了唯我论与多元论。真正的相对主义考虑到不同认知主体彼此之间的关系，并通过认知主体间的平等这一假设弥补了其无力保证对于所有人皆客观存在唯一的且同一的世界的不足。这个假设意味着人脑中的各种理性认知过程与其他情感活动相反，是彼此平等的。那么进而言之，作为认知结果的认知客体一致的假设也就成为可能，这个假设得到个体外部行为的确认。诚然，绝对自由与绝对平等之间存在着无可否认的冲突。但认知主体并非绝对自由而只是相对自由，即在理性认知法则之下的自由。这种自由能与所有认知主体的平等相容。经由所有认知主体一律平等的法则对自由加以限制，这一假设对哲学相对主义而言实属命脉所在。而在哲学绝对主义看来，主体间平等与否无关紧要，真正重要的是认知主体与绝对的最高存在间根本性的不平等。

（五）自然自由与社会自由

假如哲学相对主义的本质因素是自由与平等，那么其与政治民主的类似性也就一目了然了。因为自由与平等是民主的基础观念，也是人作为社会存在的两项原始本能。人之所以为人，就是由于对自由和平等的渴望。自由首先是反对任何社会现实中的强制，反抗任何强加于己并要求自己服从的他人意志，拒绝秩序，拒绝他律带来的不适。这可谓是自然为追求自由而对社会的反叛。人们把作为社会秩序施加于己的他人意志当成一种负担，当人意识到自身的价值并拒绝承认他人代表更高价值时，这种负担尤其令人难以忍受。人越接近那个自称高高在上的人物，就越会提出疑问：他也和我一样是个人，我们是平等的，他凭什么支配我？如此一来，消极平等观念就构成了对消极自由观念的支持。

从人人平等这一假设能够推导出谁也无权控制他人的原则。然而，经验却告诉我们，要在社会现实中保持平等，我们就必须受到控制。但尽管自由与平等似乎无法同时实现，政治意识形态却坚持认为民主观念融合了自由与民主。政治意识形态大师西塞罗（Marcus Tullius Cicero）的名句就体现了这种融合："只有在人民掌握最高权力的城邦中才有自由,在这样的城邦中,没有什么比自由更令人愉悦了,但假如人与人不平等,也就毫无自由可言。"（Qua quidem certe nihil potest esse dulcius et quae, si aequa non est, ne libertas quidem est.）

自由这个符号所表征的意义要成为一个社会范畴,就必须经历脱胎换骨的改造。自由不再意味着对一切秩序的否定,不再表示一种没有任何类型政府的自然状态,而是必须体现为一种建立社会秩序的特定途径,一种政府的特定类型。社会尤其是国家要存在,就必须有一个调整人们行为的有效规范秩序,就必须接受人通过此秩序对人的控制。然而,假如这种控制不可避免,我们命中注定要受这种控制,那么我们就希望能自己控制自己。这样,自然自由就变成了社会自由或政治自由。诚然,社会自由与政治自由意味着人受到规范秩序的统治,因而只是一种法律下的自由。但这种自由同时意味着人们仅受自我意志而非他人意志的统治,被统治者参与了社会秩序的建立和法律的制定。自由观念正是经由上述转变才充当了区别民主与专制的决定性标准,并成为社会组织形式系统化的主旋律。

（六）形而上学的自由

自然自由转变为社会自由,这构成了民主观念的基础,因为这一转变中隐含了自然与社会的二元论,这种二元论很接近事实与价值的区分,后者正是相对主义哲学的特征。社会是一个有别于自然的系统,只能作为调整人们行为的规范性秩序存在,这不同于自然现象的因果秩序。规范是关于某事当为这一观念的表达,它构成了一项价值。前文已经提到,人们对于应当如何与应当做什么的观念体现了人的欲望与恐惧。就此而言,规范所构成的主观价值与作为理性认知范畴的因果规律所构成的客观事实相对立。如果上帝创造了自然并将其作为上帝绝对至善意志的宣言,那么自然规律与社会规范也就是一回事了,因为自然规律表达了上帝的意志,是上帝对自然的命令,因而也是一种规范。根据形而上学的观点,自然与社会并无区别,因为自然原本就是上帝统治的一个普遍的宇宙社会,这是自然法学说的一个基本点。当哲学绝对主义的形而上学思辨得出人虽受上帝统治其意志却依然自由的结论时，就与前述基础性预设明显矛盾了。上述观点的神学版本同样自相矛盾：人虽与上帝根本不同，却是上帝按照自己的形象所造的，因此人的意志也是像上帝的意志一样，是因而非果，而且是第一因（*prima causa*）。这就是人的形而上学的自由，体现上帝意志的因果规律对人并不适用。

人在这个意义上的自由被形而上学人类学当成人作为社会成员的附属物，而作为社会成员却意味着承担义务和责任。上述观点的主要论据是，假如人没有这种自由，假如人的意志无法摆脱因果规律的支配，人就无法对自身的行为负责。因此，规范秩序的存在就预设了人的形而上学自由，不论这一秩序是道德还是法律。理性化的、反形而上学的哲学绝不赞同这种所谓自由意志论的观点，这倒不是因为下述观念自相矛盾：一方面，人服从上帝全能意志的统治；另一方面，此意志却又不适用于人。这涉及自由意志论的基础性形而上学思辨。之所以要反对自由意志论，是由于人类意志这类自然现象反而不适用构成自然事实的因果规律这个令人无法容忍的矛盾。不难证明，自由意志这个蛊惑人心的观念产生于哲学绝对主义对事实与价值、自然与社会、因果性与规范性的混淆。我们如果意识到自然秩序与规范秩序是两个不同的秩序，就必须承认假如自然是由因果原理构成，那么社会一定是由另一原理构成的。由于人的行为有时被当作自然现象，有时又被当作社会现象，那么人的行为就可以同时被放在两个不同的解释框架中，二者并不相互排斥，而是井水不犯河水的关系。当人的行为被当作自然现象时，它由因果规律决定，但同一行为作为社会现象时却是"自由的"。那么，自由就并不意味着排除了因果规律的适用或不受该原理约束，而是必须具有另一意义，也就是符合构成社会秩序的原理。其实，假如我们循着上述思路进行思考，就会发现：人对其行为负责并不是由于他具有排除因果规律适用意义上的形而上学自由，他之所以——在理性意义上——自由反而是由于他能够对行为负责。因为对行为负责表明他因行为而受到惩罚或奖赏，如果道德或法律规范将赏罚系于此行为的话。将赏罚系于行为并不排除因果规律对行为的决定,反而必然预设了这种决定的可能性。因为惩罚之所以被系于某行为,正是由于假定人会因畏惧惩罚而避免实施该行为;奖赏之所以被系于某行为,正是由于假定人会因渴望奖赏而实施该行为。人的行为归根到底体现他的意志,如果行为与意志不由特定的原因引起,那么通过将赏罚系于行为来确定行为人的责任也就毫无意义了。社会规范在作为条件(condition)的行为与作为效果(consequence)的赏罚之间建立联系,自然规律却是在原因(cause)与结果(effect)之间建立联系,要区别上述两种情形,不妨引入"归属"(imputation)这一术语。① 正如因果关系是认识自然的基本原理,归属关系则是认识社会这一规范秩序的基本原理。两原理的根本区别在于,因果链条上具有无数环节,因此不可能有第一因,每一原因都是另一原因的结果;而归属链条只有两个环节,即罪行与惩罚或德行与奖赏,当惩罚被归属于罪行、奖赏被归属于德行时,也就完成了归属。人是受规范秩序统治的社会成员,他的"自由"不意味着他的意志构成因果关系的起点,反而表明他是归属关系的终点。人的意志是第一因这种蛊惑人心观念的产生是由于形而上学将事实与价值、自然与社会、因果与归属混为一谈,也就是错把归属关系的终点当成了因果关系的起点。就像无政府主义的自然自由观念必须转变为参与统治的政治自由概念一样,作为因果关系起点的形而上学自由必须转变为充当归属关系终点的理性主义自由。

(七) 卢梭论民主

将自由定义为公民的政治自决,也就是公民参与统治,这种定义常常遭到反对,正如古希腊流行的自由观念反对早期日耳曼人所珍视的自由一般,日耳曼人的自由是那种或多或少可被称为无政府状态的免受统治的个人主义自由。但这种说法却远非正确,因为日耳曼部落并非处于无政府状态。此外,希腊人的自由与日耳曼人的自由之所以有别,也不完全出于历史和民族的原因。从所谓日耳曼式的自由阶段发展到希腊式的古典自由概念,这

---

① 参见拙文《因果与归属》("Causality and Imputation", *Ethics*, LXI, 1950),第1—11页。

不过是自由观念发生不可抗拒的改造或转变的第一步,对自由的原始直觉早已走上了引导人类从自然状态步入社会状态的那条路。我们的社会思维机制将这种改变体现得最为淋漓尽致。自由观念之所以在政治意识形态中极端重要,只能通过下列事实加以说明:此观念源自人类心灵的底层,产生于那种驱使个人反对社会的原始直觉。对于这种反社会倾向以及自由观念的智识上的反思,尽管可能是自欺欺人,却表现为个人内在于社会的命题。无政府主义的自由就变成了民主主义的自由。

这种变化比看上去要剧烈得多。卢梭(Jean-Jacques Rousseau)这位才华横溢的民主思想家提出了什么是最好的宪法的问题,从他的观点出发,这个问题就是民主的问题:

> 要找到一种结合的方式,使之能以全部共同的力量来护卫和保障每个结合者的人身和财产,并且由于这一结合而使每个与全体相联合的个人只不过是在服从他本人,并且仍像以往一样自由。这就是社会契约所要解决的根本问题。①

卢梭将自由定义为每个人只服从他本人——也就是只服从他自己的意志——的状态,他的出发点是自然自由观念即无政府主义的自由,这种自由无法与社会相容。那么他并未坚持这一定义当然是情有可原的。卢梭只是反对代议民主,因为他不承认代表的可能性:

> 主权……是不能代表的;主权在本质上由公意构成,而意志绝对不可代表;它只能是同一个意志,或者另一个意志,而绝不能有什么中间的东西。因此人民的议员不是也不可能是人民的代表,他们不过是人民的办事员罢了;他们并不能做出任何肯定的决定。凡是不曾为人民所亲自批准的法律皆属无效,那根本就不是法律。英国人民自以为自

① 卢梭:《社会契约论》(*The Social Contract*),第1卷,第6章。

由,其实大错特错了。他们只有在选举国会议员时才是自由的;议员一旦选出后,他们就是奴隶,他们就等于零了。①

卢梭矢志不渝地提倡直接民主,但即便国家的意志真的由大众集会决定来形成,个人依旧仅在投票时才是自由的,而且他还得投出多数票,不能投出被否决的少数票。因此,减少——如果不能排除的话——出现少数票的可能性看起来是符合民主自由原则的;多数票——如有可能应是全票——是自由的保证。然而,就连卢梭这样激进的自由信徒也只是要求建立国家的原始契约获得全票通过。立宪契约要求全票并不仅仅是权宜之计,这与卢梭对自由的理解保持了一致:假如自由原则要求立宪契约获得全票通过,那是由于自由意味着只受本人意志约束,所以只有全体一致同意才能让人们进入契约建立的规范秩序,也只有一致同意才能确保该秩序持续有效;一旦有人决不承认规范秩序的强制力,他就可以自由地退出该秩序所建立的社会。上述结果清楚地表明,卢梭对自由的定义是一种与社会秩序不相容的自然自由。就其本质而言,社会秩序只有在达到其效力能够不受被统治者的意志影响的程度时才可能存在。假如一条规定了某人应如何行事的规范只有在此人同意时方才有效,假如此人只有在乐意如此行事时才有义务如此行事,这条规范也就毫无意义了。社会秩序尤其是法律秩序——也就是国法——预设了秩序的内容可能与受秩序统治者的意志存在差异。假如在应然(ought)与实然(is)两极之间不存在紧张关系,而这意味着自由的价值将无穷大,也就根本不存在对规范秩序服从与否的问题了。因此,根据社会契约论,只能由全体一致的决定建立的社会秩序,却可以仅由多数人的决定加以发展和改变。这就是卢梭想要告诉我们的。卢梭在他的社会契约第一公式中将自由定义为仅服从本人的意志,除本人外不必服从他人。然后他又提出了新的公式:"我们每个人都以自身及其全部的力量置于公意的最高指导之下,并且我们在共同体中接纳每一个成员作为全

————————

① 卢梭:《社会契约论》,第 3 卷,第 15 章。

体不可分割的一部分。"他在这里引入了有别于"全体意志"(will of all)的"公意"(general will)概念,这个概念最为神秘,卢梭从未清楚地下过定义。他接下来考虑了公意与个人意志发生冲突的可能,并宣称:"为了使社会契约不至于成为一纸空文,它就隐含了这样一个规定——唯有此规定才使得其他规定具有力量——任何人拒不服从公意的,全体就要强迫他服从。这恰好就是说,要强迫他自由。"①这样一来,"自由"就不再意味着仅服从本人的意志了。自由与服从公意相容,自由就体现在"分享主权"之中,主权者只能由组成主权者的个人所构成,②这就是说,由组成社会的成员所构成。在此基础上,卢梭区分了公民和臣民,并用"公民自由"代替了"自然自由"。他写道:

> 人类因社会契约而丧失的,乃是他的自然自由以及对他所企图和所能够得到的一切东西的那种无限制的权利;而他所获得的,则是公民自由……我们必须很好地区分仅以个人力量为界限的自然自由和受公意约束的公民自由。③

要知道卢梭这个弯转得有多急,想想"任何人拒不服从公意的,全体就要强迫他服从。这恰好就是说,要强迫他自由"这句话就足够了。为了解释这种被强迫的自由,卢梭谈到在热那亚,自由被写在监狱的门前并刻在划桨奴隶的锁链上,他还补充道,对自由的"这种巧妙的用法很好,很贴切"。

从自然自由到大相径庭的政治自由——卢梭称之为"公民自由"——的这一转变,显然像卢梭承认的那样,更加表明公意是由多数票产生的。

> 唯有一种法律,就其本质而言,必须要求全体一致的同意,这就是社会契约。因为政治的结合乃是世界上最自愿的行为,每个人既然生

---

① 卢梭:《社会契约论》,第1卷,第7章。
② 卢梭:《社会契约论》,第1卷,第7章。
③ 卢梭:《社会契约论》,第1卷,第8章。

而自由，并且是自己的主人，所以任何其他人在任何可能的借口下，都不能不征得他本人的同意就统治他。断言奴隶的儿子生来就是奴隶，无异于断言他生来就不是人。①

　　卢梭在对自由概念的改造达到高潮时，却又转而坚持原始的自然自由观念，也就是"任何其他人在任何可能的借口下，都不能不争得他本人的同意就统治他"，这显然和他前面的观点发生了矛盾。非但如此，这里还立刻产生了一个问题：那些投票反对多数决定的人该当如何？他们受不受到如此通过的法律的约束？卢梭回答道："如果在订立社会契约时出现了反对者，他们的反对也不能使得社会契约无效，只不过是社会契约并未将这些人包括在内罢了。他们是公民中的外邦人。"看来卢梭的意思是经多数票通过的法律并不约束投反对票者。但卢梭当然不能接受这种理解。他接着写道："在国家建立以后，居留就构成同意，居住在国家领土之内就表明服从主权。"②这就是罗马法上臭名昭著的拟制：沉默视为同意（ *qui tacet consentire videtur* ）。但卢梭接下来对少数服从多数的论述并未诉诸这一拟制："除这一原始契约外，多数票永远可以约束其他所有人，这是契约本身的结果。"这表明少数服从多数原则被夹带进了社会契约，而社会契约则是社会秩序的基础规范（basic norm）。但问题又来了：该如何用自然自由的观念证明该原则合理呢？"但如果有人问起，"卢梭写道，"一个人怎么能够既是自由的，又要被迫服从并不属于他本人的那些意志呢？反对者怎么能够既是自由的，又要遵守他们并未同意的法律呢？"为了证明一个人何以在受他曾反对通过的法律约束时仍然是自由的——也就是只服从他本人的意志，卢梭对投票程序进行了重新解释。公民在对法律投下赞成票或反对票时，表达的并不是他本人的意志，而只是对公意的意见。

————————————

① 卢梭：《社会契约论》，第 4 卷，第 2 章。
② 卢梭：《社会契约论》，第 4 卷，第 2 章。

　　我的回答是,这个问题的提法是错的。公民是同意了一切法律的,即使是那些违反他们的意志而通过的法律,即使是那些他们若胆敢违犯其中的任何一条都要受惩罚的法律。国家全体成员的经常意志就是公意;唯其如此,他们才是公民并且是自由的。当人们在人民大会上提案制定一项法律时,他们向人民所提问的,准确来说,并不是人民究竟是否赞成这个提案,而是它是否符合公意;而这个公意也就是他们自己的意志。每个人在投票时都说出了自己对这个问题的意见,于是通过计票就可以得出公意的宣告。因此,与我相反的意见若是占了上风,那并不证明别的,只是证明我错了,只是证明我所估计是公意的并不是公意。假如我的个别意见居然压倒了公意,那么我就做了另一件并非我原来所想要做的事;而在这时候,我就不再自由了。①

　　但我们才刚刚读到"国家全体成员的经常意志就是公意",仅仅由于少数人的意志隐含在公意之中,他们才被认为同意了被通过的法律——尽管投了反对票。因此,他们仍是自由的,因为仅服从了他们本人的意志。但不容否认的是,某人在对通过法律投赞成票和反对票时并不仅仅表达了意见,还表达了个别的意志,卢梭对投票程序的建构预设了人有两个意志,即他作为服从者的意志和他作为公民的意志,后者包含在公意之中。这两个意志可能冲突,也就是某人既赞成某事同时又反对此事。卢梭讲得很明白:"其实每个个人作为人而言,他可以具有个别的意志,这与他作为公民所具有公意相反或不同。"②但纵然我们接受了卢梭的解释,也就是投票程序仅表达意见而不表达意志,但问题还是没有解决:何以多数人的意见就是对的,少数人的意见就是错的? 同一个人的意见,为什么上次是对的,下次就是错的? 仅仅因为他上次投票时是多数,这次投票时是少数吗? 显然,卢梭为了努力挽留自然自由——也就是绝对自由——的幻影,陷入了重重矛盾而无

---

① 卢梭:《社会契约论》,第4卷,第2章。
② 卢梭:《社会契约论》,第1卷,第7章。

法脱身。他的作品尽管充满矛盾却仍能取得非凡的成功,或许正该归功于这份努力吧。

(八) 少数服从多数原则

如果承认社会秩序的发展要遵循少数服从多数原则,那么自然自由观念就不可能完全实现而是只能近似实现了。尽管民主仍被理解为自决,尽管自由仍旧意味着人人只服从他本人的意志,却受到多数人意志的约束,这是自由观念的进一步转变。

即便某人投出了多数票,他也并非只服从他本人的意志。一旦他改变了通过投票所表达的意志,立刻就能明了这一点:其个人意志的改变在法律上无足轻重,这清楚地表明他服从了别人的意志。如果不采用上述比喻的说法,那就是他服从了社会秩序的客观效力。① 他只有改变意志以便与多数人一致,才能再次获得自由,也就是只服从他本人的意志。由于社会秩序会因多数人的意志而发生改变,那么个人意志就更难符合社会秩序,个人自由也就更难得到保证;如果要求全体一致,那么个人自由实际上就完全不受保障了。这里明显表现出政治机制设计中一种怪异的矛盾心态:同样是少数服从多数原则,在社会秩序最初建立时保护个人自由,假如社会秩序现在已不可退出,那么同一原则却又摧毁了个人自由。社会秩序的最初建立并不是我们社会经验中的事实,人总是生来就置身于某一既存的社会秩序中,并且常常是生活在那个其并未参与缔造的早就建立的国家中。只有社会秩序的发展与改变,才存在我们能否参与的问题。根据少数服从多数原则,在受社会秩序统治的人中,该秩序的赞成者应当总是多于该秩序的反对者,不

---

① 哈洛韦尔(John H. Hallowell):《民主的道德基础》(*The Moral Foundation of Democracy*, Chicago: University of Chicago Press, 1954),第 120 页。他写道:"民主政体并不要求因多数派意志在人数上占优而服从此意志,而是要求服从多数派合理的判断。"在这位作者看来,多数票原则并不要求"因采取定量的方法就抛弃定性的判断"。如果真的是这样,就会产生谁有能力决定多数派的判断"合理"与否的问题。做出这种决定的也只能是有义务服从多数派决定的个人,那么对多数票的服从归根结底取决于个人,这是专制而不是民主。

论彻底反对还是部分反对。当反对社会秩序或反对其中某一规范的人多于其赞成者时,社会秩序就可能被改变;一旦出现此种情形,社会秩序就被重建了,重建后的社会秩序符合多数人的意志而不符合少数人的意志。少数服从多数原则所体现的根本观念是,社会秩序应符合尽可能多的人的意志,而不是符合尽可能少的人的意志。

政治自由意味着个人意志符合了社会秩序体现的集体意志。因此,简单多数原则在最大程度上确保了政治自由。假如被统治者过半数的意志仍不足以改变某一秩序,只有全体的意志(这意味着全体一致)或绝对多数(譬如三分之二或四分之三多数)的意志才能改变,那么仅凭一个人或少数人就能阻止秩序的改变。这样一来,社会秩序就只符合少数人的意志而不符合多数人的意志了。

少数服从多数原则预设了平等原则的根本条件,因而在现实政治中最大程度地趋近了自由观念。因为所有人具有同等政治价值并且人人享有同样的自由——也就是集体意志与个人意志一致——这一原则能适用于社会成员的多大比例,该社会就具有多大的自由度。除非某人或他人是否具有这个意义上的自由(因为政治上人人平等)能够被合理地证明为无关紧要之事,否则享有自由者总是多多益善,有多少人能享有自由是个关键的问题。自由与平等的结合是民主主义观念的基础,而民主处理的是社会秩序(即集体意志)与个人意志、控制者与被控制者的关系,正如自由与平等的结合同样是相对主义观念的基础,后者处理的则是认知主体与认知客体的关系。

(九) 民主型人格

民主的本质特征是自由与平等的结合,从心理学的角度来看,这意味着人——也就是自我——不仅要求他本人的自由,也要求他人——也就是你——的自由。只有不把自我当作独一无二、无可比拟且不可再生之物,而是至少在原则上承认自我与你的平等时,才能有这种自由。只有当个人将本人与他人之间不容否认的那些差异看得无足轻重时,当自我——或自我意识——被与他人的平等感降低到一定程度时,自我才会尊重你也自称为自我的主张。这正是相对主义哲学的智识条件。当对自由的渴望受到了与他人的平等感的修正,人格就具有了利他性,因为他不再敌视同类,而是以之为友。这样的人格具有同情心且热爱和平,他倾向于将侵犯的对象从他人转向自身,这种倾向进一步表现为自我批评、日益增强的罪恶感以及强烈的责任意识。这种人格相对降低了自我意识,而民主政体却强调自决,主张最小政府。这乍一看有些矛盾,其实并非如此。因为人对政府的态度在根本上取决于他的权力意志(will to power)是否强烈。而个人即使在受到统治时,假如统治他的政府属于他赞成的政体的话,他也倾向于同政府保持一致。

权力意志越强烈,对自由就越不感兴趣。完全否定自由的价值,尽最大可能加强控制,这是专制也就是政治绝对主义的观念。政治绝对主义的特征在于全部国家权力都操于统治者一人之手。法王路易十四(Louis XIV)的名言"朕即国家"(L'Etat c'est moi)将这一观念表现得最为传神。民主国家刚好相反,其座右铭是"人民即国家"(L'Etat c'est nous)。在专制国家,统治者而非人民的意志才是法律,因为人民只能服从统治者,而不能分享他的权力,因此统治者的权力不受限制且具有走向极权主义的内在倾向。就此而言,政治绝对主义意味着被统治者的自决被一笔勾销,因而与平等观念格格不入,政治绝对主义只有在假设被统治者与统治者存在根本差别时才能成立。

哲学绝对主义与政治绝对主义之间的对应关系显而易见。认知客体——也就是绝对存在——与作为认知主体的人的关系颇类似于专制政府与被统治者之间的关系。这类政府的无限权力不受被统治者的任何影响,被统治者只能守法,却无从参与立法。与之相似,绝对存在不受我们的经验影响,根据哲学绝对主义理论,认知客体独立于认知主体,后者在其认知过程中完全受制于他律法则。对于哲学绝对主义,或可恰如其分地称为认识论上的极权主义。在后者眼中,宇宙的构造当然全无民主可言,因为被造之物不参与造物的过程。

政治绝对主义与哲学绝对主义不仅存在外在的对应性；其实前者无疑乐意将后者作为其意识形态工具。为了对统治者的无限权力以及所有其他人的无条件的服从进行辩护，统治者必须直接或间接地表现为唯一正确的绝对存在之后裔、绝对存在的代理人或者获得了绝对存在的启示，并且通过神秘的方式取得了绝对存在的授权。专制主义、极权主义政府的意识形态——诸如纳粹主义或布尔什维主义——一旦禁止人们诉诸传统宗教中的绝对存在，便毫不掩饰地显露出将其基本价值——民族观念或社会主义观念——绝对化的企图，并借此令意识形态自身具有了宗教性。

政治绝对主义在心理学上属于夸大自我意识的类型。有的人由于不能或不愿承认并尊重同类为另一自我，也就是与他本人最初体验到的自我同类的实体，因而也就无法接受平等这一社会理想。他们热衷于侵犯别人，具有强烈的权力意志，将自由与和平排除在政治价值之外。典型的情况是，这类人把他自身与他的超我（superego）——也就是理想的自我——看作一体，并以此提升自我意识。对这类人而言，其理想的自我正是手握无限权力的独裁者。因此，我们可以说正是这类人喜爱严格的纪律，热衷于盲目地服从，不是在命令而是在服从中找到幸福。其实这种人从心理学的角度来看一点儿都不矛盾：他把自己和权威当成了一回事，这就是服从的秘诀。

（十）宽容原则

既然自由与民主的原则倾向于最少的控制，民主便不能是绝对的控制，即使是多数人的绝对控制也不行。因为只有在不仅预设了反对者也就是少数派的存在，而且承认少数派的存在并保障其权利时，人民中的多数对他人进行控制才能有别于其他形式的控制。苏维埃政治理论对民主一词的滥用莫过于将无产阶级专政伪装成有利于多数穷人而非少数富人的民主，并把民主界定为暴力镇压少数人的组织。"无产阶级专政，"列宁写道，"对压迫者、剥削者、资本家采取一系列剥夺自由的措施。"①姑且不论这些人在无产

————————

① 列宁：《国家与革命》，第81、246页。

阶级专政之下已不再是压迫者、剥削者和资本家,至多是前压迫者、前剥削者和前资本家;但只要这些人存在,他们就一定是社会中的少数。凡此种种,尤其是以镇压少数人为要务,令苏维埃国家不足以自居民主之名。

自由观念已从无政府的自然自由转变为参与统治的政治自由,但这并不意味着完全抛弃了自然自由的观念,认识到这一点极其重要。自然自由中被保留下来的部分是对政府权力进行某种限制的原则,这正是政治自由主义的基础性原则。现代民主与政治自由主义不可分离,自由主义的原则是政府不得干涉私人利益的某些领域,这些领域被法律作为基本人权或基本自由加以保护。正是对这些权利的尊重才保证了少数人不会受到多数人的恣意统治。因为多数人与少数人、政府与反对派之间潜在的紧张关系会引起辩论,民主制下的国家意志正是通过辩论形成的,我们可以恰如其分地说,辩论就是民主。因此,国家意志——也就是法律秩序的内容——是妥协的结果。① 因为民主这种政体具有爱好和平、缺少侵略性的特点,所以能够确保内部和平。于是民主的本质就包含了宗教信仰自由、言论和出版自由,尤其包含了科学研究的自由。青睐理性科学并乐于保护科学研究免受形而上学和宗教臆断的干扰,这是在政治自由主义影响下形成的现代民主的特征。作为政治自由主义基石的自由观念不仅要求人的外在涉他行为必须出于本人意志,即使行为是出于国家意志,个人的意志也必须参与了国家意志的形成;还要求人的内在行为——也就是他的思想——只服从他的理智,而不必服从存在于或被认为存在于他的理智之外的超验权威,这种权威超出了他理智的能力因而无法为他的理智所分享。现代民主众固有的自由主义因素不仅意味着个人享有政治自由,而且意味着人的智识自治与理智自治,这正是理性主义的本质。

上述态度在科学研究方面完全符合我们对一个典型民主主义者的刻画。在选择决断还是认知、控制世界还是理解世界的巨大困境中,他更倾向

---

① 相对主义价值哲学令这些妥协成为可能,但妥协却不是民主的本质或"赋予民主生命的原则"(参见哈洛韦尔:《民主的道德基础》,第27—28页)。赋予民主生命的原则是结合了平等的自由。

于选择认知而非决断、理解世界而非控制世界,这是由于在这类人格中,权力意志与自我体验(ego-experience)相对减弱,而自我批评则相对增强。这样一来,就确保了对于科学的信念,科学正是因其批判性才具有了客观性。

专制国家却对反对派毫不宽容。专制之下既没有辩论也没有妥协,因此也就没有宗教信仰自由和言论自由。如果决断压倒了认知,正义也就胜过了真理。但何谓正义只能由国家权威独断,公民的意志和意见都必须服从此权威,因此与权威不一致不仅是错误,同时也是可惩罚的罪过。专制政体之下根本没有科学研究的自由,只有政府的驯服工具才能得到宽容,这种说法是很有道理的。没有什么比丧失对客观科学的信仰——科学不应受政治利益影响,因而科学研究必须是自由的——更能反映一种或多或少赞成专制的智识立场了。一旦其他理想凌驾于客观认知的理想之上,民主也就岌岌可危了。这种智识立场的动摇往往与将一项更高的非理性价值置于理性价值之上的倾向联袂而行。这意味着在宗教与科学的冲突中,宗教压倒了科学。

(十一) 民主的理性特征

民主的理性特征尤其表现为:这种政体倾向于建立由一般规范组成的国法秩序,并为此精心设计规范的创制程序。其目的显然是通过预先制定的法律决定法院和行政机关的行为,以便使上述行为尽可能具有可预期性。民主政体直言不讳地要求国家权力运行过程的理性化。唯其如此,立法权才被视为其他国家权力的基础。合法性(legality)的理想扮演了决定性的角色:合法性原则假定国家的个别行为一旦符合了一般法律规范就被视为合理。法律意识中最突出的不是绝对正义,而是法律的安定性。相反,专制政体蔑视这种权力的理性化,并竭尽所能地避免用预先制定的法律规范对国家行为,尤其是独裁者的行为进行任何决定,因为这意味着对自由裁量权的限制。独裁者既然是最高立法者,他就不应受任何他所制定的法律约束:君王不受法律约束(*princes legibus solutus est*)。柏拉图的理想国是专制政体的原型,理想国根本没有一般的法律规则。"高贵的法官"在审理案件时拥有无限的自由裁量权。当然,这也是由于柏拉图的国家只是个非常小型的共同体。在平均规模的国家中,独裁者无法事必躬亲地发布所有必要的行政与司法决定,因此必须有下级附属机构。为了让那些机构贯彻独裁者的意图,他可以通过法律约束那些机构。但他依然为自己保留了一种绝对权力,即他在处理任何个案时都可以不适用上述法律,只要他自己认为这样做是适当的。因此,专制国家根本不可能有法律的安定性。尽管行使国家权力的每个行为都标榜是在实现正义,正义却无法呈现为一般原则,正义就其本质而言是不可定义的。正义只能体现在个别的决定中,如果决定反映了个案的特殊性,该决定就是正义的。正义是统治者的不传之秘,这是他个人的德行,是他源自神圣血统的超能力,是他独裁权力的正统性(legitimation)来源。专制政体不同于民主政体,它拒绝通过施政纲领公开其目标。纵然被迫提出纲领,其只是充斥着华丽辞藻和空洞许诺的货色,却装作要满足那些最相互抵牾的诉求。对于这种批评,一种可能的辩解是,施政纲领不包括也不可能包括这种政体想要成就的伟业。一般规则无法把握并调整变动不居的生活,一切都取决于具体的行动,取决于对创造性契机(kairos)的不可言传的把握。

由于民主国家要求法律的安定性——也就是合法性——以及国家权力的可预期性,于是建立了通过控制国家权力来确保其合法性的制度,其结果则是公开性原则被普遍接受。典型的民主主义倾向于将事实公之于众,这种倾向引起了一种关于民主政体的肤浅且不怀好意的说法,即民主比专制更容易滋生腐败。这是一种毫无根据的臆断,其实是专制统治因奉行与公开性相反的原则,其腐败不为人所知罢了。在专制政体下,没有控制国家权力的措施,因为这种措施被认为只会影响政府的效率,也没有公开性原则,只会尽最大努力去掩盖一切可能削弱政府权威、破坏官员纪律以及影响公民服从的事情。

前文已经指出,民主制所具有的理性化和批判性态度会招致宗教及形而上学意识形态的厌恶,专制国家却会利用后者维持其权力。民主与专制的斗争在很大程度上是在以批判理性的名义反对诉诸人类精神中非理性力

量的意识形态。然而,任何政体离开了意识形态的辩护似乎都举步维艰,民
主国家也会利用意识形态。但民主主义的意识形态更加理性化,也不那么
脱离现实,因而也就不如专制政体所利用的意识形态那么有效,这是一个规
律。专制主义政府对被统治者的控制越严,对其真正的本质的掩盖就越紧。
诚然,专制主义政府赖以成功的宗教或形而上学意识形态——譬如平民政
府实现了上帝的意志之属——偶尔也为民主国家所用,但"民之声,神之
声"(vox populi vox dei)这句口号却从未被真正当回事。假装因上帝的恩惠
而登上宝座的君主或者因自称受超自然力量启示的领袖才不会将其头顶的
神授光环或身上的超凡魅力归功于人民,才不会去感谢"美国先生和美国
夫人"(Mr. and Mrs. America)。假如一个民主政府也用上述方式证明自身
的合理性,那这种狐假虎威的做法就太过诡异了。

(十二) 领导人问题

民主与专制的对立也体现在对领导人地位的不同解释上。在专制主义
意识形态中,领导人代表着绝对价值。他因血统神圣或天赋异禀而不仅仅
被当作一个共同体创造或能够创造的机关,而是被想象为独立于社会之外
的权威,共同体的统一反而依赖他来维系。因此,领导人的产生或设立问题
根本无法通过理性认知加以解决。政治现实中不可避免的篡权也被精心包
裹在领导人的神话之中。在民主国家,对官员任命的思考则沐浴着理性之
光。领导人仅代表相对价值而非绝对价值。共同体的所有机关都由选举产
生且任期有限。即便最高行政首长也只是某段时间和某些方面的"领袖",
他的任期和权限都受到限制。尽管他行使着领导国家的权力,但也像其他
普通公民一样可对他进行批评。专制领导人超然于共同体之外,而民主领
导人则厕身于共同体之内,从这一事实可以推论:专制领导人凌驾于社会秩
序之上并因此不必对该秩序所建立的共同体负责,或者像意识形态所表述
的那样,仅对上帝和他自己负责;而民主领导人位居社会秩序之下并因此要
对社会秩序负责。由于领导人在民主国家并不具有超自然的品质,并且由
理性、公开、可控的程序产生,领导权就不会总是被一个人独占。公开、批评

与责任令领导人不可能终身任职。民主制总是或多或少具有频繁更换领导人的特点。就此而言,民主制具有动态的性质,稳定地从被统治的共同体中不断产生出统治者。专制国家表现出一种毫不避讳的静态特点:统治者与被统治者的关系令这种流动的趋势被冻结了。

　　总的来说,民主制缺乏权威主义尤其是元首理想(Fuehrer-ideal)的土壤。父亲是权威的原型,是一切权威的最初样本,就此而言,民主社会在观念上是个无父(fatherless)社会。民主制试图缔造一个平等的共同体,其原则是彼此配合,母权组织是其原始形式。在母权组织中,共同生活的男子都是同母兄弟。法国大革命中的自由、平等、博爱三位一体是民主的真正象征。相反,专制社会就其本质而言是个父系共同体,其范围依父子关系而定。这种社会在结构上体现的不是相互配合,而是上下级的关系,也就是等级链接(hierarchical articulation)。我们可以说正是由于上述原因,专制社会比民主社会的生命力更顽强。而且专制国家的历史的确比民主国家长得多,打个比方来说,民主国家只有在幕间休息时才偶尔登台表演。民主国家看起来也不像专制国家那么强大有力,因为专制国家可以不假思索地消灭任何敌人,而民主国家要坚持合法性、言论自由、保护少数人权利以及宽容原则,这些原则都直接对它的敌人有利。民主政体相对于专制而言有一个似是而非的优势、一个可疑的有利条件,这可能就是它能以特定的方式自行形成国家意志,从而消灭自身的存在。但专制国家根本不能以合宪的方式解决利益冲突——民主国家也存在这种冲突——这却会造成重大的危险。从心理—政治建构的角度来看,民主制度的运行机制着眼于将大众尤其是反对党的政治情绪提升到社会意识的阈值以上,从而让他们得到“发泄”。而专制社会的稳定则是依靠将政治情绪压抑在一定程度内,从而使其与社会无意识相吻合。至于民主与专制两种手段究竟哪个更适用于在面对革命的颠覆时维护统治,这个问题我们就让它继续悬而未决吧。

　　前文提到,在试图模糊民主与专制界限的诸多努力中,那种把民主问题当作领导权问题的做法具有不容低估的重要性。法西斯主义和民族主义无可否认的成功让这种做法一时间甚嚣尘上。其目的是提出一种与传统民主学说相反的新民主学说,强调领导人能力的重要性。这就导致了权威民主制这一概念的产生。当然,这是个自相矛盾的术语,但却足以令这种学说的信徒承认法西斯主义也是一种民主。[①] 墨索里尼(Benito Mussolini)宣称:"法西斯主义反对民主,民主制将国家与多数派画等号,这就贬低了少数派的地位;然而法西斯主义又是最纯粹的民主——只要我们不是从数量而是从质量的角度考虑国家(本应如此),只要少数人哪怕一个人的良心和意志所践行的最强大的理想(因其最道德、最一致、最真实,所以最强大)得到所有人的践行,也就是说刚好组成国家的所有人……"[②]

　　民主国家也有领导人,民主政体即使不青睐大众热切支持的政治强人,至少也不会去阻止这样的领导人产生,这当然是不容否认的。同样不容否认的是,这样的人物一旦出现,就可能造成取消民主政体并代之以伪装成民主的专制或独裁的恶果。合宪的措施,诸如罢免制度——也就是人民投票将官员免职的程序——或者古代民主制的预防性放逐,已被证明效果不彰,这也是实情。但上述事实却不能证明把民主的问题与领导人的问题混为一谈是合理的。民主政体是否可取并不取决于其是否高效,其他政体可能更高效,而是取决于其能否最大限度地实现个人自由。因此,对于高效政府——或是被认为是高效的政府——的渴求不能证明以高效代替民主即民治这一定义就是合理的。在这种高效的政体中,人民的积极权利被剥夺了,

---

[①]　这种学说的典型代表之一是施密特(Carl Schmitt)的理论,他曾作为国家社会主义的理论家享受了短暂的成功。他的《宪法学》(*Verfassungslehre*, Munich and Leipzig: Duncker & Humblot, 1928)试图抹杀民主与独裁的界限。施密特承认苏维埃俄国和法西斯意大利是独裁统治(第81—82页),他认为独裁的特征是"独裁者的权力并不由一般规范详细地确定,其权威的范围和内容取决于他本人的自由裁量"(第237页)。他进而主张多数票原则不是民主主义而是自由主义的特征。(第82页)"人民的意志"可以通过与"秘密投票及计票结果无关"的"鼓掌通过或无竞争的公众意见"来表达。在此情况下,连随后进行的秘密投票结果与人民意志的自发表达和欢呼是否吻合都无法确定。因为一般的规律是,公共意见仅能由人民中积极参与政治的少数人代表,而有选举权的公民中的绝大多数并不一定对政治感兴趣。因此,那些缺乏政治意志之辈却有权做出决定,有政治意志者反而无法反对。这种奇怪的政治原则根本不是民主主义。(第279页)施密特因此宣称:"只有在民主的基础上才能产生独裁。"(第237页)

[②]　墨索里尼:《法西斯主义的学说》("La Dottrina de Fascismo", in *Enciclopedia Italiana*, XIV, 1932),第847—851页。

只能沦为以这样或那样的方式迎合领袖的消极力量。对民主的这种定义只能造成在民主词汇的掩盖下从民主的立场后退的结果——如果只是结果而并非其目的的话。

（十三）民主与和平

前文描述的对内政策的模式也适用于概括对外政策。民主国家毫无疑问地更加珍视和平主义理想，而专制国家则表现出明显的帝国主义倾向。当然，民主国家也发动过征服战争，但其战备程度比专制国家要差得多，需要克服的内部阻力却大得多。因此，民主国家具有一种明显的倾向，即从理性主义、和平主义的政治意识形态出发证明对外政策的合理性。发动或打算发动战争者必须证明这是自卫战争，是由敌方强加给热爱和平的政府的——对于专制国家而言，既然有英雄主义的意识形态，根本用不着采取上述伎俩。民主国家发动战争的另一借口是，宣称战争的目的是为了实现世界——或区域——的最终和平，此和平将通过体现全部民主特征——具有平等权利的国家组成一个共同体，有选举产生的代表组成某种政府，并有世界法院足以解决国际冲突——的国际组织实现，这也是朝着建立世界国家前进的第一步。这种观念在专制主义-帝国主义者看来不仅毫无价值，而且会被当作一种狂热而嗤之以鼻。他们认为这种狂热最终会导致文明的毁灭，在他们看来，物竞天择、适者生存才是文明发展的动力。

（十四）民主与国家理论

如何认识本国与他国之间存在或可能存在的关系，这个问题与涉及国家本质的理论密切相关，而民主型人格与专制型人格各有其相应的国家本质理论。专制型人格因其与强大的独裁者合二为一，从而具有过度膨胀的自我意识，他注定会赞成将国家当成完全不同于个人总和的实体，这是一个超个人、莫名其妙的集体现象，一个神秘的有机体，因而是最高权威，是绝对价值的实现形式。正是对国家加以绝对化和神化的主权概念，通过神圣的统治者体现出其总体性（totality）。前文已经指出，如果在构思世界时从自我出发却忽视你，不承认他人也是自我，因而将本人绝对化为独一无二的主权性自我，在其观念和意志中，整个宇宙由不能称之为自我的他人所构成，这就可能导致哲学绝对主义。政治绝对主义也正是从解释者所属的主权国家出发，以同样的方式解释国际关系的。绝对国家主权学说的一个显著后果是一国主权排斥他国主权，作为国际关系解释起点的那个国家必须被认为是唯一的主权国家。因此，其他作为国家的共同体在法律上存在与否、调整与之交往的其他主权国家之行为的规范性秩序有效与否，完全取决于作为解释起点的那个主权国家的承认和意愿。既然其他国家在法律上是否存在以及它们与主权国家的关系是否适用国际法取决于主权国家是否承认，那么其他国家就不能被认为具有绝对意义上的主权。从这一观点出发，国际法秩序就不再呈现为高于国家——也就是国内法秩序——的规范性秩序，而是沦为承认其效力的那个主权国家的国内法秩序的一部分。那么，整个法律世界就被想象为包含在绝对的国家-自我也就是主权国家的意志中。

　　与上述关于国家和国际关系的理论截然相反，另一理论不把国家当作有别于其成员——组成国家的个人——的神秘实体，也不承认国家是非理性所能知的现象，而是从经验出发将国家看作调整人们之间行为的特殊规范性秩序。这种学说拒绝在人类之外或之上寻找国家的存在，而是在规范秩序的效力与实效中发现了国家的存在，因而也就在因该秩序的规定而承担义务并享有权利的人的精神世界中找到了国家。这种政治理论的结果不是国家的绝对化，而是国家的相对化。这种理论谴责那种为某种权力政策主张目的意识形态化的主权概念，并因此不承认主权概念能够科学地描述政治现实或法律现实。在国家林立的世界中，主权不是也不可能是国家的本质，这种理论通过证明这一点，消除了那种阻碍政治科学和法律科学承认国际法秩序的最顽固偏见。其实国际法秩序不过是以国家为其成员的国家共同体，正如法人团体是国家的成员一般。这种理论指出，法律现象从普遍的国际法社会经由国际组织到具体的国家，再由法人团体组成的国家到个人这一法律主体，国家这一法律共同体不过是这一系列法律现象的中间环节罢了。

从上面的讨论中可以得出前文业已提出的结论,反意识形态的、理性化的政治相对主义理论符合被称作民主型人格的思维类型。这是关于政治现象和法律现象的科学理论,而专制型人格更青睐对社会现象尤其是国家进行形而上学-意识形态的解释。只有民主型人格才允许对包括民主政体在内的不同政体进行客观分析。政治绝对主义的信徒绝不会把民主与专制放在同等地位上进行研究,而是肯定会把他的价值判断带入研究之中。对他来说,评价——也就是赞成或反对——某一政治现象比价值无涉的认知重要得多。如果民主和专制的对立能够被还原为(reduced to)人内在习性的差别,那么关注认知价值的科学立场与关注社会价值的政治立场可以同政治相对主义与政治绝对主义的对立建立起联系。这就不难理解,何以在可以自由开展不受政府干预的科学研究的民主社会,真正的政治科学才繁荣昌盛;而在专制社会中,只有政治意识形态才能得到发展。也就不难理解何以拥护民主、反对专制的人在气质上更适合从事社会科学研究,尤其是从事国家和法律问题的研究;而因其性情拥护专制者更青睐意识形态,故不宜从事科学研究。

(十五)政治思想史上的民主

假如前文对民主与相对主义、专制与绝对主义的关系的讨论还不足以使人信服的话,我将诉诸以下事实:历史上杰出的相对主义者在政治上支持民主,而伟大的形而上学思想家则反对民主。

古代的智者(sophists)是相对主义者,其中最出色的哲学家普罗泰戈拉(Protagoras)提出人是万物的尺度;著名诗人欧里庇德斯(Euripides)也极力赞美民主。而有史以来最伟大的形而上学思想家柏拉图却反对普罗泰戈拉,他主张神是万物的尺度,作为至善的神构成了其理念论哲学的核心。同时,他将民主斥为可鄙的政体。他对民主的批判首先指向他家乡的政制(constitution),并集中反映了他的政治利益。为了评判柏拉图上述观点的客观价值,有必要将其观点与《伯罗奔尼撒战争史》(*History of the Peloponnesian War*)对雅典民主实践的描述做一对照。该书的作者是修昔底德(Thucydides)，他与柏拉图同时代而略年长，是最伟大也最可信的史家之一。修昔底德在书中记下了下面这段伯里克利(Pericles)的话：

> 我们的制度之所以被称为民主政治，因为政权是在全体公民手中，而不是在少数人手中。解决私人争执的时候，每个人在法律上都是平等的；让一个人负担公职优先于他人的时候，所考虑的不是他是某一特殊阶级的成员，而是他有真正的才能。任何人，只要他能对国家有所贡献，绝对不会因为贫穷而在政治上湮没无闻。正因为我们的政治生活是自由而公开的，我们彼此间的日常生活也是这样的。当我们隔壁邻人为所欲为的时候，我们不至于因此而生气；我们也不会因此而给他难看的颜色，以伤他的情感，尽管这种颜色对他没有实际的损害。在我们的私人生活中，我们是自由和宽恕的；但在公家的事务中，我们遵守法律。这是因为这种法律使我们心悦诚服。对于那些我们放在当权地位的人，我们服从；我们服从法律本身，特别是那些保护被压迫者的法律，那些虽未写成文字但是违反了就算是公认的耻辱的法律。……我们把财富当作可以适当利用的东西，而没有把它当作可以自己夸耀的东西。至于贫穷，谁也不必以承认自己的贫穷为耻；真正的耻辱是不择手段以避免贫穷。在我们这里，每一个人所关心的，不仅是他自己的事务，还有国家的事务：就是最忙于他们自己事务的人，对于一般政治也是很熟悉的——这是我们的特点：一个不关心政治的人，我们不说他是一个注意自己事务的人，而说他根本没有事务。我们雅典人自己决定我们的政策，或者把决议提交适当的讨论；因为我们认为言论和行动间是没有矛盾的；最坏的是没有适当地讨论其后果，就冒失开始行动。……如果把一切都综合起来考虑的话，我可断言，我们的城邦是全希腊的学校。①

---

① 修昔底德：《伯罗奔尼撒战争史》，第 2 卷，第 35 节以下。

在对话录《国家篇》(*Republic*)中，柏拉图并未像修昔底德那样承认民主是民治或"多数人"统治，而是称之为穷人的统治。"穷人取胜了，结果就是民主制。他们把敌党的一些人处死，把另一些人流放国外，但是保障其他公民享有同等的公民权以及担任公职的机会，通常用抽签来决定。"①自由的确是民主的基础性原则，但这种自由不过是无政府状态罢了：

> 首先，这些人是自由的。到处充斥着行动和言论自由，每个人想做什么就可以做什么。……既然允许随心所欲，那么显然每个人都会有一套生活计划，爱怎么过就怎么过。与其他政制相比，这种政制会产生更多的人物类型和状况。这也许是最美好的一种政制，就像一件五颜六色的衣裳，绣着各种各样的花，这种政制点缀着各种类型的性格，看上去五彩缤纷。许多人也许因为这个缘故而断定这种政制是最美好的，就像妇女小孩只要一见色彩鲜艳的东西就觉得美。……（民主制下）如果你有资格掌权，你也完全可以不去掌权；如果你不愿意服从统治，你也完全可以不服从，除非你自己愿意服从；如果别人打仗，你可以参战，也可以不参战，别人要和平，你可以要和平，也可以不要和平，完全随你的心愿而定。如果有什么法律阻止你掌权或担任法官，你完全可以不遵守法律而且得到那些职位，就眼下来说，真是一桩妙不可言的赏心乐事。……在民主制下，你肯定会看到那些已经被判死刑或流放的罪犯像亡灵一样来去自由，如入无人之境，没有人会注意他们。民主制过于宽容，对我们建立理想国家时所提出的那些琐碎要求不屑一顾，轻视我们宣布的那些庄严原则。……民主制以轻薄浮躁的态度践踏这些理想，完全不问一个人原来是干什么的、品行如何，只要他从政时自称人民之友，就能得到尊敬和荣誉。……这些就是民主制展示出的相应性质，它看起来似乎是一种令人喜悦的统治形式，但实际上是一种无政府的混乱状态，它把某种平等不加区别地赋予所有人，而不管他们实

① 柏拉图：《国家篇》，第8卷，第557节。

际上是一样的还是不一样的。①

关于民主分子，柏拉图写道："他的生活毫无秩序可言，也不受任何约束，但他自认为他的生活方式是快乐的、自由的、幸福的，想要把它坚持到底。这完善地描写了一位信奉平等的人。"②

不会有人把上面的引文当成是在客观描述民主观念及其在雅典的实践结果。相反，这是民主的仇敌所作的一幅讽刺画。柏拉图对民主主义的自由的敌视在下面的引文中表现得更加淋漓尽致，这也被当作反对民主的一个重要论据："大众的自由在这种城邦里达到顶点，你看花钱买来的男女奴隶与出钱买他们的主人同样自由。我差点忘了提到男女之间的自由与平等精神。"在柏拉图荒诞不经的夸大其词中，他甚至写道："若非亲身经历，谁也不会相信在这样的城邦里，连人民驯养的家畜也要比其他地方的自由得多。那里的家犬在举止上完全证实了'有其主必有其仆'这句谚语。那里的马和驴也会享有最大的自由和尊严，它们在大街上行走，要是有人挡道，就把人踩倒。总之，那里的一切都充满自由精神。"③

自由毫无政治价值，这成了《国家篇》所勾勒的理想国政制的宣言。这一理想蓝图的主旨是证明哲学不仅支配个人而且支配社会这一设想的合理性。当然，并不是随便什么哲学都有如此功效，只有真正的哲学，也就是他柏拉图的哲学才能引导人们洞悉善的理念；谁具有这一洞见，谁才有资格去统治。④　人民大众"不可能成为哲学家"，只有极少数人"适于从事哲学"。⑤所以人民大众绝不可能统治自身，只有少数人，"研究哲学和从事政治领导的事情天然地属于这些人，让他们担任统治者对那些不研究哲学、只知道服

---

① 柏拉图:《国家篇》，第 8 卷，第 557 节以下。
② 柏拉图:《国家篇》，第 8 卷，第 561 节。
③ 柏拉图:《国家篇》，第 8 卷，第 564 节。
④ 参见拙文《柏拉图式的正义》（"The Platonic Justice"，*Ethics*，XLVII，1938），第 367 页以下。
⑤ 柏拉图:《国家篇》，第 6 卷，第 494、495 节。

从领导的人也是合适的"①。正是上述原则决定了柏拉图理想国的政制。理想国的居民分为两个阶级:一个阶级由工匠、农夫、手艺人和商人构成,他们的任务是确保共同体的经济需求得到满足;另一个阶级称作保卫者或武士,是一个由男人和女人组成的对外抵御城邦的敌人、对内维持城邦秩序的集团。武士阶级中的少数人通过特殊的训练被挑选出来,他们就是哲学家。训练令哲学家能够认识善的理念并"把善作为治国的样板,令城邦井然有序"。② 他们会把大部分时间用来研究哲学,只有在轮到他们当值时,才扮演统治者的角色。柏拉图并未排除他们中的某人独自掌权的可能性,在他谈及统治者时,经常使用的是"哲学家"这一单数形式。他写道,城邦应交由"哲学家"统治,③而哲学家"与神的秩序有着亲密交往,在人力可达的范围内使自身的灵魂变得有序,就像神一般"。④ 他强调由"真正的国王"统治才最幸福,⑤而哲学王才是真正的国王。不论人民大众还是武士阶级的其他成员都不能参与统治,统治权也不受任何法律限制,这就是典型的专制。

在亚里士多德的《形而上学》(*Metaphysic*)中,绝对存在表现为"自身不动的第一推动"。⑥ 一定有"推动他物却不为他物所推动的永恒且实在的运动",⑦这个不动的推动者同时也是纯粹且绝对的理性,是至善和神性。在这种绝对存在中,绝对专制是被认可的。这种观念在下述引文中表现得昭然若揭:"世界拒绝坏的统治。"他接下来还引用了荷马(Homer)的诗句——"主人多了糟糕,一人当家为好"。⑧

与形而上学中的观点相一致,在亚里士多德的《政治学》中,君主政体——"一人为公共利益统治的政体"——是最佳政体,民主政体却被他斥为一种蜕化,是所谓"共和政体"(polity)堕落的结果。他称共和政体为"多

---

① 柏拉图:《国家篇》,第6卷,第474节。
② 柏拉图:《国家篇》,第7卷,第540节。
③ 柏拉图:《国家篇》,第7卷,第501节。
④ 柏拉图:《国家篇》,第7卷,第500节。
⑤ 柏拉图:《国家篇》,第9卷,第576节。
⑥ 亚里士多德:《形而上学》,第4卷,第1012节。
⑦ 亚里士多德:《形而上学》,第7卷,第1072节。
⑧ 亚里士多德:《形而上学》,第7卷,第1076节。

数公民依共同利益进行统治",而在民主政体中,人们则是为了私利行使权力。① 亚里士多德对"共和"一词的用法很奇怪,他一方面公开承认"共和"是"所有政体的总称",另一方面又用"民主"这个被普遍接受的术语指代多数或全体公民统治的政体,而后者正是他赋予"共和"一词的意义。亚里士多德对术语传统用法的偏离只能解释为他有意贬低被希腊世界承认并接受为"民主"的那种政体。即便共和政体真的是多数人为了公共利益的统治,在亚里士多德的六种政体的分类表中也不过排名第三而已。亚里士多德将城邦政制分为六种,其中三种好政体是君主制、贵族制和共和制,三种坏政体则是僭主制、寡头制和民主制。②

作为其形而上学的结果,亚里士多德对自然的目的论解释直接与原子论者的机械论观点相对立,后者正是由于抛弃了同时作为终极目的之因才成了近代科学的先行者。德谟克利特(Democritus)和留基波(Leucippus)提出反形而上学的原子论绝非偶然,正如前者所宣称的:"民主制下之贫穷犹胜于君主制下的繁荣,后者无非是奴隶的自由而已。"

在中世纪,天主教形而上学与所谓君主制因体现宇宙的神圣法则而是最优政体的说法并行于世。阿奎那(Thomas Aquinas)神学是哲学绝对主义与政治绝对主义珠联璧合的典型例证。他在《论君主政治》(*De Regimine Principum*)中写道:

> 任何统治者都应当以谋求他所治理的区域的幸福为目标……但是,一个社会的幸福和繁荣在于保全它的团结一致……现在显然可以看出,凡是本身是一个统一体的事物,总能比多样体更容易产生统一;

---

① 亚里士多德:《政治学》,第 3 卷,第 1279 节。

② 亚里士多德的政治理论并非始终如一,他也接受中庸民主制,也就是中产阶级强于另外两个阶级——富人和穷人——的民主制,这种政制中的财产受到保护而不至被没收,因此对多数城邦而言是最佳的政体。(《政治学》,第 4 卷,第 1295 节;第 5 卷,第 1309 节;第 6 卷,第 1320 节)参见拙文《亚里士多德与希腊-马其顿政策》("Aristotle and Hellenic-Macedonian Policy", *Ethics*, XLVIII,1937),我在文中试图说明亚里士多德理论中的上述矛盾。

正如本身是热的东西,最能适应热的东西一样。所以由一个人掌握的政府比那种由许多人掌握的政府更容易获得成功。……既然自然始终以最完善的方式进行活动,那么最接近自然过程的办法就是最好的办法。可是在自然界,支配权总是操在单一个体手中的。在身体的各器官间,有一个对其他一切器官起推动作用的器官,那就是心;在灵魂中有一个出类拔萃的机能,那就是理性。蜜蜂有一个王,而在整个宇宙间有一个上帝,即造物主和万物之主。这是完全合乎理性的:因为一切多样体都是从统一中产生的。因此,既然人工的产物不过是对自然作品的一种模仿,既然人工的作品由于忠实地表现了它的自然范本而日臻完美,由此必然可以得出结论:人类社会中最好的政体就是由一个人所掌握的政体。①

同样的观念也体现在他另一作品《神学大全》(*Summa Theologica*)中。② 库萨的尼古拉(Nicolaus of Cusa)却与阿奎那不同,他在哲学上宣称"绝对"不可知,在政治理论上则主张人的自由与平等。延及近代,斯宾诺莎(Baruch de Spinnoza)反形而上学的泛神论与他在道德和政治领域对民主的

① 阿奎那:《论君主政治》,第 1 卷,第 2 章。
② 阿奎那:《神学大全》,第 1 卷,第 103 题,第 1 条。在这部作品中有一个关于宽容的非常有趣的观点:"人的统治源自上帝的统治,因此也应效仿上帝的统治。以上帝的权能和至善,尚且偶尔容许世界上有恶行存在而不加阻止,因为一旦阻止就会破坏更大的善,或者造成更大的恶。因此人的统治也是如此,掌权者理应容许某些恶行存在,以免破坏某些善或造成更大的恶。……所以,尽管异教徒因其信仰而有罪,对他们也要宽容,因为他们能从宽容中获得某些善或避免某些恶。那么,既然犹太人的信仰是我们的真正信仰的前身,我们能够从敌人的信仰中获得自身信仰的证明和象征,我们就应当宽容犹太人的信仰。但其他异教徒的信仰不包含一丝一毫的真理与益处,对其持宽容态度就是不明智的,除非是为了避免某些恶,诸如禁止异教信仰会带来流言蜚语或造成议论纷纷,或者会给异教徒的救赎造成障碍,因为他们如果受到宽容,原本会皈依真正的信仰。正是出于上述理由,当异教徒的规模庞大时,教会有时甚至对异端和反基督者也持宽容态度。"(阿奎那:《神学大全》,第 2 卷,第 10、11 题)沃格林建议,不要相信"有害的"实证主义及其对社会存在的价值无涉的描述,而是要依赖"形而上学思辨"的方法,诸如柏拉图和亚里士多德的方法,以及阿奎那提出的"神学象征"(参见沃格林:《新政治科学》,第 6 页以下)。如果不对上述权威的政治哲学所带来的后果加以考量,我们是无法接受他的建议的。

坦率论述可谓相得益彰；而形而上学思想家莱布尼茨（Gottfried Wilhelm Leibniz）却维护君主制。英国反形而上学经验主义的奠基人同样是政治绝对主义的坚定反对者。洛克（John Locke）强调君主制与市民社会难以和谐，因而根本成其为一种政体。诚然，休谟（David Hume）而不是康德才称得上形而上学的摧毁者，尽管休谟不如洛克那么进步，但也在其光辉著作《论原始契约》（*Of the Original Contract*）中提出，民众的同意是政府最神圣的基础，而在其论文《完美共和国之观念》（"Idea of a Perfect Commonwealth"）中，休谟甚至还为民主共和国拟定了宪法。康德紧随休谟，在其哲学中证明任何形而上学思考毫无益处，但在伦理学中，他却再次引入了被系统地排除于理论哲学之外的绝对存在。相应地，他也未能保持一以贯之的政治立场。尽管康德同情法国大革命并崇拜卢梭，但既然生活于普鲁士警察国家的君主专制之下，他也就不得不在表达政治主张时小心翼翼了，因此他的政治理论未敢直抒胸臆。相反，主张绝对客观精神的哲学家黑格尔（Georg Wilhelm Friedrich Hegel）同时也是君主制的积极鼓吹者。

（十六）民主即政治相对主义

黑格尔的信徒为了与19世纪德国的民主运动抗争，提出了"要权威，不要多数！"（Authority, not majority!）的口号。的确，若相信绝对存在，进而相信绝对价值与至善——借用柏拉图的术语，又岂能容忍靠少数服从多数而决定何为政治上的善呢？立法是确定社会秩序的内容，不依据对被统治者最有利的客观存在，而是任由人民或其多数依其或对或错的信念决定何为其最大利益——这种民主主义的自由平等原则所产生的后果，只有在不存在诸如何谓尽善尽美这类问题的绝对答案、不存在至善这种东西时才可能是正当的。纵然由无知群众的多数做出决定，也好过求助于因其神圣起源或启示而独占关于至善知识的独夫——这种办法并不荒唐——假如我们坚信不可能有那种知识，因而没有谁有权将其意志强加于人的话。价值判断仅具有相对效力，这是哲学相对主义的基本原理之一，这意味着在逻辑上及道德上皆不能排除相反价值判断存在的可能性。而民主的基本原则之一是,由于人人平等且自由,故应尊重他人的政治观点。宽容、少数人的权利、言论自由与思想自由这类民主制的特征,在基于对绝对价值的信仰而建立起来的政治制度中皆无立足之地。这种信仰将不可避免地导致——现实中也往往如此——那个被认为掌握绝对善之秘的独夫宣称其有权将自身之观点与意志加诸犯错者。如此一来,犯错便等于有罪且应受惩罚。然而,如果认识到人类的知识与意志仅能获得相对价值,就不难得出下述结论:仅当合乎多数人意志时才能将社会秩序强制施行于少数人。有时或许少数人而非多数人的主张才是正确的。恰恰是由于只有哲学相对主义才承认的朝真暮伪、昨是今非的可能性,少数人才必须拥有自由表达其意见以及成为多数派的充分机会。也只有在无法绝对地确定对错时,才可能充分争论这一问题,进而通过争论达成妥协。①

① 如果认为实证主义的相对主义价值理论根本不承认价值存在,这将是一种非常恶劣的曲解。这种曲解确实发生了,哈洛韦尔就是其中一例。他认为相对主义价值理论否认“道德法则或道德秩序”的存在(哈洛韦尔:《民主的道德基础》,第76页),因此把民主只是当作一种“拟制”(fiction),于是反对专制(或暴政)“不仅毫无意义也不可能有结果”,既然专制“无可避免,我们还不如现在就投降”(第21页)。实证主义的相对主义仅表明价值判断——没有价值判断,人就无法行动——尤其是民主是好的或者最好的政体这一判断无法靠理性的方法和科学的认知证实为绝对正确,也就是说,这一判断不能排除相反价值判断存在的可能。从相对主义价值理论的观点来看,即使真的建立了民主,也只是实现了上述意义上的相对价值,但民主却是个事实而非拟制。假如有人将自由作为对他本人而言的最高价值,因而认为民主优于专制,那么对他来说,最有意义的行动莫过于为支持民主、反对专制而斗争了,因为这种斗争意味着为他以及与他怀有同样政治理想者创造最佳的社会环境。假如民主的支持者的规模足够大,他们的斗争就不会没有结果,而是可能取得巨大成功。相对主义价值理论的唯一后果是:不会把民主强加给其他政体的青睐者,即使是在为自身的政治理想而斗争时,也依然意识到对方同样是在为理想而斗争,意识到要以宽容的精神对待对方的斗争。

　　相对主义价值理论不否认存在道德秩序,因而不像有时被认为的那样缺乏道德和法律担当。这种理论只是不承认存在唯一可以自居有效且放之四海而皆准的秩序。相对主义价值理论坚定地认为,存在着多个大相径庭的道德秩序,因此人必须在这些秩序中进行选择。这样一来,相对主义就给个人施加了一项独立辨别是非的困难任务。这当然是人所能想象到的最严峻的道德责任。那么,实证主义的相对主义就意味着道德自律。

　　假设存在着绝对价值并且能够靠理性认知的方法从事实之中推导出价值,这就等于预设了价值内在于(immanent)事实。哈洛韦尔将上述假设表述为“古典实在论”(classical realism)的原理。“存在与善相互从属,通过关于我们是什么的知识,能够获得关于我们应如何行事的知识。了解了人是什么,就等于了解了他应做什么。”(第25页)上述原理的基础却是一个逻辑上的谬误,一个自然法学说的典型谬误。　(接下页)

　　这就是我们称之为民主的政治制度的真义，也正因为民主就是政治相对主义，我们才称其为政治绝对主义的对立物。①

（接上页）从是什么无法合理地推导出应当是什么或应当做什么。离开了恶就无法想象什么是善，因此与存在相互从属的不仅是善，还有恶。既然存在自身并不包含区分善恶——"存在"既不比恶多一分，也不比恶少一分——的标准，那么也就不可能通过关于我们是什么的知识，获得关于我们应如何行事的知识，因为我们既是善的也是恶的。有人想要用人类总是打仗这一事实来证明战争不符合人的本性，但从这一事实既得不出应当打仗的结论，也得不出不应打仗的结论。因此，从关于是什么的知识，尤其是我们是什么的知识得不出"可以指导我们的个人生活和社会生活趋于合乎人类本性完善生活的普遍适用的原则"（第25—26页），也就是构成绝对社会价值的原则。实际上，最相互抵牾的原则都自称是能够从"我们是什么"的知识中推导出来的，也就相当于是从人的本性中推导出来的。

　　要坚持"存在与善相互从属"以及从是什么的知识推出如何行事的知识这一原理，只能依赖以下信仰：世界是上帝的造物，因此是上帝至善意志的实现，而人类是上帝依照自身的形象所造的，人的理性也就与上帝的理性存在某些联系。哈洛韦尔正是一以贯之地诉诸这一信仰。哈洛韦尔强调，"我们必须重建"，"这一信仰，即人是独一无二的存在，其理性是上帝形象的反映"，必须重建"自然法信仰据以立足的神学基础"。（第83页）假如我们抛弃了科学王国，重建了上述信仰和自然法的神学基础，那么民主的道德——在这种情况下也就是宗教——基础将会面临更大的问题。正是基于神学自然法学说，菲尔默（Robert Filmer）才反对民主，并认为民主违背人的本性且不符合上帝的意志。关于民主与宗教的关系，本文第二节会专门讨论这个问题。

①　斯托克斯（J. L. Stocks）在《理性与直觉》（*Reason and Intuition*, London and New York: Oxford University Press）一书的第143页写道："政治领域中民主理想的盛行与科学和其他思想领域中经验主义方法论的实践之间，有着天然的联系……尤其引人注目的是，思想上经验主义倾向最根深蒂固的国家恰好也是民主制最坚如磐石的国家。在欧洲大国中，英法两国因其最民主也最注重经验而饮誉世界；而德国最不民主，也最嗜好模棱两可的形而上学体系——这绝非偶然。"胡克（Sidney Hook）在《民主的哲学预设》（"The Philosophical Presuppositions of Democracy", *Ethics*, LII, 1942, pp. 275 - 296）一文中认为："有关存在或发生的理论与任何伦理学或政治学理论之间都没有必然的逻辑关系。更准确的表述是，对我而言可以证明任何形而上学体系也不能明确地决定伦理学或政治学体系。"（第284页）然而，他却承认："对我而言，有足够的证据证明一定时期的社会运动与形而上学学说之间存在特定的历史联系；我将进一步证明下述命题在历史意义上是成立的：唯理主义的形而上学因其在所代表的文化中具有半官方身份，从而总是比经验主义或唯物主义的形而上学更多地用来支持反民主的社会运动。"（第283—284页）他还写道："如果经验主义是一个反映哲学立场的属概念，它就涵盖了以经验检验事实和价值的全部主张，那么经验主义这种哲学就更契合于民主主义的而非反民主主义的共同体，因为经验主义令道德价值与社会制度背后的深层利益暴露在批判之下。"（第280页）胡克区分了两类形而上学，即关于存在的形而上学与关于发生的形而上学、"唯理主义"的形而上学与"经验主义或唯物主义"的形而上学，而且看来他认为唯理主义的形而上学与超自然宗教真理的信仰密不可分（参见第280页）。我只在后一种意义上使用形而上学一词。我也不主张民主与经验主义的相对主义之间、专制与形而上学的绝对主义之间存在"必然的逻辑"联系。两种政治制度与两个相应哲学体系间在我看来可以称之为"意气相投"（congeniality）的关系。但胡克并未考虑到哲学绝对主义与政治绝对主义之间的关系，尤其是"唯理主义"形而上学与专制的关系；也未考虑到哲学相对主义——与经验主义存在本质上的联系——与民主的关系。而上述关系对我而言是至关重要的。

（十七）耶稣与民主

《约翰福音》（Gospel of St. John）第 18 章描写了对耶稣（Jesus）的审判。这个简单的故事以平实的语言描述了世界文学史上最为庄严崇高的一幕，并且无意间成了绝对主义与相对主义冲突的悲剧象征。

耶稣在过逾越节（Passover）时被控冒充上帝及犹太人之王，并被带到罗马巡抚彼拉多（Pilate）面前，彼拉多带着讥讽讯问这个他眼中的可怜疯子："你可是犹太人的王吗？"但耶稣却将这个问题看得颇为郑重，他以强烈的神圣使命感答道："你说的是。我为此而生，为此而来到这世界，我来为真理做见证，站在真理一边的人必听我的话。"彼拉多问道："什么是真理？"因为这个罗马人是位向来怀疑一切的相对主义者，他并不晓得何谓真理，更遑论眼前这个人所信仰的绝对真理了。彼拉多按惯例将此案件交付民众表决。福音书（Gospel）继续写道，他出去来到犹太人面前，对群众说道："我未发现这人有什么罪，但依你们的规矩，要我在逾越节放生一人。你们要我开释这个'犹太人的王'吗？"群众便喊道："不要这人，要巴拉巴（Barabbas）。"福音书补充道："巴拉巴是个强盗。"

对于那些笃信上帝之子与犹太人的王为绝对真理证据的人，这里描写的审判不啻为反对民主的有力论据。我们这些政治科学家也不得不接受此论据。但却有一个条件：我们也要像上帝之子笃信他的真理一般笃信自身所欲实践的政治真理，而且在必要时也如他一般不惜为真理流血牺牲。

二、 民主与宗教

（一）作为正义问题的民主

上一节阐明了民主的哲学基础，但这不构成也不可能构成对民主这种政治组织的绝对辩护，我的意图不是也不可能是证明民主为最优政体，而只是对社会现象进行科学的——科学的意思是客观——分析，并不涉及对社会现象的评价,因为评价就意味着预设某一社会价值无条件地有效,然后再证明民主正是此价值的实现。从政治科学的观点来看,不可能对民主做出这种辩护,因为政治科学不承认某一社会价值能够排除其他社会价值,而只能确定人们在社会现实中接受了不同乃至相反的社会价值,进而验证什么才是实现这些价值的最佳的手段。因为目的与手段的关系正是原因与结果的关系,因果关系能够由科学客观地确定,而承认某一目的为最高价值,即不作为另一更高目的之手段的价值,这就非科学所能了。所以,关于民主的科学理论只能主张民主这种政体试图实现个人的自由与平等,假如自由与平等是应予实现的价值,那么民主就是恰当的手段。这意味着,假如应予实现的价值是共同体成员的个人自由与民主以外的其他价值,譬如增强国力,民主恐怕就不是合适的政体。这当然也是对民主的一种辩护,但只是有条件的辩护,相对主义哲学的基础是科学而非形而上学或宗教,它所能提供的也只能是这种辩护。这种辩护将哪些社会价值应予实现的问题留给政治现实中行动着的个人去决定,而不是也不能将这个重大责任一肩挑起。

归根结底,这正是相对主义哲学遭到强烈抵制的原因所在。很多人不能或不愿承担决定哪些社会价值应予实现的责任,当此决定攸关其个人幸福时尤其如此。于是人们就从自己的良心转向外在的权威,因为后者能够告诉他们什么是对、什么是错,能够回答什么是正义。人们在寻求一种无条件的辩护,并渴望以此慰藉他们的良心。在宗教中,人们找到了这种权威。这也能够解释,何以在我们所处的这个政治上高度紧张的时代会出现一个日益强大的思想运动:支持宗教的形而上学和自然法学说,反对理性的实证主义和相对主义。领导这一运动的基督教神学为民主提供了辩护,并保证此辩护比仅由科学的政治实证主义和法律实证主义所提供的辩护更加有效,因为后者的辩护是有条件的,故属未知之数。在基督教神学看来,民主问题就是个神学问题,并且据称将被当作神学问题来解决。而神学意味着绝对正义,也就等于基督教自然法。近来民主神学最引人注目的成果是两位新教神学家的作品:瑞士人布伦纳(Emil Brunner)的《正义——社会秩序

基 本 法 则 理 论》(*Gerechtigkeit*： *Eine Lehre von den Grundgesetzen der Gesellschaftsordnung*)①和美国人尼布尔(Reinhold Niebuhr)的《光明的孩子与黑暗的孩子——对民主的辩护及对其传统辩护的批判》(*The Children of Light and the Children of Darkness*： *A Vindication of Democracy and a Critique of its Traditional Defense*)②。现代天主教政治哲学典型的代表人物是法国思想家马里旦(Jacques Maritain)，他的《基督教与民主》(*Christianisme et démocratie*)③一书想要从天主教的观点出发去证明宗教与民主的联系。我打算在本节中对上述学者的主要观点做批判性的分析，这不仅是为了证明基督教神学也能像相对主义哲学那样将民主仅当作一项相对价值来加以辩护，而且首先是为了检验基督教哲学的下述观点，即神学为民主提供了基础，并证之以民主与基督教之间的本质联系。布伦纳以及尼布尔发起了反对相对主义的实证主义——尼布尔称之为怀疑论的世俗主义——的"十字军运动"，他们的出发点就是指责这种思想运动要对极权主义，尤其是国家社会主义负责。这个论点在反相对主义运动中扮演了重要角色，不仅为支持宗教的神学家所用，也为虽与某一历史宗教无关却青睐一般形而上学思辨的思想家所用。因此，我们对上述指责需要认真加以探讨。

（二）相对主义的实证主义对极权主义负责

布伦纳写道，"全世界迫切需要正义"④，对正义的渴望"在全人类的历史上贯穿始终"⑤。对公正与不公的模糊感觉人皆有之，这种感觉必须转变为一种清晰的思想，转变为正义原则，正义原则就隐含在"基督教自然法的

---

① 布伦纳：《正义——社会秩序基本法则理论》(Zurich：Zwingli Verlag, 1943)，英译本为《正义与社会秩序》(*Justice and the Social Order*, trans. Mary Hottinger, London and Redhill：Lutterworth Press；New York：Harper & Bros., 1945)。本文引用的是英译本。
② 尼布尔：《光明的孩子与黑暗的孩子——对民主的辩护及对其传统辩护的批判》(New York：Charles Scribner's Sons, 1950)。
③ 马里旦：《基督教与民主》(Paris：P. Hartmann, 1943)。
④ 布伦纳：《正义——社会秩序基本法则理论》，第 13 页。
⑤ 布伦纳：《正义——社会秩序基本法则理论》，第 14 页。

观念中;这曾是西方人长达两千年的正义观念"①。但这种观念已经瓦解,
"19 世纪的实证主义不承认形而上学与超凡入圣,宣布一切正义观都仅具
相对性,从而消解了正义观念。从此正义观念被彻底剥去了上帝的尊严,法
律完全由人类变幻莫测的意志支配。正义就其本质而言是相对的,这成了
法学家的信条"②。对于正义观念消解的后果,布伦纳写道:

> 有朝一日,我们将只能坐视对宗教毫无顾忌的政治权力清除传统
> 正义观念的最后遗迹,然后将统治者的意志奉为法律事务的唯一准则。
> 法律实证主义在政治实践中将造成以实际行动废除古代的和基督教的
> 神圣"自然法"观念,其唯一的结果只能是产生极权主义国家。一旦没
> 有了上帝的正义尺度,国家建立的法律体系也就没有标准可循,国家就
> 能够根据其好恶宣布何为法律,能够不受限制地赋予国家意志以肆意
> 妄为的强制力。假如国家的上述行为以逻辑上一致的体系作为其形
> 式,也就满足了法律形式主义立场对法律的合法性提出的要求之一。
> 正义观念在西方世界的瓦解将不可避免地造成极权主义国家的
> 出现。③

极权主义国家这个"非正义的怪物"④不是"一小撮罪犯的重大发明",
而是"不信仰且抵触形而上学与宗教的实证主义"的"不可避免的后果",是
"人丧失对神法与永恒正义的信仰的不可避免的后果。但启示明明告诉我
们有两种不同的结果可供选择:究竟是存在一个有效的标准、一种凌驾于我
们所有人之上的正义、一种对我们而非由我们提出的质问、一种约束所有国
家以及所有法律体系的标准正义;还是说根本没有正义,只有这样或那样组

①　布伦纳:《正义——社会秩序基本法则理论》,第 15 页。
②　布伦纳:《正义——社会秩序基本法则理论》,第 15 页。
③　布伦纳:《正义——社会秩序基本法则理论》,第 15—16 页。
④　布伦纳:《正义——社会秩序基本法则理论》,第 17 页。

织起来的权力,这种权力自身就是法律"①。这段话表明:没有绝对正义,就等于根本没有正义。正义就其本质而言是一种绝对价值,而只有上帝所定的价值才是绝对价值。

这种观点反对相对主义的实证主义,并将造成只可能存在一种上帝的绝对正义,而不可能存在其他的相对正义的结果。假如正义就其本质而言是一种上帝的绝对价值,那么相对正义的说法就是自相矛盾的。神学想要反对相对主义的实证主义,尤其是相对主义的民主理论,就必须接受上述结论。然而,布伦纳却承认在上帝的绝对正义之外尚有相对正义,也就是实在法(positive law)体现的人的正义。他写道,"我们人类创造的所有社会制度的确都只是相对公正的"②。实在法之所以只是相对公正的,是由于实在法对公正虽心向往之,却又不能至。因为绝对正义乃是:

> 人类法律想要努力体现最高正义,但这一努力却从不曾达到目标。因此,绝对正义是一切人类制度始终包含的"酵母"的一部分,之所以有人愚蠢且错误地认为正义只是相对而言的东西,就是由于人类制度根本无法完全体现这种正义的法律。这就好比因无人能画出一条真正的直线,于是我们就认为直线也只是相对地"直"一般。由于人人都知道什么是直线,我们才会说无人能画出真正的直线。也正是由于我们都知道什么是绝对正义的法律,我们才说所有的人类法律只是接近真正的公正而已。③

那么,这种神学就包含两种正义:上帝的绝对正义,以及人的相对正义。

所谓相对主义的实证主义哲学令极权主义国家成为可能,所谓"实证主义法律理论如果成立,那就不可能发动战争来反对极权主义国家这个非

---

①　布伦纳:《正义——社会秩序基本法则理论》,第16页。
②　布伦纳:《正义——社会秩序基本法则理论》,第17页。
③　布伦纳:《正义——社会秩序基本法则理论》,第27—28页。

正义的怪物了"①,这些用来反对相对主义的实证主义的观点都是政治观点,纵然这种政治观点正确,用来反对相对主义这个认识论原理也是毫无用处的。世界上存在恶,尤其是社会之恶,也就是说,这些行为被某些人作为恶行来谴责,但也有人——譬如生活在极权主义国家的人——却称赞这些行为是善举,甚至认为是在实现更高的正义。这种说法即便属实,也不能用来反驳人只能认识相对价值这个命题。如果一个被奉为真理的说法将造成旁人眼中的恶果,此说法却仍可能正确;正如一个错误的说法若被信之不谬,反而可能产生旁人眼中的好结果。这就是柏拉图关于有益的谎言的著名学说。此外,布伦纳声称相对主义要对极权主义国家负责,这也明显违背了不容否认的事实:前文已经指出,对极权主义国家最经典的辩护也正是由最起劲地反对相对主义和经验主义的哲学提供的,这种哲学一口咬定存在着超验的绝对价值——柏拉图据以设计理想国蓝图的理念论就是这种哲学,而他的理想国无论从哪个方面看都是一种极权主义的专制统治。因此,极权主义理论家总是诉诸柏拉图的哲学绝对主义并且将柏拉图式的国家当作其政治图谋的楷模。布伦纳对这个问题的看法并不是一以贯之的,他有时也认为教会该对极权主义国家负责。他写道:

> 现今的教会反对极权主义国家对它进行的迫害,这当然没有错,可是教会也不应忘记,是谁动用世俗的力量去强迫那些本应属于个人意志自由支配的行为,从而给国家开创了宗教不宽容的先例。教会在方方面面都是极权主义国家的开手师傅,它应牢记自己的耻辱。②

> 运用国家机器干预精神生活,这是教会为极权主义国家树立的榜样——宗教法庭、道德警察、垄断宣传机器、迫害持不同政见者以及强求一律,凡此种种,大多应归咎于教会。③

---

① 布伦纳:《正义——社会秩序基本法则理论》,第17页。
② 布伦纳:《正义——社会秩序基本法则理论》,第57页。
③ 布伦纳:《正义——社会秩序基本法则理论》,第235页。

的确如此,但教会之所以"在方方面面都是极权主义国家的开手师傅",可不是因为教会代表了"不信仰且抵触形而上学与宗教的实证主义",而是由于它传授了刚好相反的东西:对绝对正义的信仰。

布伦纳认为,我们不能从实在法仅体现不完善的——意思只能是相对的——正义这个事实得出只有相对正义而没有绝对正义的结论。他的观点完全是基于那种错误的类比。不能将绝对正义的观念与直线的概念、相对正义与实际所画的直线相比,因为绝对正义是一个价值观念,直线却是个几何学概念,而几何学是一门关于事实的科学。直线的概念可以想象并且能够用一种理性的、毫不含糊的方式来定义,尽管我们实际上难以画出一条完全符合定义的直线。而绝对正义观念却体现了上帝的本质,这是人所无法认知的,既难以想象也无法进行理性的定义;布伦纳本人也未给这种正义下定义,而只是号称了解这种正义罢了。但他却无法证明他号称了解的绝对正义构成了上帝意志的内容。布伦纳提出的人皆有之的公正与不公的模糊感觉应转变成"清晰的思想",但他提供的关于绝对正义的知识与这种"清晰的思想"不但相去甚远而且有天壤之别。他把实在法因不完全符合绝对正义而仅系相对公正的想法强加给实证主义哲学,从而曲解了相对主义的实证主义。其实这种想法就预设了绝对正义的存在。相对主义的实证主义之所以认为实在法仅系相对公正,是由于它认为绝对正义不可知。人可以虔诚地相信绝对正义,这就意味着信仰上帝,却无法理解这种正义;绝对正义就其本质而言超出了人的认知能力,因此不可能成为科学研究的对象,绝对之物尤其是绝对正义与科学毫不相干。

(三) 布伦纳的正义神学

若真有绝对正义,则只能有一种绝对正义,这个推论是合理的。因为一旦有两种正义,二者就不可能都是绝对的了。尽管如此,布伦纳仍不仅区分了绝对正义与相对正义,还区分了两种绝对正义。一种是"地上的"或"人间的"正义,它是"人人各宜得其所应得"的正义,也就是各得其所(*suum cuique*)的正义;是"善有善报、恶有恶报"的原则,也就是报应的正义;是"此岸世界的制度正义"，是"社会系统的正义"，是"政体的正义"。另一种是"天上的正义"，它是"上帝的公义（righteousness）"，是《圣经》的正义，是"信仰的正义"，是以善报恶和宽恕人七十个七次的正义，也就是上帝之爱的原则。布伦纳接着就声明，他的书只讨论地上的正义，而不涉及天上的正义。"此岸世界的制度正义""是本书作为主题来讨论的正义。我们的任务是探寻正义的起源与本质，从而发现那些据以区分公正的处理与不公正的处理、公正的批评与不公正的批评、公正的政体与不公正的政体的原则"①。假如民主问题是个正义问题，那就一定是地上的正义问题，而不是天上的正义问题，因为这个问题是要确定民主究竟是公正的社会制度还是不公正的社会制度。但正如布伦纳所强调的，天上的正义只能是上帝的正义，只能是上帝的神圣规范，永恒的正义是我们据以衡量制度价值的尺度和校准人造物的铅锤，那么又怎么可能在讨论地上的正义时不涉及天上的正义，在区分公正的制度与不公正的制度时不依据天上的正义呢？② 假如真像布伦纳所说的那样，正义的瓦解是人们"丧失对神法的信仰"以及实证主义"不信仰"且抵触形而上学与宗教的后果，他又怎能拒绝讨论"信仰的正义"呢？假如"人间的"正义是"此岸世界的制度正义"，那么要将其区别于作为"信仰的正义"和"天上的"正义，我们就必须认为前者是人在凡间所建立的社会秩序的正义，因而有别于上帝在天上建立的神圣秩序的正义。正义在涉及人间的事务、此岸世界的事情尤其是人所建立的社会秩序时，就是"人间的"正义。正义在涉及天上的事务而非此岸的事情时，就是"天上的"正义。因此，了解了局限于人间的或地上的正义，就只是了解了相对正义。这恰好是相对主义的实证主义的观点，它拒绝讨论天上的正义，而仅限于认知地上的事务，尤其是人类的社会秩序，并且也像布伦纳的社会神学一样，这种哲学认为社会秩序仅能体现相对正义。

　　但假如仔细研读布伦纳的著作，就会发现"人间的"或"地上的"正义尽

---

① 布伦纳：《正义——社会秩序基本法则理论》，第20页。
② 布伦纳：《正义——社会秩序基本法则理论》，第16—17页。

管是相对"天上的"正义、"信仰的正义"、"上帝的公义"而言,但布伦纳将前者也看作一种超自然的、上帝的正义。他写道:"正义观念与正义神法的概念完全是一码事。"①此岸世界的制度正义也是上帝的正义,因为此岸世界是上帝的造物,此岸世界的秩序即自然的秩序,乃是上帝意志的表达:

> 对于因《圣经》启示而信上帝者而言,自然秩序本是上帝意志的造物。万物都是随着并且因为上帝的"召唤"而存在的。"上帝说要,事就成了。""他说有,就有。命立,就立。"上帝不是内在于世界的逻各斯(logos),而是世界的立法者。世界的法则是造物意志的宣言。正义法则也是体现上帝意志的法则。各得其所的背后是创世秩序,造物主决定什么是每个人应得的。这种法则,这种创世秩序,虽不成文,却是人们在思考正义问题时所要求助的初始秩序(primal order)。人凭着朦胧的正义感——人人皆有的正义感——所领悟到的正是经由天启而知的造物主所立的秩序。②

"人人各宜得其所应得"的正义即报应的正义,这本是"地上的正义",却同时也是"上帝的正义法则"。这种正义"涉及最初的分配,涉及创世的行为,人正是通过创世才得其所应得"。在布伦纳看来,宣告造物主意志的"创世秩序"就是"基督教自然法"。③ 正是深深植根于创世信仰中的自然与上帝意志的联系,令基督教神学家与法学家借用了自然规律(lex naturae)与自然法则(jus naturae)的概念,以及"自然法"的概念。④ 因此,布伦纳认为,上帝的绝对正义不是只有一种,而是有两种:以善报恶法则体现的上帝正义,以及报应法则体现的上帝正义,也就是各得其所、善有善报、恶有恶报。既然两种正义都源自上帝,也就是源自天上的超验之域,源自上帝的超

---

① 布伦纳:《正义——社会秩序基本法则理论》,第47页。
② 布伦纳:《正义——社会秩序基本法则理论》,第48—49页。
③ 布伦纳:《正义——社会秩序基本法则理论》,第80页以下。
④ 布伦纳:《正义——社会秩序基本法则理论》,第84页。

自然意志,那么何以一个叫作"天上的"正义而另一个叫作"地上的"正义?这实在令人费解。当布伦纳本人谈到他所称的"地上的"正义,也就是有别于"天上的"正义的那种上帝的创世秩序所体现的正义时,他写道:"这种初始秩序具有超人类、超自然和永恒的本质。"①"地上"指的是人类与自然,且在时间之内,那么这种超越了"地上的"一切的正义又怎能在"地上"呢? 如果承认了爱的原则——对作恶者不应惩罚而要宽恕——是绝对正义,那么报应原则本是一条规定了惩罚作恶者的规范,又怎能也是绝对正义呢? 两条相互否定的原则岂能是一个而且是同一个绝对权威的意志呢?② 神学家以外的人士对此完全摸不着头脑。然而,由于民主问题仅涉及两种绝对正义之一,即地上的正义,那么两种正义间疑问重重的关系不妨存而不论。布伦纳所谓"地上的"正义与人所建立的社会秩序——尤其实在法——所体现的相对正义的关系,这才是我们感兴趣的问题。因为民主这种社会秩序是人所建立的,也是为人而建立的,它是一个实在法所构成的法律秩序。

(四) 基督教自然法学说

认为绝对正义存在的观点必然隐含着此正义可知的假定。因为绝对正义若不可知,也就无法断定其存在了。假如创世的初始秩序所体现的上帝的绝对正义,也就是基督教自然法是可知的——布伦纳就是这么认为的,而且他的著作就是在努力呈现这种正义——那么问题就来了:这种地上的正义为何不曾在地上实现? 人明明了解——至少有能力了解——绝对正义,却为何只实现了相对正义? 如果人类的制度只能实现相对正义的原因并非人类不知绝对正义或绝对正义不可知,那么唯一的答案就只能是绝对正义因不能适应社会现实而无法在地上实现,社会现实就其本质而言无法由绝

---

① 布伦纳:《正义——社会秩序基本法则理论》,第35页。德文"überzeitlich"的意思是"在时间之外",英译者将其译作"永恒"(eternal)是不甚贴切的。

② 参见拙文《基督教神学教义中的正义思想》("Die Idee der Gerechtigkeit nach den Lehren der christlichen Theologie", in *Studia Philosophica*: *Jahrbuch der Schweizerischen Philosophischen Gesellschaft*, XIII, 1953),第157页以下。

对正义的秩序调整。尽管这个答案会遭到如下的反驳，即不能适应社会现实的秩序根本就不是生活在此社会现实中的人们所渴望的那种正义，但这确实是布伦纳的社会神学所提供的答案。他写道：

> 每一种自然法、每一种正义理论的立足点都是上帝绝对正义的法则，后者就其本质而言是静态的（static）。神法的永恒性在此至关重要。就此而言，"正义"一词就是指坚韧不拔且恒久不变的东西。然而，这种永恒性却有悖于历史的永恒变动。如果有人只关心具体的、变动不居的人类现实，当然无法忍受任何种类的自然法、任何形式的不变正义。昨天还公正的东西，到了今天就成了极端的非正义……因此正义必须随着生活的变化而改变。[①]

布伦纳承认，上述见解"能够为一切正义皆属相对的观点做某种辩护"。[②] 但这何止是"某种"辩护，简直是对相对主义的全面辩护。因为布伦纳甚至还认为："实在法即便不与自然法对立，也必须与自然法有别。所以当正义观念被国家的实在法适用时，必然会有所修正。我们姑且可将此修正定义为一种迁就社会现实的'从宽'（mitigation）。于是就产生了相对正义。"[③]但静态秩序预设了永恒不变，因而仅适用于没有变化的状态，这种秩序又怎能适用于变动不居的情形呢？相对正义不是也不可能是绝对正义在社会现实中的适用，而是当绝对正义无法适用时退而求其次的替代物。布伦纳讲得很对：

> 对于特定现实中的国法体系而言，绝对正义不是公正的，而是不公正的。绝对正义无法完成它必须完成的使命——也就是服从上帝的生活法则——而是会适得其反。在实在法体系中，相对正义优先于绝对

---

① 布伦纳：《正义——社会秩序基本法则理论》，第 90 页。
② 布伦纳：《正义——社会秩序基本法则理论》，第 90 页。
③ 布伦纳：《正义——社会秩序基本法则理论》，第 93 页。

正义,因为绝对正义从一开始就只是一种虚构、谎言和对生活的暴虐。①

这意味着从人自身以及他调整与他有关的社会关系的角度来看,被称为正义的原则反而要被他当作"虚构、谎言和对生活的暴虐",因而根本就不是正义。假如一切"我们人类所创造的社会制度都只是相对公正的",那么这种相对公正的制度就不像布伦纳认为的那样"只有当我们受绝对正义观念指引时,当用上帝的正义作为铅锤校准人造物时"才成为可能,②因为我们不可能接受虚构、谎言和对生活的暴虐的指引,虚构、谎言和对生活的暴虐也不能作为铅锤校准人造物。布伦纳的社会神学对绝对正义与社会现实关系的阐述,其实与相对主义的实证主义并无二致:这种绝对正义并不存在;作为规范性秩序存在——这意味着有效——的只有实在法,因而也只有相对正义。

在讨论上帝的自然法与国家的实在法的关系时,布伦纳的意见与宗教改革家及其在17、18世纪的追随者一致,实在法虽因与自然法冲突而不公正,但却不能由此得出不必遵守实在法的结论:"任何国法都不会对这种来自另一法律体系的挑战持宽容态度。实际存续的国法必须垄断性地掌握法律的强制约束力;自然法必须表明自身并无法律的强制约束力,才能确保国法的法律安定性不被动摇。"③那么,没有效力的自然法又有什么用处呢?在布伦纳看来,自然法具有"标准的作用"。但基督教自然法所体现的绝对正义假如适用于无变化的状态,它就不能充当那个适用于变动不居的动态(dynamic)秩序的正义标准了。这种社会神学极力反对相对主义的实证主义,但其令自身有别于后者的努力却是徒劳无功的。

尽管布伦纳强调基督教自然法所体现的上帝的绝对正义具有静态性,并据此认为自然法与只体现相对正义的实在法对立,但他当作基督教自然

---

① 布伦纳:《正义——社会秩序基本法则理论》,第93—94页。
② 布伦纳:《正义——社会秩序基本法则理论》,第17页。
③ 布伦纳:《正义——社会秩序基本法则理论》,第87页。

法提出的那些原则却根本不是静态的,因而也并不必然与实在法对立。恰恰相反,实在法能够实现这些原则,而且实际上已经在很大程度上实现了这些原则。这些原则无非是宗教活动的自由、人的生命权(受到共同体实施死刑及征召服兵役的限制)、私有财产权、成年人靠劳动谋生的权利、儿童充分成长的权利。[①] 布伦纳装作从"创世秩序"中推导出了这些权利,而"创世秩序"是上帝创造的自然秩序,是上帝绝对公正意志的宣言。这表明布伦纳尽管反对理性主义的自然法学说,却也像这种学说的信徒一样试图从自然中推导出公正社会秩序的原则。

假如《圣经》真的出自天启,那么它就是上帝关于他的正义的启示,那么基督教神学不去《圣经》中寻找上帝的绝对正义,这实在令人惊讶;布伦纳对他将《圣经》丢在一边的做法做出的辩解就更让人大吃一惊了。[②] 当然本书对这些辩解不感兴趣。不把《圣经》当作现代正义理论的基础,从非神学的观点来看是很容易理解的。因为《旧约》所记载的上帝的正义,尤其是"以牙还牙、以眼还眼"的原始原则为当代基督教道德所反感,并且与基督爱罪人的诫命相悖,因而很难应用于社会现实。至于政治正义,经由摩西(Moses)和基督揭示的上帝意志毫无疑问地体现了神权政治,不论历史上的大卫(David)王国还是未来地上建立的上帝的国皆是如此。可是在当代,纵然是神学家也不愿公开鼓吹神权政治才是最优政体。

假如《圣经》的启示不能回答何谓上帝的正义,那么体现在自然之中的上帝意志的启示的确就是唯一可能的渊源了。但如何在自然中寻找上帝的意志呢?更准确的表述是,既然基督教神学把实际存在且为我们所知的自然当作上帝的造物,并认为自然受上帝统治,就像布伦纳所说的,"上帝是世界的立法者"[③],那么我们能从基督教神学的这个基础性假定中推导出什么呢?如果从基于基督教神学的基础性预设中真能得出什么与政治正义有关的结论,那也一定是消极的结论。既然上帝对世界的统治被当作统治的

---

① 布伦纳:《正义——社会秩序基本法则理论》,第 57 页以下。
② 参见拙文《基督教神学教义中的正义思想》,第 180 页以下。
③ 布伦纳:《正义——社会秩序基本法则理论》,第 48 页。

理想类型——这也是司空见惯的观点——那么民主就不是公正的政体,①因为人并不参与上帝的统治。但从现实来看,既有专制政府,也有民主政府,那么民主政府也像专制政府一样,其存在体现上帝的意志,反民主的结论也就无法令人信服了。其实,从自然之中根本推导不出有关社会制度公正与否的结论。因为上述基础性预设将不可避免地得出任何存在的东西皆因上帝的意志而存在的结论,任何无关或违背上帝意志的存在都是无法想象的。所以,对自然的神学解释在基础性预设上就令其难以充当区分社会现象善恶的正义学说。基督教神学想要区分善恶,就只能根据《圣经》的启示,根据《创世纪》(Genesis)中人类堕落的故事,根据上帝的世界中生出罪恶的神话。这就是有关堕落前的人性与堕落后的人性的二性学说。这种学说是任何道德神学所不可或缺的先决条件,所以布伦纳的神学也不能例外:

> 世俗世界的生活必须靠正义约束,因为这个世界不仅是上帝创造的世界,也是一个由创世秩序堕落而至的世界。我们所了解的那种人性不单纯是上帝创造的人性,也是其核心与中枢因堕落而远离上帝的人性。因此,基督告诉我们人性是两面的,既体现了创世秩序,也反映

① 胡克(Sidney Hook):《民主的哲学预设》("The Philosophical Presuppositions of Democracy", *Ethics*, LII, 1942),第281页。关于民主与宗教的关系,他写道:"民主这种生活方式依赖对超自然真理的信仰吗? 是不是说否定了宗教信仰就一定意味着否定了民主? 越来越多的人对这个问题做出肯定的回答。但如果进行相关的历史性思考,就可以确定无疑地得出以下结论:大型的制度化宗教其实倾向于神权政体,可能只有某些新教组织例外。如果天上的国反而从地上的国获得灵感,这一点也不必大惊小怪,谁听说过采取民主形式安排的伊甸园? 惠特曼(Walt Whitman)如果上了天堂,也会和路西法(Lucifer)同病相怜,当然可能罪名不大一样。不仅以民主形式安排天堂的观念是一种亵渎,就连以民主的原则安排教会等级的建议都会造成被革出教门的后果。假如我们仔细审视被'上帝的物归上帝,凯撒的物归凯撒'这句格言神化了的史实,就会发现历史上的制度性宗教总是能够适应任何对此宗教的存在持宽容态度的政体或社会……对民主的信仰在逻辑上依赖任何神学命题吗? 莫非否定了神学命题就一定意味着否定了民主? 关于这个问题,我将举自然宗教中两个最重要的神学命题作为例子,这就是'上帝存在'与'灵魂不灭'。谁要是坚持认为如果不能证明上帝存在与灵魂不灭,就不能证明民主的正当性,他就是在主张前者至少构成后者的必要条件。但我将证明,它们既不是民主的必要条件,也不是民主的充分条件。"

了人从创世秩序的堕落和对创世秩序的背叛。①

　　但是,不由上帝创造的人性或世界,这在概念上与上帝创造世界和人性的基础性预设相矛盾。这种概念无法从上述基础性假设和体现在自然之中的上帝意志推导出来,而只能来自《圣经》的启示。因此,神学的正义学说只能以《圣经》的启示为基础,以摩西和耶稣的教诲为根据,除此之外别无他途。任何想要从"创世秩序"——也就是自然——中推导出上帝的正义原则的努力,都会造成逻辑谬误,这种谬误表现为从是什么当中推出应当如何或不应如何。号称从自然中推导出的客观正义原则其实都是强加给自然的非常主观的价值判断,假如自然被解释为上帝意志的表达,那么这些原则就是被解释者归属给神圣造物主的意图。一切自然法学说皆是如此,而尤以布伦纳的基督教自然法神学为甚。由于布伦纳这位新教神学家赞成西方世界所建立的经济与政治制度,他便在上帝的创世秩序中找到了符合上述制度的原则;由于他反对共产主义的经济与政治制度,他便毫不犹豫地断定上帝的意志并非如此。但本文所关心的问题,却是正义神学如何解决民主的问题。

（五）新教神学中的自由与平等

　　既然自由观念与平等观念的结合就是民主,那么我们必须先来看看基督教神学对这两个观念有何高见。通过分析两种相互对立的政体的智识基础,我们已经知道对于民主的安排来说,自由是第一位的,平等则是第二位的。因此,布伦纳社会神学中的下述观点就值得注意了:"按照基督徒的理解,人最重要的事不是自由,而是人与上帝的关系,也就是上帝对人的主权。"②人与上帝的关系就是人服从上帝的主权意志,这是一种无条件服从的义务。尽管布伦纳不得不承认人也有能与服从上帝相容的自由,尽管他

---

① 布伦纳:《正义——社会秩序基本法则理论》,第92页。
② 布伦纳:《正义——社会秩序基本法则理论》,第55页。

努力区分信仰的自由与基督教正义中的自由——这种区别下文将会讨论——但相比于自由而言,他还是更加强调平等原则。他很准确地区分了形式上的平等①与待遇上的平等(equality of treatment),前者是指人人都平等地服从法律,后者则是类似于人人"都应当被平等对待"的原则。② 但他意识到人与人之间其实并不平等。"人类从来也不平等。除非对实际上的不平等置之不理,并且认为这种不平等无足轻重,平等对待才是可能的。"③因此,有关公正对待的关键问题就是:哪些不平等是无足轻重的,在对人们赋予权利和课以义务时可以对其置之不理;哪些不平等是至关重要的,在建立社会秩序时应当予以考虑? 对于这个问题,布伦纳极力强调只有宗教才能给出答案:

> 根据观察得出"人在本质上平等"这一命题是荒谬的。因为仅凭观察根本得不出什么是本质、什么不是本质的结论。我们从来都只能观察到人们实际上平等和不平等的事实。经验根本不能告诉我们所有人在本质上平等——本质上平等就意味着我们在进行分配时必须考虑这种平等,因而平等的分配才是公正的分配。恰恰相反,这种本质上的平等不能来自经验观察,只能来自宗教信仰。④

因此,要解决有关公正对待的问题,又得求助上帝的创世秩序了。但布伦纳一开始并未"讨论在什么情况下不考虑人们的不平等是正当的,在什么情况下考虑这种平等才是正当的"。他只是断定:"之所以能对实际上的不平等置之不理,之所以有意对不平等置之不理反而是公正的处理,这皆是由于人人都是初始秩序的一部分,初始秩序对每人的权力都相同,这就是每

---

① 布伦纳:《正义——社会秩序基本法则理论》,第29页。
② 布伦纳:《正义——社会秩序基本法则理论》,第37页。
③ 布伦纳:《正义——社会秩序基本法则理论》,第30页。
④ 布伦纳:《正义——社会秩序基本法则理论》,第36页。

个人命中注定所'应得的'。"①这种说法毫无根据。创世秩序只能表明差别是存在的,而没有为区分本质的差别和非本质的差别提供哪怕一丁点的可能。布伦纳反复声称:"经验观察只能告诉我们人在有些方面平等而在其他方面不平等,但却无法告诉我们这些不平等是否重要以及有多重要。"②但是,既然我们从"经验观察"所能了解到的只是创世秩序,那么我们能从这类启示中所知的也就与经验观察所知的东西一般无二了。我们的确不是靠对上帝创造的自然进行经验观察来获得《圣经》的启示。但《圣经》的启示却也回答不了我们的问题。《圣经》告诉我们,人的平等乃是上帝按照自身形象造人的结果,因而这种平等就和法律面前的平等(equality before the law)一样是一种形式上的平等。之所以有这种形式上的平等,是由于构成自然法的创世秩序无视众生的差别,众生都要平等地服从创世秩序。在书中讨论"平等的基础"的那一章,布伦纳写道,对于如何公正处理创世秩序中平等与不平等的关系这个问题,我们之所以可能找到答案,是由于这种秩序令"人人各宜得其所'应得'"。③ 但在这一章的结尾,我们却看到:"各得其所的意思是人人都得到相同的对待吗? 我们已经知道并非如此,我们不仅要考虑人的平等方面,还要考虑不平等的方面。"④书中下一章讨论的则是"不平等的基础",我们看到:"基督教的正义概念的秘密不是平等,而是调和了平等与不平等。然而,这种调和也与基督教的平等观念具有同一个源头。"⑤但问题却在于:基督教的正义概念究竟怎样调和了平等与不平等?布伦纳认为,他通过用"精神"方面代替"肉体"方面已经接近解决了这个问题。"真正重要的,不是人的肉体而是他的精神;甚至不是个人的精神,而是人的精神原则。"⑥有别于斯多噶(Stoic)哲学:

---

① 布伦纳:《正义——社会秩序基本法则理论》,第35—36 页。
② 布伦纳:《正义——社会秩序基本法则理论》,第40 页。
③ 布伦纳:《正义——社会秩序基本法则理论》,第35 页。
④ 布伦纳:《正义——社会秩序基本法则理论》,第39 页。
⑤ 布伦纳:《正义——社会秩序基本法则理论》,第41 页。
⑥ 布伦纳:《正义——社会秩序基本法则理论》,第41 页。

基督教的观点不是基于非人格的精神原则,不是基于支配万物的努斯(nous)或逻各斯,不是基于所有人实质上参与的世界理性,而是基于上帝本人的意志。基督教的人格尊严原则无条件地适用于所有人,人格化的上帝创造了人格化与个性化的人类,并预先注定了人能与上帝本人交流……因此,个性并非无关紧要,而是和人的共性一样构成了人类的一部分。上帝不是泛泛地爱人类,而是爱着体现他本性并由他所造的每个个人……上帝不是创造了一个计划,而是创造了一个个具体的人。上帝称人为"你",他给每个人赋予了明白无误的面容,赋予了个性。不平等就源自个性,个性也像人类的共性一样是由上帝所创造,并体现了上帝的意志。①

那么人这种人格化或个性化的精神存在就也像其肉体一样千差万别了。于是布伦纳的神学得出了结论:"每个人有着独特的本性,每种人也有着独特的本性。不仅他们之间的平等是上帝的意志,他们之间的不平等也是上帝的意志。"②这个结论当然未能回答哪些不平等至关重要、哪些不平等无关紧要的问题。布伦纳不是在回答这个问题,而是将这个问题变成了个人与共同体的关系问题。他宣称:"有差别才有共同体,如果没有差别,就只有统一体(unity)而没有共同体了。共同体预设了互惠性的给予和索取,共同体就是互惠的交换与互惠的完成。"③个人在共同体中彼此依赖。"在基督教教义中……与他人为伍是至高无上的命运,让人们相互依赖既是创造这种命运的目的,也是存在这种命运的证据和为这种命运所做的准备。"④这种智慧既非基督教神学所独有,也不足以解决平等的问题。但布伦纳却认为这是"新正义观念"的结果:"各得其所绝不能解释成'一视同仁'。人类是平等的,因为他们具有同样的命运和同样的尊严,在人人都对

---

① 布伦纳:《正义——社会秩序基本法则理论》,第42页。
② 布伦纳:《正义——社会秩序基本法则理论》,第43页。
③ 布伦纳:《正义——社会秩序基本法则理论》,第43页。
④ 布伦纳:《正义——社会秩序基本法则理论》,第44页。

上帝负责这件事上是平等的,因此人人都有权要求被承认为人。"①尊严的平等,或者作为人的平等只是一种形式上的平等,就像自然法或国法面前的平等一样。关于作为人的平等,布伦纳写道:"但这种尊严的平等存在种类和作用上的差别,这种差别对于共同命运来说绝非无关紧要或无足轻重,而是构成了共同命运的一个因素。因此,'人人各宜得其所应得'就不仅体现了平等,而且同时体现了不平等。要在实际上做到'人人各宜得其所应得',就要求对每个人都将无可辩驳地属于他而非别人、他应得的东西给予他。"②所谓空洞无物的答案莫过于此了。因为如何公正地处理平等与不平等的关系,这个问题还是没得到解决。下面的话也毫无益处:"因此,在基督教的正义观念中,平等以及人人平等的权利是第一位的;因与他人为伍而产生的差异尽管并非无足轻重,却是第二位的。"③最终的结论同样无用:"唯有基督教……将人类的平等与不平等看得同样重要,既承认个人的独立性,也承认人从属于靠上帝意志维系的社会整体。因此,仅凭基督教教义就足以同时满足人类对个人主义和集体主义的需求。"④不言而喻,这种大而化之的空话根本无须诉诸上帝的创世秩序,纵使真能从创世秩序中推出这些结论,也与我们现在讨论的问题无关。

　　前文已经指出,社会神学并不特别提倡自由观念,而是更关心上帝的主权,从而必须把人想象为上帝的臣民,因此人在本质上是不自由的。但是,假如人不自由,也就是说,人的行为由外在的原因或权威决定,他就不能承担道德责任。那么,社会神学就必须在人对上帝权能意志的服从与人的自由之间做出调和。但这种调和却实属自相矛盾,这一矛盾在布伦纳下面的说法中体现得尤其明显:"人只有自由,才是上帝所爱的只服从自身意志的被造之物,也才能够依上帝的意志行事。"⑤人的自由只是服从上帝意志的

① 布伦纳:《正义——社会秩序基本法则理论》,第44—45页。
② 布伦纳:《正义——社会秩序基本法则理论》,第45页。
③ 布伦纳:《正义——社会秩序基本法则理论》,第45页。
④ 布伦纳:《正义——社会秩序基本法则理论》,第46页。
⑤ 布伦纳:《正义——社会秩序基本法则理论》,第55页。

自由,基督徒的自由(*libertas christiana*)就是他的服从。这当然根本不是什么自由,至多是神秘主义的自由和信仰的自由。正如布伦纳所宣称的,由于"这种自由与正义理论无关"①,我们不妨对其存而不论。政治自由却是一条正义原则,"源自创世秩序的结构"②。但是,正如从上帝的主权以及上帝全能且决定一切的意志中无法推导出基督徒的自由,也就是基督教所理解的人的自由,这一秩序同样也推不出政治自由,因为创世秩序构成了一种严格的法则,自然科学称之为因果规律。关于创世秩序,布伦纳写道:"每种被造之物都必须是上帝所造的样子,在其被赋予的自由的范围之内,换句话说,就每种被造之物自身都还不是造物法则在它身上的全面落实而言,每种被造之物都必须遵守造物主建立的创世秩序。它必须尊重其他被造之物为上帝依其意志所造之物。"③布伦纳的确提出了前文所提到的一系列自由。④但他却不是——也不可能是——从创世秩序中推导出这些自由,而是把这些自由强加给了创世秩序,自然法学说在17、18世纪的信徒也正是这么做的。号称从上帝的创世秩序中推导出的自由都是对政府构成限制的消极自由,诸如人的生命权、财产权、性自由之属。只有两种自由看似要求政府发挥积极的作用:成年人靠劳动谋生的权利,更准确的表述是工作权;以及儿童全面成长的权利。但对前者,布伦纳毫不含糊地宣布其并不意味着"国家对工作权利的宪法保护"⑤;对于后者,他也强调全面成长靠的是"禁止对儿童身心健康成长的干预"⑥。

　　最值得注意的是,在这种社会神学所认为的创世秩序中体现的上帝意志所直接确立的自由中,根本没有提到那种积极自由:人参与国家统治的权利,也就是民主主义的自由。布伦纳的社会神学尽管通过声称私有财产包含在上帝的意志中来为私有财产辩护,但却不打算用同样的方法来为民主

---

① 布伦纳:《正义——社会秩序基本法则理论》,第55页。
② 布伦纳:《正义——社会秩序基本法则理论》,第56页。
③ 布伦纳:《正义——社会秩序基本法则理论》,第49页。
④ 参见本文第二节,第(四)小节。
⑤ 布伦纳:《正义——社会秩序基本法则理论》,第60页。
⑥ 布伦纳:《正义——社会秩序基本法则理论》,第60页。

辩护。民主问题是个"分配政治权力"的问题,政治权力分配的正义性取决于其法律的正义性:

> 一国现行法律的正义性与谁颁布法律、谁执行法律无关。纵然是专制君主制也可以有公正的法律,也可以进行合乎正义的统治。反之亦然,在共和制和民主制之下,多数人的意志也可能造就不公正的法律,原本需要的公正法律却没有被制定出来。法律的正义问题首先独立于国家权力的分配问题。恰恰相反,认为共和制或民主制的宪法本身就确保了法律的正义性才是当代最大的偏见。对于这种信念,最典型的反例就是后伯里克利时代的雅典民主。关键问题不是谁行使国家权力,而是正义的知识和正义的目标是否指引着主权权力的实际运作。①

这表明,民主与专制没有优劣之别,这种学说并不承认被统治者参与统治的政治自由构成一项价值。这种神学只对自由主义之中与私有财产有关的消极自由感兴趣。②

必须承认,这种对政治自由以及民主问题不以为意的态度非常符合基督教的观点。基督教的根本利益在任何政体之下都既可能受保护,也可能被侵犯;专制政府反而比民主政府更青睐基督教的意识形态。基督教神学对免受政府限制的自由比参与统治的自由更感兴趣,尤其是将宗教信仰自由当成最关心的事,这也不难理解。让我们感到难以理解的是基督教神学对经济自由的辩护,它用上帝的永恒的创世秩序为私有财产权充当基础,这实在令人惊讶。不过对于这个问题,本文将在下一节进行讨论。

作为一名忠诚的瑞士公民,布伦纳说出下面的话也属人之常情:"为避免发生任何误解,我必须现在就声明,具备了必要条件的民主制毫无疑问是

---

① 布伦纳:《正义——社会秩序基本法则理论》,第177页。
② 布伦纳:《正义——社会秩序基本法则理论》,第77、126、133页。

最公正的政体,因为民主制令每位公民都分享了行使政治权力的责任。"①
但他紧接着就补充道:

> 然而,这种说法本身就隐含着民主并非在所有环境中都是最优政
> 治秩序、都最能确保正义实现的意思。民主只有在特定的环境中才是
> 最好的。尤其在我们瑞士,人民在民主制度下生活的时间比任何其他
> 民族都要久,因而对民主已经司空见惯、习以为常了。在其他环境中,
> 民主反而可能是最糟糕的政治秩序——也就是说,如果人民对民主尚
> 不熟悉,或者社会环境极端混乱,那么就只有强大的中央意志和"铁
> 腕"才能制止这种潜在的或现实的无政府主义的混乱。②

这也正是独裁者在推翻民主制度时常常抛出的论点。假如布伦纳提出
的社会哲学能为民主做些辩护的话,那就只能是一种非常相对化的辩护,比
之相对主义的实证主义也就没有什么高明可言了。但令人怀疑的是,当真
正的民主遭到质疑时,这种神学还能否为真正的民主提供相对的辩护? 所
谓真正的民主,就是指通过普遍、平等的选举权来选举产生政府。"应当有
这种(所有公民享有的普遍、平等的选举)权利,"布伦纳问道,"这难道不是
一个正义的要求吗?"他回答道:"这当然不是正义的首要要求。正义并不
要求人人在国家中都有平等的发言权,否则就是对不平等者给予平等对待
了,在这件事上,不平等实际上是最为重要的。人们并不都了解什么是正
义,也并不都能够和愿意依正义行事。"③这个回答非常符合社会神学对政
治自由不感兴趣的态度。布伦纳的回答的意思不多不少刚好是确保最大多
数公民参与统治的真正民主并不公正。所以布伦纳反对代表学说,而代表
学说的原则是人民选举产生的机关要执行人民的意志,这即使不是法律上
的约束,也是政治上的约束;更准确的表述是,政府有义务执行民选议会的

---

① 布伦纳:《正义——社会秩序基本法则理论》,第177页。
② 布伦纳:《正义——社会秩序基本法则理论》,第177页。
③ 布伦纳:《正义——社会秩序基本法则理论》,第190—191页。

决定。他写道：

> 所谓人民的代表在做决定时不应考虑选民要求什么，而应考虑什么是正确的。这也正是民主主义的公民对其代表的确切期望。对于政府而言也是如此。人民要求什么不关政府的事，什么是正确的才是政府需要操心的。实际上，就连立法机关要求什么也是无关紧要的事，政府需要关心的只是去实现正义，也就是做正确的事。真正的民主需要负责的政府，政府首先考虑的不是人民的意志，而是人民的福利和正义。一旦政府把人民的意志而非公正作为出发点，这个国家的正义就陷入困境了。这种政府也就不再是就其本质而言的那种真正的"政府"了。人民之所以选举产生政府，是为了让它根据正义统治，而不是让它执行人民的意志。[1]

这刚好就是苏维埃民主理论所定义的"真正"民主。既然无法剥夺"民主"一词所具有的"民治政府"的含义，布伦纳就对具有同样含义的"代表制"观念进行批判，说什么民治政府并不要求政府执行人民的意志，因此也就不必通过全体公民普遍且平等的选举产生；非但如此，政府只需要考虑人民的福利，也就是说，政府只需要代表人民的利益。如此一来——并且仅当如此——这个政府就其本质而言就体现了真正的民主。这种学说在政治上有利还是有害不是我们要讨论的。我们不是在鼓吹一种政治价值，也不是在怀疑布伦纳的观点是否出于对他所理解的正义的虔诚信仰。我们在这里感兴趣的仅仅是，这种呈现为得自神学思考的学说根本既不能充当民主的神学基础，也无法在政治上为民主进行辩护。或许，这种学说毋宁是打算为反民主的倾向效劳吧。

---

[1]　布伦纳：《正义——社会秩序基本法则理论》，第 191 页。

（六）宗教是民主不可或缺的基础——尼布尔的观点

美国神学家尼布尔也像瑞士神学家布伦纳一样，认为实证主义哲学这种非宗教的哲学要对极权主义负责。他谈到"世俗主义想要"在一个"因抛弃传统的历史性宗教"而分裂、物质利益与精神利益相互对立的集团的社会中"实现文化统一"，①它采取了一种复杂的形式，"装作看穿了人类一切观点，从而站到了道德虚无主义深渊的边缘，令整个生活都面临着沦为无意义的风险。如此一来，世俗主义就造成了一片空白，恶魔的宗教可以轻易地乘虚而入"②。尼布尔所谓"恶魔的宗教"首先是指国家社会主义和其他极端民族主义。③　他的下述说法也体现了同样的观念："对人类凭其理性能力认识正义的一贯悲观主义产生了绝对主义政治理论，这造成了一种信念，即只有凭借支配性的权力才能强迫共同体中的不同成员进行有效协作。"④他还提出："不论过去还是现在，谁敢说出'听从上帝，而不听从人'这句话，谁就是暴政最强有力的反对者。他们的决心之所以能够成功，是由于有坚实的立足点，从那里出发，就足以揭下恶魔凯撒的画皮，就足以反抗现行政府的邪恶权力。"⑤假如这句话的意思是基督教哲学不仅有效地反对着并且总是在有效地反对暴政，则其真实性就颇为可疑了。基督教哲学据以提出"听从上帝，而不听从人"这一观点的同一批文献，却也支撑着下述观点：一切政权的权力都来自上帝；这正是圣保罗（St. Paul）为支持恶魔凯撒而提出的观点，自那时起，同一观点也被用来支持俄国的伊凡雷帝（Ivan the Terrible）、法国的路易十四、普鲁士的腓特烈二世（Frederick II）之流的暴君。就连墨索里尼甚至希特勒（Adolf Hitler），也不乏基督教神学家为其统治提供辩护。尽管基督教神学自称只为一种政体辩护，但实则不然，因为他们能

---

① 尼布尔：《光明的孩子与黑暗的孩子》，第 126 页。
② 尼布尔：《光明的孩子与黑暗的孩子》，第 133 页。
③ 尼布尔：《光明的孩子与黑暗的孩子》，第 134 页。
④ 尼布尔：《光明的孩子与黑暗的孩子》，第 x—xi 页。
⑤ 尼布尔：《光明的孩子与黑暗的孩子》，第 82 页。

够为截然相反的政体辩护,并且实际上也是这么做的,正如基督教神学时而赞成财产分配时而却又对财产分配加以抨击一般,尼布尔书中题为"共同体与财产"的一章对此进行了精彩的描述。① "反对崇拜偶像的民族共同体最终……只能依靠人们对普遍法(universal law)的承认,因为人们有潜力,能够形成超越党派和个别民族共同体的直觉。"②在尼布尔看来,宗教正是这种直觉的潜力所在。"或许宗教观念与宗教传统并未直接介入共同体的组织,但它们却是道德标准最重要的渊源,而政治原则衍生于道德标准。在任何情况下,一切文化结构的地基与塔尖都是宗教;因为任何价值体系都取决于如何回答对生命意义的终极追问。"③现代民主需要宗教基础,④所以,基督教神学比怀疑论的世俗主义更适于为民主的政治制度做辩护,这是由于怀疑论的世俗主义否定宗教并对人类实现正义的能力持悲观态度,这就削弱了它自身。

尼布尔对传统民主哲学的批评前后并不一致。一方面,他责备民主哲学对人依靠理性能力实现正义持悲观态度。"一个自由社会,"他写道,"要求对人的能力具有某种信心,要允许人在相互冲突个人利益与超越一切党派利益的共同正义观念之间进行尝试性的和可接受的调适。"⑤可是,只期望在相互冲突的利益间进行"尝试性的和可接受的调适"正是悲观主义观点带来的结果,因为悲观主义认为人类的理性无法完全公正——也就是绝对公正——地解决人们之间的冲突。尼布尔并未明言他所提到的"共同正义观念"就是绝对正义,尽管他对宗教的依赖令我们猜测他的意思就是如此。尼布尔不同于布伦纳,他并未公开要求用绝对正义观念指导政治价值判断,因为他意识到了人性的局限,并认为"罪恶的堕落影响"了人所能取得的成就。⑥ 所以我们将会看到,他走向了一种对民主的相对辩护。另一

---

① 尼布尔:《光明的孩子与黑暗的孩子》,第 86 页以下。
② 尼布尔:《光明的孩子与黑暗的孩子》,第 82 页。
③ 尼布尔:《光明的孩子与黑暗的孩子》,第 125 页。
④ 尼布尔:《光明的孩子与黑暗的孩子》,第 xi 页。
⑤ 尼布尔:《光明的孩子与黑暗的孩子》,第 x 页。
⑥ 尼布尔:《光明的孩子与黑暗的孩子》,第 189 页。

方面,传统上对民主的辩护之所以存在不足,尼布尔将其归因于"自由主义文化"对"在历史上与民主信条相伴的人性与人类历史做了过分乐观的估计"。① 对人类依靠理性实现正义的能力的悲观,与高估人性的乐观,二者是很难并立的。自由主义并不必然意味着乐观地高估人性,当然也与"对人超越自身利益的内力太过轻信"风马牛不相及。② 自由主义的许多代表人物,尤其是自由主义经济学家,就充分考虑了人的利己主义倾向;也没有哪个自由主义哲学家对人性的信赖达到将强制秩序当成多此一举的程度。政治自由主义的杰出代表洪堡(Wilhelm von Humboldt)尽管是位极端个人主义者,但他正是由于不相信人性,才承认国家是一种"必要的恶"③。尼布尔既然指责自由主义的民主理论"普遍相信自身利益与公共福利是一码事"④,就必须承认自身利益与公共福利存在不和谐的可能,"在人们之间实现任何形式的社会和谐都是不可能的,这种和谐的民主版本当然也难以取信于人"⑤。他强调"同一个人既表现出"超越自身利益的"能力","也在不同程度上表现出对自身利益以及令其思想服从其自身利益的权力"。⑥ 任何自由主义哲学家都不曾忽视这一事实,尼布尔不过为达目的而自己造出一个靶子来批判罢了。他相信"基督教的人性观"比自由主义的观点"更能满足民主社会发展的要求"。⑦ 但基督教的人性观既有悲观如"罪恶堕落影响"者,也有乐观如"人是上帝按其形象所造"者,这可比自由主义的人性观还要乐观得多。

　　"我们的自由主义文化的一贯的乐观主义,"尼布尔写道,"阻止了现代民主社会准确把握自由的巨大危险,也使人们难以认识到民主是不正义和

① 尼布尔:《光明的孩子与黑暗的孩子》,第 x 页。
② 尼布尔:《光明的孩子与黑暗的孩子》,第 39 页。
③ 洪堡:《尝试界定国家作用之界限的若干想法》(„Ideen zu einem Versuch die Granzen der Wirksamkeit des Staats zu bestimmen ", in *Gesammelte Werke*, Bd. VII, Berlin: Georg Reimer, 1852)。
④ 尼布尔:《光明的孩子与黑暗的孩子》,第 28 页。
⑤ 尼布尔:《光明的孩子与黑暗的孩子》,第 39 页。
⑥ 尼布尔:《光明的孩子与黑暗的孩子》,第 39—40 页。
⑦ 尼布尔:《光明的孩子与黑暗的孩子》,第 xiii 页。

压迫的唯一替代物。"①于是他的任务就是表明民主是不正义的唯一替代品,而这意味着绝对正义的实现。因为民主如果仅被证明为相对公正,它就不可能是不公正的"唯一"替代物。绝对正义与相对正义的根本性区别在于:只有绝对正义排除了其他正义存在的可能性,而相对正义则并非如此。判断一条规范或一个社会制度仅系相对公正,这表明它只有在特定条件下才是公正的;所以这个判断意味着,在其他条件下这条规范或这个制度就不再公正,那时公正的甚至可能是与之截然相反的规范或制度。只有将某物当作绝对公正——也就是无条件的公正——的判断才能排除上述可能。然而,尼布尔的政治哲学建立在"宗教与神学信念"基础上,②根本完成不了他所要承担的任务,因为它公然冒犯了它的宗教-神学基础,这种政治哲学其实是一种如假包换的政治相对主义。

(七) 宗教相对主义

乍一看,尼布尔恐怕会因其宗教神学而拒绝相对主义。他认为统治者与共同体只知"动用约束性的权力","而不了解那些界定了何谓共同体的正当生活秩序的一般正义原则,就只能造成专横"。他坦率地承认,这些"一般正义原则"就是"自然法"。他援引了"现存的共同体都无一例外地具有高于其历史上的法律的某些正义观念,并把这些观念作为评价其立法正义与否的标准"这一事实。他带着明显的遗憾承认"当代的自由民主思想太过相对主义,而不像早年间那样能和自然法扯上关系了",并再次强调"每个人类社会都具有类似自然法观念的东西,因为它们都认为除社会实际所体现的显然是相对性的法律之外,还有更加一成不变且更加纯粹的正义原则"。③"自由民主社会的拥护者所要面对的终极问题,"尼布尔断定,"是社会要不要自由到连这些原则都遭到质疑的程度。"他问道:"这些原则不能免受批评和修改吗?假如这些原则自身也受制于民主程序,假如这些

---

① 尼布尔:《光明的孩子与黑暗的孩子》,第 xii 页。
② 尼布尔:《光明的孩子与黑暗的孩子》,第 xii 页。
③ 尼布尔:《光明的孩子与黑暗的孩子》,第 67—68 页。

原则也要依赖林林总总的共同体的不同氛围乃至异想天开，我们难道不就牺牲了本应用来控制个人和社会过分冲动的那些有关正义和秩序的终极标准吗？"①对上述问题的回答当然都是肯定的。因为假如正义原则或自然法不能免遭批评，不能免受民主程序的影响，就可能产生大相径庭甚至截然相反的正义观念，这样一来，关于正义的"终极"标准的确就被牺牲了。所以，正义原则必须被认为只能来自宗教信仰，而无法通过批判理性获得。看来尼布尔正是持这种观点。他写道："每个社会都需要有效的正义原则来充当实在法和控制系统的标准。这些标准的博大精深远非理性所能知，而是植根于有关存在意义的宗教观念之中。"②这表明尼布尔相信自然法的存在，将自然法当作实在法的正义标准，并认为这种自然法渊源于宗教。由于他所说的宗教就是基督教，那么宗教就意味着信仰绝对公正的上帝。那么基于基督教的自然法当然就会自称代表绝对正义了。在尼布尔看来，也只有作为绝对正义的自然法才足以充当实在法的标准。自然法要成为这种标准，就必须有别于实在法，二者的区别仅仅在于，自然法把自身打扮成绝对公正，而实在法却只是相对公正的——也就是说，有条件的公正，只有在预设了那些实在法声称其试图的社会价值时才是公正的，但实在法却不能声称这些价值是绝对的、至高无上的价值，因而是相互冲突的价值中唯一应予实现的价值。假如自然法也只是相对公正的，假如一个自然法体系并未自称是唯一可能的自然法，假如这个体系之外还存在不同的甚至相反的自然法体系，那么就会产生该由哪个自然法体系充当实在法标准的问题，这是相对主义的自然法学说所无法回答的问题。如此一来，自然法也就不再优于实在法了。因为在这种情况下，表现为自然法的此规范体系与具有实在法特征的彼规范体系之间的差异，就和两个实在法体系之间的差异没有分别了，也就没有绝对的理由认为一个体系优于另一个体系了，因为哪项价值才是应予实现的最高价值这个关键问题仍属无解。相对的自然法在术语上是

① 尼布尔：《光明的孩子与黑暗的孩子》，第68页。
② 尼布尔：《光明的孩子与黑暗的孩子》，第71页。

自相矛盾的。

尼布尔却正是把这样一种相对的自然法当成了实在法的必要标准。因为他尽管坚持对基于基督教的自然法的信仰是实在法的标准,但归根到底,他并未接受自然法原则不应受到批评、不应受到民主程序的影响这一结论,也就是说,他无法否认对于自然法包含何种内容可能会有不同的见解,也无法否认难以断定哪种见解才是正确的,不可能用一种见解否定另一种见解。因为他承认"不论是教会还是政府、贤人的理性还是专家的理性,即使从不受到批评,仍可以免于人类存在的多变性和相对性的影响,既不犯错也不作恶,也不会被错误和罪恶引诱,历史上根本没有这样的事"①。所以,"历史上"对"正义原则"的"每一个表述"都可能"被修改,因为原则一旦僵化,也就丧失了实现更高正义的某些潜力,一代人的思想对于后代的生活而言是远远不够的"②。然而,正义原则或自然法原则却只能体现在"历史上的表述"中,我们所知的那些原则也只能呈现为"历史上的表述";如果这些表述只体现相对正义,我们就根本不可能认识绝对正义,也不可能认识真正意义上的自然法,因而也就无权主张存在这种正义和这种自然法了。那么,认为这代人的思想能比那代人的思想体现"更高"的正义就是毫无道理的。非但如此,历史上对正义原则的表述不仅在两代人之间不同,在同一时代的两个社会之间、同一社会的两个群体之间也是有差别的。

尼布尔小心翼翼地避免诉诸绝对正义,他并未将自然法的正义称之为实在法之上的最高正义。他只是说,自然法原则比"显然是相对的"实在法所体现的原则"更加不易变也更加纯粹"。但自然法如果只是比实在法"更加"不易变,那自然法就也不过是相对的而已。假如自然法与实在法都是可变的,那么就会产生为什么自然法更不易变且更纯粹,而实在法却易变且不那么纯粹的问题。这个问题对于尼布尔所提出的那种相对主义的正义哲学而言是无解的。假如人所能认识并应用于社会现实的正义原则或自然法

---

① 尼布尔:《光明的孩子与黑暗的孩子》,第 70—71 页。
② 尼布尔:《光明的孩子与黑暗的孩子》,第 71 页。

原则只能体现在"历史上的表述"中,假如这些表述可以因其错误或罪恶而被修改,那么这些原则就只能代表相对正义而不能代表绝对正义,尼布尔的正义哲学也就与相对主义的道德哲学没有什么分别了,而这种相对主义的道德哲学正是他所反对的,因为他认为这种哲学并未诉诸自然法这一实在法的合理标准。其实这种相对主义道德理论的主张与尼布尔所要强调的并无二致:人们的正义观念体现的只是相对价值而非绝对价值。他写道:

> 从理性中得出绝对有效的道德和政治原则的自然法理论,在界定这些原则时,总是会考虑其未来实际适用的情况。①

> 政治道德的原则理所当然地比纯粹的道德原则具有更大的相对性,如果不考虑相对的和视情况而定的因素,就根本无法表述这类原则。②

> 假如自然法理论坚持认为可能在社会中实现绝对平等,这种理论就会沦为某些叛乱团体的意识形态,他们否认任何社会都需要功能性的不平等——当然,这种功能性的不平等也不能超过必要的限度,否则这个社会就会受到谴责。如果功能性的不平等被准确地定义了,则其定义必然会包含对某些功能性特权的模棱两可的辩护,这种特权为文化上的统治阶级所垄断,这反过来又会损害上述定义。③

> 纵然自然法观念并未蒙上只替某些阶级或民族张目的污名,其想象力也受到时代的局限,无法考虑到新的历史阶段的可能性。唯其如此,才能为造成民主社会的至高无上的自由进行辩护,民主社会赖以维系的道德预设才不会因不断遭到推敲和重新检视而被抛弃。正是凭借

---

① 尼布尔:《光明的孩子与黑暗的孩子》,第72页。
② 尼布尔:《光明的孩子与黑暗的孩子》,第73页。
③ 尼布尔:《光明的孩子与黑暗的孩子》,第74页。

这种自由,历史的新生儿才不至于夭折。①

一个最高原则容不得批评的社会,就很难应对那些号称独占了真理的历史力量。②

上面这些话,即便是最极端的相对主义者也会深以为然。

但尼布尔却徒劳无益地想要把他的相对主义再加以相对化,从而弱化他反绝对主义哲学的立场。他认为相对主义存在程度上的差别,"相对性呈递减趋势"。"道德原则比政治原则更加有效,政治原则可以从道德原则中推出。政治原则又比那些考虑特殊情况的道德原则的特殊适用具有更大的效力。"③相对性不是一种品质,不像"热"可以具有不同的"热度"。价值的相对性表现为价值是有条件的,有条件就是有条件,不存在更有条件或者不那么有条件的说法。道德价值或政治价值要么有条件,要么无条件,不存在中间状态。效力概念也是这个道理:说涉及某人的某一行为的规范有效,意思就是此人应当实施此行为,而不应实施相反的行为。某行为与其相反行为之间同样不存在中间状态。一条一般规范可能或多或少地具有实效,也就是说,它被遵守的情况要么多于要么少于它被违反的情况。但纵然此规范被违反了,它也依旧有效,也只有有效的规范才可能被违反。相对的相对主义学说像相对的绝对主义学说一样,也是站不住脚的,相对的自然法学说就是一种相对的绝对主义。

(八) 基于宗教的宽容

尼布尔正确地指出了民主的根本条件是宽容,他也并未忽视宽容预设了相对主义。他写道:"民主的生活要求个人与群体之间有宽容合作的精神……缺乏这种精神,民主就会遭到质疑……但民主内在的危险在于不同

---

① 尼布尔:《光明的孩子与黑暗的孩子》,第74页。
② 尼布尔:《光明的孩子与黑暗的孩子》,第75页。
③ 尼布尔:《光明的孩子与黑暗的孩子》,第74—75页。

流派与种类的理想主义者，他们各自怀有不同的理想，却都认为自己的理想才是最完美的。"①理想最完美，这就意味着它体现了绝对价值。尼布尔在谈到民主时写道："对相对政治目标（一切政治目标都是相对的）的绝对忠诚威胁着公共的和睦。"②这表明民主预设了相对主义。但他却不愿舍弃政治相对主义的基础是宗教这一假象，当然，他毕竟是神学家，很可能别无选择。然而，宗教就其本质而言是一种对绝对价值、完美理想的信仰，因为宗教是对上帝的信仰，而上帝正是人格化的完美和绝对化的卓越。假如一种宗教信仰承认其信仰对象不是绝对真理而只是相对真理，并且不排斥另一宗教，也就是对另一上帝、另一价值、另一真理的信仰，并对其持宽容态度，这就与"宗教信仰"一词的含义矛盾了。尼布尔的相对主义神学的基础正是这个矛盾。

　　他非常准确地看到，维持社会和谐的关键问题是在承认宗教与其他文化多样性的基础上保持自由与和睦。他认为，要解决这个问题"就需要一种最高形式的宗教信仰。这种最高形式要求每一宗教或同一宗教的不同教派在宣扬其最高领悟的同时，也以谦卑和歉疚的态度承认下述事实：一切对宗教信仰的实际表达在历史上都是偶然的和相对的。承认这些事实就会创造一种宽容精神，令任何宗教或文化运动不至于动辄要求为其宗教形式赋予官方效力，或要求官方独尊其宗教信仰"③。尼布尔还提不出宗教信仰仅涉及相对价值或相对真理的观点，他所说的相对性仅限于信仰的表达。他指出"神性威严与人的特质存在区别，神的无条件性与人一切计划的有条件性存在区别"④。神的"无条件性"就是上帝的绝对性，只有宗教信仰的"表达"是人的计划，尼布尔称之为有条件的，因而也就是相对的。但对上帝信仰的表达，其所表达的正是被表达的价值或真理，这种价值或真理却是绝对的。符号——即观念的表达——具有绝对性还是相对性，取决于符号

---

① 尼布尔：《光明的孩子与黑暗的孩子》，第151—152页。
② 尼布尔：《光明的孩子与黑暗的孩子》，第151页。
③ 尼布尔：《光明的孩子与黑暗的孩子》，第134—135页。
④ 尼布尔：《光明的孩子与黑暗的孩子》，第135页。

的意义。具有绝对性或相对性的不是那个表达观念的心理行为，而是此行为的意义。假如表达的意义是绝对真理或价值，此表达就是绝对的；只有在意欲表达或表达了一个相对真理或价值时，此表达才是相对的。因此，假如表达所涉对象被认为是绝对的——宗教信仰表达所涉对象是上帝，也就是绝对者——表达就不可能具有相对性。尼布尔写道："宗教信仰应当……鼓励人们抑制其天生的傲慢，并使他们充分意识到自身哪怕是对终极真理的陈述也具有相对性。"[①]"终极真理"显然是"对生命意义的终极追问的终极回答"，它最终决定了"任何价值体系"。[②] 对生命意义的终极追问的终极回答只能是绝对真理。但是，承认对宗教真理的陈述仅具有相对性，这就意味着陈述所涉真理也只是相对真理——并非终极真理、绝对真理——并因此不再是原本意义上的宗教真理了。尼布尔写道："宗教信仰应当教诲人们，'如果他们的宗教承认过错与罪恶，承认对哪怕最极端正确的真理的陈述也可能掺入了偶然性与有限性，那么该宗教就理所当然是最为正确的'。"[③]明明承认一个陈述可能存在错误，却还要断定它理所当然正确，这实在是太自相矛盾了。假如某人信仰的内容以他人对终极真理的陈述或表达为基础，假如人类对信仰的表达总是仅具有相对的正确性，那么无论什么信仰都不能自称掌握了绝对真理，也没有任何信仰能自称具有真正的宗教性质了。因为宗教信仰之所以有别于世俗见解，就在于宗教信仰以绝对自居。然而，假如一个基督徒相信他的信仰源自天启，也就是源自上帝或上帝的儿子所做的陈述或表达，那么他就不可能承认这些陈述或表达会掺入"过错与罪恶""偶然性与有限性"。尼布尔关于绝对的宗教信仰与人对宗教信仰的相对的表达所做的区分只在一种情况下有意义，即预设了作为绝对真理与绝对价值的上帝因其超凡性远非人的理性认知或非理性的信仰所能领会，因此对信仰的表达才会出错，也才可以称之为一种相对真理。人不可能领会作为绝对的上帝这一假设不可避免的结果就是，人对上帝的品质

① 尼布尔：《光明的孩子与黑暗的孩子》，第 135 页。
② 尼布尔：《光明的孩子与黑暗的孩子》，第 125 页。
③ 尼布尔：《光明的孩子与黑暗的孩子》，第 135 页。

与权能、意志与目的无法做出任何陈述。关于这种超验上帝的神学对社会根本不会发生任何影响。不知也不可知的上帝意志无法适用于人类社会。

尼布尔最根本的错误就在于他认为能够把相对主义建立在"宗教谦卑"的基础上。"民主与博大精深的宗教的真正交汇点在于谦卑精神,这一定是宗教最重要的贡献之一。"①"在基督教信仰看来,"他写道,"试图掩盖人全部努力的条件性与有限性的傲慢,是一种典型的罪。"②但基督教就其本义而言不是人的而是上帝的努力成果,是由上帝启示并由他本人植入人的心灵的。人因基督教而生的哪怕是最极端的傲慢也不成其为一种罪,因为这种傲慢根本不曾试图掩盖人全部努力的条件性与有限性。这种傲慢是掌握了绝对的、上帝的真理的傲慢,是人的一种天生的傲慢。由于这种傲慢是对那种宣称自身无条件服从绝对真理的最真诚的谦卑的补偿,因而与那种谦卑可谓相得益彰。宗教谦卑这种情感太过摇摆不定,难以充当定夺民主与专制的基础。

宽容预设了人们坚持的真理与假定的价值仅具有相对性,而真理与价值的相对性意味着不能完全排除相反的真理与价值。之所以不得压制相反真理的表达与相反价值的宣传,其理由也正在于此。假如某宗教的信徒因其具有政府成员的身份而动用手中的权力通过了宽容其他宗教的政策,那么其选择并不是由于对绝对之物的非理性宗教信仰,而是出自维持共同体的和睦与自由这个高度理性的愿望。在他们的宗教立场与政治观点的冲突中,政治战胜了宗教。他们对与自身信仰相反的宗教持宽容态度,他们的政策预设了相对主义,而他们的宗教却预设了绝对主义,政治与宗教并不一致。尼布尔还引用了切斯特顿(Gilbert Chesterton)的格言——"只有什么都不信的人才有宽容的美德",③但这句话显然是夸大其词。谁的宗教信仰不那么顽固,不足以压倒他的政治倾向性,不足以阻碍他违背自身的信仰而承认其他宗教信仰的可能性和正统性,谁才具有宽容的美德。正是上述政治

①　尼布尔:《光明的孩子与黑暗的孩子》,第151页。
②　尼布尔:《光明的孩子与黑暗的孩子》,第135页。
③　尼布尔:《光明的孩子与黑暗的孩子》,第130页。

与宗教的不一致,才构成了民主的宗教意识形态的基础。

由于尼布尔赞同民主的宽容,而民主的宽容预设了相对主义立场,于是尼布尔就诉诸与宗教相对主义相反的解释,因为他作为一名基督教神学家,无法接受基于理性主义的、反形而上学的、非宗教的、怀疑论哲学的相对主义。在前面的引文中,他称这种哲学"试图通过抛弃传统的历史宗教来实现文化的统一"①,并断定"世俗主义采用一种更复杂的形式代表了怀疑论的形式,而怀疑论把人类全部方面都看成是相对的"②。但尼布尔的宗教相对主义认为人的全部努力仅具有相对性,那么也就和这种复杂形式的怀疑论相去不远了。在尼布尔看来,二者的区别在于怀疑论的世俗主义"站到了道德虚无主义深渊的边缘,令整个生活都面临着沦为无意义的风险。如此一来,世俗主义就造成了一片空白,恶魔的宗教可以轻易地乘虚而入"。前文已经指出,他所说的"恶魔的宗教"首先是指国家社会主义。但在对社会现实持坚定的相对主义立场的思想家看来,纵然是能与相对主义相容的宗教信仰,也不会像实证主义哲学那样遭到教条的形而上学的长期以来的曲解。怀疑论并不意味着不可知论,一切真理皆属相对也不意味着没有真理,正如一切道德价值仅系相对价值不意味着根本不存在道德价值;人只要承认他人对生活赋予的意义可能有别于自身的理解,那他的生活就不可能无意义。理性主义哲学拒绝用人类因愿望和恐惧而产生的想象来填补人类经验所不能及的超验领域,这样做根本不会产生所谓民主宗教。避免民主宗教成为现实,这不是实证主义哲学的任务,因为实证主义哲学对任何宗教都敬而远之。恰恰是那些以真正宗教自居的宗教才应承担这项任务。"民主宗教"所能填补的精神空白存在于超验领域,此领域实证主义哲学无从置喙,但刚好是基督教的用武之地。假如真有纳粹宗教能乘虚而入的精神空白,那这空白也是基督教教义留下的。不去质问基督教教义为何未能阻止国家社会主义填补精神空白,反而来质问实证主义哲学,这种转嫁责任的

————————

① 尼布尔:《光明的孩子与黑暗的孩子》,第126页。
② 尼布尔:《光明的孩子与黑暗的孩子》,第133页。

做法是让人难以接受的。假如相对主义应回答这个问题，那宗教相对主义——譬如尼布尔鼓吹的那种宗教相对主义——更该对另一宗教的胜利负责，因为这种宗教在民主主义内部隐藏了绝对主义的错误观念。但纳粹宗教只是有着经济与政治原因的现实运动的意识形态上层建筑，而不单纯是一种哲学或宗教体系。此运动最终归于消灭并不是靠改良哲学或宗教，而是靠铁一般的事实。

（九）马里旦的民主哲学

天主教哲学家马里旦在《基督教与民主》一书中为在民主与基督教之间建立联系做出了最为令人瞩目的努力。他断定民主理想起源于福音的启示，[1]凭着福音书的教诲，福音的酵母（ferment）就在世俗的良心里生出了民主原则。[2] 他甚至进而认为民主迄今仍未实现，资本主义民主这种无神论的民主不是真正的民主，因为这种民主不承认福音书，割裂了民主原则与基督教教义原则的联系。要想成为"真正"的民主，民主就得彻底体现出人性来，而只有牢固树立基督教信仰，才能彻底体现人性。唯其如此，民主的本质才得以体现。[3]

马里旦的这种策略与苏维埃民主学说不无相似之处，后者也宣称资产阶级民主只是一种形式上的民主，要想成为真正的民主，就必须彻底体现出人性来。二者的区别仅仅在于，苏维埃民主学说所谓的彻底体现人性不是靠基督教信仰，而是靠树立社会主义信仰来实现。

尽管马里旦强调民主的本质就在于基督教教义，但他同时也不得不承认，基督教教义是一种宗教信仰，其实并不太关政治生活的紧要。

显然，绝不能把基督教教义与基督教信仰当成任何政治制度的吹鼓手，因此基督教并不是为民主政体或民主的人生哲学与政治哲学服

---

① 马里旦：《基督教与民主》，第 33 页。
② 马里旦：《基督教与民主》，第 65 页。
③ 马里旦：《基督教与民主》，第 31—32、36 页。

务的。这是由于基督本人对凯撒的物和上帝的物做了根本的区分。……任何凡人的学说或意见,都不可能像由上帝揭示并形诸基督徒灵魂中的信仰的那些知识那么真实。基督徒可以为任何能使他得救的政体而奋斗,只要这种政体不违背自然法与上帝之法即可。基督徒即使支持民主哲学之外的政治哲学,也不影响他获得救赎,正如罗马帝国时期的基督徒可以接受奴隶制这一社会制度,或者17世纪的基督徒也不妨支持专制君主制这一政体。①

假如根据基督对凯撒的物和上帝的物所做的区分,基督教只是对政治制度来说无关紧要的宗教,假如不拥护民主主义甚至怀揣专制理想之徒也仍然可以是个善良的基督徒,那就很难理解基督教教义何以构成民主的本质了。马里旦无法否认天主教会曾以基督教的名义支持专制政体并反对民主运动,只不过遭到了失败罢了。他坦率地承认:

我们曾目睹教士阶层压抑教内对民主的渴求长达百年之久。②

这样做不是为了让信道者彻底忠实于天主教教义,而是为让理性主义者在法国宣布人和公民的权利。③

不论洛克、卢梭还是百科全书派,这些思想家都没有忠实、完整地继承基督教宝贵的思想财富。④

马里旦这样解释上述事实:当他断定民主与基督教教义存在本质联系时,他所说的基督教并不是指宗教教条和获得永生的途径,而是说基督教教

① 马里旦:《基督教与民主》,第42页以下。
② 马里旦:《基督教与民主》,第33页。
③ 马里旦:《基督教与民主》,第44页。
④ 马里旦:《基督教与民主》,第47页。

义是人们的社会生活和政治生活的"酵母",承载了人们世俗生活的希望;
他所说的基督教教义不是指教会所坚持和传播的上帝真理,而是指一种在
全世界起作用的历史精神;他不是在神学高度上谈论基督教,而是强调基督
教教义对世俗良心和世俗生活的深刻影响。① 也就是说,基督教教义成了
民主的本质因素,构成了"真正"的民主。但基督教教义在本质上就是宗教
教条,正是由于对上帝真理的信仰和实现永生的许诺,才使它能成为政治生
活的"酵母"和在全世界起作用的历史精神。但假如作为宗教教条的基督
教教义在政治上无关紧要,它就不能成为政治生活的"酵母"和在全世界范
围内的历史精神了,所以基督教教义与任何政治制度都不存在本质联系。
马里旦曾谈到"世俗化的基督教教义"②,但这不过是自相矛盾罢了。

　　当基督教是人民普遍信仰的宗教时,民主政府比人民普遍信仰其他宗
教或普遍不信教时运转得更好。尽管很难证实,但可能仍有人持这种观点,
就如同有人主张资本主义民主比社会主义民主运转得更好,或者持正好相
反的主张一样。马里旦的著作写于第二次世界大战期间,他写道,除非"基
督的启示与民主的启示握手言和并相得益彰"③,西方民主才能在赢得战争
之后再度赢得和平。可能的确是这样,但即便如此,也无法证明民主与基督
教教义存在本质联系。民主的本质是一码事,民主政府的运转是否良好是
另一码事,不能把两者混为一谈。我将在本文的第三节表明,即使能证明民
主在某一经济制度之下运转得更好,也无法证明民主与某种经济制度存在
本质上的联系。民主与宗教的关系也是如此:不能因某宗教比其他宗教更
能确保民主良好运转,就主张民主与此宗教之间存在本质上的联系。古代
民主的宗教背景与基督教大相径庭,认为一旦信仰基督教以外的宗教就无
法建立民主,这毫无道理。其实,即使在当代,也不乏非基督教的民主,诸如
伊斯兰教的民主、犹太教的民主和印度教的民主。马里旦实际上想要证明
的并不是民主与基督教存在本质联系,而是民主与某些道德—政治原则存

---

① 马里旦:《基督教与民主》,第43—44页。
② 马里旦:《基督教与民主》,第49页。
③ 马里旦:《基督教与民主》,第35页。

在本质联系。他认为这些原则具有自然法的性质,并且武断地认为自然法就是"福音法"(loi évangélique),①或者至少与福音法不矛盾,而福音法就是特殊的基督教道德。然而,基督教的道德原则中也只有一条称得上特殊:放弃报应(retribution),拒绝善有善报、恶有恶报,而是要以善报恶,不仅要爱邻人,还要爱仇敌,意思就是对作恶者不应惩罚而要宽恕。这就是基督教正义的新原则——爱的原则。但此原则根本不符合政治现实,因为任何国家都是一个规定对违法者采取强制的秩序。基督教道德的其他原则并非基督教或福音所独有,其他道德体系也提出了这些原则,甚至比福音书提出的还要早;这些道德原则可以适用于任何社会,并不限于以民主方式组织的共同体。

马里旦为了证明他关于民主具有福音性质的观点,还引用了法国哲学家伯格森(Henri Bergson)的话:"民主就其性质而言来自福音,爱是推动民主的力量。"②假如爱——基督之爱——真是推动民主的力量,唯其如此,民主才在本质上与基督教教义有关。但实际情况显然不是这样,也不可能是这样。第一节曾提到,民主政体在气质上更爱好和平而不那么具有侵略性,伯格森的说法不过是上述事实的一种夸张的表达罢了。但政治社会中对和平的热爱与福音中的爱颇有不同:和平爱好者更青睐民主政体,但这并不表明能从爱好和平中推出民主原则,当然更不意味着只有基于基督所教诲的上帝之爱才能实现民主。

(十) 民主与福音书

民主理想源自福音书的教诲,民主靠着福音的"酵母"在世俗良心中产生,民主是福音启示的世俗呈现,马里旦是如何证明上述说法的呢?他写道,凭着福音的神秘力量,世俗良心意识到政府"只有得到被统治者的同意

① 他写道:"政治生活应遵循自然法,并符合其世俗目标的要求,还要合乎福音本身。"(《基督教与民主》,第60页)
② 伯格森:《道德和宗教的两个来源》(Les deux sources de la morale et de la religion, Paris: F. Alcan, 1932),第304页;转引自马里旦:《基督教与民主》,第78页。

时才能行使"其权威,①政府只是人民的"代理人或者代表"。② 这的确是一条重要的民主原则,但从福音书中却找不到这样的原则。基督的教诲根本不涉及任何政体,我们从基督的话中只能推知他不赞成任何政权,他不曾为哪个政权辩护过。"上帝的物归上帝,凯撒的物归凯撒",我们如果接受对这句话的传统解释,就必须承认基督并未直接剥夺专制君主自古以来就具有的权利,也就是说,世俗君主早于上帝的国。耶稣只关心上帝的国,并认为这个马上就要来临的国将终结人间的一切政权。所以,对于基督来说,根本不存在人间的哪种政体更公正的问题。圣保罗却更操心基督的追随者与人间政权的关系,他的教诲与马里旦对福音启示所做的总结可谓南辕北辙。圣保罗告诉人们,政府的权威并不仅仅取决于被统治者的同意,不是说基督徒就不需要尊重专制政府的权威,也不是说这样的政府就不公正或违法(unlawful)。他告诫基督的信徒们,要承认一切现存政府的权威都来自上帝,包括被统治者所不赞成的政府,他就是这样为一切现存的政体辩护的。

　　基督教教会——不论天主教还是新教——完全遵循圣保罗的教诲,为所有现存政府的权威辩护,不论民主政府还是专制政府。诚然,天主教会与新教教会出于显而易见的原因,更加青睐专制政府而非民主政府。他们给君主专制提供了最有效的意识形态:君主的权威是上帝的恩惠,他是上帝在人间的代理人或代表,而不是人民的代表。不过民主政府一旦牢固地建立起来,天主教会和新教教会也乐意支持这种政体。对于教会来说,对世俗政府的赞成与反对只取决于一件事,就是政府是否阻挠、反对基督教的活动。然而,这并不表明教会要求宗教宽容。天主教会绝不反对政府镇压新教徒,新教教会也绝不反对压制天主教会。基督教会要为针对穆斯林——就是穆罕默德所立信仰的信众,他们被当作异教徒的典型——发动的十字军征讨寻找根据,显然福音的启示更能愉快胜任,政治自决与宗教、政治宽容的民

① 马里旦:《基督教与民主》,第 57 页。
② 马里旦:《基督教与民主》,第 58 页。

主原则显然无法充当这种根据。

通过援引福音书中人皆是上帝之子、皆依上帝的形象所造的说法,①马里旦将平等这一民主原则归功于福音的启示。但上帝面前人人平等的观念与其说适宜民主,还不如说契合专制。因为这种平等的基础是统治者与被统治者之间的绝对不平等。上帝面前人人平等,这是由于尽管上帝把人创造为另一种人格体,但人们之间的区别相比于人与上帝的根本区别而言,在上帝看来是无关紧要的。② 而民主主义的平等却意味着假定统治者与被统治者平等,这是由于被统治者参与了统治,由于民主就是使统治者与被统治者合二为一的政治自决方式。因此,民主主义的平等与福音中的平等存在本质区别。

马里旦把人格尊严当作一条民主原则,并认为此原则也由福音书所传授。但此原则却不是福音书的专利,因为其他与福音书无关的哲学和宗教同样提倡人格尊严。将人格尊严归功于福音启示是毫无根据的。反而是基督徒无条件服从上帝的义务、对上帝神圣统治的绝对服从是否有损人格尊严,这倒是颇值得讨论的。③ 其实,强调个人价值、反对超个人权威——不论国家还是上帝——的恰恰是非宗教的理性主义哲学。毫无疑问,一个尽最大可能确保个人政治自律的社会秩序比基于他律原则的宗教秩序会更加尊重人格尊严,因为宗教的他律原则意味着教徒要服从那种他无从参与制定的神法。为了淡化他律原则,为了挽救人格尊严,基督教神学提出了自由意志论。但自由意志论却无法以福音书的教诲为支撑,也很难与上帝意志全能且决定一切的假设相融洽,而正是此假设产生了预定论(predestination)信仰。

马里旦写道:"正是在与奴役哲学(philosophice sclavvagiste)的尖锐对立中,民主的人生哲学与社会哲学才最清晰地展示了其本质特征。"④此言差

---

① 马里旦:《基督教与民主》,第 51 页。
② 参见本文第一节,第(五)小节。
③ 马里旦:《基督教与民主》,第 54 页。
④ 马里旦:《基督教与民主》,第 76 页。

矣,因为奴隶制在古代民主制中是一种合法制度,民主的美国也是在发表
《独立宣言》以后又过了很久才废除了奴隶制。然而,对于民治政府而言,
不承认奴隶制的政府确实比承认奴隶制的政府具有更高的民主程度。这就
好比剥夺女性的政治权利当然不符合民主主义,但你却不能因此就否认瑞
士是个民主国家。尽管如此,对奴隶制的谴责却不能归功于福音书。基督
不曾反对奴役,圣保罗更毫不含糊地认可了奴隶制:

> 你们做奴仆的,要存着敬畏、战兢和真诚的心,听从世上的主人,好
> 像听从基督一样。做事不要只做给人看,像那些讨人欢心的一样,而要
> 像基督的仆人,从心里遵行上帝的旨意,甘心服务,像是服侍主,不是服
> 侍人。你们知道,无论是奴仆还是自由的人,如果做了什么善事,都必
> 从主那里得到赏赐。你们做主人的,也要照样对待仆人,不要威吓他
> 们;你们知道,他们和你们在天上同有一位主,他并不偏待人。①

> 凡负轭做奴仆的,应当看自己的主人是配受十分的敬重,免得上帝
> 的名和道理被人亵渎。服侍有信主的主人,不可因为他们是弟兄而轻
> 看他们;倒要加意服侍他们,因为这些受到服侍的益处的,是信主蒙爱
> 的人。②

做奴仆是在行上帝的旨意,福音弟兄(evangelical brotherhood)与奴隶制
并行无碍,这是福音的启示,却并不反对奴役。

---

① 《圣经·新约·以弗所书》,第 6 章,5—8。
② 《圣经·新约·提摩太前书》,第 6 章,1—2。

三、 民主与经济

（一）资本主义、社会主义与民主

民主与经济的问题，主要是关于我们称之为民主的这种政治制度，与资本主义和社会主义这两种在现代文明中相互竞争的经济制度之间的关系。鉴于资本主义、社会主义这类术语是在不同意义上使用的，因此有必要通过下面的分析澄清其含义。我们将资本主义理解为一种以生产资料私有制、自由企业和竞争为特征的经济制度，也就是说政府不直接干预经济生活的制度。社会主义则可以理解为以国有化及对生产资料和产品分配进行管制为特征的经济制度，因此社会主义意味着经济约束和积极调整经济生活。

关于民主与经济制度的关系，在当代有两种截然对立的学说。一种学说主张，只有资本主义才有民主，民主这种政体与资本主义经济制度气味相投，而社会主义就其本质而言需要专制政体。但另一种学说却认为，只有在社会主义经济制度之下才有真正的民主，资本主义只有"形式上的"民主或虚假的民主。

接下来的分析想要证明，不论资本主义还是社会主义，民主在本质上都与特定的经济制度无关。不论民主政体还是专制政体，都有建立资本主义或社会主义经济制度的可能。因为政体这类的政治制度首先是创制和适用社会秩序的程序或方式，与特定的经济制度没有必然联系。创制或适用社会秩序的民主方式与专制方式都并不排斥社会秩序中特定的经济内容。不论资本主义还是社会主义，都并不蕴含特定的政治制度，因而二者在原则上都可以与民主或专制相容。至于特定的经济制度是否在某一政体之下运行得更好，这是另一个问题。或许民主更青睐资本主义，而专制更偏爱社会主义。但这个问题只能通过历史经验来回答，在我看来，当代的实践经验还不足以提供有科学根据的答案，不论有意还是无意，迄今为止对这个问题的回答都是基于政治偏好做出的。

（二）社会主义才有民主——马克思的学说

只有在社会主义经济制度之下才可能有民主，这个命题是马克思主义意识形态的本质要素，并且在反对资本主义的宣传中扮演着重要角色。该命题隐含着对民主概念的曲解，就是把对民主的理解从民治政府这一通常定义转变为民享政府。这种转变预设了对下述教条的信仰：社会主义能够实现人民的"真正"（real）利益，因此能够代表人民的"真实"（true）意志。但基于这个预设得出的结论，即社会主义才有民主，不过是空洞的同义反复罢了。

民主是最优政体，因而只能在社会主义这一最优经济制度中实现。马克思主义者的这一命题是在对社会进行经济解释，这种解释认为国家与法律之类的政治现象只不过是生产关系所构成的经济基础的观念性上层建筑罢了，也就是经济决定政治。在资本主义社会中，由于资产阶级是占有生产资料的少数人，是经济上的统治阶级，因而他们也就是政治上的统治阶级，这种说法不符合民主是多数人对少数人的统治这一观念。除非多数人成为经济上的统治阶级，他们才能在政治上也成为统治阶级，也才能实现民主。但根据这种意识形态的基础性预设，只有对生产资料实行国有化才有上述可能。然而，在从资本主义向社会主义过渡的这一关键的阶段，对社会的经济解释以及经济决定政治的原理却轰然倒塌了：无产阶级要成为经济上的统治阶级必须先建立社会主义制度，而要建立社会主义制度则必须先成为统治阶级，这一目的只能通过政治手段达成，要么采取和平手段成为代议机关中的多数，要么靠暴力手段实现。在最重要的史实中，俄国正是通过政治革命建立了真正的社会主义制度，这非常符合马克思主义者的学说。该学说强调，实现社会主义的唯一道路是通过革命建立无产阶级专政，这当然是一种政治行动。不仅是为了成为经济上的统治阶级，也是为了维护这一统治地位，无产阶级以及代表这一阶级的政党必须采取特殊的政治手段：公开强迫、秘密警察以及军事组织。在社会主义建立起来和坚持下来的过程中，毫无疑问是政治在决定经济。因此，当马克思主义者的社会主义自称独占了民主时，对社会的经济解释却不能充当这种主张的根据。此外，社会主义的最终目的不是建立民主而是消灭民主。当社会主义发展到它最完善的阶段——也就是共产主义——时,国家以及民主这一国家形式也就消亡了。"在以往关于国家的论述中,"列宁写道,"常犯恩格斯曾提醒过的那种错误,就是总忘记民主也是国家,因而在国家消失时民主也会消失。"[1]马克思主义者的社会主义在政治上是无政府主义,而不是民主主义。当这个乌托邦梦想最终落幕时,历史又回到了它的起点——19世纪的极端自由主义,其理想正是一个非政治、无国家的社会。[2] 如果真的接受了——我们是不接受的——马克思主义者的学说,就可以说:假如有什么经济制度说到底与民主不相容,那一定就是社会主义。

(三) 资本主义与政治意识形态

社会主义政府至少在从资本主义向社会主义过渡的阶段就其本质而言是"真正的"民主政府,因为它代表了人民的经济利益,从而也就体现了人民对于实现其经济利益的意志,只有社会主义政府才能代表人民。这种学说从心理学的观点来看也是很成问题的。该学说预设了人最关心经济需求能否得到满足,但经验却表明,经济需求得到最低限度的满足后,经济利益以外的需求立即就强烈起来。不可否认的是,实现宗教或民族主义理想的政策会赢得广大群众热情乃至狂热的拥护,哪怕这些政策将严重影响群众的经济福利。至于社会主义制度是否比资本主义制度更有利于保障群众的福利,这仍是个悬而未决的问题。但即使能够证明社会主义比资本主义更能代表最广大人民的利益,也不能因此就认为通过普遍、平等、无记名投票建立的资本主义民主只是"形式上的"民主,不能因此就认为这种民主不体现人民的意志乃至违背人民的意志,不能因此就认为资本主义民主不是"真正的"民主。马克思主义者提出捍卫其上述观点的论据显然是错误的,所谓生产资料的私有者——也就是资本家——一旦控制了经济活动也就控制了意识形态的说法并不真实。社会主义对所有宣传手段尤其是新闻出版的控制要比资本

---

[1] 列宁:《国家与革命》,第75页。
[2] 参见拙著《社会主义与国家》(*Sozialismus und Staat*, 2nd ed., Leipzig: C. L. Hirschfeld, 1923),第50页以下。

主义严密得多,这却是不争的事实。不管社会主义者承认与否,那种保持其"形式上的"民主特征的政治制度根本无法建立起只支持资本主义的宣传,宣传机器背后更强大的经济力量也无法确保更有效的宣传效果。众所周知,在美国 1936 年的大选中,反对罗斯福(Franklin D. Roosevelt)的出版物要比支持罗斯福的出版物拥有大得多的发行量,但罗斯福却依旧当选。[①] 那种认为只要掌握了人的经济命脉,就一定能控制他的思想尤其是政治观点的主张,是一种荒诞的夸大其词。经济现象与政治意识形态当然有某种联系,但社会主义政党在资本主义民主制度下取得的成就反而最大,这就说明正是"形式上的"民主阻止了经济力量对政治运动的完全控制。

以上事实的确表明民主与专制在与经济制度的关系方面存在一个重要区别:如果上述两种经济制度之一在专制政体之下建立,那么建立另一种经济制度的企图就会受到镇压。民主政体却难以采取镇压行动,所以和平而渐进的变革是不可抗拒的。当然,这并不意味着民主主义政府没有动用武力镇压改变现行经济制度的企图。但假如这种企图获得了成功,既然少数人为了用社会主义取代资本主义——或者用资本主义取代社会主义——而通过革命推翻了民主主义政府,那么这种政治活动必然意味着专制主义政体的建立;正如民主政府一旦对用一种经济制度取代另一种经济制度的和平尝试进行镇压,这同样意味着民主蜕变成了专制。

(四)"重新定义"民主

不论正统的马克思主义者还是其他社会主义者,都相信能够从资本主义和平过渡到社会主义,而不一定要靠革命来用一种经济制度代替另一种经济制度。他们提出民主与资本主义不相容,这里的民主当然是与其字面意思截然相反的另一种"民主"。他们并不否认 19 世纪的资本主义国家具有民主性,却又断言,最近五十年的经济发展令资本主义越来越难以保持民主,并且终将抛弃民主,更何况经济发展已经造成了"民主危机"。他们认

---

① 参见罗斯(Alf Ross):《为什么要搞民主?》(*Why Democracy?*, Cambridge: Harvard University Press, 1952),第 172 页。

为,这个危机体现在"即使在最先进的民主国家,高于一切的经济权力已经让民主形式与政治权利逐渐丧失了意义",民主的过程已不再自动赋予"真实的权力"。①"当有组织的经济力量耀武扬威时,19 世纪自由主义民主的基础正在坍塌,政治权利因对那些关系国计民生重大问题的决定因素失去了控制而显得无足轻重。"要应对这个严峻形势,就得建立起一种"新民主"。这种新民主必须"能够运用占主导地位的经济因素成功地重新解释'平等''自由'这类民主观念",必须"能让政治权利有效控制经济权力",必须"在社会成员中培养起一种能让民主有效运行的普遍责任"感。②

这种观点的依据是经济力量可能与政治权利相对立。在他们看来,正是这种对立造成了当代民主的危机。然而,这种对立是否为西方民主实践中的政治现实,更准确地说,如此描述那种当然存在的对立是否准确,却是很值得怀疑的。

权力(power)是影响他人的能力(capacity)。如果我能使他人的行为符合我的意志,我对他人就有权力。因此,权力本身既不是政治的也不是经济的,权力借以引起预期行为的那些手段才具有政治性质或经济性质。生产和分配产品的经济活动就是权力赖以行使的经济手段。控制经济活动的那些人也就有了所谓经济权力。谁掌握了生产资料,谁就控制了经济活动。在通过法律秩序建立的政治组织中,也就是说在国家中,对生产资料的占有必须借助一种法律形式,也就是财产的形式。生产资料可以成为私有财产,这正是资本主义制度的本质要素,并且会造成生产资料集中在一个相对较小的集团手中,也就是少数人手中。在这种情况下,产品的分配也采取了契约的法律形式。当然也可以由政府掌握生产资料,也就是说生产资料归国家所有,这正是社会主义经济制度的本质要素。在这种情况下,产品的分配就采取了政府对社会成员直接或间接配给的法律形式。不论上述哪种情况,经济生活都是通过法律创制和法律适用的过程来调整的。在社会主义社会,法律规定政府掌握生产资料,并通过建立计划经济,以一种权威的方

---

① 卡尔(Edward Hallett Carr):《和平的条件》(*Conditions of Peace*, New York: Macmillan Co., 1942),第 28 页。
② 卡尔:《和平的条件》,第 30 页。

式直接指导生产和分配的经济活动,从而积极地安排经济生活。在资本主义社会,经济生活也并非独立于法律王国之外,那些规定财产取得方式的条款——尤其是规定以契约的形式取得作为生产资料和产品的财产的条款——调整着经济生活,这就是自由经济的本质。如果不通过法律创制牢固地确立私有财产和契约的原则,不通过法律适用有力地保护私有财产,那么生产资料的私有者就无法行使其经济权力。对于存在主张生产资料国有化的强大社会主义运动的现代国家而言,法律形式的重要性体现得尤为明显。只有通过法律创制和法律适用的过程,才能维护生产资料私有者的经济权力,才能对抗想要废除这一经济制度的力量。

政治权利则是权利人借以影响统治的权利,影响统治意味着控制法律创制和法律适用的过程。由于经济权力依赖法律创制和法律适用过程的保障,那么经济权力与政治权利就不可能对立。经济权力的行使归根到底依赖政治权利的掌握者,因为掌握了政治权利也就有权维护或废除那个产生特定经济权力的经济制度。

社会主义者反对上述观点,认为这不过是对社会存在的"形式主义"解释。他们认为,在资本主义经济制度中,政府可能受到生产资料私有者的决定性影响——在20世纪的资本主义国家中,实际上就存在这种影响,政府只是在表面上主导了法律创制和法律适用过程,其实上述过程是由少数生产资料私有者为其私利而行使经济权力加以控制的。对于现代民主而言,假如政治权利的享有者不能同时掌握经济权力,那么政治权利便毫无意义,因为行使政治权利的政府受资本家影响,其对政治权利的行使并不符合政治权利享有者的意志与利益,而是符合生产资料私有者的意志与利益。因此,要将经济权力——也就是生产资料所有权——赋予政府,以便经济权力的行使能够符合多数政治权利享有者表达其利益的意志,因为他们的利益就是全体人民的利益,唯其如此,政治权利才有意义。

社会主义者的这种观点能否成立,取决于下述判断能否得到证实:少数生产资料私有者决定性地影响着政府,而政府是由人民的多数选举产生的,多数人民反对政府所维护的资本主义制度,而赞成社会主义制度。然而这些判断很难被证实。

　　想要把握人民的意志,只能靠民主程序,就是普遍、平等、自由且无记名投票的选举。只要不过分夸大那些随处可见的滥用民主的现象,就不能否认西方民主制度中议会和行政首长的选举还是符合上述要求的。如果这样选出的政府维护资本主义制度,就没有理由断言这种制度违背了人民的意志,更准确的表述是违背了或多或少以政党的形式组织起来的多数选民的意志。既然赞成社会主义制度的选民只是少数,或者其虽成为多数却只是昙花一现,也就没有足够的理由断言只要不建立社会主义制度,政治权利就毫无意义了。

　　谈到生产资料私有者对政府的影响,这种影响的渠道只能是选民。社会主义政党如果得不到多数选民长久的支持,就不能抱怨是生产资料私有制造成了他们的失败。假如一个社会符合上文提到的民主要求,尽管生产资料掌握在少数私有者手中,但却不足以阻挡强大社会主义政党的出现,那么同样不足以阻挡社会主义政党赢得多数选民的拥护从而控制政府并建立社会主义经济制度。社会主义政党之所以失败,要么是由于选民对于谁在政治上代表他的利益缺乏独立的判断,而正是他的利益决定了他行使政治权利支持哪个政党;要么是政治宣传起了作用,而受政治宣传蛊惑而投出的选票并非投票人真实或真正意志的表达。但将其失败归咎于社会主义的支持者中的独立投票者多,而受政治宣传蛊惑的随大流者少,二者在比例上有别于社会主义反对者中的两类人,断言社会主义的支持者更能表达真实或真正的人民意志,这就毫无道理了。前文曾提到,社会主义反对者的宣传尽管拥有更强大的经济手段,却未必比社会主义者的宣传更有效。[①] 那么,穷人之所以不投票支持社会主义政党,可能是由于他们信仰上帝,宁愿听从教会牧师关于不要支持社会主义的建议,因此并未接受无神论政党的宣传;也可能是他们出于这样或那样的原因而具有强烈的民族主义情绪,因而支持了主张扩充军备而不是社会改革的政党。但总不能因此就用资本主义来解释宗教和民族主义的存在,因为社会主义国家苏联也有宗教和民族主义,强大的无神论宣传并未在苏联根除宗教,而民族主义反而成了苏联贯彻其政策的有效工具。

---

① 参见本节,第(三)小节。

　　因此,所谓经济权力在民主国家中压倒了政治权力,所谓民主过程只是对权力事实的确认,所谓政治权利因"对那些关系国计民生重大问题的决定因素失去了控制"而变得无足轻重,这些说法完全错了。以这种误导的方式来描述政治形势,就会得出现代民主面临危机的结论,其实真正的政治形势是:在民主国家,产生了一个想要以社会主义取代资本主义的政党,它也具备了可观的力量,但受限于构成民主本质的那些政治原则,该党还未获得多数选民的支持,因而还难以通过民主程序长久地控制政府。于是,社会主义理论家就声称民主程序是种无足轻重的"形式"。他们谈到民主的"危机",并要求或建立"新的"或"真正的"民主:要么直接采取暴力手段,要么——假如他们不是马克思主义革命学说的信徒的话——用经济术语重新解释自由和平等的民主原则,也就是用民享代替民治来作为民主的新定义。

　　当然存在危机,但不是民主的危机,而是资本主义经济制度的危机。改革或许注定发生,革命或许难以避免。但这种改革或革命并不意味着改变民主的本质,而只是废除现行经济制度。社会主义经济制度的建立、生产资料和生产过程的国有化,或许能够提高人民群众的平均生活水平,但却不会令民主"化腐朽为神奇"——只要别毁了民主就不错了,这种改革或革命当然不会让"政治权利再度重要起来"。[1] 假如一种经济制度实现了对每个人最重要的经济需求的保障,反而很可能降低人们对政治的兴趣,尤其是在社会主义经济制度的基础上再通过外交政策成功建立起足以确保集体安全的国际组织,那么人们的政治热情就会更低。假如人们已免于饥饿和战争的恐惧,那么政府活动的很大一部分对个人而言就不再重要了,人们的参政热情也就不那么高了。因为现实中人们最关心的正是政府在经济和外交领域的决定,这些决定会直接影响普通人的生活。非马克思主义的社会主义理论家要求将民主重新定义为政治权利得以有效对抗经济权力的政体。[2] 这意味着:民主必须与社会主义相结合。我本人倒不反对这种政治安排,我也相信民主能与社会主义相容。但我绝不赞成为实现这种政治安排而对民主

---

[1]　卡尔:《和平的条件》,第 34 页。
[2]　卡尔:《和平的条件》,第 34 页。

的概念进行重新定义。要用社会主义民主取代资本主义民主,根本不必改变本文所定义的民主的内涵——当前资本主义民主国家实际上已实现了这种民主。像苏维埃理论那样重新定义民主是一种危险的企图,因为这种企图一旦得逞,就可能为反对民主的政治运动提供意识形态工具,这正是苏维埃民主理论的所作所为。

(五) 所谓"民主与社会主义(计划经济)不相容"

通过上述分析可以看出,马克思主义者关于只有在社会主义经济制度下才能实现民主的学说显然错了。但却不能因此就像那种广为流传的资本主义学说那样得出下述结论:社会主义经济制度下不能实现民主,社会主义与民主不相容,因为社会主义必然意味着压制自由,不论积极自由——被统治者参与统治的自由,还是消极自由——免受统治的自由,诸如经济自由与思想自由;所以只有在资本主义经济制度下才能实现民主。

资本主义社会能够实现本文所界定的民主,这是一目了然的事,没有必要做专门的证明。社会主义者对此也不否认,他们只是不承认资本主义民主是"真正的"民主罢了。因此,我们要解决的问题就是:民主是否由于与社会主义不相容,因而只能在资本主义经济制度之下实现?

在讨论这个问题时,总会涉及计划经济的问题,计划经济是社会主义的核心。计划经济的反对者认为,民主的方式无法指导高度复杂的经济活动体系,因为民主意味着由利益相互冲突的政党选出的短期任职的个人形成的多头统治,只有实际上享有无限权力的独裁领导人手下的专家团队才能胜任这一工作。[1] 计划经济要求压制对民主至关重要的自由。[2] 前文已经指出,民主主义的自由包含两条不同的原则:一是积极自由或自决的政治自由,即被统治者参与统治,也就是参与社会秩序的创制与适用的自由;二是消极自由或思想自由,也就是免受统治或强制的自由,这种自由受到宪法中

---

① 参见哈耶克(Friedrich A. Hayek):《通往奴役之路》(*The Road to Serfdom*, Chicago:University of Chicago Press, 1944),第 88 页以下。
② 哈耶克:《通往奴役之路》,第 70 页。

人权条款的保护。对于认为计划经济将造成压制政治自由的后果，并认为这表明社会主义与民主程序不相容的观点，我们必须考虑到下述事实：即便是民主性质得到普遍承认的资本主义国家，其政府的立法、行政、司法分支对于民主原则的贯彻程度也是有差别的。国家的法律创制机关即立法机关对民主原则的贯彻程度，总是高于法律适用机关即行政机关，尤其是司法机关。认为法律适用机关的民主化程度总是与法律创制机关保持一致，这是一个错误。假设一国因领土扩张而有必要设立新的政区并成立地方行政机关，如果该机关采取合议制，且其成员由当地居民选举产生，则其组成体现了最高程度的民主。但地方行政机关的政治结构可能有别于中央立法机关。某政党在中央立法机关中是少数派，但它在地方行政机关中却可能是多数派，于是该地方行政机关在执行中央议会用过的法律时——打个比方，也就是在执行全体人民的意志时——就不那么尽心，而是敷衍塞责。如此一来，局部的民主反而破坏了整体的民主。要更有效地确保中央议会通过的法律所表达的所谓人民意志得到执行，地方行政机关的组织就不能采取更加民主的合议制，而是要代之以不那么民主的方式，也就是由选举产生的最高行政机关任命一名地方长官，该地方长官就其行政活动的合法性（legality）对行政首长负责。对于一个政治实体整体上的民主性而言，最高法律创制机关组成的民主性要比法律适用机关也就是行政机关与司法机关组成的民主性重要得多。

为确保整体上的民主，不仅对法律适用机关的合法性要求导致行政和司法机关组成上的民主原则受到限制，对行政效率的要求也会造成同样的结果。假如低效的行政将危及民主国家的生存，假如较低的民主程度更能确保行政效率，那么为了确保整体上的民主性，国家就会为行政机关选择民主程度较低的组成方式。之所以全部现代民主国家行政首长的产生方式远不如议会的选举方式那么民主，原因就在于此。美国总统由人民间接选举产生且不对国会负责，这种方式的民主性显然不及国会下院。法官由行政首长任命，这当然也不如由人民选举来得民主。只有受过专业训练的法律人才能担任法官，尤其是法官不受其任命者或选民的影响且终身任职的规则，更是没有丝毫民主可言。然而，我们却毫不犹豫地承认宪法规定法官一经行政首长任命便独立且终身任职的国家是民主国家，因为我们相信，对于民主国家而言，这种司法制度要好过其他制度。毋庸置疑，在作为民主楷模的资本主义国家中，行政首长在军事、外交以及其他只涉及技术问题的管理领域享有更大程度上的自由裁量权，譬如在卫生管理领域，专家对政府活动的参与程度就非常可观。行政活动的技术性越强，也就是说，实现既定目标的手段越取决于科学经验，其政治性就越弱；这个领域就越不受民主程序制约，反而越有益于政治实体在整体上的民主性。唯其如此，尽管政府的科层化（bureaucratization）持续增强是现代国家的一个重要特征，但只要科层化局限于技术管理领域，就不会危及国家的民主性。

如果由普遍、平等、自由且无记名投票的选举产生议会，再由议会中的多数建立并维持社会主义经济制度，那么对这一经济制度的管理在很大程度上就仅具有技术性；这种技术管理组织或多或少会具有的不民主特征就不会削弱社会主义国家整体上的民主性，否则行政首长的自由裁量权、科层制与专家的影响将令西方文明中的资本主义国家也很难以民主自居。或许计划经济的管理为了达到令人满意的效果，所要求的自由裁量权和因此对立法权形成的限制已大大超过了最高国家机关应具备的民主性所允许的程度。对这个问题的回答依赖社会经验，我们目前还缺乏这样的经验。可是断言社会主义将不可避免地导致独裁当然也是缺乏经验基础的无根游谈。俄国的社会主义实验仅限于一个大国和为数不多的几个卫星国，而且不过区区一代人的时间，这证明不了什么。此外，我们讨论的问题不是民主政府能在多大程度上实现社会主义，而是社会主义在原则上是否与民主相容。对于后者，至少到目前为止不能否认存在这种可能性。

（六）"法治"

一方面，社会主义与民主不相容；另一方面，民主与资本主义存在必然联系。上述主张有时会找到这样的根据：在社会主义经济制度中，无法坚持所谓"法治"（rule of law），法治只有在资本主义经济制度中才行得通。法治对于民主至关重要,因为法治保障了自由。①

持上述观点者将法治理解为这样一种原则:国家的行政与司法职权应尽可能地由事先制定的一般法律规范来决定,从而尽可能地减少行政与司法机关的自由裁量权,这样就能够避免恣意统治,从而保障自由。他们认为,由于计划经济体制不允许通过事先制定的一般规范决定行政活动,就会不可避免地造成恣意统治,人们也就失去了自由。然而,这种看法却不尽正确。被称作"法治"的原则并不限制立法权,也就是颁布一般法律规范的权力,因而对人的行为多大种程度上受上述规范调整并未限制。所以,法治原则并不保障个人自由,只是为人们预见法律适用机关——行政机关与司法机关——的活动提供了一定程度上的可能性,从而使个人的行为能够适应法律适用机关的活动。法治原则可以适用到个人生活的方方面面,由一般法律规范对个人的涉他行为做出事无巨细的规定,从而对其行为自由做出最大程度的限制。法治原则并不能保障被统治者的个人自由,因为法治并不涉及统治者与被统治者的关系,而是仅处理法律创制与法律适用的关系,这是统治者内部的关系;法治的效果就是令法律适用机关服从法律创制机关。法治的效果是统治活动——也就是法律创制和法律适用的过程——的理性化。法治的目的不是自由而是安定,法律领域的安定,德语法学称之为"法的安定性"(Rechtssicherheit)。如果从理性化与安定性的角度思考民主与经济的问题,就必须承认社会主义通过计划经济追求的正式经济活动的理性化和经济的安定性,相反,资本主义却因生产的无政府状态远不能保障经济的安定性。资本主义民主中实行的法治不能避免资本主义经济的恶果,这是由于其经济生活并不由法律直接调整。经济活动的理性化与安定性只能通过社会主义民主实现,纵然法治原则并不适用于经济生活的法律治理。

既然人们指望靠"法治"避免统治的恣意性,那么对削弱上述效果的两

---

① 哈耶克:《通往奴役之路》,第72页以下。哈耶克写道:"最能清楚地将一个自由国家的状态和一个专制政府统治下的国家的状况区分开的,莫过于前者遵循着被称为'法治'的这一伟大原则。"哈耶克的主要观点是社会主义即奴役,在计划经济体制下无法遵循法治原则是其主要论据之一。

个因素就不可不察。首先,通过一般法律规范限制法律适用机关的行动自由,其可能性取决于法律创制与法律适用之间关系的真实性质。这种关系其实就是一般规范与个别规范间的关系。有权机关在个案中做出的行政行为与司法行为是在将一般规范适用于特定个人,同时上述行为又构成了个别规范。行政官员与法官命令或禁止个人实施某行为,其命令的意义便是一条规定了特定主体的具体行为的规范。所谓"法治"原则倾向于通过一般规范尽可能地确定行政与司法机关发布的个别规范的内容,但个别规范的内容却从来不可能由一般规范完全确定,否则发布个别规范就纯属多此一举了。适用一般规范的机关总是保留了某种程度上的自由裁量权。一般规范只是一个框架(framework),个别规范在这个框架中创制,但总是包含一些一般规范所不具备的新内容。法律适用总是具有某种程度上的恣意性,因为法律适用同时必然也是法律创制。这是由于行政或司法机关发布的个别规范也像立法机关发布的一般规范一样合法。另一方面,立法机关的自由裁量权或恣意性实际上是不受限制的。议会是主权者,而在代议民主制下,议会主权就是人民主权。

关于统治恣意性的问题,还有一个方面需要注意:行政活动具有技术性,在这个意义上,行政目的通过何种手段实现取决于科学经验,因此专家直接或间接参与着行政活动。就此而言,个别规范的内容并非由事先制定的一般法律规范确定,但这并不必然意味着行政具有恣意性。若某政府依据民选议会——譬如瑞士就是如此——所通过法律的授权经营铁路,那么由一般法律规范来规定如何建造车头或如何编组车皮就是愚不可及的做法,合理的方式当然是将这些问题留给行政部门的专家去解决。绝不会有人因此认为政府是在肆意妄为。前文已经指出,计划经济体制下的经济管理具有更强的技术性。技术问题由专家自由裁量这一事实并不构成指责计划经济"恣意"的充分理由。

可能削弱法治原则的第二个因素更加重要。法律适用总是意味着法律解释,法律不经解释就无法适用。由于行政和司法机关待适用的一般规范总由人类的语言表达,而人类的语言或多或少具有模糊性,所以在适用中几乎总是可以对一般法律规范做出与字面意思不同的解释,有时甚至可以做出截然相反的解释。因此,纵然通过预先制定的法律尽最大可能决定行政与司法机关的行为,这种决定在多大程度上能够帮助涉事主体预见上述机关的行为,这种帮助恐怕并没有法治的信徒们想象的那么大。法律的绝对安定性是个假象,法律发现(law-seeking)的主张戳穿了这个假象,传统法学却想要维持这一假象:他们不承认法律具有多种解释的可能,不承认这些解释在法律上同样正确,而是抱着法律科学总能提供确定无疑的唯一正解的教条不愿撒手。

　　一般规范具有做出不同解释的可能性,这一点对于缺少成文化的一般法律规范的习惯法尤其重要。值得注意的是,在普通法(common law)——本质上属于习惯法——的学说中,一般规范的地位无足轻重,以至于美国首屈一指的法学家、哈佛大学法学院的格雷(John Chapman Gray)教授提出了法官造法(judge-made law)的观点,①而这意味着彻底抛弃了民主国家的法治原则。

　　行政机关与司法机关待适用的一般规范可能被适用机关以不同的方式解释,这正是行政与司法活动具有等级结构(hierarchical structure)的原因之一。在上述等级结构中,涉事主体若认为下级官员的决定不符合被适用的一般规范,就可以向上级行政或司法机关提起上诉。但上诉总有终结之日,最高官员的决定不论是否符合其所适用的一般规范,皆须被赋予法律上的强制力。既然其决定具有法律强制力,那么想要限制最高行政机关或司法机关的自由裁量权就是不可能的。上述制度为所有的法律体系普遍接受,即使那些极端民主国家也不例外,但此制度却严重损害了法治原则:因为在盛行分权原则的民主国家,最高行政与司法机关并不是最高立法机关。

　　假如法治原则能够实现,这对民主来说当然是锦上添花。但正如前文所指出的,对于资本主义民主而言,由于排除了法律对经济的直接调整,法治原则并不适用于经济领域。另一方面,法治原则不能——至少不能有效地——适用于计划经济体制下的经济管理,但这一事实却并不意味着社会主义国家的其他领域也必然排斥法治原则的适用。就此而言,社会主义国

---

① 格雷:《法律的性质与渊源》(*The Nature and Sources of the Law*, 2nd ed., New York: Macmillan Co., 1927),第121页以下。

家也可以具有完美无瑕的民主特征。

诚然，专制的理想类型理所当然地不会青睐法治原则，因为专制主义对政府活动的理性化不感兴趣。然而，政治现实却是专制政府也可能在一定程度上接受法治原则，理由很简单：独裁者无法事必躬亲地发布所有必要的行政与司法决定，因此必须任命代理人以及下级附属机构。独裁者如果想要确保那些他本人不得不建立的或从前任那里继承来的行政或司法机构尽可能地贯彻他的意志或目的，他就必须扮演最高立法者的角色，自行或由手下专家起草一般规范，借以确定那些行政或司法机关以他的名义做出的决定。但纵然如此，民主与专制政体仍有重大区别。改变立法机关发布的一般法律规则，尤其是在个案中排除上述规则的适用，这在民主国家相对而言更加困难，要经历完整的议会立法程序。而在专制国家，上述事项全凭独裁者个人决定，其意志便是法律。① 然而，如果因此就认为计划经济必然具有

----

① 参见本文第一节，第（十一）小节。"法治"一词似乎隐含了这样一种观念：哪里不奉行这一术语所体现的原则，哪里就没有"法律"。然而，独裁者不受限制地为一般规范创设例外的权力也罢，专制政府的肆意妄为——有时被称作暴政（despotic）——也罢，都不足以构成否认社会秩序的法律属性的理由，纵然该秩序在政治上具有专制的特征。法律有大相径庭的创制方式，民主的方式仅是其中之一，而并非唯一可能的方式。法律也不仅由一般规范创制，也就是通过立法创制，而且当然也可以由司法和行政机关发布的个别规范来创制。独裁者既然是国内最高的立法、司法及行政机关，当然也可以创制法律。用民主的法律来定义法律，这是自然法学说的典型谬论。这种定义方法不能排除相反的可能——用专制的法律来定义法律；甚至不能否认法律迁就个案情形反而可能是有益的，这也就是法律体系的所谓弹性（flexibility）。法律体系要获得这种弹性，就要对法律适用机关做出授权，当其认为如在个案中适用依其本义应予适用的一般规范会造成不当时，就允许其不适用一般规范，而是通过排除一般规范的适用而在个案中创制新法。英美法学尤其看重这一弹性。

上述看法仅是实证主义法律理论的一个推论，参见拙著《一般国家学》（*Allgemeine Staatslehre*, 1925），第 335 页以下。施特劳斯（Leo Strauss）在《自然权利与历史》（*Natural Right and History*, 1953）一书中称，他无法想象我怎么会"在英译本中"遗漏了这个"富有启发性的段落"（第 4 页），他所说的英译本是指《法与国家的一般理论》（*General Theory of Law and State*, 1949）。我的回答是，《法与国家的一般理论》并非《一般国家学》的英译本，所以也就不存在"遗漏"的问题。如果施特劳斯以为我出于这样或那样的理由认为在《法与国家的一般理论》中继续坚持《一般国家学》中提出的主张并不明智，那他就错了。此外，上述原理的表述被施特劳斯称作"富有启发性"，其实不过是普遍原理的一个个别应用罢了。我在《法与国家的一般理论》中对该原理做了更加清晰的表述：民主与专制是两种同样正统的国家形式，不论民主国家还是专制国家，都是一个法律秩序（*legal order*）。

专制色彩,认为其最高行政机关一定具有为决定行政活动的一般法律规则创设例外的无限权力,因而得出社会主义国家与资本主义国家在法律创制与法律适用的关系也存在本质区别的结论,这就毫无道理了。

(七) 民主与经济自由

上述分析的结论是,对于积极自由或政治自由而言,这种体现在被统治者参与统治——这就是民主——之中的自由同时与资本主义和社会主义两种经济制度相容。但消极自由又如何呢?这种自由并不表现为被统治者参与国家强制秩序的创制和适用,而是表现为免受强制的自由,这种自由是通过宪法中的人权条款对强制秩序做出特殊限制来实现的。资本主义即经济自由主义,它要求消极自由非但不证自明,且系历史事实。而社会主义意味着计划经济体系,它直接反对经济自由主义。由于社会主义就其本质而言要求将国家强制秩序的适用范围扩大到经济领域,那么它就与经济自由不相容,这也是不证自明的。但就作为民主本质的自由是否与社会主义相容这个问题而言,经济自由却不是一个决定因素。首先,我们不要忘记,即使是19世纪的古典自由主义也并未主张彻底的经济自由,并未要求国家的强制秩序完全置身于经济事务之外。作为自由资本主义基础的私有财产和自由契约首先是一种法律制度,保护私有财产和强制执行契约,这是资本主义私法的主要功能;将盗窃、诈骗、侵占行为当作不同种类的经济犯罪进行惩罚,这是资本主义刑法的本质作用。运用法律手段严格管理经济事务,这是现代国家发展中的一个持续增强的趋势;劳动立法和反托拉斯立法是国内政策中不可或缺的因素,这当然构成了对经济自由的限制。人们普遍承认,上述发展并未使西方文明中的大国丧失民主性。假如我们不想承认民主已在现代世界中消失,我们对民主的定义就不能包含经济自由原则。因此,在一个以计划经济取消了经济自由的政治制度中,能否坚持思想自由才是个大是大非的问题。这个问题可以表述为,经济领域的集体化是否必然导致其他生活领域的集体化。有些杰出的经济学家对这个问题做出了肯定回答。他们断定,集体化不会仅局限于经济事务,一旦经济自由受到压制,思想自由也就难以为继了；集体主义一旦控制了人的经济生活，就会不可避免地也控制他的精神生活。这是捍卫资本主义、反对社会主义的最重要的论据。然而荒谬之处在于，这个论据即使不与马克思主义者的学说完全吻合，也已经高度相似了：经济基础决定意识形态性——也就是思想性——上层建筑，尤其是政治和法律上层建筑。把政治极权主义解释为特定经济制度的后果，这正是在运用社会的经济解释。

上述论据建立在这样一个假设之上：社会主义就是集体主义，有别于自由资本主义的个人主义，集体主义与极权主义是一码事。① 但在集体主义和极权主义之间画等号，是我们所不能接受的。因为社会现实中的集体主义具有不同的程度，极权主义只是登峰造极的集体主义。任何调整人们的交互行为的规范性秩序都会形成一个集体（collectivum），并因而具有某种集体主义的色彩。但这些规范秩序因其事项效力范围——其调整的人类关系的范围——和集中化（centralization）程度而有别。最原始的社会秩序是完全非集中化的，而且仅靠禁止谋杀和乱伦来调整最重要的人类关系；但即便是这种社会秩序也体现了某种程度的集体化。现代国家是集中化的强制秩序，并且具有大得多的事项效力范围，其体现出的集体化程度也就高得多，但现代国家却并不必然具有极权主义的特征。诚然，社会主义是集体主义，因为社会主义意味着经济生活的集体化。但我们的问题却是，这种集体化是否必然导致人类生活总体上的集体化。若对这个问题做出肯定回答，则其思路大略如下②：经济领域与其他人类生活领域无法截然分开，因为实现经济之外的其他目的，也总要依赖经济手段。而经济目的从来都不是最终目的，总是实现更高目的的手段。譬如，一群同一教门的信徒要进行其信

---

① 因此，哈耶克才以"计划与民主"为题写下了这样的话："形形色色的集体主义，如共产主义、法西斯主义等等，它们之间的不同在于它们想要引导社会努力达到所想目标的性质的不同。但它们与自由主义和个人主义的不同，则在于它们都想组织整个社会及其资源达到这个单一的目标，而拒绝承认个人目的的至高无上的自主领域。简言之，它们是'极权主义'这个新词真正意义上的极权主义，我们采用这个新词是为了说明在理论上我们称之为集体主义的、不期而然却又不可避免的种种现象。"（哈耶克：《通往奴役之路》，第56页）

② 哈耶克：《通往奴役之路》，第88页以下。

仰所规定的日常宗教仪式,这就需要一栋合适的房子,也就是说,房子是其实现精神目的的经济手段。但在社会主义国家,经济手段受到中央当局的控制,这些人能否实现其目的取决于当局的决定,这样当局也就控制了非经济的目的。因此,这些信徒在实现其上述目的时是不自由的。的确如此,但在资本主义社会难道就不是这样吗?难道说只要没有计划经济,就一定有实现非经济目的的自由吗?在我们的例子中,如果信徒们无钱购买或建造用于宗教用途的房子,他们就会试图为此目的向银行贷款;但银行的资金若有更安全或更有利可图的用途,就不会对信徒们放款。当然,资本主义社会的银行业务存在完全的自由竞争,信徒们可以尝试去另一家银行贷款。但这却并不意味着一定能够如愿。最终,信徒们可能根本找不到一家乐意贷款的银行,他们借以实现宗教目的的经济手段在资本主义社会也像在社会主义社会一样并不自由,尽管资本主义的民主宪法规定了对宗教信仰自由的保护。在资本主义社会,哈耶克写道:"我们道路上的障碍不是某人不赞成我们的目的,而是其他地方也需要同样的手段这一事实。"[1]但既然"其他地方也需要"我们赖以实现非经济目的的手段,那我们还有没有实现上述目的的自由呢?从人需要宗教用途的房子这个例子来看,不论是银行还是中央当局拒绝提供必要的经济手段,在效果上是一样的。有人认为,人在社会主义计划经济制度中没有选择职业的自由。的确如此,但不容否认的是,即便民主宪法禁止任何立法、行政或司法机关限制择业自由,这种自由在资本主义经济制度中也不过是相对少数人的特权罢了。

　　资本主义社会即使有实现非经济目的的自由,那也只是富人的自由而非穷人的自由。[2] 这正是社会主义者的观点。这种观点当然不乏正确之处,另一观点也是如此:社会主义经济制度确保了衣食住行的基本经济需求

---

[1]　哈耶克:《通往奴役之路》,第93—94页。

[2]　为了给资本主义社会辩护,哈耶克写道:"金钱是人类所发明的用以实现自由的最伟大的工具。在现在的社会中,正是金钱给穷人提供了多得惊人的选择机会,比几代人之前提供给富人的选择机会还要多。"(哈耶克:《通往奴役之路》,第89页)如果穷人有了钱,当然会是这样,但"穷人有了钱"更像是个自相矛盾的说法。

得到满足,人们也就不必被迫时刻操心这些基本需求能否得到满足,而在资本主义社会中,时刻存在的生活压力实际上让普通人的选择余地极其有限。这种自由却不是自由主义意义上的经济自由,不是免受统治的自由,后者是指不受国家强制秩序干预的自由。这种自由是免受自由主义经济制度所迫的自由。这种自由,即不必被迫操心这些基本需求能否得到满足的自由,只能通过压制这种自由本身才能实现,这种说法并不像看起来那样荒谬。因为免受强迫的自由就其本质而言是一种相对的自由,你的这种自由对他人而言就是一种束缚,要确保你的自由获得实现,就只能去压制他人的自由,反之亦然。

谈到通过经济手段实现非经济目的的自由,我们不必问这种自由在社会主义或资本主义社会是否可能,因为不论在哪种社会制度之下,它在一定程度上——也仅仅是在一定程度上——都是可能的。我们只需问:就这种自由存在的可能性而言,社会主义与资本主义是否存在本质的区别?回答这个问题依赖历史经验,目前还缺乏这种经验。

但即便上述问题的答案确定无疑地对某一经济制度有利,这个答案也和民主是只与资本主义相容还是与社会主义也能相容这个问题无关。因为我们讨论的并不是通过经济手段实现非经济目的的问题。对于现代民主至关重要,且宪法禁止任何立法、行政、司法机关干涉的消极自由是宗教信仰自由、从事科学研究和艺术创作的自由、以出版或其他方式表达意见的自由、为合法目的而结社的自由,以及与之同类的自由。只有保障人的自由与权利的宪法才能称为民主宪法,这体现为对政府权力的某种限制。但正如前文已经表明的,对思想自由的宪法保护并不意味着要保护通过相应的经济手段实现上述精神需求的自由。恐怕有必要强调,正因为如此,民主宪法所保障的自由只是一种"形式上的"或"法律上的"自由,而资本主义民主却只是保障这种形式上的或法律上的自由。另一方面,也没有充分的历史经验据以断定社会主义社会不可能在宪法上保障这种形式上的和法律上的自由,断定假如政府直接控制了经济手段,也就间接控制了依赖经济手段实现的非经济的文化目的,因此其政府权力在宪法上就不像资本主义民主那样受到立法、行政、司法方面的限制。常有人提出,一旦政府控制了印刷机和纸张的生产与分配,也就不可能允许出版反对政府政策的杂志或书籍。的确有这种可能,甚至在苏联还成了现实。但却不是必然如此。生产资料的国有化就其本质而言并不排斥保障出版自由的法律制度,并且这种保障也可能与资本主义民主所提供的保障同样有效。

(八)民主是经由竞争的统治

资本主义经济制度的一个最为本质的因素是自由竞争原则,而社会主义经济制度则排除竞争。为了证明民主与社会主义不相容,而资本主义就其本质而言比社会主义更与民主相类,民主程序就被界定为"通过争取人民选票来决定谁有权做出政治决定的那种制度性安排"[①]。这意味着民主的定义不再是"民治",而代之以"通过竞争建立的统治"。

争取人民选票的竞争是自由选举的结果,而非自由选举的目的。直接民主根本不存在选举。民主的主要标准是统治权力掌握在人民手中,如果人民不能或不愿直接掌权,他们可以把权力委托给通过自由选举产生的代表,从而建立一个政府进行统治,而不再由人民自身来统治。因此,自由选举以及因自由选举而产生的选票竞争只是民主的次要标准。把民主界定为通过竞争建立的统治是本末倒置,即把自由选举当成了民主的主要标准。这种本末倒置不但背离了民主的本质,而且也不符合事实:只要政府机构由选举产生,那么最民主的选举制度应当是消除了——至少也是限制了——选票竞争的比例代表制(proportional representation)。比例代表制的特点是,多数对少数的关系在选举程序中无足轻重。并不是只有得到多数人支持的

---

① 熊彼特(Joseph A. Schumpeter):《资本主义、社会主义与民主》(*Capitalism*, *Socialism and Democracy*, New York and London: Harper & Bros., 1942),第269页。另参见赫门斯(F. A. Hermens):《民主与竞争》(*Demokratie und Kapitalismus*, Munich and Leipzig: Duncker & Humblot, 1931)。赫门斯试图证明"民主之外的任何政体都与高度发达的资本主义不相容"(第iii页),但他公开反对把民主定义为民治。"民主表达的不是这个词最初的意思,也就是民治(Volksherrschaft),而是政治领导人借以(为了行动而把人民大众)凝聚成一个整体的那种政体。"(第21页)"在民主实践中形成的领导人概念包含了自由竞争的要素。"(第10页)

政治团体才能有代表当选,每一团体哪怕得票是少数,根据其得票数量也总能有相应的代表当选。一个政治团体的得票只要达到当选商数,就能有自己的代表。当选商数越小,则选出的代表的总体规模越大。在商数是一的数学边缘(mathematical borderline),代表的人数就等于投票的人数,那么选举人的规模有多大,当选代表的规模就有多大。这就是直接民主。这种民主当然比间接民主或代议民主更符合民治政府的要求。比例代表制清楚地表明了这种从间接民主回归直接民主的趋势。

总有人认为比例代表制不能产生高效的政府,为了政府的效率应实行多数代表制(majority representation)。可能的确如此,尽管比例代表制的缺陷被多数代表制的拥护者夸大了。但即便如此,这些尚待证实的缺陷也丝毫不影响比例代表制的民主性。直接民主的效率当然不如间接民主,但尽管如此,直接民主却比间接民主更加民主。我们研究的问题并不是民主的效率,而是民主的本质。而且从这个角度来看,政治团体在比例代表制下毫无疑问地更有希望表达人民的意志,而不是像多数代表制那样只有投出多数票的群体,或分别投出多数票和少数票的两个群体才能够有自己的代表。比例代表制的一个重大优点是,不同政党的候选人没有必要进行竞争。依多数代表制,每一名代表的产生都要通过支持他的多数与反对他的少数之间的选票较量;而依比例代表制,每一名代表都仅是由支持他的群体直接投票选出的,不需要在票数上战胜其他群体支持的候选人。在代议民主制下,比例代表制尽最大可能地接近实现了自决的理想,因此是最民主的选举制度,这恰恰是因为比例代表制并不需要为选票而竞争。

(九) 资本主义与宽容

为证明资本主义比社会主义更适合建立民主,有人提出另一个论点,也就是认为宽容原则对于现代民主至关重要,而资本主义比社会主义更能贯彻这一原则。

　　一个只要让它不受干扰地去实行民主自制(democratic self-restraint）就最符合它利益的阶级，要比天生依赖国家生存的阶级更容易完成这个任务。主要专心致志从事其私人事业的资产阶级，表现出对不同政见的宽容和对与己不同意见的尊重。此外，只要资产阶级标准在社会中占支配地位，这种态度就可能传播给其他阶级。①

假如我们承认，在资本主义社会中，只要资产阶级的根本利益——私有财产和自由企业制度——并未受到"严重威胁"时，他们就能做到宽容，那么资本主义社会与社会主义社会对于宽容问题的态度也就没有什么根本区别了。只要你的根本利益受到保护，只要他人的意志不能阻止你去实现你所认为的主要价值，你当然没有理由去阻止他人去实现那些你认为无关紧要的价值。因此，在现行经济制度的基本原则并未受到威胁时，我们有理由认为社会主义政府也会表现出宽容。近期的经验清楚地表明，一旦现行经济制度受到内部或外部反对资本主义势力的威胁，资本主义民主首先要抛弃的就是宽容原则。社会主义民主也是如此。当政府担心遭到暴力推翻，不论这种担心有无道理，那么多数人和少数人的对立就严重到不可调和的程度，政治游戏的规则——少数服从多数——也遭到了质疑，此时民主也就难以为继了。资本主义和社会主义皆是如此，而与其经济制度的性质无关。然而，民主这种政治制度之所以在性质上有别于专制，就是因为民主政府一旦对反政府的思想运动进行镇压，它就因失去本性而不再是民主了，但专制政府在这样做的时候却没有什么可失去的。

（十）洛克自然法学说中的私有财产与个人自由

假如民主的根本原则是个人自由，资本主义的基础是私有财产，那么只要能证明财产与自由是不可分割的整体，就可以认为民主与资本主义存在本质联系。率先进行上述尝试的是洛克开创的自然法学说，他在很大程度上塑造了现代民主的意识形态；后来居上的是黑格尔哲学，这种哲学在当代

---

① 　熊彼特：《资本主义、社会主义与民主》，第 297—298 页。

政治思维中仍起着重要作用。

洛克在道德-政治推理中将自由观念预设为不证自明的最高价值。他区分了"自然自由"和"处在社会中的人的自由":自然自由是指"不受任何上级权力的约束",处在社会中的人的自由则是"在(为一切社会成员所共同遵守,并为社会所建立的立法机关所制定的)规则未加规定的一切事情上能按照我自己的意志去做的自由,而不受另一人的反复无常的、事前不知道的和武断的意志的支配"。① 换言之,自由意味着人是"自己的主人"。②

财产问题源自《圣经》的描写:上帝"把地……给了人类共有。但即使假定这样,有人似乎还很难理解:怎能使任何人对任何东西享有财产权呢?"③因此,财产问题从一开始就是个人或私有财产是否公正的问题,这种财产制度的公正性并不是来自《圣经》的启示。洛克尽力"说明在上帝给予人类为人类所共有的东西之中,人们如何能使其中的某些部分成为他们的财产,并且这还不必经过全体世人的明确协议"④。洛克要求自己承担的任务是在《圣经》之外为私有财产的公正性寻找理由。他想要通过诉诸上帝所赋予人类的理性来完成这一任务,而理性要求"他们为了生活和便利的最大好处而加以利用"共有的土地。因此,土地所生的果实和牲畜,"那就必然要通过某种拨归私用的方式,然后才能对于某一个人有用处或者好处"。人们必须把果实和牲畜"变为己有,即变为他的一部分,而别人不能再对它享有任何权利,才能对维持他的生命有任何好处"⑤。上述论据只能证明食物成为私有财产的必要性,因为只有食物才需要为个人所独占并变为他的一部分。但洛克想要为私有财产做一般意义上的辩护,他就不能再走这条死胡同。他强调,有一种手段让个人不仅能拥有食物,而且能拥有其他东西,这种手段就是人的劳动。

---

① 洛克:《政府论(下篇)》(*Second Essay on Civil Government*),第 4 章,第 22 节。
② 洛克:《政府论(下篇)》,第 5 章,第 44 节。
③ 洛克:《政府论(下篇)》,第 5 章,第 25 节。
④ 洛克:《政府论(下篇)》,第 5 章,第 25 节。
⑤ 洛克:《政府论(下篇)》,第 5 章,第 26 节。

土地和一切低等动物为一切人共同所有，但是每人对他自己的人身享有一种所有权，除他以外任何人都没有这种权利。他的身体所从事的劳动和他的双手所进行的工作，我们可以说，是正当地属于他的。所以只要他使任何东西脱离自然所提供的和那个东西所处的状态，它就已掺进了他的劳动，在这上面掺加他自己所有的某些东西，因而使它成为他的财产。既然是由他来使这东西脱离自然所安排给它的一般状态，那么在这上面就由他的劳动加上了一些东西，从而排除了其他人的共同权利。因为，既然劳动是劳动者的无可争议的所有物，那么对于这一有所增益的东西，除他以外就没有人能够享有权利，在至少还留有足够的同样好的东西给其他人所共有的情况下，事情就是如此。①

洛克的观点对 18、19 世纪的社会理论的影响怎么评价都不为过，因此看来有必要对其认真加以分析。

据以得出私有财产是公正的这一结论的基础命题是，人对他自己的人身享有一种所有权，除他以外任何人都没有这种权利。人对自己人身的"所有权"就是他的人身自由，也就是人在自然状态下不受任何上级权力的约束，在社会中不受他人的武断意志的支配。显然，这种自由——人对他自己人身的排他性权利——与排他性支配某物的所有权是不同的。人对他自己人身的排他性权利包括了依其意志使用身体从事劳动和使用双手进行工作的权利，那么人的自由也就包含了劳动和工作的自由。但不能因此就说劳动是他的财产。洛克的这种描述符合自由的概念，但并不符合财产的概念。不过既然在以自由为最高价值的道德-政治制度中，只有自由才能为财产进行辩护，那么在讨论财产问题时就不能不涉及自由。由于劳动是人身的功能，那么自由是人对其人身的所有权这一观点也就意味着人对其劳动的所有权。

如果人对其劳动的所有权是自由，那么这种所有权与对其他东西的所

① 洛克:《政府论(下篇)》,第 5 章,第 27 节。

有权之间的紧张关系,就变成了两种自由间的张力。如果人因在某物中掺入他的劳动而拥有该物,那么这种拥有就因属行使其自由而得到了辩护。这种为人的自决的自由理想对财产进行辩护的做法在洛克的下面这句话中表现得尤为突出:"由此可见,虽然自然的东西是给人共有的,然而人既然是自己的主人,是自身和自身行动或劳动的所有者,本身就还具有财产的基础。"①自由是财产的基础,但最终,自由观念却退到了幕后,把舞台让给了财产。"人民既生来就有完全自由的权利……不受控制地享受自然法的一切权利和利益,他就自然享有一种权利,不但可以保有他的所有物——他的生命、自由和财产——不受其他人的损害和侵犯,而且可以就他认为其他人罪有应得的违法行为加以裁判和处罚……"②财产的概念反而包含了自由的概念。因此,当洛克将保护财产当作"政治社会"的首要目的时,我们也就不必感到丝毫惊讶了。③ 政府之所以被授予"制定法律的权力"以及"处罚不属于这个社会的任何人对这个社会的任何成员所造成的损害(这就是关于战争与和平的权力)","都是为了尽可能保护这个社会的所有成员的财产"。④ 假如建立政府的目的就是保护财产,那么政府就不能废除财产权:

> 最高权力,非经本人同意,不能去取得任何人财产之任何部分。因为,既然保护财产不仅为政府的目的,也是人们加入社会的目的,这就必然假定而且要求人民应该享有财产权,否则就必须假定他们参加社会而丧失了作为他们加入社会的目的的东西;这种十分悖理的事无论何人都不会承认的。因此,在社会中享有财产权的人们,对于那些根据社会的法律属于他们的财产,就享有这样一种权利,即未经他们本人同意,任何人无权从他们那里夺去他们的财产或其中的任何一部分,否则

---

① 洛克:《政府论(下篇)》,第5章,第44节。
② 洛克:《政府论(下篇)》,第7章,第87节。
③ 洛克:《政府论(下篇)》,第7章,第85节。
④ 洛克:《政府论(下篇)》,第7章,第88节。

他们就并不享有财产权了。因为，如果别人可以不得到我的同意而有权随意取走我的所有物，我对这些东西就确实并不享有财产权。所以，如果以为任何国家的最高权力或立法权能够为所欲为，任意处分人民的产业或随意取走其部分，这是错误的想法。……我们不妨看一下，即使有必要时设立专制权力，也并非因为它是绝对的所以就是专断的；它仍然受到在某些场合需要绝对权力的理由的限制和须以达到这些目的为限。只要参照军队纪律的一般运用情况就能了然。因为保护军队从而保护整个国家这一行动，要求绝对服从每一上级长官的命令；他们的命令纵然是极端危险或不合理的，如果不服从它们或对它们表示异议，处死也是应该的。可是，我们看到，尽管一个军曹能够命令一个士兵向炮口前进，或单兵扼守阵地，那时这个士兵几乎是注定一死，但军曹不能命令士兵给他一分钱。同样地，将军有权处死一个放弃职守或不服从孤注一掷的命令的士兵，却不能凭着他决定生杀的绝对权力，处置这个士兵的产业的一分一厘，或占取他的财物的毫末；尽管他能够命令一切，稍一违抗即可处死。因为此种盲目的服从，对于司令官拥有他的权力的目的，即保护其余的人，是必要的；而处分士兵的财物却与这个目的毫无关系。[①]

人没有绝对的生命权，也就是没有排除他人处置其生命的绝对权利；但人却有绝对的财产权，也就是排除他人处分其所有物的权利。既然人对他自身生命的排他性权利是他的自由，那么财产权就凌驾于自由权之上。这样一来，用自由为财产辩护的努力却造成了摧毁自由这一最高价值的结果。

（十一）自然法学说中的公有财产

在洛克看来，人的自由权与财产权之间存在本质联系，这是由于两种权利都由自然法赋予，洛克正是运用自然法学说的特殊方法才得出了他的结

---

① 洛克：《政府论（下篇）》，第 11 章，第 138—139 节。

论。自然法学说在近十年中再次登上了政治思想和法律思想的舞台,并被某些公认的权威人士当作捍卫民主、反对社会主义专制的坚实基础。但这个基础却是靠不住的,因为自然法学说及其特殊方法也曾被用以证明私有财产违背自然,并且是所有社会罪恶的渊薮。只有废除私有制,建立共产主义这种唯一符合自然的经济制度,才能彻底消灭这些罪恶,这就是一部称为《自然法典——或法律的真正精神》(*Code of Nature, or the True Spirit of Its Laws*)的著作的核心观点。① 这本书 1755 年在巴黎匿名出版,署名是摩莱里(Morelly),我们对其真正的作者知之甚少。值得注意的是,这本书首先被当成了著名百科全书派学者狄德罗(Denis Diderot)的作品,并成了"18 世纪伟大的社会主义著作"。② 法国大革命时期的共产主义运动领导人巴贝夫(Francois Noël Babyef)也常提及此书,书中观点在后来的共产主义者如傅立叶(Baron Jean Baptiste Joseph Fourier)等人的思想中得到了发展。③《自然法典》正像其书名暗示的那样,是自然法学说的嫡派子孙。这本书继承了自然具有特定目的这个假设,并认为该目的可知且指向人类幸福,只有当社会制度符合自然目的时才能实现正义。摩莱里将"自然的唯一、连续、不变"作为一项"无须检验的原则";自然法体现了一种"和平倾向,此种倾向蕴涵于其所创造的生物之中",并且"任何背离了这种友好影响者都是非自然的"④。因此摩莱里就像许多自然法学家一样,相信人性本善。他假设了"一种来自理性生物的自然正直",⑤并宣称"社会性"乃"自然法的首要法则"。实在法的制定者必须在实在法中"确定并保证其实施"。⑥ 社会性法

① 《自然法典——或法律的真正精神》(*Code de la nature ou le veritable esprit de ses loix*, repr. in *Collection des Economistes et des Reformateurs Sociaux de la France*, ed. Dolléans, Paris: P. Guethner, 1910)。

② 李什丹贝日(A. Lichtenberger):《十八世纪的社会主义》(*Le Socialisme au XVIII siècle*, Paris: F. Alcan, 1895),第 114 页。

③ 参见《自然法典——或法律的真正精神》,第 5 页以下;另参见马丁(Kingsley Martin):《18 世纪法国自由主义思想》(*French Liberal Thought in the Eighteenth Century*, London: E. Benn,1929),第 243 页。

④ 《自然法典——或法律的真正精神》,第 23 页。

⑤ 《自然法典——或法律的真正精神》,第 17 页。

⑥ 《自然法典——或法律的真正精神》,第 36 页。

则被解释为：

> 自然正是抱着此种目的把全人类的力量按不同比例分给每个人。但自然却让每个人拥有出产其赠品的土地，其令所有人和每个人皆利用其慷慨赠予。世界是一席盛筵，配备足够全体进餐者所需的一切，桌上的菜肴有时属于全体，因为大家都饥饿；有时只属于几个人，因为其余的人已吃饱了。因此，任何人皆非世界的绝对主宰(maître)，谁也无权要求如此。①

因此，私有财产是反自然的。而现实中的立法者却确立了私有财产，也就犯下了"不公正地分配自然产品的罪。他们将根据自然应作为一个整体保留或储存的财富进行瓜分，因而毁掉了全部社会性"；②他们这样做也"违背了自然理性"。③ 通过确立私有财产，立法者承认了个人利益并进而创造出一种社会制度，在此制度中作为万恶之首和众罪之源的贪婪必然产生。"这普遍的瘟疫，这慢性疾病；这一切社会的痼疾，难道真能在得不到养料，甚至得不到任何酵母的地方流行开来吗？ 因此，显然在没有任何私有财产的地方，就不会有任何由此引发的罪恶。"④假如我们要实现"自然的明智目的"并创造"一种人类可尽可能幸福生活的制度"，⑤就必须"消除此种罪恶之基础，即私有观念"，⑥并建立一种除直接满足人们需求、娱乐与日常生产之物以外的一切皆非私产的社会秩序；在此秩序中，每一个公民皆为社会公仆，皆受社会供养并依其能力、潜质与年龄为社会服务。⑦ 这就是共产主义以及共产主义自然法的本质。

---

① 《自然法典——或法律的真正精神》，第13页。
② 《自然法典——或法律的真正精神》，第37页。
③ 《自然法典——或法律的真正精神》，第39页。
④ 《自然法典——或法律的真正精神》，第16页。
⑤ 《自然法典——或法律的真正精神》，第84页。
⑥ 《自然法典——或法律的真正精神》，第84页。
⑦ 《自然法典——或法律的真正精神》，第85页以下。

既然财产才是主要的政治问题，在摩莱里看来，只要废除了私有制，建立起公有制也就是共产主义，政体就只是个次要的问题。因为不论何种政体，只要适用了自然法皆能确保的人民福祉，①那时不论民主制还是君主制，都必然是民享政府：

> 当某一民族一致同意只服从于我们以上产生的那种（也就是共产主义原则的）自然法，并由此在家长们的领导下活动的时候，这就是民主制。如果为了更虔诚地遵守这种神圣的法律，并且更有秩序而又更迅速地执行这种法律，人民把权力交给某些英明人士，就是说由他们负责发号施令来实行自然法指明和规定的事情，那么，这就是贵族制。……如果为了使政治机构的运转更准确、更精密和更有规律，而只由一个人启动这个机构的发条时，这就是君主制，只要国中不引进私有制，这个政体就永远不会变质。②

君主制用现代术语表达就是独裁制，这种政体甚至是实现自然法——也就是共产主义，因而也就是人民的福祉所在——的最佳途径。列宁也正是这样讲的。③ "一个民族，"摩莱里写道，"特别是遵守朴素的自然法的民族，把自己的某个公民推为首领，当然有权对他说：我们责成你促使我们遵守我们与你所做的约定……理性给我们规定了这些（自然）法，我们则规定你要经常依据这些法；我们把这些法和这些理性对我们每个人拥有的权力和权威授予你；我们使你成为它们的喉舌和传令官。"④这样一来，作为民享政府的共产主义专政就可以被看作一个民治政府了，难怪苏联最近出版了摩莱里《自然法典》的俄文版⑤。

————————

① 《自然法典——或法律的真正精神》，第51—52页。
② 《自然法典——或法律的真正精神》，第51页。
③ 参见本文第一节，第（三）小节。
④ 《自然法典——或法律的真正精神》，第54页。
⑤ 莫斯科，1947年版。

（十二）黑格尔哲学中的私有财产与个人自由

那种在自由与财产之间建立本质联系的倾向在黑格尔的法哲学中登峰造极，这种法哲学的核心就是自由理念。"法，"黑格尔写道，"就是作为理念的自由。"①意志自由是人的人格的本质要素，但"人为了作为理念而存在，必须给它的自由以外部的领域"②。"自由意志只有先给它自身一个化身，才能不再是一个抽象概念，人能感觉到的作为意志化身的物质性的东西首先是物，也就是外在于人的东西。自由的第一种模式就是后来为我们所熟悉的财产……我们在这里得到的自由就是被称为一个人的自由，人也就是主体，他在他自己的眼中是自由的，并且将物作为他自己的定在。"③上述"给它的自由以外部的领域"或"意志在意志之外的物的定在"是将财产等同于自由的关键。显然，黑格尔的公式不过是对人——不论自由与否——行使其意志对物进行占有这一事实的形而上学描述罢了。其实，自由既不能把物作为外部的领域，也不能以物为定在。这种对现实的比喻性说法和那种被称为原始心理（primitive mentality）的思维类型差不多：对抽象的、非物质的存在，诸如品质、关系和价值之类的概念加以实体化或人格化。黑格尔的目的是在财产与自由之间建立本质联系，因此财产是自由化身这句话就必须按照字面意思来理解，而不能仅当成一个比喻。但这句话的字面意思却毫无意义。自由与财产风马牛不相及，二者的关系只能是人——不论其是否自由——与物之间才存在的那种关系，以及排除他人处分此物的那种关系。黑格尔毫无根据地断定："人有权把他的意志体现在任何物中，因

---

① 黑格尔：《法哲学原理》（*Grundlinien der Philosophie des Rechts*, in *Sämtliche Werke*, Herausgegeben von Georg Larson, Leipzig：Verlag von Felix Meiner, 1911, BD. VI），第29节。英译本为《黑格尔权利哲学》（*Hegel's Philosophy of Right*, Oxford：Oxford University Press, 1942），诺克斯（T. M. Knox）译。当德文中的 Recht 一词在黑格尔的著作中表示社会秩序而不专指人的主观能力时，这个词在英文中应译作"法"（law），而不是"权利"（right）。

② 黑格尔：《法哲学原理》，第41节。

③ 黑格尔：《法哲学原理》，第53节，附释。

而使该物成为他的东西。"①就像洛克将对物的占有解释为人将他的劳动掺入物中,因而此物就被加入了他人格的某些内容;黑格尔则将占有解释为物之所以成为人的财产,是由于人的意志进入了物,物成了自由的定在。"所有的物都可变为人们所有,因为人就是自由意志,作为自由意志,它是自在和自为地存在着的,至于与他对立的东西(也就是物),是不具有这种性质的。"通过占有某物,"我把不同于物所直接具有的另一个目的体现于物内。当生物成为我的所有的时候,我给它不同于它原有的灵魂,就是说,我把我的灵魂给它"②。原始人正是如此想象财产的,他们相信人通过占有物而把他人格中的某些内容传给了物,而这意味着物得到了他"灵魂"的一部分,因而也就成了他的一部分。原始人要想象财产关系,也就是人与物的关系,只能是把物想象为人的一部分。对某种品质加以实体化,这就导致这种品质可以通过接触传播来实现传递。自由是人的灵魂中的内容,人可以通过接触某物将自由传递给它,从而令此物成为他人格的一部分,黑格尔正是用自由来定义人格的。"我作为自由意志在占有中成为我自己的对象,从而我初次成为现实的意志,这一方面构成占有的真实合法因素,即构成财产。"③黑格尔公开反对财产是满足人的需求的手段这一观点。"真正的观点在于,从自由的角度看,财产是自由的最初定在,它本身是本质的目的。"④"财产之所以合乎理性,不在于满足需要,而在于扬弃人格的纯粹主观性。人唯有在财产中才是作为理性而存在的。"⑤这样财产就被当作自由和理性的实现而得到了辩护。黑格尔甚至还断定:"人使自己区分出来而与另一人发生关系,并且一方对他方只有作为所有人而具有定在。"⑥

　　黑格尔用自由与理性界定财产,他容不得别人对他理解的这种财产有半点怀疑。"因为我的意志作为人的意志,从而作为单个人的意志在财产

---

① 黑格尔:《法哲学原理》,第44节。
② 黑格尔:《法哲学原理》,第44节,附释。
③ 黑格尔:《法哲学原理》,第45节。
④ 黑格尔:《法哲学原理》,第45节。
⑤ 黑格尔:《法哲学原理》,第41节,附释。
⑥ 黑格尔:《法哲学原理》,第40节。

中,对我来说是成为客观的了,所以财产获得了私有财产的性质。"①因为财产是个人自由的化身,是人传递给物的自由。"在财产中,我的意志是人的意志,但人是一个单元,所以财产就是成为这个单元意志的人格的东西。"为了强调财产的私有性质,黑格尔声称财产就是人格,并因此抹杀了人与物的区别。"由于我借助财产而给我的意志以定在,所以所有权也必然就成为这个单元的东西或我的东西这种规定。这就是关于私有财产的必要性的重要学说。"②

黑格尔财产哲学所追求的最终目标在下面这段话中体现得很清楚:

> 柏拉图(统治阶级实行实现共产主义的)理想国的理念侵犯人格的权利,它以人格没有能力取得私有财产作为普遍原则。人们虔敬的、友好的甚至强制的结义拥有共有财产(*holding their good in common*)以及私有制的原则遭到排斥,这种观念很容易得到某种情绪的青睐,这种情绪误解精神自由的本性和法的本质,并且不在这种本性的特定环节中来理解它。③

正是反对共产主义这一确定无疑的目标,才令财产被荒谬地人格化解释为自由的定在。这样一来,平等原则当然就被抛弃了。"在对外在事物的关系上,合理的方面乃是我占有财产。……所以我占有什么、占有多少,在权利上是无关紧要的事情。"④人当然是平等,但只是作为(*qua*)人的平等,也就是说,人只有在作为占有来源上才是平等的。此观点的推论是,人人皆须有财产。"所以我们如果要谈平等,所谈的应该就是这种平等。但是特殊性的规定,即我占有多少的问题,却不属于这个范围。由此可见,正义要求各人的财产一律平等这种主张是错误的,因为正义所要求的仅仅是

---

① 黑格尔:《法哲学原理》,第 46 节。
② 黑格尔:《法哲学原理》,第 46 节,附释。
③ 黑格尔:《法哲学原理》,第 46 节。
④ 黑格尔:《法哲学原理》,第 49 节。

各人都应该有财产而已。其实特殊性就是不平等所在之处,在这里,平等反倒是错的了。"①当黑格尔拒绝了平等原则,也就是人人财产平等这一假定,他也就明显地放弃了财产与自由同一因而财产是自由的定在这一比喻。因为人们如果在人格上平等,且其人格就是自由,那么人们在自由上就是平等的;如果财产是自由的定在,那么作为人格的财产就也必须平等。所以黑格尔尽管仔细却不正确地区分了作为占有——财产——来源的人与财产自身。在讨论财产平等问题时,黑格尔却抛弃了定在于财产中的自由或灵魂,此时的财产不再是人格,而只是单纯的财产而已。

(十三) 布伦纳神学中的私有财产与个人自由

财产是"自由的"根本条件乃至"真正基础",②当代天主教神学与新教神学都在鼓吹这种观点。布伦纳认为财产制度是上帝创世秩序的产物,此秩序不仅赋予人们自由,而且赐予他们财产,因为离开了财产,根本就没有自由。为支持上述观点,他还诉诸宗教改革家尤其是加尔文(Jean Calvin)的权威,因为加尔文承认私有财产符合上帝的意志。③

> 上帝创世赋予人的不仅是自由支配身体和四肢的权利,还有支配"财产"的权利。没有财产可支配的人不能自由地行事。他每走一步都要得到他人的许可,假如他人不许可,此人就不能实施任何具体的行为。没有财产就没有自由的个人生活,没有财产就没有行动的权利。如果此人每行一步,脚踏的都是他人的土地,手触的都是他人的财产,那他就不是个自由人。"财产"一词必须在字面上理解为"所有权",也就是今天我们所说的私有财产。没有私有财产就没有自由。④

---

① 黑格尔:《法哲学原理》,第49节,附释。
② 布伦纳:《正义——社会秩序基本法则理论》,第77页。
③ 布伦纳:《正义——社会秩序基本法则理论》,第58、236页。
④ 布伦纳:《正义——社会秩序基本法则理论》,第58页。

公有财产是共产主义的本质,而这意味着奴役,因此与自由不相容:

　　就自由而言,公有财产根本不能代替私有财产的价值。如果我没
有处分财产的权利,我就没有自由空间。因为那个不是我本人却有权
处分公有财产者,是我所属的联合体,是法人团体,或者是国家。我作
为国家的公民而对共有财产享有的微不足道的权利,根本不足以对抗
约束着我的普遍国家意志。当国家的奴隶和当某人的奴隶是一码事。
即便国家在其他方面都是民主的,但只要财产皆属国有,那么我就只是
国家的奴隶,只是国家普遍意志的奴隶,我自己的意志根本没有自由
空间。①

　　如果像社会主义国家那样废除了私有财产,"个人就丧失了自由的真
正基础,他被捆住手脚,交给了唯一的雇主。这样一来也就根本没有个人可
言了,因为有关自由与平等的全部意识形态都源自平等的个人主义。普遍
意志(volonté génerate)将个人完全吸收到'集体'中,自由作为一个假象可
能还会被伪民主国家体制保留一段时间,但这种国家早晚会露出它的本来
面目,待到那时就太晚了"②。如果废除了私有财产并建立起公有制,那么
接下来,布伦纳毫不含糊地认为,"源自创世秩序"中"自由意志"的"行动自
由"也就毁于一旦了。③

　　假如布伦纳理解的那种行动自由来自形而上学的自由意志,且这种
意志不适用因果规律,那么自由意志就必然独立于任何经济制度。假如
人有自由意志,并且他的行动是受自身意志的驱使而不是由某个原因决
定,因而其行动是自由的,那么不论实行私有制还是公有制,都不影响这
种行动自由的存在。所以,布伦纳试图建立在私有财产基础上的自由只
能是指这种情形:人对行为的选择不受现行经济制度的限制。私有制必

①　布伦纳:《正义——社会秩序基本法则理论》,第58页。
②　布伦纳:《正义——社会秩序基本法则理论》,第77页。
③　布伦纳:《正义——社会秩序基本法则理论》,第58页。

然包含着企业自由原则,并提供了通过自由契约获得财产的可能性。上述原则将不可避免地造成资本主义性质的财产分配制度,导致社会分化为有产阶级和无产阶级。为了支持自由以私有财产为基础的观点,布伦纳也谈到了无产阶级。"缺少个人财产是无产阶级沦为无人格大众(impersonal mass)的主要原因"①,根据布伦纳的自由理论,无产阶级是不自由的大众。但无产阶级的形成不是公有制而是私有制的后果,社会主义之所以要建立公有制,正是为了消灭无产阶级并消除产生这种社会身份的可能性。布伦纳写道:

> 公有制无非意味着,占有公有财产是被赋予每个个人的无可否认的权利。但个人却没有实际处分该财产的权利。然而人若没有可供自由处分的财产,他仍是不自由的。拿衣裳和家庭用品这类最不可或缺的私有财产打个比方,我们立刻就能明白这个道理。如果人不能穿他自己的衣裳,不能睡他自己的床铺,也不能在他自己的餐桌上吃饭,那他就不是个自由人。②

基于公有制建立的经济制度同样可以确保对满足生活的必需品的"自由处分权利"。在讨论私有制和公有制问题时,布伦纳显然是想把基督教神学同资本主义与社会主义对立这个当代重大问题扯上关系。但资本主义与社会主义的对立并不是资本主义只承认私有财产,社会主义只承认公有财产,因而二者存在冲突。资本主义并不完全排斥公有财产,社会主义也并不完全排斥私有财产。两种经济制度的真正对立之处是社会主义要建立生产资料的公有制,而资本主义反对这样做。前文已经指出,两种经济制度之下都仅有相对的行动自由,至于哪种制度能在更大程度上确保这种自由的问题,则需要积累足够的经验素材才能回答。上述分析的结论是,企图通过

---

① 布伦纳:《正义——社会秩序基本法则理论》,第59页。
② 布伦纳:《正义——社会秩序基本法则理论》,第59页。

证明自由与财产存在本质联系,也像证明民主与资本主义的联系比其与社会主义的联系更紧密,甚至只有资本主义才能建立民主的其他企图一样归于失败了。因此,我的观点是,民主这种政治制度并不必然附属于某一经济制度。

凯尔森真的是一个康德主义者吗?

阿里达·威尔森(Alida Wilson) 著

李 鑫 译 吴嘉琳 校*

这篇论文的目的首先是要检视康德式的原则在多大程度上指引了凯尔森的理论,以及其理论在多大程度上也被反康德式的理念所影响;其次是要考察纯粹法理论哲学基础中的一个方面,即归责(Zurechnung)。①

1925 年凯尔森在《国家的一般理论》(*Allgemeine Staatslehre*)的前言中,指出了其论著的指导性原则:

> 我感觉自己趋向于探求一种国家理论,其目的是要建立一种实在法的理论,一种社会现实(社会学)的理论。其方法或多或少有意识地受到康德的理性批判的影响:"是"与"应当"("实然"与"应然")的二元论;作为经验存在条件的先验范畴代替了根本原理和形而上学的预设;因为定性的、超体系的与定量的、体系内之间对立的区别,绝对转化为相对;由心理主义的主观领域进入了逻辑-客观的效力领域。这就是

---

* 李鑫(1982—),男,法学博士,青岛科技大学法学院副教授、硕士生导师;吴嘉琳(1996—),女,青岛科技大学法学院硕士研究生。

① Zurechnung 通常被翻译为"归责"(imputation)。虽然"归责"有一个确定的意义,其受到了凯尔森的挑战,并且其内涵和外延要在这里被详细地讨论,但是我仍然更喜欢从头到尾保持其原意。

我理论作品的指导性原则。①

"是"与"应当"的二元论②

让我们来考察一下由凯尔森在《公法领域的主要问题》(*Die Hauptprobleme*)中所引入的这种二元论,以及随之而来的其他的更重要的二元论,其中,凯尔森把我们的存在,一方面分离为认知,另一方面分离为倾向。

似乎在1923年,凯尔森已经指明了自己的康德式谱系,其在《公法领域的主要问题》的前言中宣称:

> (本书)从一个基本的分立,即"是"与"应当"的分立开始,此分立是由康德首先发现并致力于建立相对于理论理性的实践理性的独立性,即价值相对于现实的独立性、道德相对于自然的独立性。③

这种分立是绝对的,正如凯尔森在该书稍后部分所提到的那样:

> 为什么任何事物应当如何,只能回溯到一个"应当"的问题;正如为什么任何事物是如此,只能在其他"是"的事物中寻找答案。

在第二个二分法中,凯尔森在我们的存在中把我们彻底地分立了。就是说,对于凯尔森而言,我们的理性只是理论上的,其范围有限,在运作模式上也具有局限性。与认知相分离,亦即在我们存在的物质、直觉以及情感的

---

① ASL, VII.
② 为了本文的目的,我将使用这一术语的德文形式 Sein 和 Sollen。译者们已经意识到把 Sollen 译为"应当"存在一些问题。由凯尔森所赋予 Sollen 的内涵和外延是其著作中所存在的一个主要的问题。
③ 本段以及其他来自凯尔森早期作品的段落是作者自己的翻译。

领域,在我们的意愿和价值领域,我们被卷入了理性不能进入的过程之中;这些过程输送材料给我们的理性,但是通过理性我们不能从根本上理解它,也不能通过理性的操作对它产生根本性的影响。如此,理性本质上是"激情的奴隶",在哲学的意义上没有所谓的实践理性。这种二分法今后可以被称为"认知/倾向"(cognition/disposition)。

在第二个二分法中,理性已经臣服于它,通过它以下问题是可验证的:

(1)什么能在经验上被观察到并且从因果关系的角度可以被理解。

(2)个体、群体以及社会根据规范和价值宣称什么;检验中的这种理性仅仅是可描述的;没有一个客观的标准,它就不能够评估或者服从于价值或者规范体系的价值判断序列表。

(3)什么能够先天性地被理解及被决定。

我在这里把(3)包括在内,因为凯尔森主义的一个基础性的要素——归责,据说是一种先验范畴;因为更多的一般性理由,先验性的内含物必须归于这样一种主张,即思考的力量在认知创造自己的客体这一点上被认为是积极有效的。[1] 然而,正如我们所看到的,凯尔森对于先验性的态度是有问题的。

这两个二分法彼此之间的关系并不稳定。第一,在凯尔森关于我们是什么以及我们能够认知什么的论述中,关于"是"与"应当"二分法本身的理解并没有一个清晰的条款去阐释。虽然凯尔森没有试图精确地界定经验或经验性知识的限度,但他应当以此为基础驳斥任何以某种方式或其他方式体验过"是"与"应当"二分的建议。凯尔森不能合法地在对规范体系的检视中发现"是"与"应当"的二分,因为,正如其自己所说,这个区分是被预设在任何规范体系和其概念中的。第二,这两个二分法——"是"与"应当"、"认知"与"倾向"——分别对应于凯尔森的两个目标:排他性地确立法律在规范性世界中的地位,以及以伦理相对主义为基础建立自己的理论。作为

---

[1]　GTLS,434;"认知本身从由感官所提供的材料中创造了自己的客体,并且与其内在的规律相一致"。

一个道德相对主义者,凯尔森被导向了认知与倾向的区分,因为这个区分从规范或者标准的权威性建立中把认知排除出去,从而似乎给了上文中凯尔森的观点一个理论上的支持,一个基于良好的心理学/认识论的基础。但是凯尔森没有清楚地认识到他这样做的全部结果,即其把意志和倾向与认知完全隔离,并且从可被理解的方式中排除了意志的作用(规范性的渊源),除了在一个纯粹表面的方式之外。

凯尔森意图使自己的理论被看作是康德先验方法在法律中的恰当运用,并且正如我们所看到的那样,他获得了成功:

> ……对于(《公法领域的主要问题》)的重新检视,其出现在 1922年的《康德研究》中,在这本书中接受了把先验性的方法运用到法律科学中的认知……①

事实上,几乎很难发现这种运用始于何时,即使我们把凯尔森的作品作为一个整体来看。凯尔森碎片式地、心照不宣地或是清楚地拒绝了这种方法的核心要素:存在于纯粹理性的力量中的信念;世界的先验知识的可能性;康德对于理性检验自身力量的关注;物自体;范畴,除了因果范畴之外。② 在后文中我们将继续对此进行检讨。

康德关于道德和人的思考的结构是如此复杂,以至于凯尔森因为其折中的观点而无法找到一个真正的立足点。尤其是,凯尔森对于"是"与"应当"的假装的接受是很难理解的,因为在康德那里,应当概念的核心是意志自由和实践理性,③而凯尔森在对这一理念进行了表面的认可后,④继续排

---

① HPS², Ⅵ.
② 正如我们所看到的那样,凯尔森接受了因果范畴,但因果范畴在其手中却变成了一个非先验的心智范畴。
③ 从柏拉图的时代到康德的时代,在哲学家中间存在着一个普遍的信念,即人类的理性的力量有一部分表现在人类的行为中,决定或者影响了行动的选择,尤其是道德行动,并且形塑了人类的性格。在行动中展现的理性被称为"实践理性",从而与理论或推论的理性相对。
④ Cf. HPS², Ⅵ.

除了自由和实践理性,就其通过一个规范的理念假定了人类意志的决定性而言。① 不存在有意识地影响意志的思考空间。对于凯尔森而言,规范的理念以及对其违反的有害的结果,并不是人们可以非此即彼的选择。它们是"动机",动机"引发"②人们的意志以一种"不可抗拒的强制"去行动。

康德的哲学教条和凯尔森的主张相去甚远,无论从我们所考虑到的哪一个二律背反来看。

从一种立场来看,康德相信,人们在感官世界中是由原因所决定的,从另一种立场来看,却是与这些原因的决定相独立的。但是"立场"这个术语不应该误导我们那样思考,即我们在另外的情形中感知到的仅仅是表面的东西。人类的决定和独立是两种实际存在的事物,两者是一个完整的人存在和生活中的组成部分。一个人既属于感性世界,又属于理性世界,也就是说,属于具有普遍操作性的因果范畴的自然秩序,并且属于他所从属的在对于认知的需求中所不可避免的理性原则,也就是规律、可理解的世界。③ 作为自然的一部分,人类的行动是由各种各样的自然规律所界定的。作为可理解的世界的一部分——人类作为理性的存在所属于的世界——人类不能设想他的行动是由感官世界的因果范畴所盲目决定的;相反,其行动的源泉,即意志,是自由的。这就是康德所宣称的意义:"人类属于可理解的世界。"但是人类没有被拽入一个其自身的因素之间的冲突中,这些冲突人类甚至在原则上都不曾解决过。因为理性的人类在他们的"意志"中,具有"按照他们的规律的概念,即按照原则,进行行动的能力"④。这些原则不是外在于他们的理性,而是内在于其中。

在康德的学说中,人和人的生活在理性世界与感性世界之间不存在"无法逾越的鸿沟":既然实践理性——康德把它认同为"意志"——意味着某些行动,因为原则或是行为准则可能是我们行动的真正基础。一般而言,

---

① PTL, 95 and 96.
② 凯尔森引发了动机与原因的混淆;cf. PTL, 97。
③ Kant, *Groundwork of the Metaphysic of Morals*, tr. Patron as *The Moral Law*, 107(51).
④ Kant, op. Cit., 76(36).

人类不会对冲动做出盲目的反应。① 他知道他的行动的性质。他的理论理性能够理解其行为原则的概念。他的实践理性，或者说理性意志，基于每一个行为所体现的原则，决定了行为选择。即使这个原则并不必须要普遍化，它仍然比一个纯粹的"动机"要宽泛。虽然康德把人类区分为完全不同的方面——自然的和道德的方面，但却把这些方面在个体中结合在一起，即根据人的二元性使其结合在个体的人之上。

　　凯尔森的立场是完全不同的。我们可以看到，其关于"是"与"应当"的区分的论述跟康德有很大的不同，因为凯尔森把康德的论述的一方面与语境相割裂——从"是"的判断到"应当"的判断的非推论性，给出了一个不同于康德的"应当"的论述，认为人类既非自由也非对于责任的理性理解的存在，并且拒绝人类履行责任的实践理性，而这对于康德的观点是至关重要的。

　　凯尔森仅在其拒绝从一个"应当"模式的判断推导出一个"是"的模式的判断的理性能力方面追寻康德。仅就此而言还不能说明凯尔森是一个康德主义者。凯尔森声称自己是一个康德主义者——就这个"首要原则"而言——是因为他对于"是"与"应当"二律背反的赞成。但是这个二律背反在康德那里，并不仅仅意味着理性世界与物质世界的区分的信念。康德式的"应当"既需要自由又需要实践理性。如果仅有理性——纯粹的理性——的存在，那么对于"应当"来说则没有必要，因为理性，仅仅依赖自己，只能以一个理性的方式行动。相反，如果仅有因果式的决定关系，那么也就不存在"应当"了；一个"应当"的产生，是因为意志的倾向具有不同于行动的过程的倾向，理性上，这个行动的过程是"应当是"的过程。如果不存在遵循后一个过程的可能性，即经由通过理性的理解以及通过意志朝向它的运动，那么将不存在"应当"。康德的二律背反是建立在自由和实践理性的基础上；如果它们被清除，正如凯尔森所做的，那么康德式的二律背反的特征也就消失了；此时为了让一切仍讲得通，"应当"就需要彻底重新

---

① 恰当的相反学说，正如凯尔森所详细说明的，可参见 PTL, Ch. 3, Section 23。

定义,但是凯尔森并没有那样做。

当我们考虑到他的决定主义的时候,凯尔森清除了通过人们"应当采取的"的行动过程的理性的理解以及通过意志朝向它的运动,这一点是非常清楚的。在各种各样的讨论中,凯尔森对于"因果性"的一般性定义翻来覆去,一会儿倾向这个定义,一会儿倾向另一个,在《纯粹法理论》中,他略带争议地并且以一种简略的阐述方式,接受了包含有生命的、无生命的一种决定主义,以及广义上的人类本性。这种决定主义把凯尔森导向了一个方向,这个方向与认知/倾向二律背反已经导向的方向相似。然而这个二律背反使得凯尔森不得不拒绝任何在原则上使选择或目的正当、善或者理性的客观标准,他的决定主义迫使其拒绝真正的、确定的"选择"和"目的",诸如此类的术语的意义,正如在一种普遍的说法中以及许多哲学家所说的那样,这个拒绝在《纯粹法理论》的论述中是非常明显的:

> 人们总是在不可抵抗的冲动下行动,因为其行动总是被因果性决定的;并且,因果性,就其本质来说,是不可抵抗的冲动。这种在法律术语中所谓的"不可抵抗的冲动"事实上仅仅是不可抵抗的冲动的一种特殊情形……①

这种决定主义无法解释凯尔森表面化的主张,即把"应当"严肃地作为道德现实。在对"应当"进行思考的开始,那是清楚的,即"我应当做 X"预设了"我可以做 X 或者没有做 X";并且那是没有意义的,即"我应当做 X",如果我不能做 X,或者我是"可抵抗地被强迫"做 X。

关于人类意志的决定性在我们建构和接受法律时的体现,凯尔森有以下相关陈述:

> 一个规范性、行为规制的秩序的建立,那仅仅是归责的基础,实际

———————————

① PTL, 97.

上人类的意志是被因果性决定的，因此是不自由的。因为这是这样的秩序的毫无疑问的功能，这个功能就是引导人类去观察被这个秩序所命令的行为。但是这意味着一个命令某个特定行为的规范的理念变成了一个规范遵守行为的原因。①

在这里，凯尔森似乎看到了关于人类行为的作为明确事实的因果决定论；他没有按照康德的道德哲学进行述说，甚至没有把康德的《纯粹理性批判》中的方法运用到人类行为的领域。因为他没有说人类意志的因果决定论是一种内在于我们思考人类行为的方式，是内在于人类行为中的东西。事实上，这个开放性陈述的弱点——意思是法律的建立预设了人的意志的因果决定性——立即就明显了，如果我们注意到"预设"试图通过其似是而非的模糊性，使完全具争议性的东西变得可接受：如果我们用"证明"代替"预设"，就会看到它是多么充满争议。当然，对于感兴趣的人，从细节上看，在人类社会发展和运作的过程中，法律体系的建立或者扩展预设了一定程度上，人对各种各样的情形所做出反应的可预测性。然而除了它预设的复杂情形而非反应之外，这种一定程度上的可预测性并不能使"人类意志的因果性决定论"成为必然，甚至不能使之成为一种可能。如果愿意的话，一个人可以超越任何对人类行为的更接近的思考，将此作为一种教条主义式的假定而接受；或者，一个人也可以将此"人类意志的因果性决定论"视为一种假设，这种假设也许永远无法被证实，但随着社会学和心理学的发展会逐渐变得越来越具可接受性。而一个人不应该假设的是，任何人类制度仅仅依赖其存在，就都指向了"人类意志的因果性决定论"。在法律的情形中，一般的经验似乎都指向了另一个方向。人们对法律规范的反对和漠视，并不少于对道德规范的。

如果我们假设存在一个封闭的空间，在这样一个空间里，主体通过包含于其中的制裁理性去理解和遵守每一条附带制裁的法律规范，那么我们也

---

① PTL, 96（abridged）.

许会认为在此空间里的规范和主体之间,因果决定论是起作用的,但这样一来就不存在一个善的有关一般性的意志决定性的推断了。然而,对于法律的运行而言,我们去假定这样一个封闭的空间是不合理的;即使是凯尔森,也似乎有时候假定其存在,有时候却并不如此。例如,在《纯粹法理论》中,他承认不仅道德的或者是宗教决定的秩序,而且法律秩序也可以负载一种"精神的强制",这区别于个人对于惩罚的恐惧。当然,这样的精神强制本身确实不是在狭义的法律术语中被界定的。然而,和存在于道德秩序中的"精神强制"形成对比,另一种从属于法律秩序的、尚未被准确定义的"精神强制"似乎已经超越了《纯粹法理论》,进入了一个新的领域,在这里,如何去呈现规范决定行为的这一主张成了一个难题。

1941 年的论文表明,凯尔森正在为逃离他的决定论及其结果提供一个出口。在这篇文章中,我们可以看到:"在所谓的决定主义和非决定主义之间不存在对立。没有什么可以阻止人类的心智,这个心智使人类的行为服从两个不同的解释框架。"①

一个由此论述产生的预期可能是:凯尔森追随康德,意图把人类描述为一方面严格遵循因果决定论,另一方面又拥有选择自由,但仍然是作为一个整体的存在。然而凯尔森并不打算把人类作为一个具备鲜明对比特征的整体来展现。对于他来说,人类没有两个不同的方面,因为在他的观点中,就人类行为方面来说,人类只属于感性世界。提出这个问题是康德的功劳,即自由怎么能够与因果律兼容。而这正是凯尔森所忽视的问题,因果律在自然中普遍存在,同时作为一种本质体现在人类中,在他不仅接受了康德的"是"与"应当"的二律背反,而且接受了人类意志服从规范性的命令的可能性之后。

就人类而言,没有什么能够阻止其心智拥有两种甚至更多的解释框架,正如凯尔森所设想的那样。事实上,回溯凯尔森及其方法的纯粹性,我们可能不得不如此做,如果我们没有打算在隔离的分割中工作。但是这两个或

---

① "Causality and Imputation", in WIJ, 345.

者更多的"解释"需要结合在一起——就智力能够完成而言——在与它们有关的普通客体中，并且彼此相关。《纯粹法理论》并没有把决定主义与自由之间的关系结合在一起，更不用说去调解和解释它们了，因为凯尔森准备同意的唯一的"自由"不是自由，而是给予行动的一个标签："人们不必承担责任，因为他是自由的；他是自由的，因为他必须承担责任。"①

在凯尔森的理论中，X 是"自由"的，就其承担责任而言——再无其他；法律规范就是所建立的责任，并且——最重要的是——法律规范本身就是习惯性及武断的，以一种彻底的和不可避免的偶然的方式来建立这种责任：这种责任"具有一种纯粹的形式特征……它都是可适用的，无论与之相关的具体情形的内容是什么，无论其给予其法律之名的行为的特征是什么"②。

因此，基于凯尔森的前提，X 不仅能够代表一个人，而且可以代表任何客体，无论是有生命的还是无生命的。他告诉我们，任何事物必须承担责任才是自由的。如果法律（就像在一些时期中）规定一个动物或者某种无生命的客体，为其所造成的损害负有责任，那么凯尔森式的解释框架将会如此运行（就像对于一个人那样）："X（例如一头公牛或一块石头）没有承担责任，因为它是自由的；它是自由的，因为它承担了责任。"③对这个动物或是无生命的客体的情形而言，自由或是不自由的说法从一开始就是荒谬的。

凯尔森是更令人信服的吗，当我们忽略他所陈述的决定主义，转向一个更一般性的方式，即关于意志或意愿的更明确的陈述时？

我主张基于行为的理性，意味着通过对目标的思考所做出的选择，以及使自身从所有有阻碍的倾向中解脱出来而去实现这一目标的意志的运动。在没有如此指导性的运动朝向目标或目标的地方，这暗示着指导行为的理性和意志的缺乏。现在，理性和意志，在这种意义上，已经被凯尔森搁置了，当他把"意志的行为"定义为"如此的行为和疏漏在法律规范之下可以被归

---

① PTL, 98.

② PTL-IMFC, 485.

③ 凯尔森式的解释框架可参见 PTL, 98。

责到某人身上"，①并且当他宣称"A 意使某行为意味着这个行为是被归责于 A 的"时。② 于是被界定的"意使的行为"就不再有通过心理学、道德哲学或者一般用法所附加的意义。然而，这样一个定义仍然使凯尔森陷入了这样一个位置，即如果他假定的体系要运行，在这里他需要一个真正的人的真正的心理意志，因为正如他所宣称的那样，人类的意志行为，就像规范的接受者，引起了命令行为。③ 呈现在人们面前的是，作为体系的接受者，规范的"陈述"（意即意志行为）以及其他被凯尔森模糊了的因素聚合在一起，共同弯曲了人们的意志；这些因素的作用，即社会的、心理的、生理的、规范的因素，充当了"意志"的起因。凯尔森假定，一般而言，规范的"陈述"已经足以克服来自以上四个因素中任何一个的障碍，由此，"意志"的内容也就被作为其起因的规范的代表所决定了。

正如我所展示的那样，凯尔森所假设的决定性的运行，是为了使"意志"的内容与聚合于"意志行为"形式中的不同因素接轨。

然而，如凯尔森所言，在因果链中有另一与人类行为有关的联系：一旦人们"意欲"一种行为，他只能执行这个意欲的行为。这种宣称——从一个"意欲"的行为到它的执行这一过程是被因果性决定的——经不住反思或者反省。

凯尔森在《纯粹法理论》中所概述的人的这种行为模式看起来是错误的。然而，还有另一种批评的声音：由于凯尔森没有搞清楚动机、理性和原因之间的区别，其陷入了对人类行为尤其是"守法行为"的另一种尝试性的解释：

> 因果联系只有（在规范和由其意图引起的行为之间）在行为是由人的理念所引起的时候才存在，这个理念是关于法律创制行为的意图，但是动机绝不总是符合上述情形，因为对于法律的遵守经常是由其他

---

① ASL, 64.
② ASL, 85.
③ PTL, 97.

动机引起的。①

暂且把"原因"与"动机"的问题放在一边,我想着重关注上述内容与下面的论述之间的不相融贯之处:

> 儿童和精神病患者是不承担责任的……这个假定,即儿童和精神病患者(因为他们的意志条件)不能,或者是不能充分地被法律规范的理念所引发……

凯尔森坚持道,如果一个心智健全的个体、"一个平常人",其行为是被一个"平常的外部环境"所因果性决定的,并且如此行为"呈现了法律秩序所禁止的一种行为,那么根据这个法律秩序(的要求),这个人就要对其行为及后果负责"。②

如果以上这段话是融贯的,那么以下两点是说不通的:(a)凯尔森说,一个心智不健全的人是无须负责任的,因为他不能被"充分地引发"去遵守规范;但一个心智健全、由于环境因素比规范的理念更强大而没有被"充分地引发"去遵守规范的成年人要承担责任。(b)尽管基于这样的事实,即他在"不可抵抗的冲动"下做了被法律秩序所"禁止"的行为,(违反规范的事)仍然发生了;然而,像凯尔森所不厌其烦地重复的那样,既然诸如坏事、犯罪行为、不检点行为是不被法律秩序所禁止的,那么唯一一类可以实施法律体系所"禁止"的行为的人就是法律官员;按照此种逻辑,如果这些法律官员在"不可抵抗的冲动"下拒绝适用惩罚,那么他们将会被处罚。

凯尔森的基本论点是这样:人是受因果性的驱使去遵守法律的,因为规范的陈述及其制裁作为一个"原因"在他身上发挥作用,这个原因使他"意欲"要进行守法行为。③ 然而,这种动机"并不总是这样……对法律的遵守

---

① PTL, 103.(着重强调)
② PTL, 97.
③ PTL, 97.

经常是由其他的动机所引起的"①。但是,人并不总是遵守法律;这种对法律的不遵守,凯尔森是从动机的角度根据"比规范的理念更强"这一说法来解释的:这些动机在另一个方向"引发"人们的意志。② 弯曲人的意志和行为的此类动机现在在某种程度上,已经足以导致任何其他的作者对呈现在人的面前的选择进行考虑。但凯尔森不是这样的:"……人,作为自然的一部分,是不自由的……他的行为……是按照自然规律的其他事实所引发的。"③

凯尔森的关于决定主义和意志自由的论点,揭露了他关于人的概念——并且随之而来的关于"应当"的概念——与康德之间的裂隙。

凯尔森关于因果性决定的人之行为的观点使他更加靠近经验主义哲学家(的观点),这些哲学家"近来不仅主张他们的关于因果决定论的普遍性假定与我们关于道德责任的日常观点相兼容,而且主张这些假定实际上是被这些观点所需要的"④。

而凯尔森却宣称:"因果论不仅与包含着自由的归责论不相兼容,而且这意味着其与通过惩恶扬善来规范人类行为的规制也不相容——然而这样的规制却确实预设了因果论的存在。"⑤

如果经验主义的思想方法表现得并不比凯尔森关于归责和自由(的界定)更奇怪,那么,在支持它的论证方面和关键的缺陷方面立即使我们想起了凯尔森。那个论证"本质上是被诸如惩罚这样的实践所预设的可预测性",⑥就惩罚一般性而言,是基于个人对惩罚的反应中某种程度的预测。缺陷是,在这样的论证中存在被忽视的、被遗弃的概念,其似乎不是可以被因果性地分析的。⑦ 当我们夸奖(或者奖赏)或者责备(或者惩罚)某人,是

---

① PTL, 103.

② PTL, 97.

③ PTL, 9.

④ Ryan, *The Philosophy of Social Science*, 1970, p. 120.

⑤ "Causality and Imputation", in WIJ, 346.

⑥ Ryan, *The Philosophy of Social Science*, p. 120.

⑦ Ibid.

因为他做了我们不仅仅正在想做的——基于因果决定论的基础——而且将会影响他未来的行为。基于夸奖或奖赏，简单测算影响个体的将来行为，将不是我们通过夸奖或奖赏来理解的；责备或者惩罚可能被分配，不仅以诸如使之符合错误的形式分配，而且基于一种功利主义的计算的观点来达到某种最好的社会结果的形式分配。凯尔森假定——毫无忧虑地假定——惩罚和奖赏在社会中是按照以下的方面被精确地提供的："惩罚和奖赏是被提供的，仅仅是因为那是被假定的，即对于惩罚的害怕能够因果性地决定人们克制实施犯罪，并且对于奖赏的欲望能够因果性地决定人们去见义勇为。"①

　　凯尔森的第二个指导性的原则是"用作为经验条件的先验性范畴来替代基本原理和形而上的假定"。凯尔森发现形而上的假定不仅仅是对宇宙或是我们世界秩序的宗教的或哲学的预设，为自然法提供了支持，而且是一种尝试，试图在人的本性和理性中，发现不仅在形式上而且在实质上决定法律和我们对其所持观点的某种东西。人们可能看到凯尔森既拒绝了形而上的，又拒绝了经验主义的道路，并且走向了他眼前唯一一条其他道路；但为什么他在对康德的利用中，仅仅提出了一种暗中的指示，这是令人费解的。

　　首先，让我们来看一下康德与凯尔森之间一般性的鸿沟；其次，让我们来看看凯尔森所援引的康德的方面，以及他提出这些方面的方式。

　　（1）康德就其哲学、科学、道德思想而言，在整体上来说是一个理性主义者，并且对他来说，行为是基于理性的强大力量之上的。凯尔森是一个折中主义者，其只是在一个很轻的程度上勾勒了自己关于心智和理性的观点，并且他看到了在最近和当代的德国学术界中，一个伟大的运动以其各种的分支为其提供材料，使其理论能够进入法律科学。

　　（2）（a）康德在检视由其在我们关于本质的思考中发现的先天性因素时，同时在这一领域中探究其关注的一般意义上的先天性因素。而对于道德的先天性因素问题，他也给予了同样的关注。他并没有把道德哲学从知

---

①　"Causality and Imputation", in WIJ, 346.

识理论中分离出来。相反,对于凯尔森而言,心智理性而独立地对经验进行思考的力量太诱人了,为此他曾被短暂地吸引住。在这之中,凯尔森假定心智以决定性的方式活跃于认知的过程中;假定客体是被这个过程所创造的;假定真理和客观性依赖于此过程和理性内在规律的一致性。最终,他又放弃了这样的唯心主义,回到了经验主义,要求在他承认真理和客观性之前,得到事实的验证,而没有看到这种法律规范性路径的主张的尴尬。

(2)(b)对于康德来说,自然和自然状态的人是一个需要探寻的主题,而作为理性体和道德体的人又是另一个主题。这两个主题有着自身的联系,因为人是一个整体,最终也应该被这样看待。但是早期的凯尔森却以另外的一种方式来思考:对于他来说,人作为一个世界被分成了"是"与"应当"两个领域,并且个体的存在被分为"认知"和"倾向",这一点早已被发现。

(2)(c)随后,随凯尔森而来的基于人以及人之世界的分离的观点,以及与这对二律背反相冲突的其他事物,并没有使之更加靠近康德。也就是说,他越来越趋向于接受一种教条式唯物主义者的决定主义。

对于康德来说,在其哲学发展的至关紧要的阶段,因为长期的研究,形而上学似乎进入了一个僵局。这种形而上学,正如他看到的,超越了被我们的经验所精确地设定的界限,那些界限不应该被超越——在那些领域,基于科学能够安全地建立并且已经建立了关于自然世界的知识。其推论出了一个关于事物的先天性,对于先天性,其没有权利进行推理,尤其是一般性的自然和宇宙的秩序。但是他既不相信我们的意识能够如一张白纸般去接受既定的事物,也不相信我们对于世界和自身的设想纯粹是联想的产物。他认为,在科学知识中一定存在一个先天性的因素,其已经呈现在对"自然世界"的日常理解中。因此,他认为一种新形式的形而上学探究以及一种对存在于传统的、形而上学无法超越的知识中的先天性探寻是必要的,也由此决定去践行这样的探究;这个探究不是"超验的",而是——在康德的术语中——"先验的"。

首先思考物理学和确定的自然科学,康德以下面的论述开启了《纯粹

理性批判》的导论："毫无疑问，我们的知识都从经验开始。"而后继续探究
这个伟大的问题：是否我们的经验性知识可能不是我们通过表象接收到的
与认知机能从其自身所提供的结合体？这种认知机能虽然是以一种"完全
非哲学的"人类智力的形式呈现的一种因素，被认为是"我们不能把它从通
过感觉所给予的原始因素中区分开来，直到长期的实践使得我们对其注意
并且有技巧地使之分离"的事物。在努力分开这种因素的过程中，康德从
对"先天性的认知"的一般性的解释，转向了对"先天性的必要呈现"的时间
与空间的观念，作为感觉的直觉知识的基础；从这开始他转向了对于任何理
解的进行所必需预设的意识的整体；并且从此开始了对先天性因素的论述，
这被康德命名为"范畴"。这些范畴作为所有经验的可能性的先天性条件，
并且是以既是先验性又是综合性的"范畴性原则"为基础的。因此，在因果
律和依赖性的情形中，"无原因则无结果"的原则是综合性的，既然这个"结
果"的概念（与"效果"的概念相区别）不包含在"原因"的概念中；这个原则
的先天性特征是清晰可见的，因为我们并不是从可观察到的现象中得出的
此原则，可却仍然需要在观察现象的过程中使用它。我们在处理自身经验
的过程中，不断地运用此范畴和其他范畴；范畴的运用遍及科学中，但是它
们不能从科学中得出。因为这个现象对所有人来说都是被平等给予的，并
且这个先天性被平等地包含在所有思考现象的人（的头脑）中，有一个对所
有人都一样的实际世界，而我们对它的组织有一个渐进的理解。

　　在这里，我们就来到了康德的哲学方面，正是其哲学思想使得康德一方
面被称为"现实主义者"，另一方面被称为"唯心主义者"。康德宣称："在表
面上，我们所赋予自然的秩序和规律，是我们自身所引入的。我们从没有在
表面上发现它们，我们不能让我们自身或者我们心智的本性去规定它们。"
而紧随其后的是就其自身以及就我们的主题而言都更为重要的表述：

　　　这种自然的统一体必须是一个整体，也就是说，必须是一种和表象
　相通的先天统一体；而这种综合性的统一体要被认定为是一种先天统
　一体，是有条件的：如果在我们心智中的原始认知力量中找不到这种先

天统一体的主观基础,同时如果这种作为认知客观经验基础的主观条件无法找到其客观依据,那么就不能称之为先天统一体。①

现在转向凯尔森的认识论上的主张,即他代替了"预设以及形而上的假定","作为经验条件的先验性范畴",有三个问题需要检视:(a)其早期试图发现一个"是"与"应当"的认识论的定义;(b)其对因果律的关注,因果律对他的先验性的路径的适当性或者是另外的意义;(c)因果律和归责的结合。

对于"是"与"应当"的最详细的论述是在凯尔森的早期作品中被发现的。在其后期作品中与之相关的论述也是基于此,但是却较少被清晰论述。

1916 年,凯尔森认为 19 世纪早期的哲学家 J. F. Herbart 在根据"基础性的认识"展现这些的过程中已经更好地修正了康德的"是"与"应当"的概念。明显地,根据 Herbart 的修正,凯尔森把"是"与"应当"界定为两种形式的理解:决定对我们来说什么是不确定的,并且在逻辑上以不同的方式来划分对其本身的理解。因此,他宣称:

> "是"与"应当"的纯粹形式性的特征……不能被太过强调地表述……我们仅仅关注理解的形式,在这个形式之下,给定的(事物)有时候会变成现实,有时候变成价值……就给定的(事物)而言是通过因果律被规制的……我们根据"是"来理解;就其在一个规范的统一体下被规制而言,这是"应当"。②

我已经把凯尔森的术语 Erkenntnisformen 称为"理解的形式",而没有使用更加强调的语词"知识"或者"倾向"。无论哪个是最好的语词,对于凯尔森来说,理解、知识或者认知是纯粹理论上的。因此,在"应当"(在加以必

---

① CPuR, A125.
② WRSI, 37-9.

要修改之后也适用于"是"）的形式下理解给定（事物）的同时，我们也在接受它，并且根据纯粹理论上的理解去决定这种最终建立了"规范性科学"的知识是道德、法律还是社会层面的。那么，实践上所引入的"应当"的地位是什么？根据凯尔森的前提，人的行动，其实施在法律规范中的"行为模式"和"法律结果"，也是原因和结果。这样的行动根据因果律在主要的经验中被理解，因此被作为"是"。如果它们也能够被理解为"应当"——经由与之相对应的规范的知识——它遵循的是，"应当"的理解形式并没有比"是"更加基础。只有通过法律体系，"应当"的理解形式才能够运行。相反，遵循这个体系的"是"，是一个基本的联系，是被基于外部的客体和事物的意志所设置的联系。因为因果律对于凯尔森来说，不是一个客体和事物之间的外部联系，并且因为任何规范的因素是完全武断的和符合惯例的，一个特定的行为，诸如追随一个犯罪行为之后的司法官员的行为，可以被看作一个原因的结果，以及/或者是一个"法律结果"的展示。在理解的形式的选择中的这个判断使这些在"应当"的决定中变得没有用处。至于规范的"行为模式"，那是不可能的，即感知或者理解一个谋杀的行为，比如说，这是"被规范的统一体连接到"其他任何人的行为，因为（1）第二个行为可能从未发生；（2）法律命令不断变换的性质将会把相同的行为转变为不相干的行为，用法律术语来说就是立法者很快就改变规范本身；（3）甚至凯尔森的体系也不会，在这个体系里，法律规范是基于对"次级的、不成文的规范"的违反，行为模式确实需要获得什么"应当"的地位。

　　引文中的"理解的形式"，本应该反映了康德的思想。但是凯尔森正在思考的究竟是康德学说中的什么因素呢？凯尔森的用词似乎指向了康德的范畴，但凯尔森对"理解的形式"所做的标志性的解释，并没有揭示其本质，与康德的范畴没有相交之处。

　　凯尔森所设想的"是"与"应当"，不仅仅是两个不同的领域，即柏拉图式的或是康德式的理性世界和感性世界，而且也是认知的方法："就其是理解的方法或形式而言，通过这种方法，客体（被给予的）被决定了，因果性科学和规范性科学的对立所依赖的在理解方向上的不同就跟所依赖的理解的客体的不同差不多。"①

　　对两个"立足点"的强调使得凯尔森似乎陷入了一种令人难以接受的唯心主义形式。因为,从凯尔森将"是"与"应当"作为决定性的理解形式的观点中似乎可以得出,假设存在一个立足点,那里就存在一个现实,假设存在另一个立足点,就存在另一个现实。这在我看来,通过这两种形式的理解,就陷入了现实先于理解的困境中。由凯尔森所做的试图把"是"与"应当"作为认识论工具的尝试,在我看来是不令人满意的和模糊不清的,也毫无疑问是非康德式的。

　　凯尔森作品的第二个指导性原则,即对于先验性范畴作为经验存在的条件的预设和形而上的假定的替代,采取了如下的形式:首先,用基础规范取代上帝、理性或者是自然——被认为是表达了义务的理念并且使我们个人的义务得以澄清;其次,用新的归责(Zurechnung)理念代替责任理念,以及附着于其上的道德或政治价值——其建立了传统法理学意义上的制裁或惩罚理念。

归责（Zurechnung）

　　既然归责被凯尔森看作康德的理性范畴的类比物,那么这样一种替代应该从对康德的范畴学说的清晰掌握开始。而事实上,凯尔森理论的这一方面要么被毫无批判地接受了,要么被忽略了。

　　在这种情境下影响凯尔森的一个弱点是,他忽视了自己与康德的一般性的远离。在道德方面,他对康德做了一个简短的思考,在这里凯尔森对康德是有所抵触的,他在其对康德的知识理论的处理中是暗指的,不是明确的,并且似乎几乎没有意识到在这个知识框架里,康德把他的知识理论和他的道德哲学融合在一起。

　　范畴的先天性特征包含了高度的一般性和逻辑必要性。这与其仅仅在

---

①　WRSI, 37－9.

经验性的层次上适用的事实一起，对于康德的认识论与凯尔森宣称以康德的先验性逻辑作为基础的《纯粹法理论》之间的对比，具有特殊的相关性。事实上，我们在凯尔森对康德和康德方法论的暗指中或者在其自己的程序中，没有发现任何精心设计的计划，这一计划即把康德所思考的认识论移植到法律理论中，并接受这一法律理论。以（凯尔森）所谓的归责论与康德的"因果论"之间的类比为例：到最后，人们也无从得知凯尔森所理解的"因果论"究竟是与康德、休谟、新康德主义者、卡西尔所理解的如出一辙，还是只是从一种未被清楚界定的常识角度出发得出的。在这里，我的观点是：如果凯尔森真的想使他的理论依赖于归责/因果律的类比，那么他本应解释为什么他暗中忽略《纯粹理性批判》中的一系列相关事物的论证，而在此范畴以及在它们之中的因果律，只是其中的一部分；进而他亦应解释，他是否认为康德的其他论证相对而言并不重要或者说是错误的，以及因果律如何能够依靠自身成为一个"先验性的范畴"。

归责与康德式范畴之间的比较的相关性是双重的：首先，它存在于凯尔森将法律科学呈现为包含法律的"认识论创制"的坚持中。假如他能够尝试从其他的基础上论证法律创制的话，他的理论将会基于其自身论证的效力得到一个合理的评价，但是既然在他的论证中，我们看到的只有其对康德先验性方法论的暗指，那么其理论与归责之间的关系就需要被检视了。

其次，凯尔森说，在任何规范性社会科学的存在中，归责是被预设的，仅就归责能够把众多的人转化到社会中而言。[1] 至于法律科学，凯尔森想让我们相信法律质料是被整理和统一到一个体系中的，因为我们有归责这个原则，在我们的意志的原初力量中包含着一个先天性（范畴）。

如果归责律和因果律之间的类比是有效的，那么归责律必须是一个先天的精神范畴，借由归责律，法律是被整理和统一了。但是如果所宣称的类比经不住分析，凯尔森对于经由法律科学的法律的创制的主张则是失败的。

---

[1] "Causality and Imputation", in WIJ, 325.

当我们考虑凯尔森尝试把归责作为暗含的康德式范畴时,在我们对于人类行为的每个规范性秩序的理解中,好几个困难便产生了,如果概括性地进行(谈论),这些困难将告诉我们更多的相关联的影响。

作为一个方法论问题,凯尔森应当考虑,由康德所提供的"范畴"的理念,以及我们所提出的对于现象世界的理解,是否在包含我们对于规范性的理解的不同的语境中具有一致的关联。

凯尔森讲到把归责作为"一个康德式的原则,对于一个道德或法律的规范性体系的理解而言"。作为一个康德式的先天性原则,其或应作为经验性探究的规制,或应作为经验的组成。但正如我们即将看到的,它都不是。

凯尔森重复性地改变归责本质上的观点、他对于归责律/因果律的类比的理解及其他关于因果律的观点,但却没有指出这些变化。

现在我将检视这些困难:

(1)考虑到自然以及我们关于自然现象的知识,康德关注于建立此种知识的特征和基础,以及我们从此种知识的角度对"自然"的理解。考虑到从自然现象的角度无法被理解的东西,他把自身视为面临着不同体系的问题。虽然在每个领域,他都努力去建立我们思想的基础,并且把先天性因素视为其中的一个关键性的因素,他决然地拒绝了任何超越现象领域的转换的理念、学术研究的精确技术,即"先验性方法",康德视其为理顺我们对于自然的理解中的先天性因素的适当方法。他对于运用这个方法超越此领域的拒绝没有犯错或者疏漏;康德认为一种不同的方法是必要的。而凯尔森在其对客体的论述中,试图在现象和其称之为规范性的领域划出一条界线,并且试图得出相似的结果。所以,当他试图超出那个界线来运用康德的方法时,对于他的指责就不仅仅是他努力适用康德的智识性的工具并且失败了,不仅仅是他忽视了关于康德范畴的一个重要的事实,即他们关于根据我们对自然现象的理解的接受所做的界定;而是他假定那是可能的,即基于智识性的基础运用康德的方法是可能的,但是他却已经阻止自己去那样做。因为如果我们禁止从"是"的论证到"应当"

的论证,那么在以下两个概念之间将很难找到任何有用的联系,即在我们关于"是"的知识中包含了先天性的概念以及在规范性角度的世界中包含了先天性的概念。就是说,所谈论的因果律与归责律之间的类比对于道德和法律没有什么助益,如果我们坚持其中每一个的核心是其规范性的特征的话。

只要凯尔森关注的是"一般性的"法律规范,根据行为或事物的类型,在规则中所做的指涉就是"前提"("如果"条款)和"结果"("那么"条款)。这样说仅仅只指出被凯尔森看到的规范性的一个方面;在思考这样一种规范时,我们思考的是当一种可能行为属于此规范规定的类型时此规范的一种指示。构成"如果—那么"条款因素的行为以及/或者结果是概念性的,与概念性或者理念性连接的,不是经验性如此的。仅仅在以法官的裁决形式存在的个别规范中,才存在与前提性行为的、实际的以及经验性的例子相关的指涉。在我暗示一般的与个别的规范的不同这一点上,我想强调的是适用的困难,对于一个以理念化的术语所表达的一般性规则,也就是一个精神范畴而言——比如凯尔森所主张的归责便是如此——其仅可能与经验性感知的行为或结果相关联。

(2)在凯尔森的论述中,法律属于意义和价值的领域。基于此,如果法律的关键性特征是被理解,那么我们不得不界定我们意欲指示的东西,当我们指涉到构成法律的人类的语词和行为的"规范性意义"时。这些我们把法律特征归于其上的语词和行为,其本身并不直接向我们传达这些特征;如果不根据法律语境来解释,那么它们就是无意义的。但是换句话说,正如凯尔森所做的,归责作为首要的范畴,没有单独地灌输法律意义到语词和行为中去。如果要展现规范性的意义,如果在根本上确实存在一个法律规范,那么我们需要把规范性的声明附加到一个有效的体系中。没有这个附加,就不存在有效的规范,因此也就没有归责;换句话说,归责的存在和功能仅仅存在于一个有效的规范中;一个有效的规范需要其从属的规范性体系的效力;并且这个效力——根据凯尔森的观点——只能通过基于这个体系的基础规范才能够被授予;那么归责,被凯尔森指涉为"对于理解经验性的法律质料的先天性范畴"，①并不足以给予作为"如果—那么"条款的组成要素的结果和行为以法律意义。对行为/结果的感知也是不必要的，因为它们作为条款的组成部分并不是以结合在一起的方式被感知的，也不是经验性地相连接的。一个典型的例子是：犯罪行为和随之而来的惩罚两者之间的结合并不是我们能感知到的。它们的连接是理念性的/概念性的。

（3）关于把归责视为康德式范畴的一个更深入的困难在于，凯尔森在学术生涯中赋予其概念不一致的表达方式——对因果律也是如此。

在其学术生涯的一开始，凯尔森对归责律的界定除了提出规范所指示的两个因素之间的联系以外，没有更加具体的东西了。凯尔森在这一阶段坚持主张，任何规范——无论是在语法、逻辑还是美学层面，而不光是在法律规范或者道德层面——都展示了这种联系。② 仅仅稍后一段时间，凯尔森便提出了其康德式——先验性术语——的界定：归责律是在康德式意义上以范畴的形式被展现的，并且因此在归责律中的联系的必要性被看作是"逻辑上的"。③ 但是在提出这种归责的论述中，凯尔森现在使自己遵从社会性特征的规范，法律的或者是道德的，已经从所虑及的语法、逻辑或者是美学规范中排除出来了。在这一阶段，凯尔森本应该对于归责律的范围和适用解释得更清楚一些——如果他希望这个思想被真正地认为是康德式的。

在凯尔森早期的作品中，归责律是在何种语境中被讨论的，这一问题难以明确化；表面上看起来，凯尔森正在把这个概念运用到法律规范中去，随之被运用到法律规则中去。这个混乱产生于这个事实，即规则与规范之间鲜明的区别仅仅在《法与国家的一般理论》1945 年版才出现；并且也产生于凯尔森把法律规范视为假设的判断。这已经引导凯尔森的评论者相信，这个区别在第一阶段并不存在。凯尔森已经回应了在范畴术语中的那种批

---

① PTL-IMFC, 485.

② HPS², V - VI.

③ PTL-IMFC, 485；WIJ, 331.

判。① 尽管他已否认了此种说法,但人们似乎仍有理由相信,最初的区别是在法律与法律科学之间划分的,而不是在法律规范和法律规则之间。

凯尔森认为,法律科学是具有创造性的,而这种区别作为此想法的一部分,与法律之间产生了联系。因为凯尔森相信,这种科学以其提纲式的观点和组织性的原则,把秩序和规制引入其中,使其成为可知的法律,甚至"在认识论的意义上"创造法律。为了更充分地论述这个理念,他不得不把法律科学视为关于法律的一般性陈述的组成——关于法律的"法则",这种法则类似于在其分支中形成了自然科学的"自然法则"。这个类比需要凯尔森把归责律原则——在其关于法律一般性陈述中所预设的,视为与因果律——在构成自然科学的一般陈述的意义上——相对应的(东西),也就是把归责律视为康德式意义上的一个范畴。

在康德的术语中,仅仅通过一个"先天综合",自然科学就创造了自己的客体,也就是自然。一个先天综合需要能够组织经验的先天性原则的作用。在批判哲学中,这些原则是十二种范畴。在纯粹法理论中,这个原则是归责律。基于归责律的基础所建立的是法律规则,对于凯尔森来说,其所构成的先天综合判断完全可以比得上自然科学的一般性陈述。

在所有这一切中,凯尔森如此全神贯注于法律科学,以至于忘记了法律本身:在检视基于其法律科学才能运转的原则的过程中,他不再关注基于其法律才能运转的客体。②

他并没有在这一跳中达致他的最后的、终极的目标;1953 年,他试图把其所宣称的康德式进路与所残留的对法律规范的直接关注结合起来。所谈论的这个尝试存在于那一年的文章《什么是法律的纯粹理论?》中。在这里,纯粹理论被认为是以逻辑和"法律科学的事实"作为其起点的。法律科学"使这个论述从属于一个逻辑分析,在这个论述中,这种科学能够描述自己的客体,即它建立了一个预设,在这个预设之下,关于法律义务、法律权

---

① "Reply to Stone", 17 *Stanford L. Rev.* 1128 (1965).
② PTL, 75.

利……的论述是可能的",并且通过该路径"达致了所有法律知识的基础概念,即规范的概念"。法律科学研究的是一种在假定判断中被描述为法律规则的特定观念,在这个观念里,条件和后果相对应。同时它将这些法律规则和假定判断做了一个比较,在法律规则里,它描述其客体,即法律规范以及由这些规范形成的关系;在假定判断里,自然科学理解其特定的客体。

这听起来挺美好,但是首要的归责律在哪里?在法律规则中还是在法律规范中?还是说归责律是在法律规范中以一种意义被理解,而在法律规则中以另一种意义被理解?

若去考量在纯粹法理论中假定的法律科学创制"认识论"法律的学说,那么弄清凯尔森希望找到据说作为法律"创制"基础的一个或多个原则的原因就并不困难。他希望人们接受"法律科学,作为法律的认知……能够创制自己的客体,就其把其客体理解为一个有意义的整体而言"。他认为,如果我们能够相信这种关于法律科学及其成就的观点和康德关于我们对自然的理解的观点相类似的话,那么这种观点就能够获得可接受性。凯尔森希望我们相信,他对法律和法律科学所做的论述,正如康德对自然及自然科学所做的论述:"我们的理解是自然的立法者;它把仅存在于我们感官中的规则加于表象之上,并由此在某种意义上创造了自然。"然而,如果想在作为组织性原则的归责律和康德的因果律之间做一个理性比较的话,那么凯尔森在一开始就必须要明确归责律要组织的是什么,而他并没有做到。因此,在1969年版的《纯粹法理论》中,从归责律的角度看被视为相互联系的,就不仅仅是法律前提和法律后果了,还包括了"法律创制行为"和"法律遵守行为",而此作为附加的后者根本没有经过证立。①

凯尔森不断变换的关于归责律的术语看起来与其在康德通过范畴所表达的概念中一个模糊之处相关;而这个模糊之处是凯尔森成功建立归责律与康德式的范畴之间的类比的第三个障碍。

有时候,他把因果律认作诸结果之间的一个连接,这个连接的证据存在

---

① PTL, 103.

于过往的经验。① 在这个过程中,凯尔森同时考虑应以下面的方式来陈述科学性的法律的一种预设:"如果 X 那么 Y,对于 X 任何的特定价值而言。"但是他没有考虑到,对于康德来说,在我们对现象世界的检视中,因果律仅仅是许多预设或者是诸多思考模式的一种。在凯尔森着手与康德的范畴体系进行比较之后,他就应当考虑是否能够在对康德范畴体系的参考中获得对归责律的支持,因为这些范畴在决定我们对现象世界的观点的过程中是配合运作的。

有时候凯尔森选择从"解释的体系"的角度去思考范畴。因此他能够说,关于决定主义和非决定主义以及其对人类行为的适用,"因果律……以及归责律……(没有)排除彼此。不存在所谓的决定主义与非决定主义之间的矛盾。没有什么能够阻止使人类行为从属于两种不同的解释体系的人类意识……"②

在这里,伴随着"解释的体系",凯尔森正在思考某种包罗一切人类行为的观点。此种包罗一切的观点是与康德式的范畴大相径庭的。

最后一个把归责律视为康德的一个范畴的困难产生于,在凯尔森的学术生涯中,他放弃了康德式的因果律观点,这意味着放弃了因果律的创造性力量。当凯尔森转向休谟、新康德主义甚至因果律的"普通意义"时,他也许与真理离得更近或更远了,但是他确实失去了康德附加在其因果律上的特质,即作为理解的一个先天性范畴,也就是它的创造性力量,而这种力量正是凯尔森的归责律所急需的。

凯尔森的因果律现在不仅仅与结果相联系,它还属于科学并且依赖于经验:

> 个别的、由法官的判决或者行政行为所创制的法律规范,是被法律科学所描述的,因为一个具体的实验是被自然科学借助于表现在实验中的自然律所描述的。③

---

① PTL, 88; PTL-IMFC, 485.
② WIJ, 345.
③ PTL, 80.

但是康德式的范畴——其中的因果律——

　　……并不是协调一致的概念……在某种程度上,其中的一些科学性的概念是协调一致的。它们并不直接服务于连接现象,例如一个力的领域的概念是这样……那是因为它们具有这种形式性的特征,它们可以成为……哲学的部分,而非属于一般性的科学。①

早在 1939 年,凯尔森接受了恩斯特·卡西尔的因果律概念,作为"一个方法论原则"或者仅仅作为一种探究规则。关于此种版本的因果律的评论,恩斯特·卡西尔说道:"当以这种一般性的方式来阐释的时候,这个原则是公认地模糊的……事实上,除非这个阐释是按照特定的额外的……规定来理解,这个原则归于平凡。"②

凯尔森接受了卡西尔对于因果律的阐释,因为它为因果律提供了一个"历史性的开始",一种凯尔森基于他关于"因果律的出现"的信念所需要的思考模式。③

没有证据表明,凯尔森进入了卡西尔的因果律问题的版本,而是超越了那一点,即那一点符合他的需要,也就是,拒绝因果律是"一个理解的内在概念"。用他的话来说:

　　因果律不是,就像已经被假定的那样,必然赋予人类意识的一种思考形式,一种理解的内在概念,事实上在人类意识的某些时期里,因果

---

① Walsh, *Kant's Criticism of Metaphysics* (Edinburgh, 1975), p. 42.
② Nagel, *The Structure of Science* (London, 1961), p. 320.
③ 他称之为"归责的原则"的凯尔森的学说是占优势地位的思考模式,从文明的开始一直到接近公元 15 世纪,当自然科学的发现以及开普勒、培根、伽利略的理论帮助摆脱了这种类似宗教的进路的自然的和社会的发生学解释。凯尔森对于因果律的历史起源的处理——或者他所需要的——限于本文的范围而不能被讨论。

性的思考还没有产生……①

对于凯尔森来说，这种从康德式的到卡西尔式的因果律的跨越本应是不可能的；卡西尔式的因果律并不带有康德式因果律的结论或者可适用性，同时从类比的角度来看，它也不是一个可能与归责律相关联的概念，如果归责律暗含于所有对法律的思考之中的话。

在经过对康德式和新康德式的关于因果律的思想的追随之后，凯尔森最终乏于热情，试图用一种纯粹的语言形式来掩盖其思想的缺陷：

> 归责律，像因果律一样，是人类思维中的秩序原则，并且因此就像因果律一样是一个假象或者空想——用休谟或者康德的话来说——仅仅只是一个思考的习惯或者思考的范畴。②

如果归责律用康德的因果律作为其类比，作为经验先验性-逻辑性条件存在的话，③那么就不应当用一些话（诸如"就像……空想"）来暗示对其进行准确的界定是不重要的。同时也不应当违背真相地去暗示：从联合理念的角度看，休谟对因果关系的看法（凯尔森称之为"思考习惯"）④和康德的作为一个理性范畴的因果律之间没有什么关键的不同之处。⑤

宣称在凯尔森的作品中没有对康德主义的真正的信奉可能会引起惊讶，但是这可以从他下面的文字中得到证实：

> 如果因果律不是原因与结果之间客观的联系，而仅仅只是一个通过常规的顺序的观察所引起的思考的习惯，那么我们已经废掉那个因

---

① "The Emergence of the Causal Law", in ELMP, 166.
② PTL, 103.（着重强调）
③ WIJ, 363；PTL-IMFC, 485；*Rechtswissenschaft und Recht*（Leipzig, 1992），pp. 194, 197.
④ PTL, 103.
⑤ PTL, 103.

素,单独一个绝对的必要性或是不可侵犯性附加于那个因素之上:先验性的意志建立了这个客观性的连接。事实上,康德已努力去抢救这个具有不可侵犯性的事物,通过把因果律解释为理解的一个先天的概念,一种先天性的范畴,没有它,任何种类的知识将是不可能的。但是在这儿,我们应该看到了从休谟那里的撤退,而非一个进步。因为那个假定,即因果律是知识的一个绝对必要性的条件,并没有那些事实上的基础。①

> 一个自然的因果律……主要是作为对已经发生的事情的解释……在这一方面它只涉及过去……自然的规律是基于经验的,并且我们的经验只存在于过去,而不是将来。②

这是与休谟相一致的经验主义。通过观察,休谟证明,两种事物总是在自然中重复性地联系在一起,于是人们把这个持续的联系上升为一个"规律"。但是,他补充道,这种规律的基础是我们的观察,并且这个原则本身仅仅只是一个思考的习惯。在对于问题的休谟式理解中,在因果律的运行中,不存在一个先天性的必要性。相反,在《纯粹理性批判》中,康德的目标就是要显示,存在一个世界的先天性知识;我们并不是被经验和对经验性现实的观察引导着去发现事物都是被因果性决定的,而是先天性地发现了它。

康德的批判唯心主义严谨地拒绝了因果律的经验主义观点,基于那样的基础,即事物之间的联系被预设为先天性的;这个联系不依赖于我们经验的重复性联系,即使这个联系不能被建立,我们根本没有这个事物联系的经验。

在完全的反康德式的模式中,凯尔森想从经验和观察中得到因果律的客观性和必然性:

> 通过对休谟的论证的延伸,康德达致了自己的学说,仅仅通过对现

---

① "The Emergence of the Causal Law", in ELMP, 199.
② PTL, 88.(着重强调)

实的观察不可能证立作为原因和结果的两个事实之间的联系，并且因果律作为这种联系的必然性，是一个理解的固有概念，一个我们知识的先天性范畴，通过它，我们整理了依赖经验性感知的质料。然而，原因与结果之间的必然性的联系是有客观性基础的，并且因此是内在于因果性的过程中的；原因造成了或者在其之后拽出了结果；在这两者之间不仅存在"在这之后"，而且存在"因为这个"，这些理念我们是从哪里获得的？①

然而他仍然在其他的地方坚持，首先，因果律和归责律是联系的形式，没有例外：

> 规则连接一个事实作为条件，用另一个事实作为结果……同时自然的规律用一个必须的必然性连接原因和结果，没有例外。②

其次，他坚持把归责律作为一个必然的和普遍性的原则：先天性概念具有典型的必然性和普遍性。但是如果归责律——如凯尔森的因果律一般——不是一个纯粹的意识的概念，那么它的客观性、必然性以及普遍性从哪里来呢？

最后，基于其对先天性概念的不信任，凯尔森失败了，甚至在归责律被关注的地方。当他认定他所预设的真理的标准是"通过事实证明"的，③基于那个标准，他要如何证立归责律是一个思考的必需的原则，或者所宣称的归责律的联系真的起作用？ 在无法证立这些事物中的任何一个的情况下，他又从"空想"或者"假象"的角度来谈论归责律。④

---

① ELMP, 185.
② HPS², Ⅶ.；PTL, 80 - Ⅰ.
③ Cf. "Science and Politics", in WIJ, 350.
④ 我要感谢 M. Dalgarno 博士、G. D. MacCormack 教授以及 P. Gorner 博士，在这篇论文的准备过程中，他们给予了我很多帮助。

法律与判决

卡尔·施密特(Carl Schmitt) 著

韩 毅* 译

第一章　问题

[原书第 1 页]决定性的问题是:一个法官的决断(Entscheidung)①何时才是正确的?

这个问题有着多重含义,希望下文能把它们明确地逐步阐释出来。但在此处,提问应当精确为:当今的法律实务(Rechtspraxis)②遵循着怎样的规范性③原则(Prinzip)?

下文将进行一番法学的研究,以探寻在当今法律实务中,一个决断何时

---

* 韩毅,祖籍山东梁山,1983 年生于吉林省吉林市;中国政法大学学士,德国汉堡大学硕士,德国科隆大学博士,华东政法大学师资博士后;研究方向:日耳曼国家与法律史、动物保护。

① Entscheidung 译为"决断"(判决 + 断案;Dezisionismus),Urteil 译为"判决"。下文未标明"译注"的,则为原书中的脚注。——译注

② 亦可译为"司法实践",而原书确实也是主要在这个意义上探讨"法律实务"的。但一则后者的外延本身要比前者广泛,二则德语中若确指司法会用 Rechtsprechung,故取上述译法。——译注

③ normativ 并非凯尔森规范主义意义上的实定律条,而是类似于 verbindlich 的义项,即有约束力的。——译注

应当在法律上被认为是正确的(ist als richtig anzusehen)。① 至于当今实际
上是怎样决断的,或这些决断的平均值是否正确,则非本书关注的问题。只
是在正常情况下,每个法官都想做出正确的决断,而这一趋势的意义如何、
正确性又何在,这才是本书的主题。与此相比,当今正确和错误的决断孰多
孰少只是题外话。而当今实践恪守或宣称怎样的判决正确性观念,也不能
决定性地解答上述问题。然而,本研究将难免要与这些观点切磋。只是在
此过程中查证某一观念居于统治地位,并不能证明它就是决断正确性的真
正标准。

　　本书的主题也不该被简单地理解为一个决断何时被认为是正确的(gilt
als richtig),亦即人们怎样才会普遍这样认为。因为实践证明,一件事被认
为正确并不证明其本身真的正确。所以,关于人们出于哪些历史原因才遵
循当今的某些理想(例如法官与法律的关系)之类的问题,也不是这里要讨
论的。我们关注的只是:当今怎样一个判决才应该被认为是正确的?

　　[原书第2页]本书考察的对象是当代实践,对此需要进行一番历史性
的具体化。因为这里关注的问题,并非从诸如法官决断的"理念"当中引申
出一个绝对的、永恒的决断正确性标准;而且估计这对实践也很难产生什么
直接的效用。相反,法律运用的方法论应当找出当今实践的主导理念并反
思其目的和手段,以对它形成助益。每当一项实践认识到自己的意义,学理
就向前迈进一步。而既然把当今的实践作为考察对象,就要正视它的历史
渊源。只是本书并不因此而变成一项历史研究,以至于仅限于考证我们当
今的实践是怎样衍生而成的,哪些因素在它的历史和现实中发挥了作用。
换言之,我们无须解释法律适用的成因,而只要查证其现在遵循的原则:法
律实务专属的正确性标准(Kriterium)何在? 虽然它以一种特定的历史状态
为前提,即国家臣仆中的一个特定阶级职业性地运用大多数情况下体现为
成文形式的法律,但这并不意味着待查标准在方法论上依附于我们法律实
务的历史进程。举个反例:我们并不因为法律适用的发展与罗马法的解释

———————————

① 　此处着重号为译者所加。下文未予说明的,则系原文中的着重号。——译注

密切相关,就一定要考证后者延续至今、仍可感知的影响。这一考证本身足以构成另外一个题目,它的地位和意义是另外一个维度的问题,但鉴于此类要素的经验效用从来不能论证决断的正确性,所以它也不属于本书的题中之义。然而颇当释明的是,我们寻获的标准是怎样得以适用于司法的实际流程的,衍生该标准的基本要求(Postulat)[原书第3页]又怎样在客观上统治我们的法律生活,而非从任何概念的外层空间逐层演绎而来,或从天而降成为规则。根据已发生的,当然无法推断应当发生什么,即便如此,本书并无必要研发一个永恒的正确性标准,因为这无法兼蓄任何内容,与实践风马牛不相及。它的目标也不在于对法学思想进行分类,而只是将现行实践与一种客观有效的基本要求相连,据此评判现实司法中法官决断的正确性。这一联系并不使本书的命题变成历史性或自然科学式的,而是由查证当今法律实务的决断正确性标准这一任务所决定的。价值考量本身是独立于任何经验的,“当代法律实务”的各种现象却是经验演进的结果,而前述基本要求将二者联结了起来。具而言之,根据当今实践中发生的事件,虽然无法提炼出什么是正确的,但只有实践中按照经验有效的,才能作为出发点来考察“当今实践中什么才应当被认为是正确的”这一问题,而非其他任何基本要求。因此,用于衡量决断的标准只能从一项基本要求中导出,而不是经验事实。基本要求的经验性效用只能证明,将其视为当今法律实务经验性演进的内在价值是合理的,因此要从若干可资参考的基本要求中选定它。这等于说,在多个基本要求并存的情况下,决定性的并非它们经验性效用的大小,而是哪个能更恰切地为法律实务及其“寻找正确决断”的追求提供一个一体化的解释。

[原书第4页]所以本书的目标是:将当今法律实务的方法总结成一个公式,以说明在当今情势下,人们何时会说一个判决是正确的。

希望实务界的读者能够理解,本书出于方法论上的明确性,尚需再做若干说明,以彻底框定本书的题目。但它将借此证明,法律(Gesetz)对于法律实务(Rechtspraxis)的评价作用并非如此之大,以至于一个决断的“符合法律”(Gesetzmäßigkeit)径自即已构成其正确性的充分条件。待查的实务界通用的决断正确性标准,与法学界对法律素材加工得出的"适用的法"①,二者的效用是不同的。这里要探讨的并非效用与存在、规范与经验、法律的抽象效用与"日常生活"、规范性的法学与阐释性的社会学的对立,而是同一个知识领域内两种不同效用的对立,并寻获其中之一,即实务的效用。为此既无须查证新的事实、累积各种图标,以期从中"归纳"出法官裁判类似自然法式的规律性,试图预测某一被告被判有罪的或大或小的概率,也不必对法官阶层及其与检察系统的关系②、法律对人民的各种效用或法官的灵魂进行集体或社会心理学上的观察。本书既非社会学也非心理学性质的研究,但并不因此而忽视社会学与心理学对法律生活的影响,[原书第5页]希望下文能够证明这一点。(唯愿诸位读者不要责难本书并未将他们最感兴趣的内容选作自己的主题。)说本书不是社会学研究,一条尤为重要的理由是:它并不以人们之间的相互作用为对象,不是一部关于人类社会或考察法官与检察官阶层独有的社会学特征的专著,而只是考察一种实务行为的方法及其原则,而这要把人们当中一个特定阶级的行为作为出发点。此处"人们的阶级"这一措辞只是暂时地将行为个体化,但并不表示将以社会学或社会心理学的论证为主。

　　法官的一项决断何时才是正确的? 人们大多数情况下会认为:如果"合法(律)"(gesetzmäßig),亦即符合现行实证法律,那它就是正确的。这一观念将合法性定为决断正确性的标准,显然是从法律对法官的约束出发的。于是对于法学者而言,只要法律明确地规定了法官应当怎样判断一个特定的要件,那么关于决断正确性的问题便是最容易回答的。在这个意义上,如果确有一条实证的法律规定责令法官严格遵守法律文本和日常用语,而法律没有明确规定的案件都不许决断,倒是能以最大的概率确保所有法官决断的正确性。但这样一条法律实则自相矛盾,它实质上是命令法官只有在确信决断正确时才能做出决断,而存疑时则拒绝裁判。由此可见,符合

---

① 原文 geltendes Recht,在非个案语境下通译为"现行法"。——译注
② 在私人对话中,我经常听杰出的实务者说,所谓概念法学与所谓社会学司法也跟法官和律师之间的对抗有关。

法律"理想"对于实务并无太多助益,尤其考虑到现实中,[原书第 6 页]恰是那些疑难案件才会成为学理和实务关注的对象。

然而,这里仍需探讨一桩决断的正确性能直接与一条实证法律规定发生关系的特例。根据《民事诉讼规则》第 565 条的规定,终审法院①撤销一个判决时,案件随原判发回(负责事实审的)二审法院另行处判。前者在此对法律关系的认定,应当成为后者重新判决的依据。这是一起能从实证规定中直接推导决断正确性的案例,提供了人们面对决断正确性问题时渴望的"实证"答案。因为只要前一审级遵从了上级法院的法律意见,那么新做出的判决根据实证法就是正确的。②

然而这一孤案却并未证明,"法律约束法官"就是考察后者决断正确性的恰当起点。《民事诉讼规则》第 565 条虽然可以用来论证前审法院的重判合乎(程序性)法律,但却并未证明其内容是否合法。终审法院的决断在内容上并不合法的情形,是完全可以想见的;而前一审级按照《民事诉讼规则》第 565 条重判,也并不因此使其内容合法。因为这只实现了程序上的正确性,而并未驳斥对"合法性"标准的质疑,即它并没有回答原本的问题,而且因其内容上的问题而无从实用。

实证法中只有一个条款直接涉及法律与法官的关系,[原书第 7 页]即《法院组织法》的第 1 条。它规定道:"法官通过法院行使职权,法院是独立的,仅服从于法律。"③

显而易见的是,这一条款是对分权学说的肯定,尤其是司法与行政的分离。但这种"法律对法官的约束",是否就意味着法官只许适用明确的法

---

① 第三审级,只负责法律审。——译注
② 与此处境类似的还有古罗马的法官。他们从最高司法官员那里拿到"处方"(Formula),然后直接依此制作判决(condemnieren oder absolvieren)。
③ 在此需要提及的还有《殖民地公务员法》第 48 条。对此以及诸多指向《法院组织法》第 1 条的文献,参见 Doerr:《法官独立性的概念与界限》(„ Begriff und Grenzen der richterlichen Unabhängigkeit"),原载于《莱茵地区民事与诉讼法律杂志》(Rheinische Zeitschrift für Zivil-und Preozeßrecht)第 III 卷第 425 页以下。但该文探讨的主要是法官在职务监督之下的独立性(并且相当全面地引述了论及该题目的新近文献),而本书关注的只是决断在法律上的正确性。

律,即按照孟德斯鸠的说法,法官只是"法律文本借以发声的嘴"? 而对法律进行解释的特定方法,又在多大程度上可以使用? 这些都是需要另行解答的问题。这里引述条款强调"法律",可以想见首要目的是从消极方面抵御一切法律之外对法官行动自由的限制;形象地说,就是"行政强奸司法"(Kabinettsjustiz)的状况不应该再发生了。法官应当只服从于法律——但是这一"服从"的对象何在? 换言之,什么才该被认为是"法律"或曰其内容?《法院组织法》第 1 条对此未置一词。如果我们用历史解释的方法来考察它,则必然得出结论:让法官受到明确法意约束的,是"法律的意志"或"立法者的意志"。法官只需按照法律进行涵摄(subsumieren),舍此无他。如此看来,仿佛只要体现了按照法律进行涵摄的结果从而(在这个意义上)合法,法官的决断便是正确的。如果人们按照理性的方式去理解这句话,那么它的意思就是:只有法律宣示的内容才是法官应当关注的,[原书第 8 页]其他一切都不足挂齿。但是,在法官待决的案件中,只有极少一部分能有如此明确的立法予以规制。仅用若干条款便想囊括生活中纷繁复杂的各种状况,遇到具体案件只要按图索骥就能找到规则,这其实是无法想象的。鉴于这种状况,一位英国法学家恰如其分地指出,所谓法律约束力的说法实则就是一种"幼稚的虚拟"。① 事实上总有"有效"和"无效"的法,而法律实务对于法律内容的理解确乎时而宽泛,时而紧缩;这等于说,决断的"符合法律"寓于其与某一内容的关系,而这一内容并没有被明确地写进条文,而是通过复杂的构思才被解读进去。但这番解读很有必要,因为法官一方面要受法律约束,另一方面又不能因为法律规定缺失或不明确就拒绝裁判,二者的夹

---

① 奥斯汀:《法学的领域》(*Pronvince of jurisprudence*)第 II 卷,第 265 页;引自 Hatschek:《公法手册》(*Handbuch des Öffentlichen Rechts*)第 IV 卷《英吉利国家法》(*Englisches Staatsrecht*),第 II 章第 4 节标题 I,第 101 页。正文中下句区分"有效的"和"无效的"法(„wirksames" und „unwirksames" Recht),此语源自 Ehrlich:《布里安氏法学报》(*Burians Juristische Blätter*),1888 年,第 484 页;亦见《未来》(*Zukunft*)第 14 期,1906 年,第 236 页。

击造成了"法官的困境"。拉德布鲁赫对这一冲突进行了详尽的阐释。①

最近几年已有无数研究证明,法官无论如何都不能唯实证法律马首是瞻。因为交易生活往往要求他做出一个决断,即使法定规则并不存在,以至于法官早已无法安于只做代为法条发声的嘴、涵摄机器、法律自动适用终端或其他任何令人蔑视的角色,如果还要续造此类词汇的话。[原书第 9 页]结果,当今人们都已认识到,《法院组织法》第 1 条要求法官们遵守的法律,绝不能仅理解为其明确的文本。事实也确乎如此:对法律措辞的大范围修改,向其中灌注数以千计的科学概念,把它们评注成一个体系,经常仅就一个法律措辞便能堆积成山的文献和能填满数家图书馆的判决先例——在提炼与"法律"有关的现象时,这些都是有效的元素。如果有人从中还能看到"合法性"(Gesetzmäßigkeit),明知"司法当中实用的法(Recht)必然偏离律法(Gesetzesrecht)"②而依然坚守法律约束力的基本要求,那么他便负有学术义务去解释法律的内容和这一内容的约束力到底意味着什么。而援引《法院组织法》第 1 条在这里并不能解决任何问题,因为能有明确立法规定从而可以顺利涵摄的案件显然只是少数。所以即便是坚持"符合法律"要求的人,也不得不运用特定的方法,以期侦破法律"本来的",亦即(就其宣示的内容而言)并非本来的内容;而借助它们查证的内容凭什么还能叫作"法律"(Gesetz)、据此构建的判决为什么还能视为"合法"(gesetzmäßig)之类的追问,也恰是围绕这些方法展开的。据此,最重要的问题便可以改写为:为什么法官根据《法院组织法》第 1 条也要服从这些解释方法?③ 这一条款不仅对此继续默不作声,而且从中更看不到其对主旨问题——我们何时应当认定一个法官的决断是正确的——的解答。

---

① 《社会科学档案》(*Archiv für Sozialwissenschaften*)新序列第 4 卷,1906 年,第 355 页以下。"法官的困境"说法源自 Schloßmann:《关于本质属性的误解》(*Irrtümer über wesentliche Eigenschaften*),耶拿,1903 年,第 63 页;Sohm 在《德意志法学报》(*Deutsche Juristische Zeitung*)1910 年本第 115 页沿用了这一说法。

② O. Bülow:《法律与法官职务》(*Gesetz und Richteramt*),莱比锡,1885 年,第 IX 页。

③ 这也解答了 Neukamp 为何在《德意志法学报》1912 年本第 47 页又引述了《法院组织法》第 1 条;他将任何对传统解释学的偏离都斥为"伤害法律"(Gesetzesverletzung)、违反《法院组织法》第 1 条。

[原书第 10 页]所以,传统的解释学与《法院组织法》第 1 条并无关系,遑论按照自己的方法对其进行解释,然后证明自己的方法"符合法律"。实则除了提示判决书的撰写应当遵循民事和刑事诉讼法中关于形式的实证规定(例如判决应当阐明决断理由)外,很难看出这条规定对于保障法官决断的正确性还有哪些价值。而在评判决断内容正确与否的实用性方面,《法院组织法》第 1 条又是怎样能够与上文述及的《民事诉讼程序》第 565 条同日而语的,同样令人费解。与民事和刑事诉讼法中责令法官为"非法"(ungesetzlich,确切意思是"在律典中没有依据的")决断负责的规定一样,前者也未指出正确性的实务标准。至于法官又该怎样受到法律约束、该义务在特定情况下是否可以让与,《法院组织法》第 1 条对此也都没有做出说明。抛开显而易见的循环论证,它便无法对现有的解释方法形成任何增益,因此也无从期望它能回答本书的主旨问题。①

教科书或评注中对解释的传统介绍,往往限于列举各种解释方法,然后描述它们的运用方式,[原书第 11 页]即通过扩张(Ausdehnung/extensiv)与限缩(Einengung/restriktiv),解释、类推(Analogie)和反证(Beweis aus dem Gegenteil/argumentum e contrario)这些不同的程序,来发掘法律的"真实"内容。不经任何论证,这套做法(下文还将对其进行更详细的批判)就把两件事视为当然:第一,它的各种解释方法查证出来的就是法律的"真实"内容;第二,只要对法律的解释正确,那么法官的决断就是正确的。这种错误应当避免,而且在提问阶段就该明晰:"正确决断"和"正确解释"并非两个等同的问题。

---

① 关于《法院组织法》第 1 条的讨论,但凡与本书主题相干的,得出的结论不过如此,详见 Doerr,前揭书,第 433 页以下。关于职务宣示(Diensteid)的提示同样如此(Zitelmann,参看 Schloßmann,前揭书,第 39 页以下)。引述意大利民法典(codice civile)第 3 条同样没能为我们提供助益。Donati 在《法与经济哲学档案》(*Archiv für Rechts-und Wirtschaftsphilosophie*)第 III 卷第 287 页将其译为:在运用法律的过程中,对其赋予的意义不得异于上下文语境中的言词本意以及根据立法者的意图(!)可以推知的。如果一个案件无法通过明确的规定予以决断,则应考虑(!)援引调整类似(?)案件或标的的规定。如果案件即便如此依然存疑,则应按照普遍的法律原则(!)进行决断。

时至今日,我们可以认为所有决断均须合乎法律的观念已被克服。[1]传统解释方法的失灵引发了一场"法学争夺战",而在它的起始阶段,"现代"和"自由法律"运动至少在德国还都处在非主流的位置。[2]但针对法的"逻辑密合性"学说,它们强调法的漏洞性和欠缺性、传统解释学素材的窘迫性以及一个心理学事实——在法官形成判决的过程中,起决定性作用的其实是"跟着感觉走"(gefühlsmäßig)的非理性要素,而非其以法律文本为定位而苦苦进行的各种演绎与构思。因此他们指出,迄今的做法只是一套没有尊严的小丑把戏,舞弄概念和构思,[原书第 12 页]以掩饰决断生成的真实途径暨必经之路:法律意识、利益权衡、参考现实交易关系、斟酌社会效应。扩张或限缩解释、基于(总是有问题的)"法律原因"的"等同性"(也有问题)甚或"相似性"而类推以及反证,这些方法往往被毫无体系地混用,以便论证通过其他途径所决意的结果。而每个知情者都了解,这些"构思"是冷酷的,也许也是正确的,但无论如何都是不可避免的。鉴于这种事实,新的反对派运动很容易取得成果。过去几年里,类推和反证遭受的攻击(其实也都合理)尤其惨烈。类推主要就是根据法律规定的"原则"以"逻辑的刚性"或纯粹的"因果关系"[3]推演出大量新的法律规定,如今大家揭露了这一方法隐藏着的逻辑错漏与讹误。

这种方法的本来目标是根据概念进行纯粹逻辑性推导,但却忽视了一个基本事实,即通过纯粹逻辑,人们或许可以梳理自己的知识,但却无法扩充它的内容;此外,一个三段论的前提与结论之间也许会有必然联系,但从

---

[1]　"我相信,当今人们可以宣称,关于法(Recht)之无漏洞性和逻辑密合性以及所有决断合渊源性的教条已被摒弃",Jung 在《实证法》(*Positives Recht*,吉森,1907 年)中说道。同时,他还是最早指出传统解释学逻辑颠倒与恣意性的人物之一,详见其《关于法的"逻辑密合性"》(*"von der logischen Geschlossenheit" des Rechts*),原载于吉森(Gießen)大学法学院为 Dernburg 出版的节庆文集,柏林,1900 年,第 131 页以下。

[2]　例如 Rogge 在《法律批判的方法论预习》(*Methodologische Vorstudien zur Kritik des Rechts*,柏林,1911 年)第 3 页强调的那样。

[3]　人们大多这样描述类推。正文中引号里的词汇源于 Thöl:《德意志私法引论》(*Einführung in das deutsche Privatrecht*),柏林,1851 年,第 154—155 页。

结论反推前提则另当别论。① ［原书第 13 页］如果从一切法的最高目的开始逐级推导,直到得出对个案的决断,这本身倒是正确的。② 只是传统的学说总在运用逻辑"概念",并把自己实为目的论的考量说成是逻辑性的,浑然不觉从个体推知整体、从特殊推知一般并非必然的逻辑错误。③ 至于反

---

① 下述作者尤其证明了类推和反证一样,都是目的论的考量:Jung:《逻辑密合性》,第 140 页;Kantorowicz(Graeus Flavius):《法学争夺战》(*Der Kampf um die Rechtswissenschaft*),海德堡,1906 年,第 29 页［此处亦可参见 Dohna 伯爵在《法律文学报》(*Juristisches Literarisches Blatt*)第 18 期第 157 页的论述,他试图在此对 Kantorowicz"机敏灼见的每句论述都加以强调"］;Heck 在 Goldschmidt《H. R. 报纸》(原书中仅有此缩写而无任何索引,故译者不宜妄测 HR 两个首字母代写的全词——译注)第 37 期第 278 页中的投稿;尤其详尽的是 Brütt:《法律运用的艺术》,柏林,1907 年,第 79 页。无论如何,他们都至少在表面上做到了遏止人们滥用法学概念的逻辑多产性进行杂交(Promiscuität)。在较早前论及此题目的文献中,还应注意 Wach 在《民事诉讼法手册》第 I 卷第 256 页的论述,即类推不仅服务于纯粹逻辑,而且还有"关于何为理智的认知";参见 Schein:《我们的法理学与法哲学》(*Unsere Jurisprudenz und Rechtsphilosophie*),柏林,1889 年,第 158 页以下。在这里值得关注的还有 Sternberg 在《法学导论》(*Einführung in die Rechtswissenschaft*,莱比锡,1912 年)第 I 卷第 119 页对"逻辑"一词的拆解。

② Simmel 的《社会科学档案》(*Archiv für Sozialwissenschaft*)第 XXXIII 卷第 4 页写道:"如果一切的法(alles Rechts)真有一个最终目的并且能够客观证立,那么所有的单行法律规定(einzelne Rechtsbestimmung)就都可以在通往它的路径上仅凭纯粹逻辑构思出来;只是这一目的本身也是通过一种超逻辑(überlogisch)的行为订立(setzen,其第二分词 gesetzt 疑似'律'即 Gesetz 的词源,被查证并订立的法,就成了律;参照下文脚注 43)的,说白了无非是正义感的另一种形式,或曰它结晶(Kristallisierung)成了一种固定的逻辑性特殊架构(Sonderbilde)。"(这番话的原文都是用第二虚拟式说的,汉语当中无法体现,表示 Simmel 本人并不认可这一"一切法的最终目的"的存在。——译注)这种泽及所有单行规定的确定最高目标有一成例,即 van Calker 的完整化理论(Vervollkommnungstheorie),详见《政治作为科学》(*Politik als Wissenschaft*,莱比锡,1899 年)及《刑法中的伦理价值》(*Etische Werte im Strafrecht*,柏林,1904 年)。

③ 关于这种错误的一起特例,参见拙作《论罪责及其种类》(*Über Schuld und Schuldarten*),布雷斯劳(德意志帝国的西里西亚州首府,1945 年以来被波兰"委任统治"),1910 年,第 1 章。(其中偶有涉及方法论的表述,例如第 130 页,但本书均已对其进行补正。)在这一语境中,不得不提及的还有亚里士多德驳斥上述错误的言论:"(这些概念/债的类型/罪行的类别)第一次(被使用)的原因,被述及的语境,会因为它们之间的差异而被称为(不同类型的)性质。(希腊原文:ετι ως εν τοις λόγιος το πρωτου ευυπαρχον δ λέγεται εν τψ τέτσι τουτο γένος ου διαφοραι λέγονται αι ποιότητες;作者的拉丁译文:cum autem singula cognoscamus per definitiones, Principia vero definitionum genera sint, necesse est definitorum etiam principia genera esse。)当(这些概念/债的类型/罪行的类别)是独立/孤立的时候,我们可以通过其定义或对其进行定义的规则的原理来了解/接受/解释它们,对于各种术语/概念进行定义需要遵循一些必要的原理。(希腊原文:Των μετα τα φυσικά Δ 28.1024 und 1. c. B. 3.998:καν ει έτσι την των όντων λαβε[ν επιστήμην το των ειδων λαβε[ν, καθ' α λέγονται τα όντα, των γεν ειδων αρχα[τα γ ένη εισ[ν;作者的拉丁译文:cum autem singula cognoscamus per definitiones, Principia vero definitionum genera sint, necesse est definitorum etiam principia genera esse。)"此外亦应参见 Stammler:《法学理论》(*Theorie der Rechtswissenschaft*),哈勒,1911 年,第 6、7 页。

证,这也是合目的性考量的一种,只是人们在此从"法律的沉默"中引出结论。这种论据在个别案件中当然有效,但若就此将其宣为普适逻辑就错了。其非逻辑性恰恰在于,人们时而类推、时而反证,但却从来说不清楚,[原书第14页]这种切换到底遵循着怎样的逻辑原则。其实一直以来,都只有目的考量才是原则,而"逻辑"论证只是它的工具,用于"释明"另行决议的结果。其实法律概念并不产生结果,这与其他概念并无二致;①能产生结果的只有目的。人们已经认识到"理智可以服务于善举,也可以效力于恶行"②,用黑格尔绝妙的话讲,就是"理智及其思辨方法一日不死,欺骗就不会停止"。③

自由法律运动(Freirechtsbewegung)④凭借上述理由来驳斥对现行法的传统注释。不得不承认的是,这些批判确实很是鞭辟入里。尤其比起先前夭折的类似运动,⑤它们已经取得了非凡的成就。[原书第15页]而这也确是一大幸事,因为现在大家听到 Bergbohm 的下述观点,都已不再谈虎色变了:"如果有人用不知从哪儿推导出来的非实证要件填补实证法律体系的所谓漏洞,认为某些规范也该成为法律规定,而它们却并不属于可供本题参

---

① 对此最显著的表述出自 Gruppe, *Antaeus*, 1831;其继受见 Vaihinger 的《"仿佛"的哲学》(*Die Theorie des Als ob*,柏林,1911 年)第 392 页:"概念都源自语言实践并受困(leiden)于实务应用;从它们本身当中无法推断出任何理论性的东西;人们无法从中挑拣出任何东西;它们只是手段,而非内容,只是略缩符号(Abbreviaturen)和辅助性表达。"最近,Josef Kohler 在《法与经济哲学档案》第 III 卷第 324 页也论及了概念的现实,但却是在别的语境下。
② Jordan:《法院惯例评注,兼论造法的程序与法院的权能》(„ Bemerkungen über den Gerichtsgebrauch, dabey auch über den Gang der Rechtsbildung und die Befignisse der Gerichte")原载于《民法实务档案》(*Archiv für die zivilrechtliche Praxis*)第 8 卷,1825 年,第 219页;还淡定地先行交代了一些在别处(例如第 208 页)着力强调的事情。Landsberg 的《德意志法学史》(*Geschichte der Deutschen Rechtswissenschaft*)第 III 卷第 2 章第 187 页强调了这句话,有理。
③ 《法哲学的基本路线》(*Grundlinien der Rechtsphilosophie*),柏林,1821 年,第 11 页。参照本书附章 I 的例子。
④ 本书暂且沿用这一称谓,但这一运动内部又分为各种迥异的流派。就该名称而言,有人称其取义于该运动追求非实证的自由法律(Ehrlich 和 Kantorowicz)并与自由宗教运动彼此呼应(Kantorowicz),或曰其追求独立于脱离生活的浪漫主义暨自然法中反动倾向的自由(Rogge)。本书对该运动中不同主张的立场详见下文,各章均有论述。
⑤ 参见本书附录 II 的论述。但这并不是指摘其缺乏原创性,因为在这种运动中根本就不存在原创性或非原创性的问题。详见 E. Rosenbaum 的《费迪南德·拉萨尔》(*Ferdinand Lasalle*,耶拿,1911 年)第 2 页以下:"本来意义上的原创性概念根本无法通过思想的优先性或独立性来论证。"

考的其他法律体系，那么他就是自然法的信徒。"①亦即是说，当今人们已经可以谈论自然法，②而不被当成意识形态学家或狂想者；而"只要实现公正，哪怕世界毁灭"的说辞本来只是特别有效地表达了一切决断都该有理有据的理想，如今的受众广度却已大不如前，也失去了鼓舞人心的力量，甚至作为辩解的理由都显得苍白无力。③ 但这不是此处要继续讨论的题目，而自由法律运动的贡献（主要是强调了几个新的问题：法理学的学科地位、心理学与法理学、社会学与法理学）也是如此。这里关注的只是援引实证法律并没有廓清法律实务的问题。［原书第 16 页］面对这一讹误，人们现在会引用 Unger 的话说：律（Gesetz）是有疏漏的，而法（Recht）是完备的。只是这里的"法"又该作何理解，依然存在疑问或争议。

　　现在不得不回过头来再对本书的题目进行一番界定：前述传统观念的反对者中有一部分人，他们认准了"唯意志论"要素在法官形成判决过程中的决定性作用。等于说，早在根据法律推演出法学上的裁判依据之前，判决结果就已经形成了。这一心理学事实给了他们若干启示以解答判决的正确性问题，④即法律

① 《法理学与法哲学》（*Jurisprudenz und Rechtswissenschaft*），莱比锡，1892 年，第 134 页。

② Ehrlich：《自由的法律寻获与自由法学》（*Freie Rechtsfindung und freie Rechtswissenschaft*），莱比锡，1903 年，第 23 页："自然法作为自然法，虽然已不再能掌控人们的情绪，但它的种子却已发芽：德意志的法学在许多方向上，都成了其内容的不自觉载体。" 或如 Kantorowicz 在《法学争夺战》（*Kampf um die Rechtswissenschaft*）第 10 页称"自然法借尸还魂"（Auferstehung des Naturrechts in veränderter Gestalt）。Stammler 则将其"正确的法"（richtiges Recht）公开宣称为"内容流动的自然法"。

③ Leist：《论罗马法律制度的教条分析》（*Über die dogmatische Analyse römischer Rechtsinstitute*），耶拿，1854 年，第 68 页，便已判定："'只要实现公正，哪怕世界毁灭'（拉丁原文：fiat justitia, pereat mudus）的说辞同样也美化了这种（对'事物的本质'的）抗拒，实则只是在围着自己打转；毁灭的并非世界本身，而是那些冲击它的人。"然而不能忽视的是，Leist 在此将经验显示与规范对立起来了。但其驳斥上述谚语，针对的只是有人将自己纸上谈兵（schulgerecht）的解释结果宣为"正义"（justitia）的内容。

④ 此处应首推 Rumpf：《法律与法官——试论法律适用的方法论》（*Gesetz und Richter, Versuch einer Methodik der Rechtsanwendung*），柏林，1906 年，第 IV 章。但 Brütt 在前揭书的第 182 页驳斥了他。此前，Schloßmann 已在前揭书的第 35 页试图强调"我们在现实中演变的路径"，但却并未虑及决断的心理学产生过程。上述论据尤其常被 Fuchs 使用，例如其《构思性法理学的危害性》，曼海姆，1909 年，第 30、31 页；但就其第 38 页的内容，又应参见 Friedrich：《动机的惩罚与惩罚的动机》（*Die Bestrafung der Motive und die Motive der Bestrafung*），柏林，1911 年，即《法与经济哲学档案》第 III 卷第 207 页刊载的内容。H. U. Kantorowicz 不属于这一行列，因为他的法律实务的诘问是从心理学角度提出的，所以并不涉及"正确性"的问题。至少他的《正确的法的学说》（*Zur Lehre vom richtigen Recht*，柏林，1909 年）表明了这一点。

的解释者或适用者终究还是被感觉引领的,因此援引法学论据来支撑判决结果总归有些多余。放弃这出"文过饰非的闹剧"(Kaschierkomödienkunst),公开援引自己的正义感与健康人类理智(gesunder Menschenverstand),反倒更加理性而诚恳。这样一来,法官在形成决断过程中真实进行的心理活动,才该被用作评判其决断正确性的参照。经常有人颇为严正地指出,往往是法律之外的权衡决定了判决结果,因此可以得出结论,法律文本实为一条没有目的的弯路,根本不会通往正确的判决结果。

[原书第 17 页]至少依其这般不加限制的说法,这一论断是不成立的。通过考察决断的心理学形成过程,并无法寻获决断正确性的标准。事实上,每个法学者都想过进行这种尝试,但他们很快都会想到的是:一个法官如果被收买了,那么他的心理过程肯定是错误的,即便如此,他做出的判决本身依然可能是正确的;反之亦然,廉洁的法官也会做出错误的判决。同理,一个法官如果开了六个小时的案件讨论会,那么他在此后做出的判决,按照心理学概率也该与此前做出的有所出入。但从中又可以得出怎样的决断正确性评判标准呢?判决理由与从心理学上解释判决成因不能混为一谈。举个例子:一个少年穿着跟部削偏了的鞋子走路,据此认定地球是圆的,但这并非任何值得关注的发现。理由隶属于判决,而一个正确的意见未必就是知识。但如果一位 17 世纪的学者发现,所有"地圆论"的信徒其实都是鞋跟偏了,从而论证地球依然是平的或者骰子形状的呢;或者再过若干年月,那位少年的发现被科学证实了,他的意见也被广泛关注了,他就可以因此宣称自己的方法更简单、更直接,并且不经任何矫揉造作就能得出公认的结果了吗?这些问题都只能用否定来回答。此外,针对前述心理学论证,总会有人反问:释法者或司法者为什么不直接跟从自己的正义感,而是觉得自己还在法律上负有义务(这也是其正义感的一部分)去进行"构思",力图仍将法理论证而非感性权衡表述为其判决的决定性理由?虽然近来饱受指责,但他们的这一做法未必就当然是不合理的。[原书第 18 页]谨举下例以供参考:一个伪君子作了恶,却向全世界宣称自己此举确系善举。但没有人会因为伪君子显然滥用善举来掩饰恶行,便认定行善是错误的;相反,如果伪君子被绳之以法,则会大快人心,被认为是正义的胜利。这里涉及的当然只是

真实理由与所称理由之间的关系,以及在判断理由真伪的过程中产生的结果。想从这种心理活动中提炼出应当怎样评价行为动机,本身就是不可能的。^① 即使对法官的思想活动进行一番实验心理学的分析,其得出的任何结果,也都与其判决在法律上是否正确毫无关系。如果有人说,当今其实只有符合大家正义感的判决才被认为是正确的,这更是犯了一个严重的错误,即把"被认为正确"作为正确性的标准。^② 只要一个决断已经做出,则无论它是怎样产生的,决断及其理由都要遵守一套特殊的规则。[原书第 19页]而这是一个完全不同的领域,与具体决断在个人或社会心理学上的形成过程以及这方面的主流观念不再有任何关系。

尽管传统解释学的反对者中,^③大多数人都没有忽视起源学解释与规范性考量的区别,但他们共同的一个做法是,试图以一种新解释学取代老解释学。如果说老解释学至少在理论上只能在实证法律的框架内活动,则新解释学试图寻获"超实证"(überpositiv)规则。它们应当更宽泛、适应性更强,并且能赋予法官更多的行动自由。法官适用的"法"(Recht),就此从外部增补了新的内容,而这些"超验法律"要素(metagesetzliche Faktoren)应当对每个决断都产生影响,并在判决理由中得到评价。例如人们把"文化理念"用作指导方针,便确实可以从中推演出许多单行规范,其内容还相当确定。它们不仅可以用来评价现行的实证立法,而且在后者存疑或有漏洞的时候,前者还可以成为法官参照的依据。这样一来,法官可以用来支撑其决断的规则范畴将会大大扩张;此外,法官迄今因要严格遵守法律条文和过时

---

① 而即使弗洛伊德学派的心理分析家得以无瑕疵地完整证明,法官决断在心理学上的形成乃是基于懵懂激情的重燃、情绪转移与角色代入(auf Reproduktion von infantilen Affekten, auf Gefühlsübertragungen und Introjektionen),法官的行为也并未从根本上被动摇。

② 黑格尔,前揭书,第 5 页:"这一概念在其本身的真相中和在观念中分别是怎样的? 二者不仅可能有所区别,而且在外观上几乎必然如此。然而,只要观念并非在内容上就是错的,那么,概念就很可能包含在观念之中,并依自身内容而在后者当中存在;换言之,观念可以上升为概念的形式。但是,概念本身是必要且真实的,而观念是如此不堪用作其尺度与标准,以至于观念更多地只能从概念中汲取自身的真实,根据概念进行自我修正,并对自我达成认知。"即使人们对"概念"的理解与黑格尔有所不同,这番说辞也和前揭书第 8 页引述的内容一样,并不减损现实意义。

③ 这里需要再次强调的是,本书并无意为自由法律运动树碑立传。对其意见的详细分析,或将其与其他知识领域的异同(诸如自然科学、医学等)作为证据提出,都对本书的主题并无必要。然而,在此却该提请注意本书后续的附录 III。

的解释方法而遭受的各种困难和实践中不可能完成的任务,也都可以迎刃而解了。通过这种方式,当然可以轻易形成许多符合正义感或"文化时代的是非观念"(Berolzheimer 语)的判决,而且这恰是追溯至超实证层级的主导动机。这在多大程度上具有合理性,并非这里应当探讨的话题,毕竟本书的主旨问题不是这个。但在这里可以指出的是,[原书第 20 页]这套观念最终也是把一种"合法性"(Gesetzmäßigkeit)确立为决断正确性的标准,而其与传统解释学的区别仅在于,它对"合法性"中"法律"(Gesetz)的理解有所不同,但又同样需要解释和适用。等于说,这套观念也没有认识到,"正确解释"和"正确决断"的标准还是颇有区别的。尽管上述各种探索全都想当然地将二者混为一谈,但从中还是能够寻获一个新的角度,来考量本书的主旨问题。而暂时需要再次强调的是,这里只关注决断的正确性。

第二章　法律的意志

[原书第 21 页]当今的法律实务想要适用法律。它将"立法者的意志"或"法律的意志"视为自己的决定性原则,并会如此回答关于决断正确性的问题:正确的法官决断应当符合立法者在实证法中的规定;没有明文规定的,则要符合决定性立法机关的规定,或者至少(这种情况是人们想当然加进来的,仿佛它并非完全是另外一回事)如果后者预见了此类案件,将会做出怎样的规定。唯其如此,决断才能获得和法律本身一样的效力,确保表面上均等化了的合法性(Gesetzmäßigkeit)。这样延续了法律内容所蕴含的意志,就被认为是正确的。对于这个素材,曾有人形象地描述道:决断是水,法律是源,前者是从后者中汲取的。①

---

① 下文对现行关于法学方法的主流观念展开的批判将始终紧扣本书的结论。这也是对法律或立法者的"意志"进行阐述的出发点,因此概览全部相关理论并梳理其来龙去脉并非这里的任务。Sternberg 的《普适法律学说》(第 1 卷第 I 章第 12 节)对传统解释学做出了可谓精妙到终局的批判;若非其与本书的结论之间横亘着一条如此难以逾越的鸿沟[Sternberg 说"当今一切法律行动的唯一准绳,就是寻获客观正确的法",以及"兼顾心理学续展的普遍伦理意志才是真正的立法者"(第 139 页,标注 1)],以至于这里不得不另起炉灶对主流的"意志"学说自行阐述,Sternberg 的论述还真是无须赘言,"增之一分则太长,减之一分则太短"。(关于其书第二版,参照本文第三章引论部分的评注。)

[原书第 22 页]既然一切都取决于一个"意志",那么最显而易见的做法就是以法律文本的作者或是经验中的具体"立法者"的真实意志立为标准,并试图领悟构成立法要素的人们在拟定法条的过程中所进行的真实心理活动。持这种观点的人认为,前者彼时的构思必然囊括了当下待决的具体案件,以至于如今需要作为决断公布的,只是历史上的立法者已经决断了的内容。如果法律条文没有明确提供判决依据,那么就该追查法典的拟定者是否发表过相应的言论,或可用来解决当前的疑问。如果这些言论表明法律的条文已经偏离了"立法者"的真实意志,则以后者的真实意志为准。假设 18 世纪一个弹丸小国的君主颁布法令:"在我的国度里,夫妻财产关系适用古罗马的嫁妆法。"而历史学家确凿地查明,他对"古罗马嫁妆法"的理解偏偏是一种普遍的夫妻共同财产制,那么按照前述观念,就应该遵循他的真实意志,对其辖区内的夫妻财产关系适用普遍的夫妻共同财产制。这当然是一个不太会在真实历史中发生的夸张案例,可万一发生这种状况,很难想象那些唯"真实意志"马首是瞻者不会做出这样的决断。在这些"实用主义者"看来,所谓的立法材料(Materialien des Gesetzes)、草案的理由书(Motive)、政府代表在立法委员会的发言等都有重大意义,因为他们不仅不懂区分学理上的立法者与历史上担当这一职务的个人,甚至还将后一历史性"立法者"与法律文本的作者混为一谈。对这种幼稚的人来说,一切都是"显而易见"的:法律就是立法者(亦即"造"法的人)的意志,[原书第 23 页]或曰其真实想法,而这一定是可以通过各种手段查证的。如果他还活着,就直接去问他;如果他死了,虽然事情变得麻烦,但通过现代历史研究技术的发展,发现一些新东西总归不是不可能的。例如有一部法律"解释学"的教科书,①就援引了这

---

① Lang:《罗马法解释学献稿》(*Beiträge zur Hermeneutik des römischen Rechts*),1857 年,第 64 页,引述"颇具见地的神学解释家" Germar 的话为据,认为神学和法学上的解释毫无二致、浑然一体。本书下文对 Plinius 的引言,也出自该书的第 64—65 页。此外,Lang 对方法明确性的追求也值得一提。然而,这也便是他的全部。在第 I 页,他引用了全副传统解释学说并将其作为"稳固的原则",控诉法律沦为了"注经者(Exegeten)炮制的怪胎(Wechselbälge)"(第 XV 页),提醒人们警惕耶林的"妖言惑众"[原词为 Sirenengesang;指的是后者为《年鉴》(*Jahrbücher*)第 I 卷撰写的卷首语——译注],并讽刺"未来法学的海燕"(原词为 Sturmvögel,字字对译应为"冲锋鸟"——译注),但却未能窥见方法论上的问题。

样一个事例：有人收到一封笔迹潦草的信，并试图解读它。为此，他需要把自己换到发信人的位置上进行思考；也许他还了解对方的脾气秉性、表达方式、书写习惯、此信目的乃至其他有助于"解码"的要点，那么他就能够读懂这封信。这一处境同样适用于释法者和司法者，如果他们遇到了不明确的法律。于是，每个议员在参议法案时的表情以及他发言时的语气、身姿和手势都要成为解释法律的严正论据。因为只要与读信案的类比成立，就可以援引 Plinius 的话："面部表情和肢体语言可以调和通过言词表达的意思：因为一旦解释者怀有恶意，文书就会被随意曲解和讹传。"事实上，也确实有人主张这一观点。即便如此，它在实务当中很难推行，因为拿法律文本的编纂者"脑海中浮现"的内容说事的人太多，[1]以至于上文不得不用这么大的篇幅来澄清这个问题。[原书第 24 页]这种立法者观念被 Sternberg 称为"恋物癖"，因为它不仅把国家机关与担任这些公职的具体个人混为一谈，而且对"意志"这个概念的用法也是浅薄幼稚的。这一误解也许源于历史上的专制时代，当时每个国家的法官都将自己定位成君主的仆役，而他们做出的每一个决断都是对其具体意志的执行。[2] 然而人们无法忽视的是，法官们每天都要做出不计其数的决断，而它们很难说是对同一立法者自觉意志的表达。但如果出现偏差，则被解释为疑似（mutmaßlich）立法者的意志。众多对法律进行解释的结果也被归为此类，因为解释本身也是立法者的专属职权。这一见解倒是足够果决，并比诸如"解释并不产生新规定，而只是发掘已有的"之类的观点更深刻地认识到了解释的本质。有人援引《优士丁尼法典》第 12 和 14 编的规定："皇帝天生既是立法者也是释法者。"而歌德在其博士论文《法之地位》中提出的第 43 及 44 个论点，就是"一切立法都要回溯到原则，如同法律之解释"。这些想法都足够有系统性。但在实

---

① 即便是博学如 Lenel 者，也不乏下述这般论证［详见其在耶林的《年鉴》第 XLIV 卷中关于错误（Irrtum）的献文］：因为萨维尼及《学说汇纂》（Pandekten）的学说对《民法典》第 119 条的起草产生了效用，所以应当对前者予以关注。Schloßmann 在前揭书第 23 页对此进行了驳斥。

② 例如 Adickes：《法官的地位与活动》［Stellung und Tätigkeit des Richters（Gehestiftung）］，德累斯顿，1906 年；他在此提请参阅 Stölzl 在《勃兰登堡暨普鲁士法律行政与法律宪制》（Bandenburg-Preußens Rechtsverwaltung und Rechtsverfassung）1888 年第 II 卷第 137、138 页的论述。

务中,人们总是在构思一个永远理智的理想立法者,而把历史中真实的立法者晾在一边。立宪制宪法导致的法律修订尤其证明了这一点,而最让人无从遵循历史上立法者真实意志的事实是,德意志帝国根本就没有个人立法者。[原书第 25 页]因此当今能够遵循的,顶多只是"法律的意志"(Wille des Gesetzes)。

"立法者的意志"学说显得优柔寡断、自相矛盾,原因在于其拥趸不愿正视自己的一切学说都发端于一个虚拟(Fiktion)的事实。如果他们意识到自己只是在把一系列"实证彼岸"(transpositiv)的要素与内容当成立法者的意志进行加工,但始终以这个明知的虚拟为起点而构建一套解释学说,那么他们本可以收获许多对理论和实践都颇有助益的结论。但他们没有这样做,而是把虚拟变成教条,①进而疲于论证自己拟制的立法者意志就是立法者的真实意志,直至为此发明了一个相应的立法者形象。此后该理论的一切发展,均以这个"立法者"为核心,不断对其进行补充和修改。但从来没有人指出,这一切都是虚拟,一场自欺欺人的考察(Als-Ob-Betrachtung),它的特性和内容才值得好好反思一下。如今"法律意志"的新说法只是对"立法者意志"的复制,从结构到内容都是后者的翻版。而前者只是作为后者的反对声音而出现,更说明了其存在的依附性。新学说的主要观点是:首先,想查明某人在某一特定时间段内真实的心理活动与意志内容,都是不可能的,无论远到优士丁尼皇帝还是近到腓特烈大帝;[原书第 26 页]而如果立法者是一个群体,例如联邦参议院抑或其他多数人的集会,想查证他们的"意志"就更显得荒诞不经。其次,"立法者的意志"理论误解了法律的本质:它并非一成不变的白纸黑字,而是一股"持续生长的力量"(Wach 语)。法律就是作为法律公布的内容,因而诸如立法素材、委员会的参议、非官方

---

① Vaihinger:《"仿佛"的哲学》(Die Philosophie des Als ob),柏林,1911 年,第 220 页以下:"灵魂倾向于将所有的想象内容调至平衡,并将它们持续不断地联结起来。然而却有假说[若续读至第 221 页以下,则会发现其毋宁称为'虚拟'(Fiktion)]认为自己的想象并不能与其他客观的想象完全调和。从这个程度上讲,这与前述倾向是敌对的……被认为是客观的想象有一种固定的(stabil)平衡,而假说的平衡则是不稳定的(labil),但心理却倾向于把一切心理内容加固……"即使在这一虚拟中,灵魂也倾向于终结紧张状态,而这种不快恰恰源于将本不存在的事物当作存在来对待。"这样,虚拟就变成了教条,'仿佛'(Als ob)变成了'因为'(Weil)。"(第 222 页)

学者的意见等通通不能视为法律。此外,新学说还练就了传统解释学的手法,即并不追求像女巫审判一样拷问法官的灵魂,而是用不同的方式对现行法律素材进行加工:法律的意志比其文本内容时而更宽,时而更窄;如果法律对某一案件没有规定,则时而(全凭法官主导)从中推知相反的意向,时而(依照学者解释)要找出法律已对哪个类似的案件做了规定,以便将那里的规则"类推"适用于本案。在最极端情况下,适用类推还要参酌整个法律秩序的精神。但这样将会导致如此之大的不确定性,以至于近百年前"类推就是解释泛滥"的批判油然再次在人们的耳畔响起。① 只是凭借这些人工手段,人们可以从法律中[原书第27页]"提取"自己想要的一切。没有任何人能说清,何时该用这个而非那个方法解释法律。尽管这些方法被运用了这么多年,其间或多或少可以总结出一些规律,但关于它们的学理争论更是连篇累牍、汗牛充栋,这恰恰证明了这些论据根本就没什么必然性(zwingend)。②

无论"法律的意志"还是"立法者的意志",其与本书主题最相关之处在于:它们都在研究解释的正确性,而非实务中的决断。但在它们看来,二者当然是等同的,并且应当通过查明法律规范的内容和适用范围而一并被解答。近年来当然有批评这两种学说的声音,但后者都在忙于证明它们无力

---

① Rudhardt:《德意志邦联法》(*Das Recht des Deutschen Bundes*),斯图加特,1822年,第9页。Jordan 在前揭书第227页引述了他并指出:何时使用类推,"无法通过普适规则来确定;敏锐(作为名词——译注)和正确的判决(!)会找到类推,而浅薄的头脑只能徒劳地寻找它",而他没有忘记敏锐地补充道:"反之亦然。"但凡遇到对于明确的方法分析的要求,则其动辄会以一句简单的"如果健康的感觉告诉你的不够,那么一切只会更糟"作答。在本书中,读者几乎处处都会遇见此类表述,而且远不止传统观念的卫道士才会这么说。

② Rümelin:《总理演说》(*Kanzlerreden*),图宾根,1904年,第67页,看似言之凿凿,实则暴露了传统解释学对于自己的方法是何等地怀疑与动摇:"关于什么是生效的法(geltendes Recht,约定俗成的译法是'现行法',但兼顾到原文加状的多重时态,此处破例字字对译为'生效的法'——译注),无论过去还是现在,正义感均无缘置喙。这一问题完全隶属于科学的技术和解释学与历史批判的法则(Gesetz),尽管可以声称,在这里也可以通过善意地效仿立法者创制正义的意图而来填补文本的语法与逻辑释义。"(第275页与此类似)但是"善意效仿"与科学技术是怎样通过"可以宣称"便联系起来的?这一问题至少抛出了以下几个未解之谜:1. 这样的话,起决定作用的该是(很可能是历史性的)立法者的意图吗? 2. 科学技术哪来的能耐以侦破这一意图? 3. 科学的技术与善意的效仿之间究竟是何关系,以至于后者能够补充前者? 鉴于这一能力以一种一体性(Homogenität)为前提,又不得不追问,4. 为什么即便如此,正义感对何为事实上(!)生效的法的问题便"无缘置喙"(nichts mehr zu schaffen haben)了? 及至5. 事实上生效的法与"立法者创制正义的意图"的内容有区别吗?

查明法律规范的内容和适用范围。这在客观上等于承认问题仅在于这番调查，而正确的解释和正确的决断就是等同的。但本书要质疑的恰是这一观念。[原书第 28 页]通过法官的运用，他认为应当适用的法律内容便已进入了另外一个领域，其作用也随之发生改变。就像在现实中，一旦运用到具体案件中，"法律"的内容便不再是原有的抽象条文那么简单。人们当然可以随便怎样想，但只要把解释的正确性（解释只关心抽象内容，即使涉及具体案件也仅限于调查前者的外延）和决断的正确性混为一谈，那么独立于现实生活的抽象法律规定与其对具体个案的适用便失去了联系。因此，关于立法机关意志的学说应当对自己的最基本前提进行反思：正确的解释真的就等于正确的决断吗？或者解释的正确性只是决断正确性的必要而非充分条件，以至于还需增加其他要件，才能充要地证明后者？甚或解释学已经聚变成为一个自主领域，而与正确决断不再构成条件关系？

　　三个著名的学说驳斥了当以立法者意志尤其是立法素材为准的观念，[1]使法律的"客观思想内容"成为主流学说。从此人们不再言必称[原书第 29 页]"立法者的意志"，[2]转而探讨法律本身的意志。然而在它们降服"立法者"这个幽灵的同时，这些学说也本应澄清已被用滥的"意志"概念。实则二者相比，留下的"意志"幽灵更可怕。[3] 一直以来，总有人在强调某一

---

[1]　Binding：《手册》第 I 卷，第 471 页以下；Wach：《民事暨诉讼法律手册》第 I 卷，第 254 页以下；Kohler 于 1886 年在《绿帽》（*Grünhut*）杂志所出书目，第 XIII 卷，第 1 页以下。因为他们都掌握了截至自己出书时的全部文献，以至于这里只需再强调三个书目：1. 蒂堡：《罗马法的逻辑解释理论》（*Theorie der logischen Auslegung des römischen Rechts*），阿尔托纳，1806 年；他和 2. Krauss 在《绿帽》（*Grünhut*）第 32 卷发表的论著（第 613 页以下）一样，主张法的安定性（参见本书第三章）；以及 3. Schloßmann 引证率颇高的论文《关于本质属性的错误》（„Irrtum über wesentliche Eigenschaften"），耶拿，1903 年，第 7 节。

[2]　然而，即便是最令人印象深刻的 Binding、Wach 和 Kohler 的言论，也没能始终紧扣立法素材，并在实践中排除其与法律文本之间关系的不确定性。参见本书附录 IV。

[3]　Bacon de Verulam 会把"法律的意志"视为"idolum fori""idolum theatri"这两条拉丁法谚以及"suppositio phantastica"的合体。[Mathner 的《哲学词典》（*Wörterbuch der Philosophie*，慕尼黑，1910 年）将其中的 idolum 译为"幽灵"（Gespenst），正文中故采此译。但在经 S. Maimon 加注的柏林 1793 年译本中，Barthody 却直斥其为"偏见"。]事实上，这种"意志"真是一种奇异的创设：它永远都能既追求善（《帝国法院民事判例集》第 67 卷，第 70 页），又考虑到最重要的问题（同卷，第 66、68、329 页），还会用最简洁的语言把自己表达出来（第 73 卷，第 173 页）；此外，人们还永远无须担心这一意志会变得薄弱（Kulemann 于《德意志法学家报》1911 年第 570 页语），相反，它不仅有"有机的目的追求"，而且还极其高产——这般神兽（Zaubertiere）会效命于谁呢？

解释的结果,并保证说这就是法律的真实意志。也有人把它叫作法律的
"目的",而这一目的的客观化表达无非是:一个理性的人会用这部当事法
律来追求这个目的。这样可以把关于法官决断正确性的学说就与私人意思
表示的解释联系起来,①但同时也证明了"法律的意志"作为法律适用基础
学说的不可靠性。因为它和"立法者的意志"有着同样的命门,最终都要构
思出一个理性的立法者。至于给它贴上"确凿的立法者意志"还是"确凿的
法律意志"的标签,[原书第 30 页]实在是件无所谓的事,只要"意志"的权
限还根本没搞清楚。法官若想做出正确决断,当然要遵从某种命令,人们试
图找到它,因此借助于一种虚拟,即如此对待某些解释的结果,仿佛它们就
是法律(并因此像常人理解的那样,成了命令)。为了判断法律适用的正
误,人们试图找到某一特定的意志。就是这个意志在约束着法官,没人见过
它的真实面目,但应当能够通过某种方式得见。决断就是这一意志在个案
中的体现,正确的决断就是"真正的意志"。法律和法官就这样被对立了起
来。考虑到法官是在作为公务员实施行为,这样理解他在国家法上的地位
并不为过。但本书的问题是法律适用的评价尺度,法官决断的正确标准。
对此的考察要在另外一个领域里进行,而这至少在概念上是要区别于前者
的。即或二者内容上常有交集,但掌握了灵活方法和抽象能力的法学者还
是能够区分"作为公务员的法官个人负有哪些义务"和"一个法官的决断在
法律上是否正确"的。虽然法官负有义务做出法律上正确的决断,但这两
个问题并不因此而等同,因为"正确决断"的命令以正确性的标准为前提,
本身却没有包括它。在此当然有人会说法律就是命令,或曰法律包含着命
令。但首先,法律规定并不天然具有"命令属性"。其次,如果决断的正确
性源于一个命令,那么这个命令必然是向法官(而非人民)发出的。而且这
个命令的指向何在呢? 肯定是"法律怎样规定,法官就该怎样决断"。[原
书第 31 页]然而正确的决断至少包含两个行为:其一,为待决案件找到适应
的法律;其二,正确理解法律里写的都是什么意思(遑论还有很多法律根本
没有预见的案件,这是后话)。而在遇到疑难案件时,又怎样从这个命令本

---

① 尤见 Danz:《法律行为的解释》(*Die Auslegung der Rechtsgeschäfte*)第 3 版,耶拿,1911 年。

身当中提取内容,借以判断这两个行为是否合乎规定了呢? 但除了白纸黑字的条文,法律又能提供什么?

　　这样,根据主流观点,法官无论做什么,都要遵守一项命令,但这项命令的内容却在大多数情况下都要先由法官自行认定。而他认定的是否正确? 这就是关于正确性的问题,但其自身内容尚待认定的命令本身并不能为此提供答案。至于所谓悬在法官头顶的"意志",其实只是解释的结果,可解释又不能拿着自己的结果反过来证明自身的合理性。(结果的实用性总归不是根据决定性命令的内容推知的合理性。)实则无论扩张还是限缩,类推还是反证,任何一种解释行为都是某一"立法者"自行炮制的综合结论。所谓立法者是被发明的,而不是被发掘的(konstruiert, nicht rekonstruiert)。任何一位研发体系的法学者,都不仅是在整理已有思想,更是在引入新的思想。并非只有哲学家才能看到,这是一个将特定素材加工成新形体的过程,亦即普通人所说的"专业化"(Spezifikation)。"无论说明、扩张、限缩还是修订,任何一种解释实则都在创设新的法律规定。如果有人否定这一点并宣称法律规定已经寓于法律文本之中,那么他们便忽视了,恰是学理解释才查证了寓于此处的规定是这个而非那个意思。"(Thöl 语)①[原书第 33 页;第 32 页没有正文,都是关于 Thöl 的注释]"法律的意志"如何能够提供一

---

① 前揭书第 144 页,Thöl 在此驳斥了普赫塔在《学说汇纂》第 16 章的观点,指出法的科学(Wissenschaft des Rechts)必然是创制型(produktiv)而非授受型(rezeptiv)的。至于他妄图把学术变成法的一种渊源(eine Rechtsquelle),则系基于一个错误的前提,即决断仅能以律(Gesetz)为据予以衡量。下文还会详细分析这一误解,尤其在讨论因法官还从律典之外汲取渊源而将其视为造法机关(rechtsschaffendes Organ)的理念时。与此相反,Sternberg 在《普遍法律学说》(Allgemeine Rechtslehre, 1904)第 12 章第 138 页的论断是毋庸置疑的:"解释与立法之间并不存在实体上的差别。"这里关注的问题只是法律适用的逻辑进程,而非法官是否创制正式生效的法(formal geltendes Recht)或一种长期的实践是否形成某种习惯法。需要强调的是:"法律的约束力"或"符合法律"并非决断正确性的合适标准,因为随着每一桩决断完成,法律都获得新的内容。值得一提的是Schloßmann 在前揭书第 34 页(针对 Bindung 在《手册》第 I 卷第 456 页的言论)的说辞:"在我看来,这是一个此前和此后的问题(希腊原文:ὕστερον πρότερον)。如果人们追问应当如何解释和应用法律,并在此将法律(Gesetz)理解为法律文书(Gesetzesurkunde)、赋予其效力的宪制规则以及受其影响的人们的心理倾向在法律生活中造成的一切结果。"然而,若因此而将本书搞成一部法社会学的作品[Kantorowicz:《首届德意志社会学者大会谈判录》(Verhandlungen des Ersten Deutschen Soziologentages),图宾根,　(接下页)

个准绳,而"合法性"又怎样成了正确性的标准呢? 但凡试过严格按照"法律的意志"学说深入思考的人,都很快会发现自己被困在一张由各种难题、未解之谜以及毫无价值的虚拟和推测织成的大网中央。在这一情境下,"法律的意志"学说的唯一好处,即其简朴的当然性(schlichte Selbstverständlichkeit),也迅速失去了价值。亦即说,既然这种意志不再与正常人对法条的理解一致,而是必须通过复杂的解释才能查证,那么不得不追问的是:法条的意义究竟何在? 它毕竟不是完全没用地摆在那儿的。既然如此,那它划定了解释活动的界限吗? 抑或构成四周的陆地,解释可以在其环绕的内湖中任意滑行吗? 还是只是作为一个起点,一如岛屿背后无垠的海域都是解释遨游的空间? 甚或类似陆地两片突出的"舌头",就像一个角的两条边,而其延长线所夹的扇面才是解释可以活动的范围呢? 这些都是显而易见的重要问题,而"法律的意志"学说无法为解答它们提供任何一点哪怕再弱的依据。但接下来的问题又有:查证法律的意志该以哪个时间点为准? 假定一部 18 世纪制定的法律一直沿用到 19 世纪,那它彼时和此时有的,哪个才是其"客观思想内容"? 甚至以《民法典》①的许多规定为例,它们二十年后的"理性意义"肯定又和今天的不一样。然则那个只要存在便永远适用的意志究竟在哪儿? 亟待用作涵摄大前提的确定内容又在何

(接上页)1911 年,第 276 页以下],就又错了,因为这里将有效的法(das wirksame Recht)和生效的法(das geltende Recht)对立起来:这里要证明的只是判定决断正确性的一种标准何其不足,在此过程中利用了心理学上的事实,但"符合法律理论"自身的诸多逻辑矛盾才是其自身的最致命弱点。(而且应当重述的是,法社会学的考查会有其自身的问题。)但 Stammler 在《关于正确的法的学说》(Die Lehre von dem richtigen Rechte,柏林,1902 年)第 4 页的言论则纯属误读实务法律学说与法律实务,并鼓荡传统的解释学:"它们(技术性法律学说的释明)永远囿于某一既存意志的再现;也正因这种存在,这里才该对其予以阐释。"第 607 页的说辞亦是如此:"毫无疑问,在很多情况下,只有关注所有法律章程与制度发源的(总体)情势,才能可靠地查证它们的真正(!)意义。唯其如此,法律史才能成为一种有效的手段,借以领悟被立为律的法(ein gesetztes Recht)所欲者为何。"同书第 313、314 页则明确地将正确的法在实践中的适用与下述条件挂钩,即"被立为律的法的真实意志(der wirkliche Wille des gesetzten Rechts)将它(正确的法——译注)作为任务施予法官……当然,在特殊问题中很可能就是否切合某一特定法律(Gesetz)的真实意图而产生疑问乃至争端"。Stammler 的另一部著作《法学理论》(Theorie der Rechtswissenschaft,哈勒,1911 年)第 340 页以下、第 358 页以下重述了这一立场。

① 当时刚刚生效 12 年。——译注

处？许多人都在说的法律诞生的"历史环境"意义何在？[①] 耶林所说的"立法精神的故乡"又该为何处问津？"法律的精神"能为这一切提供答案吗？对此常有人说，我们理论的好处恰恰在于它能应时而进，那个"意志"也在生长、发展，和"法"（Recht）本身一样，也是一个有机整体。这很好，只是必须考虑的是：第一，"有机整体"并不能用来涵摄；第二，"意志"的各种形制与法律宣示内容的关系如何，对此没有任何供述；第三，司法号称要实现的意志，原来竟是自己的产物，这一逻辑矛盾仍未解决；第四，"有机整体"的措辞没有说明任何问题。[②]

　　[原书第 35 页]本书用大量篇幅论证了"法律的意志"全然无法用作决断正确性的标准。但这不是为了把理应生效的法律秩序（Rechtsordnung）与现实经验中的对立起来，也不是主张人们以现实遵守的来抗辩本应颁行的

---

① 普赫塔：《学说汇纂》第 7 卷，1853 年，第 27 页（他将此归入"逻辑解释"）。Stölzl 的《政权性与政权缺失的外国》（*Staatliches und staatloses Ausland*，柏林，1910 年）详解了《刑法典》第 4 条的立法史，并在第 64—65 页旁注 1 中指出："希望通过了解立法史，能使人们普遍认定，除此之外的其他任何解释方法在科学上都是站不住脚的。"本书并无意质疑 Stölzl 结论的正确性，但针对如此措辞的论断，必须明确的是，只有先行核定一个证据的重要性，才能对它予以采信。Kohler 在《绿帽》（*Grünhut*）第 23 卷的第 234 页对各种元素进行了总结：只有法律的文本才是决定性的；然而，它却应当根据思想过程、产生时间、前后关联以及现代精神进行解释；此外，"法律政策性"的权衡也是解释手段，亦见《帝国法院民事判例集》第 54 卷第 382 页以及耶林《罗马法的精神》（*Geist des Römischen Rechts*）第 5 卷第 II 章标题 2 第 463 页以下。

② 这一表述的受众群体日趋广泛，尽管长期以来对其不确定性的批判接连不断。[即便萨维尼和耶林对改词的使用也未能幸免；参见 Leist：《教条分析》（*Dogmatische Analyse*），1854 年，第 123 页；Pfersche：《私法学的方法》（*Methodik der Privatrechtswissenschaft*），1881 年，第 39—40 页；Jung：《逻辑密合性》（*Logische Geschlossenheit*），1900 年，第 140 页旁注 1。至于该词在社会科学中适用的心理学，首推 Schäffle：《李瑞·布里欧：对两个世界的审查》（*Leroy-Beaulieu, Revue des deux mondes*），1888 年，第 920 页；Gumplowicz：《社会学基础》（*Grundriß der Soziologie*）第 2 卷，1905 年，第 23 页，则抛出了非常猛烈的词汇。]然而，没有图片就无法进行表述，而"符号化—自然体"的考查方式[symbolisch-naturalistisch；语出 Kuntze：《法学的转折点》（*Der Wendepunkt der Rechtswissenschaft*），1856 年，第 66 页以下]可能有所助益。但是，在决定性的节点上指向混沌模糊的类推绝非解决问题，而是把它搅浑。而 Schäffle 的著作业已在社会学领域证明，这般做派根本无法带来原则性的进步。至于批判性的客观态度还能在多大程度上存在，着实是无法预见的，如果要等待哲学中的有机体学说先把自己效力强大的说辞发展到堪为法学所用，诸如"法的自体移植"（Autoplastik des Rechts）、"法的自主目的"（Autotelie des Rechts）、它的"鸭尸"（Enteleiche）等等，甚或如果有人认为，就法与社会发展的关系而利用精神物理学中的对应性观念（Vorstellung vom psychophysischen Parallelismus）或哲学对此进行的表述也是一种学术行为。

法律(Gesetz),而主要是为了展示:决断具体案件时运用的法律素材与其被运用的规则并不是一回事。(实务与学理在此更要严格区分,下文将会论证这一点。)对一条现行规范的适用范围和内容及其体系关联进行理论考察时,人们往往会忽视是通过这番考察才解释了法律的内容;这样寻获的"立法者"虽然也是解释的产物,但仍不失为这一考察的法官。因为和其他各种科学一样,法学内部也蕴含着自身无法证明的前提,并且总会回归这一本源。上文已经提起 Vaihinger 对"自欺欺人的考察"(Als-Ob-Betrachtung)的意义与合理性的论述,它在这里又变得重要起来,因为它直接让反对者无法再主张"解释的结果只是被虚拟为而非真正的意志"云云。(这里重提这一说辞也并非为了主张它,而只是用来证明这种虚拟毫无价值。)但对于实务的方法而言,一切则另当别论。因为实务中堪称立法者的,都是实务本身的产物。这一事实在方法论上使得实务无法援引一个陌生的、从外部强加给它并且独立于它的立法者。这一构思本身的缺陷与不足已经无须赘述,总之借助这种方法,可以根据概念、习语和(本身又不明确构思的)"目的"以及"历史环境""当代精神"等方面对"立法者"进行构思。而此举达成的效果,无非就是法律实务能够更好地适应交易的需求。然而这一便利并非"法律的意志"理论追求的目标。它只想约束法官,让他遵守某种在法律中确定了的内容。针对这种立场,本书已经证明:这里探讨的不只是法官在国家法中的职能定位,而是评判其决断内容正确性的标准。在这一语境下,前述约束在逻辑上便已是不可能的,即使按下其与法律生活中事实的不可调和性不表。①

　　当今的解释方法是借鉴了神学、语言学和历史学的解释方法,②并结合

---

① W. Leist:《论罗马法律制度的教条分析》(*Über die dogmatische Analyse römischer Rechtsinstitute*),耶拿,1854 年,第 28 页,将 Lichtenberg 颇为新奇的想法沿用到了法学上:"如果有一天人类灭亡,一个新的有组织物种接管了地球,而早先世代留给他们的唯一文物就是一件女式西装,那么他们会借此把人类的女性胴体想象成什么样子? 我们当然会对此大感挪揄,打死也不会想到要通过裹在外面的衣服去洞悉里面裹着的躯体。可我们在法学中却偏偏在做这种事,这又是为什么呢?"当然,Leist 是在与现行法对立的意义上指称经验性的法的,因此搞的是法律社会学。

② 关于神学与法学解释的关联,详见 Stintzing:《德意志法学史》(*Geschichte der Deutschen Rechtswissenschaft*)第 1 部分,第 88 页以下。参见例如 Lamprecht:《自然哲学编年史》(*Annalen für Naturphilosophie*)第 I 卷,第 444 页以下。

法官公务员身份的要求杂糅而成的,而在这几百年的时间里,"做出正确决断"从来没被当作目的。[原书第 37 页]前者也没能形成一个体系(鉴于其来源的多样性,这当然是很难做到的),而只是形成了类似于商事的若干惯例,在实务中可以时常观测得到。现在,决断的"合法性"(Gesetzmäßigkeit)理论继受了这套解释学说,用以为"合法性"自圆其说。但作为标准,"合法性"的结论无非就是:如果一个决断能够根据(相对)确定的规范内容进行涵摄,那么它就是正确的。亦即说,可涵摄的决断是正确的决断,可涵摄性①成了标准。然而在实务中,正义感、交易需求等都对法律的适用产生影响,由此造成的难题总不能长期视而不见。然而,还真有"合法性"的信徒否认它们。Brinz② 就曾对此颇有见地地表述道:"对更多法律渊源(Rechtsquellen)的渴求从先验上(a priori)就是不合理的……早在作者们之前,法律(Recht)本身就已嫌恶真空(horror vacui);法律当中不存在死角。"但 Brinz 自己却在下文中旋即坦承道:"其实这只是用假说抗辩假说。而我们拿《圣经》来劝解异教徒,又有什么用呢?"这确实一点用都没有。问题就在这,否认它的存在并没有解决它本身。而只把实务中偏离或超出现行法的案件宣为例外,同样没有解决问题。③ 因为这依然没有回答关键问题:[原书第 38 页]这些对例外案件的决断是正确的还是错误的? 如果是错误的,那么错在它们不符合法律规定吗? 当值法官是否应该为此负责,尽管整个实务界都在这么做? 而这种问责在现实中又无法实施吧? 对于这些明确的问题,人们惯常的回答是:"这些决断本身不是按照法律文本做出的,但是——"然后他们就要解释"事实的力量"(Macht der Tatsachen)了,可这翻

---

① "可涵摄性"原文为 Subsumierbarkeit,原著中作者为这个造词用括号标了一个"pardon"表示歉意。——译注

② 《批判性季刊》(Kritische Vierteljahresschrift)第 15 卷,第 162 页以下;Zitelmann 在《法的漏洞》(Lücken des Rechts)中对此做出了很有想法的表述。Brinz 引文中提到的作者是 F. Adickes,所涉书目其其《法律渊源学说》(Zur Lehre von den Rechtsquellen,1872)。

③ Schloßmann:《论合同》(Der Vertrag),莱比锡,1876 年,第 180 页:"只要有一个人意识到并且默认地忽视律典,那么这便足以颠覆现行的法律渊源学说,因为学理教条 simul cum in aliquo vitiatum est, predit officium suum。"耶林的《戏谑与严肃》(Scherz und Ernst,1909)第 10 卷第 325 页,对此进行了嘲讽,并指出:如果一个法官忘却义务,这却根本不可能动摇法律——这将是典型的将生效规范与实效规范(geltende und wirksame Norm)相混淆。然而和耶林一样,Schloßmann 也没有罹于这种混淆。

译过来就是放弃以"依律性"（Gesetzlichkeit）作为正确性的标准。①

　　鉴于"合法性"（Gesetzmäßigkeit）观念已然深入人心百年有余，如今为了挽救"可涵摄性"，人们很容易想到要对"法律"（Gesetz）进行更宽泛的解读。看起来理所应当的是：如果根据法律进行涵摄却没能得出正确的结果，那么问题应该出在法律身上；这就应当对它进行修改，直到能够得出正确结果为止。这就是自由法律运动的主导理念。他们试图从道德性的价值判断或"文化规范"中提取一种自由的、"超实证"的法（freies，„überpositives" Recht），让它与实证法并驾齐驱，这样就能使"合法决断"的范围大大扩张，从而在形式上维系合法性（Gesetzlichkeit）作为标准。这便走上了传统解释学扩张法律内容的老路，只是它并不通往期望的终点。因为对"合法性"（Gesetzmäßigkeit）中的法律（Gesetz）概念进行这般扩张，便会使其可涵摄性盈缺不定，从而使其失去作为决断正确性标识的一切价值。既然帝国法院都承认自己虽然在"适用法律及其一切缺陷"，但同时也在"尽量适应市民交易对法律的要求"，②这便是在同时追求两种决断的正确性标准：[原书第39页]"合法性"和对交易需求的适切性。而帝国法院的表述等于坦承了二者的异质性。如果即便如此还要坚持把合法性宣为唯一标准，那么"合法性"这个字眼就成了空洞的赘述，成了各种标准的大杂烩，而接下来的一切活动都是为了论证其合理性。根据法的理念（Idee des Rechts）或"文化理想"（Kulturideal）构思或推导规范、参引（现在已经不再那么流行的）"事物

---

① 本句的"合法性"与上一句的"按照法律文本"原文都是 gesetzlich，这与上文的 gesetzmäßig 还是略有差别。二者的词根都是名词 Gesetz，成文法律，即律典。而两个后缀中，-lich 是纯粹用于构成形容词的，表示与前述名词依其性状产生的各种关系；-mäßig 源于介词 gemäß，表示"按照"，而二者又都是由名词 Maß 衍生而来，后者是计量、标尺的意思。拼到一起，则 gesetzmäßig 就是以律典为标准，符合它即可；而根据正文对于解释学的评述，这里可以理解为要"符合"的不仅是法律文本，而且也包含其"精神/意志""体系"等解释的结果。相比之下，对-lich 很难做出像-mäßig 这样宽泛的解释，gesetzlich 只能指向 Gesetz 本身，所以以上一句译作"按照法律文本"。但这一细微区别并非作者要强调的，因而为了阅读流畅，二者在正文中按照当代汉语表达习惯统一译为"合法性"，而这里的"法"指的当然是"律"（Gesetz）。——译注

② 《帝国法院民事判例集》第20卷，第235页。

的本质"(Natur der Sache)或交易生活的需求,①凡此种种的努力全都系于一个定位,即提供用以涵摄的规范;这应当是一条内容(相对)确定的规范,②法官通过它来证明自己决断的合理性。③ 然而这并不意味着应当一方面抽象地规定行为要件与法律后果,另一方面却要做出具体决断,并以前者为标准衡量后者。这样一种(我们可以把它称为)静态的关系完全无须存在。[原书第40页]如果下文能够证明决断正确性的标准在于另外一个法官(作为经验性的类型)也会做出同样的裁判,则这也是一个规范性的考量,④但却既不限于"法律"(Gesetz)也不限于一个具体决断,更不会使其仅取决于可涵摄性。决断的"合法性"理论依然没能挣脱老的解释方法,尽管它扬弃后者的个别手段。于是对于前者的信徒而言,解释亦即查证一部法律的内容并以此为据进行涵摄,不仅仍是唯一可能的法学方法,而且也是唯一可能的规范性考察方法。他们没有看到的是,其他的规范性考察(例如伦理)并没有像法学这样形成一套解释方法,但却并不因此而失去规范性的品质。这就证明了在"合法性"之外另寻一种决断正确性标准的可能性。何况前述标准在当今的形势下几乎无法提供任何明确内容,以至于可以"仁者见仁,智者见智",就更没有理由仅因法学考察的规范性特征而拒绝寻找一种能比"合法性"更能实现使命的新标准。如果因此而担心法官从今可以无须"依法"决断从而随心所欲,则只能说这是一种庸俗的误解。法

---

① 其他人主张健康的法学格律与健康的人类理智(gesunden juristischen Takt und den gesunden Menschenverstand),遇人试问积极合理化(Aktivlegitimation)与实质化(Substanziierung),则会将冲突关系倒置而谓曰:"外在"规则仅适用于愚拙之辈,"使他们免于思考,他们最好根本别去解释"[普赫塔:《当代罗马法讲座》(Vorlesungen über das heutige römische Recht),Rudorff整发,1862年第5版],仿佛他通过主张自己混沌的感觉便能证明自己智能的强大一样。

② 这是说:对法官及其具体决断起决定性作用的内容是稳固的。当然,这一内容会随着时间的推移而改变,因此这里也并未争议一条定论,即世上没有内容固定的自然法。本书并不关注法(Recht)及其内容的演进,而只在乎法官做出决断的一瞬间;在此,他应遵循的戒条是稳固而相对确定的。

③ Neukamp在《法律漏洞的填补方法》(„Methode der Lückenausfüllung im Recht",原载于《德意志法学家报》,1912年,第44页)中看到了这一基本问题,而自由法律运动将自己视为对它的解答。另见Sternberg:《法学导论》(Einführung in die Rechtswissenschaft)第Ⅰ卷,莱比锡,1912年,第135页。

④ 此处"规范性"的用法同本书开篇处,下文即将拆解,并可参见正文首页的标注。——译注

律依然是法官的准绳,任何个人都无法僭越它;只是为了给在实务中做出的决断提供一条实务法律专属的正确性标准,"合法性"这一概念本身还是不够的。上文应当已经充分论证了这一点,所以接下来要寻找的就是一条新标准。

　　"合法性"的说法背后藏着"剪不断、理不清"的一团乱麻,由各种无从考证的前提、推测和虚拟构成。它们当然有着自己的实用价值,[原书第41页]即帮助司法更好地适应交易需求。毕竟法律实务也是那种"不带点疯狂便永远不会修成正果"的事情。① 只是科学的方法论应当清楚自己的哪些做法本是虚拟,并且考察它们的实用性。如果它们掩盖了法律适用与法律文本的关系,除了把一个被误解的基本要求(受法律约束)引入错误的语境外便别无他用,那么它们就该被扬弃。司法者依其文本形成一个决断,但却(和其他人一样)觉得它不合理,于是一直进行各种构思,直到能够从中得出一个令人满意的决断,并把它称为法律的"真实意志"。如果不这么做,便是冒业界之大不韪。但是必须认清的是,这种"真实意志"只是被虚拟出来的,其构思和结果也只是被当成法律的意志才被运用而已。如果现在还有人对此进行否认,并宣称"真实意志"无法从法条的字里行间苦苦寻觅,而是一种更高层面上的正确性,这就显然纯属诡辩了。现在又有人主张:符合法律意志的决断才是正确的。虽然许多决断显然并不符合法律宣示的内容,而我们又很难说它们是错的,但他们的解释却是:这只是表象,其实它们恰恰符合法律的真实意志。这种论证把三样从方法到内容都迥然相异的事物混为一谈,并用同一个概念表达了出来(即"法律的意志"=1. 对法官的命令+2. 法律的客观思想内容+3. 一部正确法律的"真实"内容)。其逻辑严密性与认识论价值,无异于一个人声称要回到初恋身边,如今找到了第三房情人,却说这就是自己的初恋。最近又有一种说法流行起来,即立

----

① 引文出自《纽伦堡的名歌手》(*Die Meistersinger von Nürnberg*)第三幕第一场汉斯·萨克斯(Hans Sachs)的清晨独白。作者在原书中并未对此进行标注,因为理夏德·瓦格纳(Richard Wagner, 1813—1883)的歌剧在德意志帝国是众所周知的作品,其部分表达甚至成了日常谚语。此类例证还有《尼伯龙根的指环》(*Der Ring des Nibelungen*)中"捞出莱茵河的黄金"(das Gold vom Rhein holen)、《罗恩格林》(*Lohengrin*)里"我亲爱的天鹅"(mein lieber Schwan)等。——译注

法者如果遇到本案将会怎样决断,那么法官就该也这样决断。[原书第42页]平心而论,这个虚拟在启发学上颇具意义。但不能忽视的是,它掩盖了自己已然放弃"合法性"作为决断正确性标准的事实。因为无论立法者本来会如何决断,事实都是:他确乎没有这样决断。

法官不该"不受法律约束"(legibus solutus),但我们要找的实用标准却非"合法性",而是另外一条。法律实务专属的正确性标准只能通过考察法律实务本身而得出。① 有人担心这种自成一体的方法论会普遍导致法的不安定性(allgemeine Rechtsunsicherheit),下文会证明这纯属杞人忧天。反倒是主流的"合法性"观念连法的确定性(Rechtsbestimmtheit)的影子都摸不到,[原书第43页]这一点早已被证明。② 但幸运的是,实务界的真实的做法比他们自以为在使用的方法要聪明得多。

---

① 这里谨再次强调:本书的问题不是法律实务如何参与法的形成(Rechtserzeugung)。实务襄助于法的创造,这当然是事实;同样毋庸置疑的是,某一法律规定在实务中的适用本身会造成一种心理影响。下文的论述还会时常溯及这一影响,以及一种"心理学现象",即一个思维正常的人会形成一种法律秩序的效力观念,如果他在较长时间内观察到了前述规定在现实中的效力,并且期望这种现实效力还会长久地持续下去"。至少Zitelmann在《习惯法与错误》[„Gewohnheitsrecht und Irrtum",原载于《民法实务档案》(Archiv für die zivilrechtliche Praxis)第66卷,第459页]中就是这样认定的。显而易见的是,规制法律生成的心理学与社会学规律在该法的适用过程中依然有效。因此,对于在这个方向上考查民法实务,此类的理论就很重要。[参见Lazarsfeld:《法理学的问题》(Das Problem der Jurisprudenz),维也纳,1908年。这本饶有趣味的著作以Gumpolwicz的社会学理念为定位,并明确强调了一系列中肯的想法,例如真正法律冲突的本质属性之一,便是法典无法为其提供决断(依据)。]但另一种观点却认为判决并非依法律做出,而是依社会力量或公正性。这一说辞包含了一种社会学理论,解释的是判决生成的起因,但却并未涉及其在法律上的正确性。在这一语境下,Zitelmann在前揭书第373页驳斥习惯法中意志论时的阐释论据很是值得关注:"另外无疑的是,立法权往往是通过其他途径产生的,例如权势人物的恃强篡位。"

② Stampe:《我们的法与概念构建》(Unsere Rechts-und Begriffsbildung),鹰狮林,1907年,第37页甚至说:"如果用这种手段补充法律,那就没人再能确保自己的权利。"如果除了"符合法律"便不再有其他的决断正确性标准,那么这一说法倒是正确的。Rabel在《莱茵地区民事与诉讼法杂志》第III卷第468页中就Düringer-Hachenburg关于给付不能问题的评注指出:"这该是自由的法律吗? 这几乎是任人猎杀(vogelfrei)的法律!"(这只是一个案例,聊以证明"符合法律"与法的确定性是怎样被视为全等而实则如何风马牛不相及。)

第三章　法的确定性作为基本要求①

　　近年来常有人论及法律内容的滞后性。它并不创新,而只是反映既存的生活秩序与交易习惯,评价当代人民的观念及其文化理念。[原书第45页]一言以蔽之:立法机关的工作内容更多是收集和规制性的,而非创设性的。用孟德斯鸠的话讲,因为法律与公众意志、公序良俗和民族精神之间是互相关联的。②

　　在与法学密切相关的语境下,这类权衡有着双重意义。首先,在法律技术和法律政策方面,可以从中推出结论:只要没有违背政府原则,那么立法就应当紧随民族精神。③ 但接下来,它们又被与法律的解释联系起来,而这貌似可以成为传统解释学与自由法律运动交汇的节点。如果要查明"法律的意志",这些事实可是至关重要的。既然法律的内容源于人民的价值观念或交易的合目的性考量,那么这些都会融入法律的意志当中,并且随之成

---

① 在从上一章向本章及下文过渡的当口上,尚需引述 Jung 在《论实证法》(*Positives Recht*,吉森,1907 年)第45页边码1中的若干名句——它们非常重要,虽然人们迄今并未重视:"即使在律法的语境下,也很难说遵守它们就是命令、法官不受指令约束云云。其约束力的基础,在于对方能够期待当事人的某一行为,因为其所处的社会共同体迄今一直能够或者至少宜称能够观察到人们的这种行为;以至于一旦当事人的行为对此发生偏离,便被感知为对于对方的一种伤害。这才是实证法所能拥有的最显明的效力根源,而这与所谓正确的法或曰法的本身如出一辙。"我(指施密特——译注)不知道作者(指Jung——译注)会不会同意下文的结论,但它们的主导思想,已在上引文句中体现得淋漓尽致。至于施坦恩贝格的《法学导论》(Sternberg, *Einführung in die Rechtswissenschaft*)第1卷,莱比锡,1912 年,需要特别强调。因为他的新书出版之时,本作也已封笔,而插到边码中论及又无法体现此书的意义,故以此脚注特别强调:施坦恩贝格非常重要的一点,就是在第12章中区分了科学的法(wissenschaftliches Recht)与并无学术价值的从属性法(subaltern)。作为后者的典型,下文列举了若干条款,其内容的效力范围相当有限。二者的区别在于,本文认为这些(尤其是关于期限与数字的)规定毫无任何堪与科学的法或其他重要法律分庭抗礼的内涵,而是只剩下了抽象规制的要素,并且规制的内容实属无谓。虽则如此,这种要素却是任何法律规定(都难免的)的一大本质性构成要素[科勒所谓的"指令性法"亦然(Kohler, *instruktionelles Recht*)]。

② 孟德斯鸠:《论法的精神》(*De l'esprit des lois*),阿姆斯特丹,1758 年,T. II. Livre 第19章标题。

③ 孟德斯鸠:《论法的精神》(*De l'esprit des lois*),阿姆斯特丹,1758 年,V. T. III. Livre art. XV 警告道:"这违反事物的本质。"

为评判标准。因为可以推论的是：存有疑义时，法律是鼓励交易、追求（主流价值评判意义上的）公正的。

但继续考察法律内容的产生过程，便会发现上述结论仅适用于一部分法律；而且即使在这些法律内部，上述结论也仅适用于它们的部分规定。其他法律或规定的内容完全没有任何确定性，无论因为立法素材绝缘于这些法律之外的因素（例如时效），抑或多数情况下这些因素的不确定性无法给出任何答案（例如各种违法行为的量刑）。这些情况凸显了法律生活中的一个重要现象：很多时候，重要的都不是怎样进行规定，[原书第 46 页]而是总之有一个规定就好。除了极少数例外，几乎每部法律都会含有这种在常人看来纯属射幸（aleatorisch）的要素。在一定的限度内，根本上有无法律规定都是比将怎样的内容定为法律更迫切的问题。而作为这种内容"射幸"的规定，最典型的便是治安条例，例如它规定：两辆车迎头顶上时均须向右避让。事实上，向左或向右避让颇是无所谓，重要的只是：一则大家都知道自己该朝哪边拐，二则可以确信别人也会朝这个方向拐。也许或也很有可能的是，治安条例的制定者在此只是从法律上认许了人们已经长期践行的交通习惯而已。但即便如此，这些习惯本身也并非从内容上考虑诸如向右是否比向左更有利、更高尚或更公正，而是其全部意义仅在于要从根本上做出一个决断而已。而诚如萨维尼所言，①法律中也有颇多规定，它们依其性质便游离在正义感的混沌权衡或公正性的平衡分布之外，以至于其内容的选择完全取决于某种偶然的机制；这里的"偶然"指的是无法认清有效条件之间的关联，亦即无法解释成因。所有的法当中都含有这种内容恣意性（inhaltlicher Willkür）的要素，而我们在此完全可以想见一条从规定车辆避让方向的治安条例经民法尤其是诉讼法中的诸多形式性规定直至各种（按照道德观念而对罪行施以惩戒的）刑事法律的发展线路。[原书第 47

---

① 《当代罗马法体系》第 1 卷，第 36 页。他在此列举了若干事例，尤其是包含数字的法律规定。参见 Thöl，前揭书，第 137 页及其《商法》第 1 卷，第 46 页；耶林：《精神》(5)第 1 卷，第 51 页以下；Zitelmann：《法律中的漏洞》，第 29 页；Örtmann：《法律强制与法官自由》，1909 年，第 19 页。

页]但即使是在后述情形下,量刑范围的确定也是颇为恣意的:某一罪行为何应当最高判处 5 年有期徒刑①,恐怕没人能说得清楚。人们当然可以对此举出"杀人偿命"的极端反例,因为这一规定如此切合地表达了至少一部分人的正义感,以至在该决断内容的确定性之外,决断本身的抽象意义已经显得无足轻重。但这也并非前述线路的极点,因为被决断状态(这当然不等于某一规则的法律认许)的抽象意义在这里也依然存在。

鉴于单纯被确定、被决断状态(bloßes Festgestelltsein,Entschiedensein)的这种重要性,我们的考察终于要正视法律秩序的一项功能(eine Funktion der Rechtsordnung)。而据我所知,只有黑格尔②特别关注了它与法官决断的关系:[原书第 48 页]"法"(Recht)的意义的一个重要方面就是从根本上做出一个规定。从这个视角来看,先被写成书面形式、后又以特定程序公布的实证法律确实堪称理想的法律;如今现实中更是只有这样的法律才被视为法律(Gesetz),恰恰证明了这一视角在现实中的统治地位。比起出自特定"渊源"(Quellen)的规定内容,这种抽象的规定要素被称为"射幸"的。但现实中却恰恰是它赋予了成文法律以优先效力,尽管不可否认的是,通过习惯法途径形成的法律可能更加符合人民的正义感。但是比起习惯法(Gewohnheitsrecht),成文法(Gesetzesrecht)更能保障法的确定性(Rechtsbestimmtheit),而这一优势正是习惯法最终走向成文法的主

---

① 而非 4 年整或者 5 年零 1 天。——译注
② 《法哲学基础》,柏林,1821 年,第 214 页:"很多事情既无法用理性规定,也无法用定义去推导定量,进而实现公正裁决。例如某一罪行到底该打 40 大板还是 39 大板? 另一罪行该罚款 5 元还是 4 元 2 角或 4 元 3 角? 然而只要多打或少打了 1 板,多罚或少罚了 1 元乃至 1 角,多蹲或少蹲了 1 周乃至 1 天,这就是不公正。——同样是理智,它认清了偶然、矛盾和表象自有其有限的空间暨合理性,进而并不致力于将这些矛盾整饬成平等和公正。这里只还存有一种实现的利益(Interesse der Verwirklichung),亦即(在某一界限内)以无论何种方式做出裁断与决定的利益。这种决定从属于事物自身的形式确定性和抽象主观性,其要点在于(在前述界限内)或破或立,以至形成一种确立,但也可能仅以整数 40 抑或 39 为依据。"本书正文的论述与黑格尔这段引文的根本区别在于,前者并不把"事物自身的形式确定性"(黑格尔当然也没有将其与法律的制裁或判决的效力混为一谈)视为法律规范或者裁判的一种保底抑或自选要素,遑论与法处于某种"非理性"的关联中,还要从空间上幻想出某种界限。相反,笔者仅将其视为所有法律现象的一种要素和成分,可以孤立用于概念考量,抑或设为方法考察的起点。

要原因。① 这样一来，直接对法官起决定作用的便不再是公正；或者说，现在需要他做的只是一种改造过的、二手的公正，[原书第 49 页]无论他能直接根据法律进行涵摄，还是依照《民法典》第 826 条的规定确认一个实务中形成的停止侵害之诉。亦即说，在法官与公正之间介入了一种第三方力量，它把公正的素材引入了另外一种聚合的状态，以使法官遵循一套密合的行事标准（eine kompakte Masse）。无论立法者还是司法者，"公正"当然是他们共同的追求。但在（尤其是具体案件的）实质公正与其在日常生活中的实现之间横亘着法的确定性，而这恰是法律秩序的本质性要求（das der Rechtsordnung wesentliche Erfordernis der Rechtsbestimmtheit）。其优势更在于它自身便是公正的必要条件，任何人都无法不把法的确定性视为公正的基本要求（Postulat）之一。在这一形势下，只要法官的正义感还是鲜活的，那么他就无法轻易无视成文法律的明确规定。因为必须权衡的是，这样僭越法律条文会对交易造成危险，即使这部法律本身被认为是有碍于交易的。实际上，交易生活宁可迁就一部令其不适的法律，也无法经受公信沦丧、人人有法不依所造成的损失。而这一切权衡都是源于同一个思想：[原书第 50 页]法律的首要任务是从根本上确定。至于怎样确定、确定什么，则是第二个问题。这样，待考察的主题看似把法律秩序的"内容"推到了一边，但实际上，它恰是其内容的组成部分。② [原书第 51 页]这一事实对整个法学

---

① L. Seuffert：《习惯法内部的法官裁量自由》，载《关于法官裁量》，吉森学术节庆文集，1880 年，第 9 页；Bülow：《法律与法官职务》，莱比锡，1885 年，第 18 页；Ehrlich：《法律中的漏洞》，载 *Burians Jur. B 1*，1888 年，第 449 页；Schloßmann：《错误》，第 38 页。第 40 页中有一个重要提示：需要提醒的是，裁判官最初也是自由的，只是后来公布了《年度约法》（lex annua）并使自己受其拘束——该法案在哈德良皇帝年间定为长效律法。详见 Sternberg：《通用法律学说》第 1 卷，1904 年，第 139 页边码。

② 在这一语境下，至少还要提到一个关于习惯法的理论，而许多"正义感"的卫道士貌似对此不知所云。该理论认为，习惯法的标准并不在于人们内心确信这种实践如何合乎法的范式，抑或反过来将类似的确信与某一种习惯联系起来，而仅仅在于长期实践本身。这种实践蕴含了一种明确的规制，能够满足法律确定性的需求。本处脚注的篇幅，当然容不下复述任何一个整篇关于习惯法的论著。但提示其与正文论述的关联也就足够了，毕竟诸如"外在的确定性秩序""现有秩序的组成部分"之类的辞藻或如"实践就是公信"之类的观念，就其内容而言，与法律确定性考量的关联是最紧密的。（接下页）

影响重大，而许多正义感较强的学者感觉整个法学都是肤浅的、难以令人满意的，其原因也许恰在此处。但他们对于法学（Rechtswissenschaft）的批判，实则适用于"法"（Recht）的本身，正如 Stahl 在驳斥 von Kirchmann 时正确地指出的那样。① ［原书第52页］而且对于所谓"形式主义"（这一称谓本身就

（接上页）Zitelman 在《习惯法与错误》（*Gewohnheitsrecht und Irrtum*，原载于《民法实务档案》第 66 卷）第 461 页指出，这一问题归根到底是个心理学的问题：把任何一句话奉作法律用于实践，都会造成一种它将继续有效的印象。通过这一道理，他指出了习惯法通过心理学过程发挥法律作用的机制。无独有偶的是，他还解决了习惯法中的意思表示理论问题，而这里的方法也是指出心理学上并不存在作为特殊个体的总体意志（第 370页）。但在本文当中，法的确定性发挥的心理学作用却是另外一种。因为如上所述，造法（Rechtserzeugung）是另外一个问题，与正确判决的标准是两码事。此外，Zitelmann 还在第 419 页指出，哲学家们"庞大的推理体系"并不属于法源学说的范畴；至于法律运用，与后者就算泾渭分明（这个我也赞同）。在此基础上，他小结道："这里只能进行最清醒的考察。"诚然。只是这一考察必须是心理学的吗？Zitelmann 中肯地驳斥了萨维尼和普赫塔关于习惯法的理论，证明二者把形式法学与实体哲学的考察混同了起来。然而，前者自己拿心理学来取代哲学，犯的不也是同样的错误吗？相反观点的经典表述，依然首推普赫塔《论习惯法》的巨作（第 2 卷）。August Sturm 同一主题的论著也属此列，但他对法条内容的强调尤为激烈。这一点在"恶法行百年，依然不是法"的谚语中体现得最为明显，但很容易招致误解。

① 《法学还是民族意识？试析冯·基尔希曼检察官的讲座"论法学作为学科的无用性"》（*Rechtswissenschaft oder Volksbewußtsein? Eine Beleuchtung des von Herrn Staatsanwalt gehaltenen Vortrags „Die Wertlosigkeit der Jurisprudenz als Wissenschaft"*），柏林，1848 年。这里首先需要澄清的是，该报告其实是 1847 年做的，而非像鲁姆普夫在《人民与法》（*Rumpf, Volk und Recht*）中误认为的"动荡的 1848 年"。参见兰茨贝格：《法学史》（*Landsberg, Geschichte der Rechtswissenschaft*）第 3 卷标题 2，第 317 页。该报告甫一问世便招致了猛烈抨击，例如诺伊坎普在《法的发展史导论》（*Neukamp, Einleitung in eine Entwicklungsgeschichte des Rechts*，柏林，1895 年）第 144 页斥其为"连篇累牍的空话"；又如努斯鲍姆（Nußbaum）在沃尔夫（Wolfs）的《社会科学杂志》（*Zeitschrift für Sozialwissenschaften*，1906）第 9 卷第 3 页中所说的。但随着施坦恩贝格《基尔希曼及其对法学的批判》（*J. H. v. Kirchmann und seine Kritik an der Rechtswissenschaft*，柏林，1908 年）一书拨乱反正，这些声音终于画上了一个休止符。但还是有人匿名批判基尔希曼，据鲁多尔夫（Rudorff）称是"业内的一名教员"，并还受到了诺伊坎普的好评；此外，莱茨拉格的《为法学辩护》（*Retslag, Apologie der Jurisprudenz*）也是对基氏报告的回敬，此处出于历史原因也应述及，虽然其内容本身并无太多可资圈点之处。此外，努斯鲍姆称赞施塔尔（Stahl）在此番论战中的发言是"光辉且注定难忘"的，这倒难免夸张。其实对基氏报告历史价值的最中肯评判，见于昆茨的《法学的转折》（*Wendepunkt der Rechtswissenschaft*）。他在 1856 年指出："基氏的言论引发了诸多反抗，但无论它们如何迅猛，都没能冲淡其所留下的普遍而深刻的印象。"至于法学到底是否能算得上一门科学，并不是本文所要讨论的话题。否则基于法律学说与法律实践的二重性，两线作战就难免顾此失彼。法律活动（juristische Tätigkeit）在任何科学理论中，都是个重大的未解之谜。关于这一概念的论战早已如火如荼，但这么热闹的你来我往也并未给问题本身的澄清奠定一个有建设性的基础，反倒是各种奇特的偏见你方唱罢我登场。（接下页）

是一种误解)①的抗争,很多时候针对的其实就是法律秩序的这一特性(specificum),尽管对法律实务进行任何方法研究都难免以此为出发点。这当然不是说法官都该变成"形式主义者"(这一措辞在这里用的更多是性格学而非法学上的意义),而只是应当证明:从任何实质性的正义理想或特定内容的合目的性中,都无法得出法官决断正确性的标准。

　　这里说法律规定的内容在一定限度内是无所谓的,这本身也是关于规定内容的说法,而且还涉及它的目的。要想研究法官决断正确性的问题,便

(接上页)努斯鲍姆就在前揭书第 10 页拒绝(将法学)定性为艺术,因为法学并不想引发任何审美上的效果。其实"艺术"的概念是齐特尔曼引入的,但很难想象他在法学语境下真的会用这一概念指称审美问题。如布林茨在《法学与比较法》(Brinz, *Rechtswissenschaft und Rechtsvergleichung*,奥格斯堡,1877 年)第 4 页或施洛斯曼在《论合同》(Schloßmann, *Der Vertrag*,莱比锡,1876 年)第 189 页以下,他们明确地把法学的实践称为一门艺术,就可以杜绝这种误读了。

① 如此措辞之人,无非是把形式当成了某一特定(此处是实体正义所派生的)内容的对立面。然而这样一来,形式不也成了内容、具备了实体的属性了么?例如人们完全可以把法律条款视为正义的容器,然后宣称"形式易逝,实体长存"。所以施塔姆勒(Stammler)把法宣为经济生活的一种形式,可谓差之远矣!韦伯也在《社会科学档案》(Weber, *Archiv für Sozialwissenschaften*)新编第 6 期第 162 页对此做出了批判,指出法律规则根本不可能作为社会生活的"形式"而存在,因为它们的效力被视为应然,所以其本身并非现实存在的样态;但是按照经验,法律规则却是现实存在的组成部分,而非后者的表现形式。针对施塔姆勒在《法学理论》(*Theorie der Rechtswissenschaft*,哈勒,1911 年)第 7 页以下的言论,贝洛茨海默也在《法哲学与经济哲学档案》(Berolzheimer, *Archiv für Rechts- und Wirtschaftsphilosophie*)1912 年卷第 319 页做了反驳,指出内容与形式本是一体,后者无法从前者割裂开来。然而他的这一说法并不适用于理论考察。施塔姆勒在前揭书第 7 页以下明确拒斥从时间和空间的角度来理解对于形式和内容的区分。对他而言,"形式"本身(单数)就是认知的方式,法学语境下的"形式"(复数)指的就是法学思想的形式,而非法律素材的空间部分(前揭书,第 182 页以下)。另有一种可能,就是贝洛茨海默对"内容"(Stoff,本意"布料",引申为"素材"——译注)的理解与施塔姆勒的所谓"内容"(Inhalt,字面意思为"里面包着的东西"——译注)吻合,以至于前者无法辩驳,因为正是后者明确强调形式与内容没法对立起来。其实施塔姆勒难以驳斥,因为他的基本概念,即"意图"(Wollen),本身就是模棱两可、歧义丛生的;而施塔姆勒本人也未对其给出任何定义,这甚至与其追求明确的一贯作风背道而驰。仅引一句为例,它到底在表达什么:"由此可见,法学者的构建性判断绝不可能得出其他客观结论,而只能是特殊的合理性意图(das besondere rechtliche Wollen)。只是鉴于无法达成统一共识,所以他(法学者)只能对其进行形式化的权衡。"(前揭书,第 358 页)如果此处所谓意愿的内容就是一个经验性主体想象的内容,那么只要没有太神奇的特定语境,这一内容怎么会无法偏离法学者的构思,就成了一件不可理喻的事。但若这种"意图"本身就是一种构思呢?甚或用的还是前述"构建性判断"的方法?那么二者结果的统一性简直就是不言自明的了。这类似于用若干被乘数乘以同一个乘数得出来一堆积,然后惊诧于它们居然都能被这个乘数所整除。

须选取一个现实有效的基本要求作为出发点。因此,上文才有必要对法的确定性在法律生活中的总体意义进行一番拆解。但这并不是说,特定情况下立法者可以不顾内容而让法的稳定性压倒一切,以至于法官的决断也要服从这个指挥棒。因为这里要找的并不是解释的规则,也不是统归法官(他已受法律的命令和目的制约)的最高目的。重要的只是证明,法的确定性原则在实务中的重要性和普遍性与本书赋予它的方法论重要性并非不成正比。

最近新出的一本书,① 以令人印象深刻的果决逻辑论证了社会学与法学、原因阐述与规范式考量方法的区别,[原书第 54 页]并强调在构思形式性法律概念的过程中援用质体性目的要素(substantielle Zweckmomente)是"所有错误方法中最粗劣的"。本书对于这番表述的态度,从问题设置中便可推知:这里的题目是法律适用的方法,而不是对现行法的学术加工抑或法学概念的构建。因此,本书的方法论前提也并非关于现行法的理论——后者不关注任何无法从法律条文中推演的概念,因此也从本质上便不可能与实务的方法发生关系。从这个意义上讲,前述著作的观点本身倒是无甚该当指摘之处,如果它根本不想解释法律实务中重要(且有现实意义)的方法论问题,而是直言自己对其无权过问,且不惮于供认"一切法学构思均止步于法官的裁量(或类似问题)"。② 法律规范的适用方法不等于其在学理上的加工方法。这一区别怎样重复都不过分,[原书第 55 页]因为几乎所有

---

① 凯尔森:《国家法学的主要问题——从一个关于法律规定的学说发展而来》(Kelsen, *Hauptproblem der Staatsrechtslehre, entwickelt aus der Lehre vom Rechtssatz*),图宾根,1911年。下文的引言出自其第 457 页。

② 前揭书,第 508 页(关于行政活动中的自由裁量):"独立于法律规范的裁量应当怎样规制? 这一提问本身就足以昭示,这已不是法律问题,而是一个道德和政治的问题。"至于在此是否应当按照整个法律秩序的精神去进行解释,倒是一件无所谓的事,"因为到底应该依照实证法还是依照自然法(进行解释),这一纠结本身即已体现,问题的关键并不在于通过何种渠道、使用哪些解释方法来从法律渊源中提取法规规范的内容,而是这一内容原则上只能通过实证律法导出,并且任何一条法律规范的具体内容也仅以实证律法为唯一的合理性基础。至于这一形式性标准是否把能把实证主义和自然法在内容上区分开来,可以忽略不计"(第 510—511 页)。又如:"执法与司法和行政的区分是个意义不大的一次性事件。"(第 441 页,边码 1)只是对于法律实践的方法论考察而言,所有被上述凯氏言论斥为无谓的点,恰恰都是关键之所在。

关于法律与法官的混沌理论都在恣意乱用立法、解释和判例的概念,时而强迫法律实务接受解释学的方法作为自己的方法,时而说判例应当维持正义(rechtsschaffende Judikatur),时而又说司法应当具备"准立法"(quasilegislatorisch)的属性,以致这些自说自话、互相打架,最终乱作一团,也便不足为奇了。法律适用既不等于立法也不等于解释,虽然解释系其必要条件。"将实践与理论完全融合是完全不可能的,因为二者的剥离恰是分工的必然结果。"①Leist 的这番话实则也说明了寻获法律实务专属方法的必要性。但这里并没必要把分工视为历史的产物,就像 Leist 也许会做的那样。因为仅据概念顾名思义,法律实务便显然有别于法律科学(Rechtswissenschaft,亦即"法学")。后者追求的是一个闭合而且逻辑通畅的规范体系,而前者(在逻辑上和心理学上)只关注具体个案,要为它做出正确决断。对法律素材进行学理加工得出的结果在这里只被用作手段。

　　法学经常因其数学式明确而精准的概念而被羡慕,因为它当中的现象"并非按照时间顺序,而是在空间之内成为学习对象的,是一个完整的逻辑有机体的元素"②。[原书第 56 页]非法学学者几乎都想当然地这样认为,但缘何至此并非这里要探讨的问题。③ 总之法学业内对这一实证法理想呼应者寥寥,至今更不会有人还想用它来指导法律实务。如果对于法学理论

---

① 《论罗马法制度的教条分析》,耶拿,1854 年。

② 帕赫曼:《论当代法学中的运动》(Pachmann, *Über die gegenwärtige Bewegung der Rechtswissenschaft*),柏林,1882 年(讲座,译自俄语原文),有几处非常明显地把法学的规范性考察方式与社会学解释诱因的考查方式对立了起来(例如第 20 页、第 48 页以下)。然而这并不妨碍他把法律规定视为一种命令,并从"法学 vs. 社会学 = 解剖 vs. 病理学"的类比中提取两个学科的共性(第 80 页),一如耶林已经做过的那样。施托克在《绿帽》(*Grünhut*)1885 年第 12 卷第 175 页讨论公法的方法时曾经驳斥他道,前述言论纯属"诡辩术的杂耍",但另一方面却也肯认前者的论据是从实践中提取的。"形式的法与社会的法无法区分",因为前者"作为生活现象的客观标准"只有凭借后者才能完成自己的使命(第 178 页;本句在一定程度上解释了该文为什么要把理论与实践区分开来)。最近,宾丁又在《德意志法学家报》(*Binding, Deutsche Juristenzeitung*)1911 年卷第 558—559 页对此问题做出了表态,"将法律概念剥离其法学属性,或把它们移至非法学的土壤",都是错误的方法;此处针对的尤其是国民经济学的思维,后者被斥为卖弄辞藻、纠缠不休而且网图独霸(所有学科)。

③ 科恩在《纯粹意志伦理》(*Cohen, Ethik des reinen Willens*)中的说辞已被坎托洛维茨(H. Kantorowicz)在《社会学档案》新序列第 13 卷第 602、604 页中所驳斥。

而言,引入任何目的性要素都会把法律概念"溶解成流动的蜡油",①那么在法律实务中,并非就要反其道而行之,大搞社会学,而是它有自己的方法和正确性标准。只要它认同法学研发的概念,便会利用它们,而且是通过特定的方法。关于法学理论和法律实务的关系,最具误导性的莫过于将其比作解剖学(或另外任一医学领域)和医生的临床实践的关系。实则法学理论或者自觉充当实务的仆役,加工法律素材以使其在实务中更加便于操作,或者另辟蹊径、自行其道,但这样的学术只能默默忍受长年钻研的结果被实务界理所当然地拿来即用。[原书第 57 页]从这个角度讲,医学倒可以算是法学的难兄难弟;但除了这种同病相怜,二者的方法便再无任何可比较之处了。现在,法律实务专属的正确性标准要从法的确定性这一基本要求中推出,而要证明后者对此的合理性,前者必须对内没有逻辑矛盾、对外能够适用于法律实务中的一切现象。至于"符合法律"标准对此多么无能为力,上文之述备矣。在这里值得玩味的只是,诸多指向"符合法律"的论据说穿了还都是出于法的确定性的考虑。而由这一基本要求所生发的思想又是怎样全面渗透于现实中的法律生活的,下文还需予以点明。总之本书要找的是当今而非任何"理想"法律实务的标准,用 Ed. Meyer 的话讲,是一场现代实务"关于方法的自我反思"。鉴于其研究对象和考察方法,这种对实务中"土生土长"(autochton)的原则的探索尚在法律科学(Rechtswissenschaft)的范畴之内。(有关方面是否还会赏脸授予"科学"称谓是另一码事,总之本研究的价值并不取决于此。)但与加工法律素材的技术性法学理论相比,本书的区别在于,它以一种人为活动(menschliche Tätigkeit)为研究对象,试图找出其(规范意义上的)指导性原则;而比起被 Stammler 称作"理论"法学的精神活动,本书求索的既非评判法律(Recht)的普遍准则,也非法学思想的纯粹形式,而只是一种实务的方法。

　　本书对其解决方案与众不同的反复强调并非空穴来风,而是要确保其

①　Preuß(德籍犹太人):《Schmoller 法律与行政年鉴》,1900 年,第 369 页。Pachmann 在上述演讲中声称这会"把法学拆毁",详见其文本第 39 页。

免于从根本上遭到误解。毕竟外人也许不知,几乎没有另外哪个领域会像在法学方法论中这样,只要误解对方的观点就能将讨论大大简化。[原书第58页]在追求让理论与实践相互促进并融为一体的过程中,人们往往忽略了法学理论与法律实务在方法论上是何其迥异的两样事物,但斥其"不谙世事"却又在多大程度上充斥着循环论证:作为关于现行法律的学说,法学理论当然并不收录任何具体案情,遑论涉及法律适用中通过将具体案件归入法律从而进行的涵摄。法学理论对一条法律规定的解释和法官对它进行的"解释"在本质上就是不同的,①因为法官仅为正确决断具体案件而适用法律,他对它进行解释也仅以适用为目的。当然无论法官还是法学理论家,二者的行为中都包括涵摄。其中后者为此而对法律进行解释,其目的无非在于增加可以根据法律进行涵摄的案件数量。因此,"涵摄原则"可以被视为一条恰当规则的根本品质,或称"公正性的唯逻辑论"(Logicismus der Gerechtigkeit)。② 但是,理论家的涵摄行为还是与实务者有所区别的:实务者要运用法律概念,因此这里和其他思维活动一样都有涵摄;[原书第59页]而法学理论的目的却在于确定法律的内容,因而此中进行的更加趋于一种立法者式的涵摄:首先要想哪些案件是可能的,而如果现实生活恰好能够提供相应案例,那便采取它们作为案例。这就像立法者在编纂法条的过程中,让各种案情"飘过脑海"(vorschweben)。他从众多真实案件出发,从中提炼出法律规定,从而可以用于涵摄无数被认为可能的案件。与此相对的是,法官要处理的总是一个具体案件。③ 即使有人就此认为,法官的职责莫过于找出自己面临的是否就是立法者认为可能的案件之一,这种寻觅也要遵循一种特定的方法,二者肯定与学理解释的路数是不同的。因为后者

① Binding:《指南》第1卷,第451—453页。区分了理论解释与实践解释,前者认为生命过程是真实的,后者则认为可能的。然而Binding并未就此再进行比较。

② Sternberg:《法律和经济哲学档案》,第2卷,第297页。在评论Gareis《合法性概念》(吉森,1907年)一书时,他引用Gareis的观点:"合法性的规则因其与逻辑法则,即涵摄原则的直接关联,区别于低位的机会主义原则(有用性原则)和高位的博爱主义原则。"本文进一步解释了承认这些旨在实现公正标准的主张与反对将法律规定的判决归入决定的正确性标准的斗争并不矛盾。

③ Stözel, Gruchot, 22, p. 286.

只是列举被认为可能的案件，①而前者要在具体现实中核定此类案件的存在。虽然每个决断都该"符合渊源"（quellenmäßig），但实务与学理的方法断然不是同一码事，因为能够根据法律进行涵摄的永远只是某一案情，而从来不是决断本身。这是表明"可涵摄性"（Subsumierbarkeit）无法用作决断正确性标准的另一证据。最多可以说，进行了正确涵摄的决断应该是正确的。但这同时等于承认了问题（Problem）在于涵摄本身的正确性，而这不能通过另一起涵摄来确证。［原书第 60 页］这也正是我们扬弃"符合法律"或换汤不换药的"可涵摄性"而另寻一条更光洁的（einwandfreieres）决断正确性标准的原因。关于法的确定性的学说，符合这一目的。将法的确定性视为基本要求，便能确立规范式的考察方式；而关于法的确定性现实意义的论述，则可以建立与寻获当今法律实务②及其专有标准这一命题的联系。选择法的确定性作为基本要求（而非"公正"之类），其合理性便在于它可以为任何一个决断提供答案，而这恰是指向实质公正（substantielle Gerechtigkeit）或其他某一内容的标准力有不逮的。在后述这种案件中，在根本上做出一个决断比按照特定方式做出决断更重要。

经常有人指出，仅是被规制这一事实（Tatsache bloßer Regelung）的意义便已何其重大，并为此强调法的安定性（Rechtssicherheit）对于整个法律生活的奠基式作用。但若就此而把本书的观点与诸如边沁等人的学说混为一谈，③则是一种误解。边沁说：如果法的安定性缺失，那么一切都将在战争与冲突中分崩离析。因为这样便无人能再安享自己的劳动成果，其工作热情与探索精神都会大打折扣，直至这个建立在分工基础上的社会土崩瓦解。

---

① Stammler：《法学理论》，哈勒，1911 年，第 578 页：被赋予形制的法律（das geformte Recht）的目标就是"用现有的法律规定决断未来可能的案件"。

② 着重号系作者自加。——译注

③ John Bowring：《作品集》第 2 卷，爱丁堡，1834 年，第 299 页以下，尤其是第 207 和 311 页（详见下引）。1820 年出版、经常被援引的法文版《民法原则》在笔者撰写这篇文章时因意外而未获得。

把尽可能多的作者偶然发表的无数观点都整理出来是没有意义的。这样的观点通常只是随便一说，并且总是无意从中推导出评价法律实践的方法论原则；通常人们甚至想用它来支持"合法性"原则并且证明它的经济意义，这也是边沁所希望的。

[原书第 61 页]从心理学的角度看,这要归因于每个公民都期望生活会像迄今一样不变地进展,即使有所改变也是循序渐进的,从而不会引发任何失序(Unordnung)。这种"期望"是一切法律安定性的基础。有鉴于此,立法者便应当如此明晰地立法,使每个理性的人都能看一眼便懂得它的意思,都有能力认识它。同理,法律的解释也便只能根据文本来进行,就像每个公民理所当然地理解的那样;任何僭越明确文本的解释都是对法的安定性的忤逆——而这本是"无尽珍贵的法益",在发生冲突时,甚至要不惜牺牲公正来确保它。

但边沁最值得玩味的,便是他想当然地根据法律在社会生活中的意义以及立法对于司法的义务而进行推论,并强调法律的"收件人"(在他看来,这毫无疑问就是人民①)与实务性解释的关系。立法者的(国家政策性)活动成了法官活动的判断标准。但边沁此处所指,却与今人将"立法者的意志"用作法官准绳的立场相去甚远。前者的意思是:[原书第 62 页]无论立法者还是司法者,二者的活动都该遵循同一条正确性标准,即符合公众期望;他们的行为都应该是可预见的(berechenbar,即"可以算出来的")。结果,在边沁得出的结论中,法官的地位与当今主流观点赋予法官的"准立法者"地位相去甚远。要法官在遇到疑难案件时转入立法者的角色,想象他遭遇这一具体案件将会做出怎样的规定,然后依此进行决断——这般自由的法官权能在边沁看来不仅是骇人听闻的,而且是大逆不道的(verwerflich)。对他而言,法官是该创制抑或只是"促进"(befördern)新法(neues Recht),都根本不可能成为问题:任何对于法律明确条文的偏离,任

① 黑格尔:《法哲学原理》,柏林,1821 年,第 215 节:"像暴君狄奥尼希阿斯那样把法律挂得老高,结果没有一个公民能读到它们,或者把法律埋葬在洋洋大观和精深渊博的典籍、载有相反判决和不同意见的判例汇编或习惯辑录中,再加上所用的文字佶屈难懂,结果只有那些致力于这门学问的人才能获得现行法的知识,无论是前一种或是后一种情形,都是同样不公正的。"另一种可能参见 Zitelmann:《立法的艺术》,德累斯顿,1904年,第 15 页:通俗易懂还是精深艰深? 但这里值得注意的不是立法技术的观点,而是"规范对象"的理解与解释规则的联系。这一联系在 M. E. Mayers 在《法律规范与文化规范》(布雷斯劳,1903 年,第 26 页以下)一书中也有所体现,而没有涉及规范对象概念或解释因素。

何言词之外的解释方法,任何"构思",任何将某一案情的规则依其意义适用于另一案情,在他看来都是破天荒的罪行(unerhörtes Verbrechen),而边沁也确实不惮于用最激烈的言辞对此进行抨击。①

[原书第 63 页]但是,边沁搞的是法律政策与社会学,而非法学。即使是本书也强调过抽象地被确定(das abstrakte Festgestelltsein)的要素,这与边沁理解的法的安定性也仅有表面上的联系。因为这里关心的并非其在国民经济学或社会心理学方面的意义,②[原书第 64 页]而是每条法律规定无论内容如何都蕴含着的那个要素,它的存在使人无法将指向某一特定内容的标准作为普适尺度,诸如人民主流的价值观念等。现在我们说起法的确定性[Rechtsbestimmtheit;原注:没说"法的肯定性(Rechtsgewißheit)",因为这一措辞太容易令人想起"期望"的心理学过程]的经验性意义,也并非为了证明它作为标准的正确性,更无意确立任何解释规则。这里要说明的只是,这一方法论原则对于当今的法律实务来讲并不陌生,并非从外部强加给它的。毕竟实务的指导思想就是做出可预见的决断,而按照符合理智的构思来追求逻辑上必然的论证,无非是为这一目标而错误采用的一种方法;那种

---

① 这段话值得全文引用。这也是针对一些自知摆脱"僵化的文字主义"的人,他们希望以自己的"自由精神"来适用法律,反对放弃"合法性"作为裁判标准,却骤然将"法律确定性"作为标准引入,虽然"合法性"只是一个词。Bentham 认为(同前注,第 325 页):解释在律师口中和在其他人口中有着完全不同的含义。解释作者的一段话,是为了表明他心中所想;以罗马律师的方式解释一项法律,就是忽视明确表达的意图,以便通过假定这种新的含义是立法者的实际意图来替代其他含义。以这种方式进行解释,是没有保障的。当法律是困难的、晦涩的、不连贯的时候,公民至少对此了解,它给出了一个盲目的警告,比它可能有的效力要低,但总是有用的,至少可以察觉到可能遭受的罪恶的限度。但是,当法官胆敢僭取解释法律的权力,也就是说,以自己的意志代替立法者的意志时,那么每一件事都是任意的——没有人能够预见他因任性而可能采取的行动。仅仅考虑这种恶果本身是不够的,无论多么罪大恶极,与产生的实际结果相比,都是微不足道的。据说,蛇可以使它的整个身体进入头部通过的开口,关于法律暴政,我们应该防范这个微妙的头部,因为很快就会看到它的所有褶皱显示在它的轨道上……所有凌驾于法律上的权力,虽然在其直接效果上是有用的,但都是未来之忧。而这种专断的权力可能产生的好处是有限度的,而且是狭隘的限度;对于可能产生的坏处,对于可能产生的惊恐,却是没有限度的……总之无论凭借文本解释还是查明意志,法官肯定总能找到出路。

② 边沁并不想给出法律适用的方法。他以人类的自私为出发点,这倒是个合理的假设(参照 Vaihinger,前揭书,第 354—357 页)。只是这针对的仅是国家与社会理论;在法律适用中,他并未发现任何问题。

如今人们普遍已经不再尊重的洞察力,会查出法的确定性之所在。在此背景下,从这一方面出发去解决正确决断的问题,便不再是什么稀奇的事了。传统的做法总是试图寻获某些内容来作为衡量决断合理性的标准,但这应当被扬弃,因为即使是法官的决断,也有可能完全无涉这些内容。如前所述,有些决断就是要从根本上做出一个决断,无论其以何种方式做出决断,[原书第 65 页]正如法律也有可能毫不关心一个游离于其文本之外的内容。①

　　法官的判决与其理由的关系,和法律与其"立法理由"(Motive,实则意为"动机")不尽相同,甚至可以说是毫无可比性。尽管近来经常有人将法官与立法者的活动视为一体,但这并不改变二者有着原则性不同的事实;而这一例证又一次说明了对于普罗大众而言,行为内容与心理过程的相似性足以令其彻底无视方法上的区分。就外部形式而言,法律一经公布,便完全独立于其立法素材;实则在一定程度上,这样做也是出于法的安定性的考虑。② 这使法律本身与立法素材严格分离,尤其令后者无法对前者的解释产生任何效力。[原书第 66 页]但出于同样的考虑,判决却需要理由。没有判决可以不附理由,理由就是判决的组成部分。这不仅是为了释明判决

---

① 下述事例也许可以证明在处理法的确定性问题时,保持方法上的清醒是件多么难的事情。Pagano bekämpft in der Rivista Italiana p. 1. scienze Giur. XLIX., S. 70/1 die Ausführungen von H. Rolin (Prolegomènes à la science du droit. Esquisse d'une sociologie juridique, Bruxelles 1911), der gesagt hatte: man könne den Art. 544 cod. civ. mit seiner Eigentumsdefinition (la propriété est le droit de jouir et de disposer des choses de la manière la plus absolue) wegdenken und die Tatsache des Eigentums bliebe doch bestehen. Pagano, der das Recht für eine scienza deduttiva di principi razionali erklärt, sagt, das sei nicht mehr Jurisprudenz, Rolin übersehe la delimitazione e la garantia, che costituiscono l'oggetto proprio ed immediato della norma giuridica — als ob die Abgrenzung nicht schon etwas sozialwissenschaftliches wäre und mit der Deduktion aus principi razionali noch etwas zu tun hätte. (这段是用德语串场,引述一个意大利人和一个法国人的论战。)

② Kraus 在《绿帽》1905 年第 32 卷第 613 页以下,已恰如其分地指出,对法律确定性的需要导致法律质料并不重要。他必须与边沁的结论相一致,但在文章的第二部分,他把一切都归结为"正义",在这之前,连抽象的成立意义对他来说都是不存在的。这里仍应提到,Dahn 在谈到法律时(载 Behrends:《社会学杂志》,1872 年)说,法律"不是一种任意的,而是一种理性的法律规范"(第 562 页),"百年大错非一年之功"。对此,他最后说了一句有趣的话:"坦白讲,'正义'与法学的关系远不如外行和一些仁慈的法学家惯常认为的那样紧密。"

所采取的立场,并参引案情以使判决适用于个案。最主要的原因是,法律的正确性与决断的正确性完全是两个问题,而后者永远不可能冲出现有法律秩序的框架。亦即说,决断的正确性依附于实证法律规定。这样可以简单得出的结论是,正确的决断必须能够合逻辑地从法律中推出;但人们在此往往忽略了,问题恰恰在于查证这一依附性之所在,即其基础与边界(Grund und Grenze)。说决断要有理有据,指的便是应当释明它为何在其所处的当代法律形势下是正确的。但对于法律而言,这些问题当然无从谈起。

在考察法律规范的内容与其"前法学的规范复合体"[1](vorjuristischer Normenkomplex)关系的过程中,可以形象地画一条线段,起点是后述"前法学"的内容明显支配着法律内容的地方,终点则是内容无所谓、只要被确定即可的地方。法官决断中有一些会被用作判决理由的内容,在它们与决断本身的关系中,同样可以想象一条这样的线段。而在解释法律规范的过程中,愈是接近内容无所谓的一极,便愈发难以对法律规范采用言词之外的解释方法;换言之,抽象确定(abstrakte Festsetzung)要素的权重愈大,言辞解释发挥的效用也便愈大。一个有趣的历史现象可以确证这一点,即但凡是法律显示为某一个体(尤其是某一神祇)肆意所为的场合,[原书第67页]言辞解释都是唯一的解释方法。至于查明法官的决断与其理由内容的关系处在哪个节点上,这对前者有着怎样的重大意义,则是下一章要展示的内容。但这样一种无涉关系(Verhältnis der Indifferenz)存在的可能性本身,便已证明指向"先于法律"内容的诸多标准是何等难以解释法律事务中的全部现象。无论是否"符合法律",亦即决断的合渊源性,抑或其公正性、合文化性、合理智性等等,都无法为法律实务提供标准。而下一章却要论述,法的安定性思想为何偏偏具备这一能力。

---

[1]　措辞源于 M. E. Mayer,详见《总刑法学杂志》第32卷,第496页。

第四章　正确的决断

　　[原书第68页]鉴于"符合法律"标准对于决断毫无价值,而指向"前法学"规范复合体的标准又不得不忽视法律生活中的重要事实,必须找到一个在法律实务中土生土长的标准,将下述公式用在此处,则不再会显得荒悖或挑衅:

　　　　当今如果一个法官的决断是正确的,则可以认为其他法官也会这样决断。"其他法官"在这里指的是一种经验性类型,即受过法学教育的现代法律人。

　　该公式与法的确定性的基本要求紧密相连,这一点显而易见,并且将在下文中进一步深入论证。关于这一公式本身,首先需要强调的是:第一,通过它,现代法律实务中的一系列现象都会得到解释,以至于它们反过来都成了支撑这一公式的论据;其中尤为显著的两个案例便是合议制度与"决断理由"。第二,无论是通过最高层级法院的判决先例还是长期实践甚至其他途径形成,总之当今有许多决断虽然偏离甚或违背法律(contra legem),但却仍被认为是正确的,只是这样很难再说它们"符合渊源";而另一方面,法律的权威依然需要维护。这就形成了一种错综复杂的局面,但上述公式却能将它解开、理顺。至于说决断的"符合法律"并不完全等于其正确性,[原书第69页]这并不意味着放弃寻找客观标准而将一切诉诸法官的主观。① 而如果上述公式还能解释判决先例的意义并与它的其他解释契合,那么前者作为当今法律实务决定性原则的合理性便已得到了证明。

　　关于合议制与独审制孰优孰劣的问题,人们时至今日依然争论不休。

---

　　① 这个道理本来是不言而喻的;但在当今形势下却不得不强调这些本该人所共知的事实,以使它们得到应有的重视。

总之,提倡独任审判的大多都与实务方法中的特定派别密切相关,①而当今的主流法律实务还是以合议审判为主。这种地位主要表现在,往往一件事情愈重要,那么参与决断本案的法官数量就愈多。而这种现象绝不是"三个人比一个人看见得更多,而七个又肯定比五个强"之流的烂俗说辞所能解释的。[原书第 70 页]因为看见得多或少首先是件因人而异的事,而大家更了解的是合议的程序:一位报告人负责查明并汇报案情,大家在此基础上展开评议。仅是通过这一环节,更多人能否"看见得更多"就要画上一个大大的问号。而接下来讨论的内容只是法律问题,法官们就此达成一致即可。对这种"报告人体系"的攻击当然不胜枚举,但这些人共同的错误在于,他们都没有认清司法中多数制的本意。通过召集多数法官,他们法律观念中的个人特点应当互相制衡。亦即说,这种理性加工(Intellektualisierung)的目的是达成一种普遍的法的安定性,或曰决断理由更大的可理喻性(Mitteilbarkeit),从而使决断本身更具可预见性和可计算性,并与法律实务整体的联系更加紧密。有人对此控诉道,合议庭的多数决议制剥夺了法官的人格。但"法"(Recht)是一种既存的秩序,原创性(Originalität)对它的作用并不显著;而关于"人格"权力与尊严的种种观念,则更是完全游离在法律之外的领域。② 在当今(一如任何)的法律实务中,法官决断正确性的标准当然都不能取决于个人的感性工序或主观确信,而只能是一种他治的价值评判(heteronome Wertung)。但若就此将整个群体的正义感宣为判决正

---

①　Kantorowicz 在大多数法官同僚和法院系统中找到了防止主观性过强的保护措施;而在《为法学而斗争》(第 41 页)中,他却认为一切都取决于法官的人格,否认一般有效的判决。但若因此定性 Kantorowicz 的观点会造成误解。真正体现他观点的是《论正确的法律学说》(柏林,1909 年)第 25 页中的一句话:法官必须遵守"权威性自我诠释的正义感",并据此填补法律的空白。这样寻找到的法律是"由法官不考虑自己的感情而适用"的。他在第一届德国社会学会议论文集中以"法理学与社会学"主题的演讲涉及他对于异质性规范的发现(已发表的演讲集也包含了文献索引资料,关于 Kantorowicz 反对法律判决的立场就来源于此)。为了举例说明在讨论这些问题时可能出现的情况,值得一提的是,Ten Hompel(《法学和经济哲学档案》第 3 卷,第 562 页)想把 Kantorowicz 在《为法学斗争》中所表达的观点,即在某些情况下法官可以恣意裁判,描绘成尼采提出的内心平静的"超人"的高尚感情的产物,并认为他因此把它引向了荒谬。

②　Aidickes:《法官的地位与活动》,德累斯顿,1906 年,第 9 页。

确性的决定标准,进而认为接近整体、寻获其正义感的几率与涉案法官的数量成正比,则又有些偏颇。[原书第71页]因为这种观点的极端理想就是把每起案件都诉诸"大众点评"(Massenabstimmung),却没有注意到合议制度召集的是若干法官,而要商讨的只是决断理由。我们当然可以想见,在相应的案件中,某一正义感超强的法官能够做出一个与三人或七人合议庭一样符合正义感的决断;而有时为了接近平均值,却还需要更多数量的法官。但归根结底,感性上正确、法学上周延(mit juristischem Takt)的决断终究只是个人的事。合议庭当然也会宣布符合正义感或者按照"周延的法学"直接就会做出的判决,但这样的决断肯定不是大家作为合议庭共同谋划而得出的。法学的周延总是抵不过直觉性认知的能力,而直觉总是个体(或亦可以想见:某一社会群体)的事。由此便可以推知,一个诸如州最高法院第二民事庭之类的合议庭不会凭直觉断案。而合议庭也确实没想这么做,他们的要务只是铺陈决断理由及其推演过程。维系一种人民认可的正义理念并非合议制的使命。合议制的意义仅在于:如果一个决断的理由经过了多位法官的审核,那么它的可预见性和可计算性便愈强,其他法官也会做出同样决断的概率也便更高。法官和法律实务才是不变的主题。但这同时也是对公正观念的一种吻合,因为它最重要的基本要求必然包括决断的均匀性(Gleichmäßigkeit)和可预见性(Voraussehbarkeit)。它们经由多数法官而实现,并且按照理念,二者也正该经由他们实现。毫无疑问的是,如果所有的判决都经七位法官合议做出,那么全国的司法肯定比都是独任法官的判决更加统一。[原书第72页]而无论多少人对他们的法律观点进行多么猛烈的抨击,想让合议庭偏离其"固有实践"的难度都要远远大于诱使单个法官放弃自己迄今的立场。① 这种稳定化的趋向同时保障法的确定性,是司法

① 一部《法官同僚社会学》还没有写成。如果文中先以同僚不是社会学单位为由否定同僚作为直观认识的能力,而现在同僚又以具有特殊倾向性和愿望的恒久实践的承担者的身份出现,就会说明这不是一个矛盾的问题。因为在这种情况下,构成同僚统一的目的(审判决理由)排除了直觉的认知;但在这一点上,经验表明在合议庭的判例中占主导地位的保守倾向却不存在。

中多数制的内在要素,在对当今实务进行方法论考察时必须予以重视和明确。而此处可以标出的一个旁注是:这种在司法中重视合议制现象的必要性,同时再次证明了寻获一种实务专属的方法的合理性。因为与此相比,在对实证法律进行理论加工的学术体系中,仅是多数与合议的想法便已纯属胡闹。

与多数制在司法中的意义紧密相连的是审级制度(Instanzenzug)。[原书第 73 页]审级制度也蕴含着客观性的提示、严格他治(Heteronomie,与"自治"即 Autonomie 相对)的宣示和对一切主观性的否定。因此,审级制与合议制面对的是共同的敌人,而且二者都趋向于法的安定性;而后者作为基本要求,也恰恰构成审级制的合理性来源。而鉴于最高法官们的决断难免造成先例效应,审级制度中会生发一种上位秩序(Überordnung)的思想,而(作为整体的)实务(在方法上)自主评析判决的正确性也显得尤为合情合理。但在这里,审级制度貌似驳斥了上文提出的公式,因为后者指向"其他法官",而前者当中不仅更高审级可以裁定变更,而且三个审级甚或可能做出三部不同的决断,这将直接破除前述公式的实务作用。但是,提出这种抗辩的人都没有认清方法论考察的目的和一个关于法官决断正确性的公式的意义。这样一个公式并不臆想改变实践的面貌、创制一种统辖各种(始经公布而生效的)决断的普适规范性、减少诉讼数量、截断律师财源、让高等法院变得多余或至少减轻其工作负担。这一切的荒谬程度,几乎类似于妄图用一个审美公式来制造天才,并将其用为创造永世经典作品的操作说明书。但一个公式应当以下述内容为目的并有能力实现它:提供用于评价决断的标尺,考证决断理由的证明力,遇到方法失当的理由时指出其论据的异质性。换言之,公式应当说明什么才能在法律实务中被用作根本论据,借此帮助实务自主认定自己的方法和路径。唯其如此,公式才有实务价值。即使是最高层级法院的决断,也要遵守公式中的标准,而且三级终审(亦即"错用法律")的问题也恰在此处才开始变得明晰。[原书第 74 页]如果两个法官做出了不同的决断,这并不构成对前述公式的驳斥,因为它要说明的只是:他们陈述决断理由的行为,其趋向与意义都在于像其他法官一样决断,并且阐释他们为何确信自己的决断是可预见和可计算的。只要悟透了自身行为意义在此,法官们就能够自主取舍决断理由,判断什么才能用作有效论据。

有人指出判决或决断的种类纷繁各异,以此驳斥本书所建议公式的假说性表述。因为查证其他法官会怎样决断是一件现实中无法执行的事,或许顶多只能对其他法官进行心理分析;甚至有人敏锐地指出:如果某位法官做了不正确的决断,则这恰恰证明了并非每个法官都会这样决断。只是本书并没有言称每一位法官个体,而其(有意选定的)假说性表述的意义并不在于指向某种若无外力掣肘便本该发生的事实,也并无意规定其他法官的行为,以便从中提炼出某种法律,①从此作为涵摄一切待评决断的标准。另一种心理学方面的误读是将本书提出的公式视为一种要求,即对法官们进行一番群众心理学的观察,虽然这一观察方法本身当然是可行的,并且对此进行一番研究也是很有意义的。就像它也符合"仅依你希望它也成为普遍法则的戒条行事"的箴言,[原书第 75 页]但它并不因此而失去规范意义或仅是触及它。此外,本书建议的公式还与对法官的法律命令(Gesetzesbefehl)毫不相干,而只是提供一条当今法律实务的方法性原则。它指向作为经验性类型的"其他法官",只是表达了法的确定性这一基本要求对于决断正确性问题的重大意义。一位意欲做出正确决断的法官,并没有必要先把其他法官的意见"编纂成一部法律"从而依此进行涵摄,否则就是重犯将某种"符合法律"当作决断正确性的经典错误了。相反,法官需要努力使自己的决断符合现实中通行的做法,而一旦他要偏离主流观点,则须提供易懂的论据,以证明自己的偏离仍在可预见和可计算的范围之内。以此观之,决断理由有时确乎具备开创意义,但前提是它们能够影响其他法官的作为,引发一种均匀的实践。换言之,在决断的任何节点上,法官的裁量都不是绝对自由的,不能任其追随自己的主观特性或独有信念。对此,"其

---

① O. Bülow,前揭书,第 45 页,恰当地指出他所谓的"判例法"不涉及抽象的法律规范,但"判例法"还是存在的,对它的否定是一种自我否定。Bülow 的观点只有在下述情况下才能得到不矛盾的解释,即人们在"判例法"中看到的正是对法律实践标准的方法论意义上自主性的承认。

他法官"指的恰恰是受过正常法学教育的法官。但此处的"正常"(normal)一词是在量化均值(quantitativ-durchschnittlich)的意义上使用的,而非表述质量或目的论(qualitativ-teleologisch)意义上的理想类型。

这种"正常的法官"是每一种实务方法论都要面对的经验性类型,[1]而他仅从自身结构而言便是与"立法者"或"法律的意志"截然不同的。因为后两者都是理想化构思的产物,与一切经验概率的可能性自始绝缘。对于法学而言,立法者的经验性类型是无足轻重的。作为理想类型的"立法者"则是一种幻想,只是法律实务数百年来都没能摆脱它。任何宣称自己直接源自"法"(或译"正义"甚至"权利",德语原词都是 Recht,相当于拉丁文的 iuris、法语的 droit 和英语的 right)的理念从而应当放之四海而皆准的学说,要么云里雾里、不知所云,[2]要么就必须自相矛盾,方能接上实践的地气。[原书第 77 页]但最近一段时间,Fritz van Calker[3] 等人从本国人民有效的

---

① 对此,由 Th. Sternberg(《作为科学的性格学》,洛桑,1907 年;《J. H. v. Kirchman 法律评论》,柏林,1908 年;《法学导论》,莱比锡,1912 年,第 1 卷第 14 节;遗憾的是不能继续延伸)推动的法学家的性格调查与本书的论述密切相关。但应该指出的是:这并不是要把司法判决的正确性问题变成单纯的经验性考虑。如果正确判决的公式中包含了经验内容的时刻,那么它并不会因此成为对经验过程的说明性解释。规范的考虑并没有放弃。这不是说当法官们一般都认为司法判决是正确的时候司法判决才是正确的,而是当它被认为是正确的时候;当可以预期另一个法官也会做出相同决定的时候,无论内容可能多么一致,它总归是两种不同的观察路径。对于文中的论述,经验判断只是公式中的一个要素,它并不是出发点。出发点仍然是这样的一个假设,即法律的确定性。

② 因此 Stammler 的思想对法律实践的影响与科学行为的关系微乎其微。因为即使是他的"个别问题的退化",也没有提供这一切取决于什么的实践经验。"自由"和"共享"的原则除非指明其限制,否则也是无用,甚至就此连正式的信息都没有提供。(Radbruch:《阿沙芬堡犯罪心理月刊》第 1 期,第 600 页;第 5 期,第 5 页。Brütt:《法律应用的艺术》,柏林,1907 年,第 7 节。Kantorowicz:《实证法教义学》,柏林,1909 年,第 33 页以下)就实践而言,一个公式只有考虑到它的具体特征才有意义。

　　　进一步比较 Stammler 的观点,参见 Bergbohm,同前注,第 141 页以下,注释 15。(反对 Stammler 在《论法的历史理论方法》一文中的言论,载于《献给 Windscheid》,哈勒,1889 年。Bergbohm 认为,它必须是内容导向因此符合自然法,然后他从心理学角度用对正义的渴望来解释。)Neukamp,同上注,第 55—56 页。《耶林年鉴》第 50 卷,第 329 页以下。Makarewicz:《法学论文集》,维也纳,1907 年,第 7 页以下。首先参见已经援引的马克斯·韦伯的文章(《社会学档案》第 6 版)——当黑格尔将"哲学的"法律与"实践的"法律进行对比,并严格反对从另一个法律中推导出一个法律时[《法律哲学》,1821 年,第 7 页(第三节)],他在这里可能只是指"理论的"和"技术的"法律学说之间的对比,这也是 Stammler 所强调的。

③ 斯特拉斯堡大学教授,施密特的博士导师。——译注

（意指被认许为有效的）价值观念出发,赋予本身中立而真空的概念以直接可用的内容。通过这种"完善理论"(Vervollkommnungs-theorie),他们提炼出了若干准则,实务可以直接运用它们,就像应用 Kohler 和 Berolzheimer 赋予"文化理想"或 M. E. Mayer 赋予"文化规范"的内容一样。但若有人提示在复杂案件中很难明确地查证此类价值观念,则这并不构成一个恰当的抗辩。毕竟参考它们的目的全然不是帮助人们轻松而准确地决断每一桩具体案件。例如 van Calker 的完善理论,其首要作用领域在于法律政策,因为它提供的是评价旧法、寻获新法的标尺;其次,它对现行法的学术加工也有直接效用,因为现在可谓公认的是,即使是对现行法进行解释,一种最高位阶的判断原则也是不可或缺的。与此相比,本书做的却是将实务的方法与学术的方法对立起来,以至于完善原则在此无法直接应用。因为它的适用场合仅限于评判实务已有的基本原则,[原书第 78 页]亦即实务已然寻获自身标准、但又需要确定后者是否正确;或者说得更具体一些,即从一个更高的视角考察当今人们认为正确的决断,判断它们届时是否依然真实而公正。但是上文已经强调过,通过参考价值观念的方法而引入实体公正(substanzielle Gerechtigkeit)的元素,并无助于解答实务专有的诸多问题(尤其是那些无涉实质内容、唯求根本决断的案件,以及判决先例)。至于人民的各种价值观念本身,当然也会对实务产生不可低估的直接影响,但前提是它们能在实务中普遍发挥效用,以至可以认定其他决断也会以此为据而这样做。既然现在要找一条实务专有的标准,引入作为经验类型的"其他法官"便成了联结基本要求与当今实务的唯一出路。

理由(Begründung)是决断的组成部分。但如果认为其全部意义仅在于让法官实施自我检控,则失之于幼稚。当然,这可能是一个被期待的附属结果,民事或刑事诉讼法典的起草者甚或可能意识到了这一主要目的。但这一切都没能改变一个事实,即如果少了理由,那么即使判定一个决断是正确的,这也顶多只是说它的结果与正确决断的吻合而已。即或按照《刑事诉讼程序》第 313 条第 3 款的规定,可以在缺席判决的案件中根据诉讼申请而省去(诉讼技术意义上的)决断理由,这也并不构成对理由的放弃,[原书第

79 页]而只是表明相关理由已是如此人所共知,以至于无须赘述。如果"决断理由"真的除了检控法官外便别无所求,那还不如将此事从公众视野中移开,转而责令法官们以书面形式向上级机关汇报。但在现实中,当然不会有人严肃地宣称乃至追求这些。所以说,决断理由是每个决断的本质性组成部分(在刑事诉讼中,出于特殊的原因,决断理由的主要内容还要随着判决一起公之于众),而不仅是划定法律效力的界限(Umfang der Rechtskraft)或将决断打上个人烙印而已。它们要让人信服(überzeugen)。在进行方法论考察的过程中,这是最该重视的事实。

此处产生两个问题,决断理由要让人们信服什么,以及它们到底要让哪些人信服。这两个问题的联系是如此紧密,以至于很难抉择解答它们的次序究竟应该孰先孰后。此处权且先对后者进行若干标注。

纯粹从心理学的角度来说,考察法官到底想用决断理由来说服谁是件饶有兴趣的事。在特定环境下,当然会有法官只想对着自己或其良知进行独白,也有法官借此追求特殊目的,诸如通过一部精彩论证了的判决而使自己出名。但按下这些情形不表,仍有诸多大相径庭的群体可能成为决断理由的受众(原词为 Adressat,即"收件人")。但无论在民事还是刑事诉讼中,法官在此最不会考虑的就是当事人。当事人(而非其律师)自始就不是要说服的对象,此事仅举禁治产程序一例便已一目了然。但是当值法官与上一审级的关系则必须另当别论(此处的语境依然是对法官思想活动的考量)。在许多案件中,法官在撰写理由时都在有意无意地力图让上级法院认许自己的判断,[原书第 80 页]因而在此过程中,后者的先例判决就会得到更多或特别的重视。但决断理由的受众群体还远未穷尽于此。因为有些判决无法再上诉,尤其是帝国法院①的全部决断。它们不仅为此处这种心理考察提供了最值得玩味也是最重要的素材,而且即使在其他情况下,我们想象中的法官与之对话的都不会是一个个人或审级,而是某种想象出来的、非人格化的(对象),即一种平均现象(Durchschnittserscheinung);或者说是

---

① 指第二帝国的最高法院。——译注

某个圈子,例如法律人或受过教育的业外人士。仍从心理学的经验角度看,帝国法院在撰写判决书时,除了一个由法律人组成的团体(Kollegium von Juristen),很难想象其他群体作为自己决断理由的受众。亦即是说,这一受众系其通过阐述自己的法学论证所要说服的对象。然而近来(尤其是过去几年中)这种团体颇有变动的趋势,尤其有些法律业外的人士也被吸纳了进来。① 尽管后者迄今并未能够改变判决的专业属性,但法官将这些受过教育的业外人士作为"假想敌"时,往往会设想他们主张交易需求或对自己家庭的义务等。当然,法官并非时时处处都会像此处分析的一样清晰而明确地设想自己的受众,甚至在撰写许多判决时,他完全没有意识到这个问题。但在其他案件中,又可能有诸多受众群组接踵而至,甚或混作一团,而这种窘境普遍会使论证的总体说服力大打折扣。[原书第 82 页]依照当今的状况,受过专业教育的法律人一旦寻获某一法律条文,便会将其引作重要论据;但对业外人士而言,这种论证并不会给他留下任何印象。反之亦然:如果当值法官援引交易需求,会让法律同行颇感无奈,至少很容易觉得他对自己论证的法学说服力没有信心,以至于不得不求助于自己的"正义感"以对此进行支撑。这般纠结确实会使决断理由显得摇摆不定,以至于最终没有一方能被说服。毕竟大多数人在选择方法的时候,依然都在按照直觉行事,而并没有什么兴趣对方法论进行考究。即便如此,具体生活的多样性并不妨碍我们撷取平均值,构思一个法官亟待以其理由说服的类型:一个受过教育的法律人,而他当然也对现实生活中的问题有所了解。从宏观的角度看,还有一些历史遗留问题与此相关,例如决断理由清一色的概念性、教条式推演,而这要追溯到另外一种设想,即只有受过专业教育并且仅活在自己构思世界中的法律人才会成为判决理由的受众。法律科学中的各种"现代主义"运动,便缘起于对这一受众进行变更;而现在,受过教育的业外人士乃至任何拥有健康理智的人也都成了要说服的对象。这样一来,"人性"说

---

① 此外在北美一些州,认为法官必须让人民信服的观点引发了一场政治运动,结果是由人民通过投票决定是保留还是罢免法官。

服与"法学"说服的界线便消失了,只是实务中的每位法官都会承认,这种界线在心理上依然有效,而并不像当今宣称的那样,自始就应当被扬弃。究其实质,这种界线无非归因于对决断理由受众群体的二元化理解。

本书的主旨问题,即"法官的决断何时是正确的?",或曰"它在当今怎样才会被认为是正确的?",以关注现代法律生活及其实务为必要条件。但这并非要通过心理学实验的方式来绘制一张当值法官思想活动的均值图表,而是在回答关于决断正确性的问题过程中,也要认清决断理由的正确受众。根据本书提出的决断正确性公式,实务中的"法官"(作为类型)就是决断理由的正确受众,而事实上,这也恰好与现代判决的性征和论证相吻合。至于另一个问题"要让他们信服什么?",根据本书公式得出的答案则是:他们自己也会这样进行决断,亦即本案的决断是可预见的、可计算的,相较实务是堪称匀称的。① 这样,实务的合理性来源也便成了实务本身。这般核定的正确性不是绝对的,而是只适用于现代的实务。但在另一方面,这又并非法官们观念的平均值,而是进行方法考察而得出的必然结论。这一答案源于法的确定性的基本要求,同时也归因于另一事实,即当今存在一个受过教育的职业法官群体。②

所以说,正确的决断理由应当令人信服的是,这一决断事先可以预见和计算,而事后也能解释得通,[原书第83页]并且不是从心理学上,而是根据法律实务解释得通,亦即其他法官也会这样决断。但这并非是说本案的决断该是立法者的意志在个案中的体现,或它符合某一公正理念。即使二者在决断理由中扮演了一定的角色,它们的作用也只是论证中的一环:因为根据法条进行推断如此明确,抑或因为此处对正义感的要求是如此强烈、不

---

① 着重号系译者所加。

② 陪审团的判决是否正确的问题已经被不言自明地排除了。这些判决不能说是在法律实践中做出的。这些判决不需要推理,也不希望陪审团有推理的能力,只要人们不在推理中使用含混不清的感情。当代司法实践的方法论研究不必考虑陪审团的判决,这并不是要谴责陪审团的判决,而只是宣布即可。陪审团的判决不需要说明理由,这并不能证明说理是无关紧要的;事实上陪审团不需要说明理由,只是因为(按照这种想法)陪审团是在人民中找到的一个传声筒,因此并不需要承担一般的让民众信服的作用。

可遏抑,以至于它们也会迫使其他法官做出同样的决断。这样,实证法应被归往的位置也终于明确了。只是因为根据法条进行的顺利涵摄最能证明其他法官也会这样决断,①所以能够根据法条显而易见的内容做出的决断也便总是正确的。

随着问题这样得到解决,迄今所有的"解释要素"(Interpretationsfaktoren)与实务的关系也发生了转变。例如被 M. E. Mayer 归为解释要素的"文化规范",亦即通过关注当代文化水平而为交易与法律生活总结出的规范;又如已被人们说得烂俗的那样,依正义感和"正确的法"(das richtige Recht)进行衡量以填补法律的漏洞(Lücken des Gesetzes)。[原书第84页]但这一切叫作"解释要素",这一称谓本身便已表明,它们会扩展乃至改变法律的内容。它们只与涵摄所依的法律发生关系,本来应当服务于法律。但在现实中,它们确有改变法律内容甚或引入新内容的权能,这便决定了它们实则并非屈居于法律之下,而是与其平起平坐。本书提出的公式则避免了这些错乱:首先,它无意为每桩个案指定法律内容、正义感、利益权衡或其他要素究竟哪一个该优先适用;其次,它也不会引起一切都以根据实证法律进行涵摄为目的的错觉;最后,它更避免了引发一种幻象,即判决依其性质便是一种根据实证立法抑或"自由法律"进行涵摄的活动,因此亦须据此确立自身的正确性标准。对我们而言,无论实证法律、文化规范、人民的道德或价值观等,都已不再是各自下辖若干事件的静态范畴,以至于必须根据它们进行涵摄,否则便无从指称某一决断正确与否。在这里,它们已不再是法官要将案情塞入的容器,而是成了奠定一种期望(即大家都会这样决断)的手段,因此而变得机动并获取了新的功能。先前的一潭死水由此变得应时而进。

---

① 因为只要能够从中明确地推导出结论,在现实中实在法就是实现法律确定性从而获得正确判决的最可靠的手段,因此,司法机关对"合法"判决的关注和对一切感性标准的拒绝是可以理解的,在这个程度上也是合理的。然而,这一个误解只是在心理上可以理解,但没有法律依据,即仍然认为传统的解释学说及其类推程序是通向令人信服的合法判决的途径。参见1911年在德累斯顿举行的第二次德国法官会议上通过的指导原则(Jastrows),其大意是:法官必须始终只是适用法律、解释法律,并在可能的情况下类比适用法律,而不能在疑难情形下自由裁量。

实证法律仍然保有特殊地位。它是如此切合法的确定性的基本要求，以至于只要偏离了它，一个决断便成了不正确的（除非出于同样的考虑，亦即维系法的确定性，而不得不偏离既有的实证法律）。因此总体上可以断言：（明显）合乎法律的决断就是正确的决断。然而，这一认知也恰是一切误解的开端。人们因此把"符合法律"（Gesetzmäßigkeit）确立为正确性的标准，[原书第85页]在此却犯了一个经典的逻辑错误，即根据相同的谓项反推主项也是相同的：既然合乎法律的决断是正确的，那么正确的决断便也该是合乎法律的。这一推论所犯的错误，相当于根据"所有高加索人都是人"推出"如果因纽特人是人，那么他们就一定是高加索人"。事实上，正确的做法本该是进一步探寻为什么合乎法律的决断就是正确的（借此亦可寻获其正确性的边界），但常人却把符合法律与正确性视为等同，进而试图证明所有被认为正确的决断都是合乎法律的。只是一旦无法明确地根据实证法律进行涵摄，他们便会遭遇困难。然而真正的困难并不在于证明已做的判决即便如此还是合乎法律的，而在于其与实证法律的关系愈不明确，尚未形成习惯法或尚无公认表述的正义感发挥的作用也便愈大。在此情况下，想证明其他法官也会如此决断随之变得愈发困难，于是决断理由及其论据的罗列就更显得不可或缺，以便令人确凿无疑地认可：其他法官也会这样决断。至于这些论据本身，其作用也并不在于证明无论看似多么困难都还是要根据实证法律完成涵摄（或者至少可以通过对法律内容的扩张、借助于"自由"的法律乃至法律之外的道德规范来实现这一步）。相反，他们应当展示的是：决断理由中表述的考量在当今是有效的，以至于它们能够保障一种法的确定性，因而实务界普遍都会这样判断。在此需要注意的是，一部法典的条文是合理地彼此关联的，正是由此进行推论才会导向一种放眼于整个实务界的解释。

[原书第86页]本书所提的公式指向"其他法官"，实则变向表述了法的确定性这一基本要求（Postulat der Rechtsbestimmtheit），而后者可以用作评价任何法官活动的基础。中世纪的刑事陪审官的决断确保能够获得法庭及行会全体同仁的采信，因此他的判决无须表述理由。只是这种跟着感觉

走、近乎梦游的做法已然无法满足现代生活的复杂需求,原本稳固、明确的关系变得流动而纷繁,迄今得以维系的法的安定性(Rechtssicherheit)也随之化为泡影。也正因为如此,当今也无法再(像边沁那样)以"法的安定性"为由要求严格遵守法律文本,将法官定义为"法条借以发声的嘴",尽管这可以被认为是"受法律约束"的意义所在。创建一套纯粹逻辑化的法学,形成融会贯通的明确概念,以便能将每一桩具体案件都涵摄进来,这种追求也正滥觞于此。最古老的法学戒之慎之地尊奉法条,宁可强词狡辩也绝不敢触犯文本,同样源于这种维护法律确定性的本能。只是他们以为白纸黑字就是客观性与确定性效力的根基,因此绝对不能偏离文本,殊不知语言却是不由自主因而变动不居的。至于所谓"逻辑性解释方法",要表达的无非也是这个意思。①［原书第87页］但在此外,实务尚需特别关注一事,即一旦某种特定的"解释"方法赢得了主流地位,那么法的确定性要求即已大部分获得满足,采用这种解释的决断理由也便奠定了决断本身的正确性。因为既然某种方法已成通说,则有理由认为其他法官也会这样决断,借此保持决断的可预见性和可计算性。换言之,主流的解释方法构成一股实在力量(reale Macht),能够催生与要式立法的内容效力等同的法律观念。在这里,解释与法律技术的关系也变得明确起来:当代的法律技术学说是一套适用于法律编纂(Abfassung von Gesetzen)的解释学说,是对法律解释另辟蹊径的考察,亦即从立者者的角度进行考察,而后者应当顾及主流的解释方法。事实上,解释方法的最大效用便体现在它们在编纂法律的过程中被顾及,例如某一内容未被写入文本之内,因为解释"自然"(sich von selbst verstehend)会将其确认为法律的内容。立法机关思考的出发点实则也是法的确定性,而

---

① Stölzel:《法教义和法解释学》,柏林,1899年,第57—58页,提到 V. Bethmann-Hollweg 作为一名年轻的教授,曾经在介绍民事诉讼法讲座时说:"我们法学家也许永远不应该忘记,我们努力的主要目的是实践;理论尤其是为了在应用中拥有满足需要的简单、确定的法律而被构建出来的。"但是如前所述,"逻辑"的解释如果要取得实际有用的结果,必须是一种目的上的考虑。在此要特别回顾刑法中的法益概念,它最清楚地表明了"法律"解释、目的考量和"立法者"或其"意志"的解释是多么紧密地联系在一起。参见 Eisler:《侮辱和信用风险案件的法益与胜诉》,布雷斯劳,1911年,引言章节。

只要适用他们所颁法律的职业群体足够谙熟特定的解释规则，那么满足前述基本要求最便捷的途径，就是自始顾及这些方法。但如果认为这是立法对现行解释方法及其全部结论的肯认，就又错了。因为立法机关（更准确地说，是法律的编纂者）采取的一切措施，说到底都是为了促成一种均匀的、确定的实践。[原书第 88 页]而只要在撰写法条的过程中始终顾及当下通行的解释方法，便能事半功倍地实现这一追求。正因如此，当今的法律大多都由专业的法律人编审，实则也只有他们才能读懂它；但对于孟德斯鸠和边沁们而言，理所应当的却是该使每个理智的人都能读懂每条法律的全部内容："法律不能让人难以捉摸，而应该能为普通人所理解。法律不是高深的逻辑艺术，而是一位家长的简单道理。"①现代的方法与此恰恰相反，但其优点在于通过实务中的解释几乎能够达成一切想要的结果，而诸如错误的解释方法会对实务造成的损害已被预防。这在现实中当然是个成就，或许也是纂法者刻意追求的目的，[原书第 89 页]但他们对某种解释方法或实务做法的事实认许，丝毫不能证明后者在方法论上的正确性。通晓事理的纂法者会接受作为既成事实的当下主流解释，而即使他坚信它是错误的，也会迫使自己适应这套流程。当然，他也可能信任它是正确的。但无论如何，他关注的永远只是贯彻自己的理念的工具，因而仅当前述主流解释程序涉嫌妨碍其意图实现之时，才会对此提出批评。这就像如果有人谱写钢琴曲目，当然希望会有好的歌手和好的琴师来演绎自己的作品。即便如此，他

①　《论法的精神》第 3 卷第 29 章第 14 条将《十二铜表法》誉为"精准性的样板"。另参见上文黑格尔引文，《法律哲学》，第 125 节。有意思的是，Endemann 的《德国法律报刊》1910 年版第 22 页提到的 Gebhards 在审议以精神错乱为由的离婚问题时的发言："我们在此时一如既往地明白：谁知道有一天我们的条例会被做出什么样的解释。"Stampe 尤其强烈反对由法学家起草法律："由于这种立法意志也在我们的新立法活动中，特别是在民法典中，大多使作为立法者的概念法学家信服，因此可以认为新的渊源并没有带来什么社会福祉的增加。"（《我们法律和理念的形成》，格莱弗斯瓦尔德，1907 年，第 33—34 页）对此可参见 Schein 的评论："我们并不认为这种编纂方式（即法学家起草法律）是一种错误；相反，它是一种优势，因为只要高度重视和正确评价预设的行为构成要件，就会与界定的事实相吻合，因此，机械的判断就不会再造成任何伤害。"（《我们的法学和法哲学》，柏林，1889 年，第 141 页）另见 213 页：立法活动"被迫制定了尽可能恰当、精确的法律，尽可能排除一切疑虑"。关于法学家或是门外汉谁更适合担任立法委员，这当然是一个政治的而非法学的问题，因此，本书排除了对这个问题的研究。

也不会搁置作曲而先对那两个必要条件大搞变法维新,毕竟歌手的培训与制琴的技术是自成一体的其他事宜。同理,纂法者也只会继受潜在释法者的既有词汇。例如在起草《民法典》的过程中,纂法者可能会依照某一学理体系而构建一个民事法律体系,他取用的是"技术性"的表达。但这一切都完全不能说明某一解释方法在法学上具有合理性,在方法论方面也是如此。因为进行这样一番合理化论证必然以设想一个历史性的个体立法者为前提,但把"立法者"想象成一个具体的人,并认为解释是要调查某一现实心理中的意志内容,那就错了。这听起来当然很怪诞,但事实就是:立法者(Gesetzgeber)既没有思想也无从考虑,这些只是纂法者(Gesetzesverfasser)和释法者(Gesetzesausleger),尤其是每天要在实务中使用法律者才能做的事。如今已经成为共识(至少在理论上,只要人们把理论与实践的区别理解成言辞与行动的区别)的是,《民法典》的编纂者的所欲所想已经无足轻重。但重要的是,他们让《民法典》获得了一套"标致的技术"(saubere Technik)和一套绵延传续的法学词汇,它们才使"《民法典》及其配套法律运用起来格外明锐"。[1]［原书第 90 页］行文至此,难免会有人问:《民法典》的编纂成员都以作风谨慎和精确而著称,这会对它的解释产生什么影响? 其实这种追问纯属徒劳。释法者当然可以私下了解纂法者真是这样一群人,但要对《民法典》进行解释,人们必须首先通过科学加工自行查证《民法典》稳固的词汇;只有完成这一步,各种法律学说才能开始派上用场。但对实务而言,一套统一词汇的最大作用便是以最便捷的方式实现法的确定性。就其本质而言,一部律典所用语言的安定性(Sicherheit der Sprache eines Gesetzes)就是法的安定性(Rechtssicherheit)。

　　法的确定性(Rechtsbestimmtheit)这一基本要求无时无处不在发挥影

----

[1]　《帝国法院民事判例集》第 72 卷,第 332 页。Stammler 的语句方法论上不甚明朗。《法官法》,第 259 页:"在许多情况下,通过立法者自己的表述,可以更确定地传播立法者意图的真实内容。"当然,"固定"的属于也有例外。一个特别突出的例子是第 415 条中使用的"批准"一词,在第 184 条中已经给出了法律定义,但在那里却被解释为"同意"。《帝国法院民事判例集》第 60 卷,第 495—496 页。

响。但出于完整性的考虑,尚需提及另外一些流派。它们想复活解答权
(拉丁原词 jus respondendi,提倡者为 Emil Johannes Kuntze)或设立一个拥有
相应权限的法庭(例如最近 Zeller 的提议),借此以权威的方式解决各种法
学争议。但本书将法的确定性选作出发点,并在上文简短阐释了这一基本
要求的有效性,目的并不在于用现实效用来表明它的正确性。相反,这样做
只是为了说明,法律生活中无论有多少现象都可以在这里找到根源,从而证
明它适合作为寻获现代实务标准的方法论出发点。[原书第 91 页]就此观
之,人们是把达成法律确定性的手段(这时而是"逻辑",时而是"构思",时
而是"自由法律规范")当成了目的本身,而从未着眼于其作为手段的地位,
遑论将其相应地用于对实务的方法论考察。同时,这种本末倒置的错误,还
导致了另一种妄想,即为每一桩法律案件都找到实证法依据(最好当然是
成文法),哪怕律典本身从未预见待决案情;①换言之,法律应当包罗万象、
无所不能,而法官只是它的一个器官——这种观念已然遭到了足够多的扬
弃与嘲讽。② 这一误解导致的现实结果是可预见性和可计算性的彻底瓦
解,这种适得其反的讽刺实在值得玩味。具而言之,人们忽略了成文律典
(Gesetz)对于法律实务(Rechtspraxis)的意义,转而做出一副捍卫前者白纸
黑字的姿态,因此其对法律的"解释"和对案情的涵摄已经泛滥到了恣肆的
地步,原有的可预见性和可计算性荡然无存,这般适得其反着实讽刺得令人
玩味。面对这种窘境,有人指出法官的主观正义感才是心理学上起决定作
用的因素。然而这种提示并无助益,毕竟正如上文所言,查明了心理根源并
不等于证明了决断正确。其实,某种"正义感"如果想对判断产生决定性的
影响,则法官们对其概念的理解须达成普遍共识,以至于可以达成某种法的
确定性。[原书第 92 页]他们的"法学"论证中也许包含着真正的决断理

---

① Köstlins(《德国刑法体系》,1855 年,第 102 页,注释 5)道明了这种将自己的责任转移到
法律上的心理意义。Hiller(《法律本身》,海德堡,1908 年,第 29 页)正确地强调了这一
点:大多数人认为"退到实证法的掩体后面去,以便不必表达自己的意见",这是非常方
便的。

② 为了不造成对已经证伪的观点还要加以攻击的印象,此处只提请参阅耶林的《戏谑与
严肃》,尤其是第 63 页以下的论述。

由,抑或在《决断理由》的末尾附带提到,这样"寻获"的结果符合"正义感"。后者在此被赋予的意义,成了衡量决断正确性或遴选法学论据的标准。其实,法学论据对它而言却是完全异质的,甚至可谓完全是另外一种语言。即便如此,"正义感"确乎使人在这类案件中做出了正确的决断。只是此中机要何在? 并非在于正义感构成了决断的真正(心理学上的)原因,而是这种正义感是如此普遍,以至换成别的法官也会据此这样裁判。有一句经常被引用的话,叫作"如果根据法律可以做出多种裁判(实则疑难案件几乎都是如此),那么法官应当根据自己的正义感从中抉择"——这话本身倒是没错,但并非在人们惯常理解的意义上。因为一旦跟从人云亦云的说法,便无从解释为何正义感抑或"交易需求"乃至判决先例偏偏要在此处从天而降。(Rumpf:《法律与法官》,第 132 页)换言之,人们在此又要面临非此即彼的抉择:要么坚信"法律的约束力"(Bindung ans Gesetz)及"凡事皆决于法"(alle Entscheidungen aus dem Gesetze zu begründen,亦即一切决断都要以律条为依据)的要求,但这样一来"正义感"便无处容身;要么坦承在法律条文之外,实务尚有其他决定性的事务,否则便无法解释在纠结或疑难案件中(bei einem Zwiespalt oder einer Zweideutigkeit)依据"正义感"进行裁断的合理性。与此相比,本书提出的决断正确性公式便不会罹于这一窘境。它把"正义感"用作手段,借以实现法的确定性目的,而这同时也构成了对它在实务中作用的限定。实务意义上的正确性只能从用于实践的"法"(Recht)中导出,而借用 Zitelmann(《民法实务档案》第 66 卷,第 449 页)对法律续造问题的评述,[原书第 93 页]当且仅当有理由认定实务做法确与决断中表述的关键理由如出一辙(gleichförmig,即"相同形式的",同"样"的),才谈得上实务的正确性。简言之,只有作为普遍实现法的确定性的一种工具,正义感才在实务中具备价值。在这一框架内,它的效用范围显然小于实证立法;至于用于构思正确性的功能,则另当别论。同样的道理还适用于其他"转实证"(transpositiv)或自由法律(freirechtlich)规范、当下人民的道德价值观念、文化规范或从"交易需求"中导出的规则:只有当它们强大到确定会在此类案件中普遍生效时,才能作为论证决断正确性的依据。

这些理论都试图将其他领域的规范内容引入实证立法,在时间上和逻辑上将这些规范置于决断之前,并让法官以此为出发点,根据它们进行涵摄,以便使决断合乎"法律"(„gesetz" mäßig),借此维系合"法律"性作为正确性标尺的地位。而从本书采取的立场观察,它们的意义存在于另外一个领域:通过决断理由,法官要为具体个案始创一个普遍适用的决断(eine allgemeine Entscheidung für den konkreten Fall);换言之,他的决断理由应当令人普遍确信。即便在此过程中进行涵摄,也并非以此为其活动的最终目的。无论根据何种规范进行涵摄,都不是决断理由的结论或目标,而只是达成法的确定性的一种手段。合理性依据并非先验于决断本身而(作为实证法律、文化规范抑或"自由法律"规范)存在,而是通过决断本身(借助于实证法律、文化规范抑或"自由法律"规范)才始得促成。当值法官也并非遵循某一命令而去创制判决,而是要让它满足法的确定性要求。[原 书 第 94 页]而作为出发点,法官无须回溯某一意志或者命令,而是将某条规则(或曰其有效性,Wirksamkeit)作为手段,借以算出当今法律实务在这些实证法律、律外规范(außerpositive Normen)和先例判决的影响下,会将怎样的决断认定为正确的。

"借以算出",系指这本质上是一种理智行为(Verständnistätigkeit)、一个思维进程,尽管其结论夹杂着许多正义感的成分。① 换言之,法官并不作为当事一方进行价值评判(Wertung),而是考察生动现实中的价值关系。而心理学上的事实是,没有亲身经历过待决价值的人,是无力发展价值关系、分析其效用与范围的。只有在这个语境下,自始着力强调的法官"人格"才有意义。如果没有生活经验与常识,没有对实务的了解,法官便无从开展待其解决的各种价值评判。但如果超出这个限度,认为法官在创制自己主观的"个人"价值评判、强调判决依据的"唯意志论"属性,意欲借此论证优秀

① "出于法律直觉按特定方向进行裁判的法官,和认为面对另一个人要以特定的方式处理的法律同僚,即使更为充分的认知不是从认识论上固定的概念中得出的,也做出了判决。"(Jung:《实证法》,第 12 页,注释 1)以下内容可供比较——马克斯·韦伯:《文化学逻辑领域批评研究》,载《社会科学档案》第 4 期,第 181 页。

法官人格的必要性,则是一种误解,其根源在于混淆了个人的价值评判与对价值的利用和阐述。只是判决理由并非正义感的混沌感喟,法官并不能以自己"对实务的感觉"为据而断案。[原书第95页]当然,任何心理行为都源于某一意志进程,任何一个决断都是一种评价与意愿。这一事实在过去数年中已被反复论证。只是问题依然是:这就断定了决断正确性的问题吗?法官的哪些内心要素发挥了作用,这是心理学家要考察的问题,但无论结果如何,心理学分析都无法提供正确性的标准。这种错误的(心理学)诱因或许在于人们把"智力行为"与"根据实证法律进行涵摄"不假思索地视为等同了。(O. Bülow 就是这样一个反面典型。)但当人们意识到法官的作为远远不止根据法律进行涵摄那么简单时,大家便陷入了将"智力"与"意志"对立起来的思维定式中,炮制出了一套"唯意志论"的方法,并认为只有显著的主观主义才站得住脚,[原书第96页]以至于只要法官未以"独具品性的人格"而著称于世,人们便一日不得安生。但只要放弃"根据实证法律进行涵摄"的意念,这种混淆也会随之褪除。决断正确性的标准并不寓于法官的主观性当中,它甚至与作为个人的法官毫无干系。只有实务本身才能断定一个决断是否正确,这是它的专有标准。正因如此,本书的论点才表述为:如果其他法官也会这样决断,那么当值法官的决断就是正确的。

无论法官个人还是整个行业群体,都没有因此而被上升为立法者,即使是在实证法律并未预见的案件中。如果有人说,当法律存疑或有漏洞时,法官应当将自己代入立法者的角色,设想他若预见了本案将会如何抉择,进而据此做出裁判,则此处对"立法者"概念的运用无非限于一种启发学的原则。探寻决断正确性的问题与国家法对法官行为的评价是两件泾渭分明的事。法官既不是立法者,也不是宣读法律的喉舌。真相也不在两者中间的任一地带,这种"中庸"在现实中根本无法存在。事实上,将立法者与法官混为一体的通病堪称一桩经典案例,颇为典型地说明了人们出于方法论上的混沌,会怎样把正确的和错误的搅和到一起。[原书第98页]现在,人们只想允准立法者去关注实证法中未予涵盖的要素;而如果"受法律约束"的法官不得不也关注这些要素,人们则宁可将其打入"实证法律",而非搭台任由法官"恣意"发挥。法官既不该进行"法律政策"性的权衡,也不能让自己受它们影响,甚至还要避免遭遇"类似的情境"(occasio proxima)。因为对他而言,一切都是规定好的,即或必须借助解释。但当人们在现实中遭遇了困难,发现这一观念与法律实务格格不入(不仅因为效力与存在的对立,更因法律与实务的内容迥然相异),便又倒向了立法者与法官关系的反命题,转而宣称法官也有若干立法功能,从事的是一种"准立法者"(quasilegislatorisch)的行为。这种说法同样不能解决任何问题。人们如今明确的只是"实证法"的内容无法满足实务的需求,而这翻译过来就叫作:"符合法律"无法再被用作决断正确性的标准。只是这种关于立法者与法官关系的反命题是历史形成的,只能符合部分事实,但碍于它的强迫,人们如今"因此"把法官称为立法者。[原书第 99 页]反之也成立:法官只许援引实证法,严禁参考其他任何渊源——恰恰因为他不是立法者。实则两种说法同样偏颇:将立法者与法官对立起来,系因将实质与形式公正乃至社会学与概念法学混为一谈。但若想在这个问题中寻获明确的方法,则法律实务必须先寻获自己的正确性标准,尤其要独立于法律教义学(Rechtsdoktrin)及其方法。法官当然不是立法者。但这并不是说,他的全部活动便局限于通过特定方法查证法律内容;这一事实的真谛是:衡量其决断正确性的标准,是超出法官主观性而客观存在的。反之,因为实证法之外的内容也会对法官造成影响便认定他兼有立法职能,同样也经不住推敲。法官并不创造法律,而只是援引法律。[1] 他依然要服从法的确定性的要求。尽管后者本身尚需法官通过自己的决断来协力奠定(或许需要数个决断都能同样明确地得以论证),但他在此的角色也并非立法者或其他独立职级,而只是众多协作者中的一员;即使缺少了他,整个行业也会继续存在,不会失去效力。

　　这样的案例完全可以想见。正如上文[2]解释并描绘法律的内容与其

---

[1]　"个别知识与意愿并不是法律",语出 Kierulff:《通用民法理论》,阿尔托纳,1839 年,第 44 页。(他对此的论据是个人"在国家面前微不足道的局部性"。)

[2]　第三章末尾。——译注

"渊源"关系时所做的那样,此处就法官的决断也可以画一条线段,其一边的端点是无论内容如何只需做出决断的案件;另一边的端点[原书第100页]是明显由律典条文或某一契合法律觉悟的实践来确定决断内容的案件。唯求已决状态(Entschiedensein)、内容相对无谓的案例很多,主要体现在形式性法律规定(formale Gesetze)项下。同理,帝国法院区别考量法官在解释例如《民法典》和《土地簿规则》过程中的责任,个中缘由乍看起来云里雾里,但从此处这个角度观察,便显得一目了然:适用《民法典》时,法官能够关注实务与文献,这里的活动空间便比适用《土地簿规则》时大得多——只要帝国法院(或普鲁士邦的最高法院,Kammergericht)就后者的一个问题做出了决断,①那么对此便不许再怀有任何疑虑。再举一个实体法的例子。如果兑换的一个重大要件被变更了,例如原兑换金额3000马克被写成了30000马克、文本也相应地把"三千"改为"三万",由此产生的问题是:变更之前签署了兑换协议的当事方仍然仅对3000马克的额度负责,还是(因为变更而)不再负担任何责任? 帝国商事法院(《判决集》第23卷,第400页)对此的解答是:兑换金额如今既然已是30000马克,则原来以3000马克为标的的合同便已不复存在;如果一桩纯粹形式性债务(例如兑换)的个案定量要求表述特定数额作为其内容,那么指向30000马克和指向3000马克的就是两起不同的债务,即使30000这个额度本身涵盖了3000;此前3000的表述已经不复存在,虽然它算数上被囊括在30000之内;至于是原来的3000被勾掉、被改写成30000还是只加了一个0,这些都不重要;[原书第101页]总之,先前的兑换合同签署方不再负责。许多杰出的实务家都赞成这一立场,例如Staub、Stranz和Bernstein。但是,帝国法院对此却有不同见解,而这也得到了深谙实务的Dernburg的支持:前一审级过度发扬了形式化的考察方法;如果现在(无论在思想还是现实中)抹掉多写了的那个0并把"三万"改回"三千",②使交易恢复原状,那么原始的文本并未因此周折而

---

① 《帝国法院民事判例集》第59卷,第338页;又载《法学周刊》,1906年,第53—54页。

② 德语中没有"万"的数位,因此原文的说法是"三千"(drei Tausend)与"三十千"(dreißig Tausend),如今该把后缀 ßig 给"抹去"。——译注

罹于瑕疵。这与对数额进行实体修改是不同的,例如把 3 改成了 8,这样初始内容便"无法恢复",当事人才被解除一切责任。只是无论这番论证还是这种区分,都很难说是必然的。首先,针对帝国法院指摘的"过度发扬"(Überspannung)形式化的考察方法,反对者可以主张兑换高度形式化的交易属性。然后,关于原始文本是否罹于瑕疵,必须考虑到兑换数额作为兑换的必需要件,不能裂解成一个有效部分和一个无效部分,否则一切 Skriptur 之债学说的基本规则都将被推翻。(Lehmann,见《德国法学家报》,1904 年,第 694 页)最后,Rehbein(《兑换条例评注》,1908 年第 8 版,第 105—106 页)指出,帝国法院的意见"尚需证明自己的合理性"(ließe sich rechtfertigen,注意原文在此用的是第二虚拟式)。事实上,无论帝国高等商事法院还是帝国法院本身,二者的意见都没能拿出必然的理由,甚或只是一番令人信服的实用性或合目的性论证。即便如此,本案必须做出决断,而且人们必须知道当事问题是如何决断的,这比问题本身得到这样或那样的裁决重要得多。在这种案件中,先例会对法官的决断产生决定性的影响。[原书第 102 页]如果有机会观察有经验并且决然独立的法官在合议过程中怎样援引帝国法院的此类判决,就会看到本书提出的正确决断公式在现实中发挥效用的另一佐证。即使是最聪明的法官,在此都会不假思索地引述先例,并且在绝大多数情况下都不解释这样做的理由。这与帝国法院做出的另外一些决断所遭受的境遇相映成趣,诸如如果雇主与雇员约定,其月薪超过 1500 马克的部分直接交给他的内人,因此遭遇不利的债权人不得(请求)撤销这一协议。在这些判例中,[1]当然也有雇员根本无法(亲自)得到其月薪中超出 1500 马克部分的纯粹法学论据,但更重要的却是提请其履行对自己家庭的义务。正因如此,也便无从再说这种法律行为违背公序良俗了。人们通常会说,更高审级决断的意义仅在于其"科学价值",而先例是没有约束

---

[1]　第 69 卷,第 59 页以下。Becker 的《莱茵民法刑法档案集》第 7 卷(最新版本)第 105 页以下汇编了这些判决,并阐述了反对帝国法院立场的论点。

力的。① 这种说法在方法论上便不正确，遑论在现实中行之有效。［原书第 103 页］在只需从根本上做个决断，其本身和理由的内容都相对无谓的案件中，帝国法院的权威对其决断的评价发挥决定性的影响，并与抽象已决状态的意义成直接正比（in direktem Verhältnis zu der Bedeutung des abstrakten Entschiedenseins）。但又因为每个决断多少都含有这种抽象确定的要素，所以至此已经可以理论鲜明地对先例问题做出评判：如果先例已经回答了某一问题，而现在法官需要决断同样的问题，则在考察"其他法官会怎样决断"的过程中，先例能够作为直接参考提供助益，而这一切都与"科学价值"毫无干系。所谓先例判决的效力，实则是从法的确定性角度进行考察，对决断中无涉内容的元素（Element inhaltlicher Indifferenz）进行拟制。应当注意的是，这样解决的只是决断的正确性问题。如果宣称先例有约束力，则会使人重犯旧误，以为又要责令法官遵守法律及其通过先例判决而查证的内容，以至于"符合法律"又成了衡量决断正确性的标准，一切也又都成了对法官的命令。先例判决强烈的暗示作用也不是要考察的对象。［原书第 104 页］这里要考察的只是它在现实中和心理学方面的作用，而这些方面的作用与决断的正确性是毫不相关的。在此重要的只是从法的确定性要求中推导出先例作用的基础与边界。具而言之，只有当决断应当考虑的内容不足以使人认定"其他法官也会这样决断"时，先例才变得重要。

---

① 值得注意的是，Brinz 在评述 Adickes 的《法律渊源》一书时（载《批评季刊》第 15 期，第 162 页），找到了 Adickes 对"实证法重要性的有益意识"的一个标志，即他在长期的实践中看到了习惯法的权威性，并"把对初步裁决的服从作为正义的前提：这样的话所有的人都可能用同一尺度来衡量"。后来，从对待同类案件一视同仁的角度出发，Adickes 还是呼吁先例的约束力。（《法官的定位与能力》，德累斯顿，1906 年，第 13 页）Thöls（引言，第 54 节）认为，实践是有规律的，一句话一经适用就成了法律，根据谚语"对一个人来说是正确的，对另一个人来说也是正确的"，这是指法律的产生，但也可以用来评价判决及其标准。

　　在此方面十分重要的是 Mendelssohn Bartholdy 在《莱茵民法和民事诉讼法期刊》第 4 卷第 131 页中的观点，德国对先例制度的认可度越来越高；司法行政部门的意见尤其值得关注。就此引用 Jäger 在《拜仁报刊》第 7 期第 77 页以下关于州最高法院法定义务的一句话，"监督拜仁州高级法院的法律解释"。关于判例法另参见 Neukamp：《民法档案集》第 12 卷，第 162 页以下。然而 Neukamp 认为，与成文法相比，判例法是一种倒退。

在这个语境下,法官们裁量刑罚的决断值得专题论述。它们逐渐形成了一些惯例,主要体现在刑期大多被定为整数。理论上,只要刑法的基本问题以及一切与刑罚的性质和目的相关的问题都被刨根问底地研究清楚,那么在个案当中便绝无可能定夺一个毋庸置疑的刑罚尺度;事实上,即使前述问题解释清楚了,能够做到这一点的案件也是寥寥无几。实则在裁定每一个刑罚的过程中,都要同时权衡许多不同种类的因素;而即使按下其他各种因素不表,仅按一个尺度进行裁量,也不可能把有期徒刑精确到天。如果法官想知道自己为什么该把刑罚判定为一年整而非一年零一天,此时却跟他讲普遍与特殊预防原则。这种肤浅的说辞不能解决任何问题。现实中会逐渐形成特定的实践。(正因如此,探询"此类案件通常会判多久"完全合理。①)这种实践的意义当然无法与帝国法院对上述兑换案例的判决同日而语。然而,当一位法官追随已有实践,这绝不仅是简单仿制,也非滋生惯性或惰性行为。[原书第 105 页]与此相比,这种实践更可能导致的局面是:如果某位法官的判罚超出了迄今惯常的尺度,那么他就必须释明自己这样做的依据。所以说,即使在这种②量刑案件中,主导的视点依然是其他法官会怎样决断。这里展现的依然是法的确定性趋向。如果某些案件只需在特定框架内从根本上得到决断,则前述基本要求根本不会让法官证明自己所量刑罚的合理性。只需这般量刑的案件与那些内容相对无谓的法律规定相映成趣。此类案件的特殊性在于,在它们的框架内追问"其他法官"的意思并非要参酌"他(们)会根据哪方面的权衡做出裁量",而只是查明"迄今人们就哪个(无论其内容如何的)结果达成了一致"。如果迄今尚未形成任何实践,则在内容无谓、仅需判决的案件中,便根本无法做出不正确的决断。至于这般典型而纯粹的案件在现实中并不存在(毕竟实务不是抽象),并不构成对这个道理的否定。同样不能否认的是,评价帝国法院的判决比斥责它

---

① Klee 在第二届德意志法官大会上针对刑事陪审官的判决以及其中的罚金指出:"这是实践中形成的类似于税收体系的刑罚。""每个法院都会对特定的违法行为形成特定的判罚尺度,这是人所共知的。"(《德意志法官大会公报》第 3 卷,第 661 页)

② 破框的。——译注

们"不公正"或"不谙世事"困难得多。因为它们在事实上对法的特定性发挥着特殊的影响,而法的确定性又是正确性标准的基本要素,所以评价帝国法院的判决才是难上加难,即使并未早就因此变得彻底不能。但是,上文关于债务人劳务合同可撤销性的案例也已表明,一个决断并非只因是帝国法院做出的便可以免于一切批评。

和先例判决一样,立法素材也找到了应有的定位。如果只是为了抓取一个论据,那么立法素材确实比较容易想见,而每位法官也都会用它。[原书第 106 页]但这只是一个心理学的概率问题,因而本身并无所谓。然而,一旦它成了"实践"的有效要素并与法的确定性发生关联,那么,这就事关查证根据立法素材进行决断这一做法的普遍性,进而影响到对决断的评价。在这种情况下,援引立法素材可能构成很有说服力的论证;至于其"科学价值"或作为"孜孜不倦的价值评判与思考工作"的属性,通通在所不问。从这个角度看,立法材料与法官在新法缺失明确规定时偶尔援引的旧法毫无二致。在这里,旧法并不重新获得法律效力,正如立法材料也不因法官的引述而变成法律。用 Rumpf 的话讲,它们的效力在于"实践默认的一致性"(stilles Übereinkommen der Praxis)。而此中的缘由在于,判决唯有基于其与整个法律实务的关联才能堪称正确。

法官做出正确决断以其可预见性和可计算性为前提,这是法的确定性的基本要求,以及对法律实务进行考察的结果。而对于法官是否可以违背法律条文进行决断的问题,本书提议的公式也表达了足够明确的立场。从心理学角度观察,每个法官都怯于违背法律进行司法(contra legem judizieren),无论公正性的要求多么显然而迫切,他们都更乐于援引法律条文的白纸黑字。这一事实具备的方法论意义,源于其与法的确定性要求的关联。历史反复证明,在不能援引习惯法的情况下,实务总会偏离法条文意及其言辞解释,即使最新生效的《民法典》也概莫能外。[原书第 107 页]一个违反法律词意而做出的决断[简称"违律决断",Entscheidung contra legem;原文加注:一旦论及"整部"律典乃至"整个法"的"精神"(„Geist" des „gesamten" Gesetzes oder gar des „gesamten Rechts"),但却毫不解释为什么要将它引入讨论,则后者当然便会失去科学性]若想正确,实则须与其他决断满足同样的前提,即如果(整个实务界的)其他法官也会以同样的方式做出这一决断。由此可见,实证法的确定性功能(Rechtsbestimmtheitsfunktion des positiven Rechts)恰为彻底扬弃"违律司法"提供了一条论据,因此实证法生效的基础亦能划定其实效的边界。[原书第108页]只要实证法尚能保障法的确定性并能形成一种明确的实践,那么决断的"符合法律"就是其正确性的证据。然而,一旦实证法律文本之外的元素动摇了这种实践乃至足以改动法律本身(包括通过"解释"的途径),那么,"符合法律"与决断正确的全等关系(Kongruenz)就会瓦解,违逆法律文义的判决也便可能虽则如此也是正确的了。人们当然对这种"违律司法"提出了各种疑虑,但这要归咎于迄今错误的问题设置,并且最终只会流于重炒"法的安定性"(Rechtssicherheit)的冷饭,而这又恰是他们循环论证的出发点。① [原书第109页]对此,本书明确否定诸如"个体法官即使深信不疑也能违背法律做出正确决断"之类的论调。同样,再强烈的正义感也不应当作为正义感本身而顶翻(umstoßen)法律作为正确性标尺的地位。相反,决定性的永远只是法律实务整体,只有它才能奠定决断的可预见性和可计算性,从而实现法的确定性。在此需要再次申明的是,关于法律实务对实证法的续造问题不属于本书所要讨论的范畴,后者仅限于寻获一项实务专属的决断正确性标准。只是从法的确定性角度来看,明确的实证规范在现实中的优势显得如

---

① 对法律不确定性、法官的专断性的担忧,总是成为反对判例法时生动而有力的决定性论点,例如,Brütt,前揭书,第184页及以下;Rumpf,前揭书,第77—78页(他认为,无视法律的文句会导致法律的不确定性;至于何时可以做出反对的裁决,并没有确定的标准;所有一切都取决于法官的"个性");Brie:《法律和经济哲学档案集》第3卷,第532页;Gmelin, Qousque:《社会学视角下法律发现论文集》,1910年。值得注意的是 Schein 在前揭书第208—209页的观点,出于维护法律确定性考虑,官员应该成为法律的奴隶,而不是国家的代理人,"只有在那些极其罕见的情况下,成文法的后果在当下是如此地恶劣以至于僭越了法律确定性的利益,并且是如此地清楚明显,以至于国家的每一个机关都注意到此,因此不可靠的法律就不会发挥作用"。引入自然法理念所产生的困难,与自然法信仰者关于自然法与实在法关系问题的讨论历史上有趣地平行存在。相比之下,文中提出的解决办法在理论上提供了一个相当明确的答案,这至少在法律方法论上是值得注意的——虽然是我说的。

此巨大,以至于各种隐形的非实证规范与此相比显得都只是像备用手段一般。如果参看帝国法院的当代实践,更会无可辩驳地加深这一印象。然而,此处不该忽视的是:"实证"压倒性优势的假象,是由人们的一种思维定式造成的,即在众多案件中实则只是做做样子地(原文为 ganz lose,即"十分松散")随便援引某一实证规定,以使自己的决断显得"有理有据"。可是这样一番流程完全无法证明在当今的现实中只有确实合乎律条的决断才被视为正确。毋宁说,它只是体现了法的确定性要求的强大影响力,而人们冀望能够借助实证律典超乎寻常的对法的确定力(ungewöhnliche rechtsbestimmende Kraft des positiven Gesetzes),通过造成这种印象来满足前述基本要求。这是怎样的谬误,上文已有详尽论述。在这里,是诸如交易生活、公平、正义等事实上生效的规范致使其他法官也会这样判决,从而奠定了法的确定性。

[原书第 110 页]按照法律中包含的意志或命令无法推知法官决断的正确性,因此关于后者的问题得以从关于法律规定的性质(究竟是命令还是判决)的争论中独立出来,这已足够说明本书提议的公式可以解决违律司法的难题。[原书第 111 页]有人试图通过立法者的"默许"(„stillschweigende" Duldung)来"解释"或"论证"现实中跨过实证法律的实务现象,这本是言之无物并且一文不名的虚构,在此更是不攻自破。他们依然将法律的意志视为决断正确性的唯一标准,遭遇"那为什么有些决断违反律条(gesetzwidrig)却仍被认为正确"之类的反问,则会辩解道:"这是因为立法者的意志悄悄地变迁了。"这种说法的学术价值含量,大抵与下列论调不相上下:一、书目多了会令人昏昏欲睡,这是因为书有一种 vis dormitiva,而众人关于同一题目的交互影响,则要通过剖析这种"力量"来解答;二、只有好人才有好报,如今某人境遇窘迫,由此可以推知,他该当不会是个好人。

面对本书迄今所有的论证及其反复原因法的确定性基本要求,反对者很容易指摘道:从诸如"法的确定性"这般笼统的说辞和论据中,可以推导出一切想要的结论。但作为统一回复,这里要再次强调的是:虽然法的确定性确乎已被普遍认可,但是不该忽视的是,通过指向作为经验类型的"其他法官",这一基本要求已被赋予了一个可见并且可确定的内容;后者随着实务的发展应时而进,但其明确性却毫不因此而减损。[原书第112页]然而,本书提议的公式不含任何排除实务演变的要素,诸如法的"稳定性"(„Stabilität" des Rechts)之类的措辞均已刻意避开。法律生活可能发生突变,"法律觉悟(Rechtsbewußtsein)也会狂飙突进"(Ehrlich 语),以至于"其他法官会怎样决断"的标准也会很快改变。面对法律生活遽变而导致的内容量激增,本书提议的公式虽然也无法就具体个案提供一个现成的解答,但却并不因此而变得不安定。平心而论,这种方法性表述能追求的只是理论上的安定性、对其项下所有相关问题的明确表态以及为所有疑难提供一个开放式的解答,而不是修订出一套对数表或行车时刻表——众所周知,这种精密性只是一种幻化的理想而已。本书有意先将法的确定性要求进行若干抽象,从而将其用作自己方法论考察的起点,为的就是寻获一个公式,以便能对各种庞杂的实务状况都能提供答案,并借此证明自己的合理性。针对公式本身,肯定会有人说它并无新意(尽管对于另一部分人而言,它更像个无凭无据的新学说),因为它从实务出发,最终又回归实务,而没有超越它。如果这种批判是出于"方法性考察必须超越整理和自我反思"的普遍误解,则其谬误自不待言。但若意指本书的公式并无新知的价值,则绝对有失偏颇。本书强调实务,是为了寻获一条它本源(autochtom,原意为土生土长、世代居于此地)的正确性标准。[原书第113页]这里同时避免了"自治"(autonom)的字眼,因为它太容易使人误认为本书(尽管它反复抗议,但肯定还会有人指摘)要说实务造法(Recht schaffen)、立律(Gesetz geben),而此处阐述的与迄今各种解决方案的差异仅在于它提供了一种新的"规范",借此取代自由法律的、文化的或其他类似规范而已。就其本质而言,本书仅对一种实务专有的原则进行方法论的考察。如果现在关于法官决断正确性的问题得到了某种新的解答,而它又对迄今决断理由中或如一潭死水或是纷扰不堪的重要因素做到了重新分组,那么,关于本书在学术上存在合理性的疑虑也便被打消了。至于为实务中被公认为通行的标准另寻进一步的正确性标准,则是另外一个题目,而且第一章就已将其排除出本书的讨论范围。这里之所以还要再提到它,只是因为人们太容易将这两个实则迥异的问题等同起来,以致各种错乱和误解丛生。而真正的实务呢?几乎没有比帝国法院对法官根据《民法典》第839条或《土地簿条例》第12条应付责任的前提做出的判决更能说明本书公式现实效用的论据了。如果"合法律性"真能用作令人放心的决断正确性标准,那么根本就无须经由帝国法院对《民法典》第839条和《土地簿条例》第12条的问题做出决断。有人认为通过如下拆解,能够维系合法律性的标准,即违律决断满足了这两个条款的客观要件,招致帝国法院判决的疑虑指向它们的主观要件,即法官的过错。然而不得不说,这只是一种假象。[原书第114页]因为后者确以前者为前提,"故意"和"过失"这两个概念中包含的心理关系以客观要件为内容。没有这一客观内容,前述主观内容便无从谈起。所以,帝国法院的意思是:如果法官援引了著名法律专家的学说,那么他便无须承担责任;① 尤其关键的是,帝国法院"作为实务界的最高审级"尚未对此问题做出决断;② 如果当值法官没有想到自己适用之外的其他解释可能是正确的,则仅当文献和判例已经收录相关意见,才构成过失;③ 最后仍需重申一下上文已述的情形:一旦帝国法院或(普鲁士的)州最高法院就土地簿事务做出了决断,那么原则上就该认定,一切法官的疑虑均应视为已经消除。④ 至于司法本身是怎样把"自由"裁量、"重大"事由和违背"公序良俗"的问题归入一个特定范畴,以便形成司法管理以取代这些混沌因素的,是一个需要另行考察的问题。因为这已涉及"鲜活的法"(lebendiges Recht),是对经验性法律生活的历史阐释性考量。而本书不失为对这些单行问题在方法论方面的先期探索。

---

① 《帝国法院民事判例集》第59卷,第388页。
② 《帝国法院民事判例集》第60卷,第395页。
③ 《法学周刊》1906年卷,第53—54页。(其中一个有趣的心理学现象是,那些有充分理由的人甚至往往不愿承认存在相反意见的可能性。)
④ 《法学周刊》1905年卷,第139页;1906年卷,第134页。《法律年刊》,1906年,第134页。尤其确定的是 *Gruchots* 第50卷第1005页刊文援引的判决,以及《帝国法院民事判例集》第65卷,第98页。

魏玛国家学思潮中的黑勒
——中间道路上的国家学

齐　松[*]

【摘要】黑勒是德国魏玛时代重要的国家学和国家法学者。他在魏玛时代的国家学思潮中独树一帜,坚持一种辩证的方法,在实然与应然、现实与规范之间寻找一种综合的判断。他的学说不同于卡尔·施密特和凯尔森,是一种具备社会民主共和主义实质价值判断的国家学和国家法学说。

【关键词】魏玛;辩证法;实然与应然;卡尔·施密特;凯尔森;社会法治国

一、 黑勒的学术生涯与魏玛共和国

赫尔曼·黑勒(Hermann Heller,1891—1933)在后世与卡尔·施密特、凯尔森、斯门德并称为"魏玛四大公法学家"(Großen Vier von Weimar),但

---

*　齐松,德国弗莱堡大学法学院博士。

又是他们当中最年轻，或许也是名气最小的一位。但这并不意味着黑勒的
学术成就不及其他三人，导致这一结果的原因仅仅是他短暂且多舛的命运。
黑勒在青年时代亲身参与第一次世界大战，随后投入德国魏玛时代的洪流
之中，他的学术生涯与魏玛共和国同时达到辉煌，他的生命也在魏玛共和国
陷于黑暗之际戛然而止。当他受到法西斯主义的排挤而最终客死于西班牙
马德里时，年仅 42 岁。而他最重要的著作《国家学》作为未竟的遗稿，最初
只能在德国以外的地方出版。

　　1891 年 7 月，黑勒出生于当时奥匈帝国领土中的一个犹太人律师家
庭。他曾于维也纳、格拉茨、因斯布吕克和基尔学习法律与国家科学，他在
代表奥地利参加"一战"的战时休假期间获得博士学位。在拉德布鲁赫的
支持下，1920 年黑勒于基尔大学完成教授资格论文。同年他加入了德国社
会民主党（SPD），但对于该党的国际主义和历史唯物主义观点持保留意见。

　　黑勒的学说和他的一生是与魏玛共和国的命运交织在一起的。他的学
说在科学性之余还具备强烈的现实性。而且在学术研究之外，他还亲身参
与了对魏玛共和制度的建设和捍卫，甚至不惜以身犯险。因此要理解他对
于德国传统学术的批评、对于社会民主的支持，就必须理解他对于魏玛共和
国政治现实的观照。魏玛共和国是"一战"之后 1919 年在德国土地上仓促
建立的政权。它从诞生开始就带着战败的伤痛，对外负有巨额的赔款。而
在它的内部，从极左到极右各种势力之间的矛盾几乎无法调和。政治谱系
的两个极端上的政党都时刻准备着推翻这个由社会民主党人创建的政权，
而它的军队、很多高级官员甚至第二任总统本人都还沉浸在对旧日帝国的
缅怀当中。带着这样"诞生的创伤"①，通过对外极力妥协，在西欧与苏联之
间两边讨好，对内整顿经济，压制频发的政变和血腥暴力事件，魏玛共和国
也经历了一段短暂的平静（1923—1929），并且在学术与文化艺术方面放射
出璀璨夺目的光芒。

　　魏玛共和国成立之后很快就遭遇了一次劫难。1920 年 3 月 13 日，柏林

---

① 　彼得·盖伊：《魏玛文化》，刘森尧译，安徽教育出版社 2005 年版，第一章。

的政府区被一群海军士兵占领,拥立旧帝国时代的东普鲁士官员沃尔夫冈·卡普为首领。政府军拒绝向这些叛乱者开枪,政府最后只能黯然逃离首都,这就是卡普政变(Kapp-Putsch)。当时身处德国北部城市基尔的黑勒立即与著名法学家拉德布鲁赫并肩投入捍卫共和的斗争当中,他们参与领导了工人阶级的反抗运动。两人最终不幸被捕并被判处了死刑。幸运的是,卡普政变在全国工人的反抗之下很快被平息,死刑判决没有来得及执行。

在卡普政变之后,黑勒又与拉德布鲁赫一起投身于成人教育事业,尤其是对于工人阶级的教育,起初他与拉德布鲁赫一道建立了基尔的成人高校,然后又独自前往莱比锡,担负起成人教育的领导工作。

直到 20 世纪 20 年代中期,他才将重点再次转移到学术上来,而这期间也正好是魏玛共和国的黄金时代。黑勒学术的重点在于宪法学、国家学和政治学,并且很少在这些主题之间做明确的区分。也因为黑勒的研究中的这种跨越法学与政治学的特质,至今黑勒在德国政治学领域所受到的尊崇可能更甚于法学领域。[1]

在这一期间,他发表了一系列重要的文章,例如《当代政治的理念圈》(„ Die politischen Ideenkreise der Gegenwart“, 1926)、《论主权》(„ Die Souveränität“, 1927)、《政治民主与社会同质性》(„ Politische Demokratie und soziale Homogentität“)。1927 年,他在国家法教师联合会年会上做了题为《魏玛宪法中的法律的概念》(„ Der Begriff des Gesetzes in der Reichsverfassung“)的报告。在这次报告中,他着力批评了凯尔森的纯粹法学理论,凯尔森作为参会人对黑勒进行了长篇幅的回应,二人的这次直接交流都被记录在案。[2] 此外,作为他在意大利为期半年的考察的成果,他发表了《欧洲与法西斯主义》(„ Europa und der Fascismus“, 1929)。在这篇文章中,他将法西斯主义批判为强制与恐怖的体系、对工人运动的抹杀和对工人阶级状况的

---

①　W. Bleek, *Geschichte der Politikwissenschaft in Deutschland*, 2001, S. 220 ff.

②　Hermann Heller, *Der Begriff des Gesetzes in der Reichsverfassung*, in VVDStRL 04 (1928), S. 97 ff.; Kelsen, *Aussprache*, in VVDStRL 04 (1928), S. 168 ff.

恶化。

随着世界性大萧条的蔓延,魏玛共和国再次陷入深深的困境当中:一方面是好不容易争取到的外国贷款无法兑现,另一方面是国内企业倒闭、失业率暴涨。围绕失业保险和救济的问题,魏玛共和国内部的阶级矛盾已经到达了爆发的边缘,国内由极端分子引发的暴力事件频频发生。此时极端右翼势力趁势而起,希特勒领导的纳粹党在1930年9月的议会选举中已经成为第二大党,但他本人却在1932年进行的总统选举中失利,总统一职由旧帝国军人出身的兴登堡连任。由于在国会当中无法形成多数党,内阁更迭频繁,最后不得不靠着总统频频发布紧急命令来维持统治。这一状态已经偏离了《魏玛宪法》中规定的民主原则,而将一种旨在应对危急时刻的临时措施常态化了,这也成为魏玛时代宪法学争论的焦点,并且为魏玛民主共和制度的失败埋下了伏笔。1932年保守人士帕彭被兴登堡任命为总理,为拉拢右翼势力、打击社会民主党人,他提议以无法镇压共产党人叛乱、无法维持社会秩序为由,夺取作为一个邦国的普鲁士的政府权力。普鲁士在德国是第一大邦国,其政府是由社会民主党人领导的党派联合政府,在当时是社会民主力量的最大堡垒,在国内政治中举足轻重。1932年7月20日,总统兴登堡发布命令:根据《魏玛宪法》(Die Verfassung des Deutschen Reiches)第48条,解除普鲁士政府成员的职务,由帕彭作为帝国专员接管普鲁士的国家权力。同日,兴登堡在签署的第二项命令中宣布柏林和勃兰登堡地区进入紧急状态。此举相当于将作为一个拥有自治权的邦的普鲁士彻底划除(Staatstreich),从而为右翼势力进行独裁统治大开方便之门。社会民主党对此采取了退让的态度,他们认为如果动用普鲁士警察的力量进行武装对抗,那无疑意味着挑起内战。社会民主党将反抗的希望寄托于魏玛共和国国事法庭(Staatsgerichtshof)①的中立性。

这就是著名的普鲁士政变(Preußenschlag)以及普鲁士诉帝国案

---

① 魏玛国事法庭 Der Staatsgerichtshof für das Deutsche Reich (StGH),是专门管辖国家组织法上争议的法庭。它是最高法院下的一个非常设法庭。

(*Preußen contra* Reich)。作为当时极负盛名的公法学家,卡尔·施密特作为帝国一方的代表之一出席了这场审判,而站在他对立面的普鲁士邦代表当中,就有时年 41 岁的赫尔曼·黑勒。在这场事关民主共和制度最终命运的绝望的审判中,黑勒激动异常,力陈普鲁士政府并未违反它对于宪法和法律的义务,也不存在无法维持公共安全和秩序的证据,因此并不存在适用《魏玛宪法》第 48 条第 1 款和第 2 款的前提条件,[1]并且即使任命帝国专使,根据比例原则,其权力也应当仅仅限于警察事务。[2] 除此之外,他还多次跨越法律争议的界限,指出这场普鲁士政变的目的在于为右翼夺取权力,向纳粹党打开联邦与州政府的大门,并迫使法庭也承认了这一点。[3] 然而黑勒以及社会民主党人的反抗注定是徒劳的,因为这场审判距离希特勒最终于 1933 年 1 月就任总理不足半年。

　　黑勒的学术研究具有强烈的实践面向,其方法也不同于德国传统的理念主义,他主张将现实科学的方法与规范研究相互融合,这些特色都与德国高校当时的风气相违背。出于历史原因,德国高校中的主流风气是远离现实政治,倾向于基础研究而非应用科学的研究,学科之间壁垒森严,学者倾向于赋予自己的研究领域一种封闭性。[4] 加之在学术圈内一种隐秘的反犹主义,[5]黑勒在学术圈子里虽然受到表面上的尊敬,但感到相当难以融入。1928 年他才在柏林大学获得了编外教授的职位,直到 1932 年他才在法兰克

---

[1] 《魏玛宪法》(Weimarer Reichsverfassung)第 48 条第 1 款规定:"如果一个州不履行它依据《帝国宪法》和帝国法律所负有的义务,帝国总统可以借助武装力量敦促其履行。"该条第 2 款规定:"如果在德意志帝国范围内公共安全与秩序受到严重扰乱或威胁,帝国总统可以采取为恢复公共安全与秩序所必要的措施,必要时可以借助武装力量进行干涉。为此目的他可以暂时使第 114、115、117、118、123、124、153 条所规定的基本权利全部或部分地失效。"

[2] Kaiser, Preußen *contra* Reich. Hermann Heller als Prozeßgegner Carl Schmitts vor dem Staatsgerichtshof 1932, in GS Heller, *Der soziale Rechtsstaat*, 1984, S. 287, 305.

[3] Preußen *contra* Reich vor dem Staatsgerichtshof. Stenogrammbericht der Verhandlungen vor dem Staatsgerichtshof in Leipzig vom 10. Bis 14. Und vom 17. Oktober 1932. Mit einem Vorwort von Ministerialdirektor Dr. Arnold Brecht, Berlin, 1933, S. 85. 但遗憾的是,法庭认为本案的审理范围局限于法律问题,实质的政治问题被有意搁置。

[4] Eberhard Lämmert, „ Hermann Heller und die deutsche Universität", in GS Heller. *Der soziale Rechtsstaat*, 1984, S. 13, 14.

[5] Micheal Stolleis, *Geschichte des öffentlichen Rechts in Deutschland*, Bd. 3, 1999, S. 185.

福大学获得常规的教授职位。而这距离他的生命——同时也是魏玛共和国命运——的终点亦为时不远了。在普鲁士诉帝国案之后不久,1933 年黑勒在前往伦敦讲学的过程中获悉纳粹已经夺取了政权,于是他不再返回德国,而是接受了在马德里作为客座教授的流亡生涯,并于同年 11 月 5 日由于心脏病猝死,留下了一部尚未完成的《国家学》手稿。

犹太裔的背景加上对德国思想传统的反叛,决定了他一生在德国学术界局外人的身份,①但是黑勒短暂而成果丰富的一生恰好成了魏玛共和国的写照。在两次世界大战的短暂间隙中,魏玛共和国也在文化上取得了高超的成就。著名文化史学家彼得·盖伊指出,魏玛文化繁荣的原因正在于它的共和体制解放并吸纳了一大群在旧帝国当中的局外人,②那些犹太人、社会主义者、新兴学科与艺术流派的代表人,他们在旧的帝国体制中受到压抑,但在共和体制下却正式走上了舞台,他们与德国的传统文化乃至欧洲的文化产生碰撞,摩擦出火花。黑勒一生都在为维护和改进魏玛共和国的民主和法治而努力,最终也在同年随着魏玛共和国的崩塌而陨落,这也为他的一生平添了宿命的色彩。

黑勒的著作具有强烈的论辩性质,但其内容却充满反对极端化的辩证方法和反极权主义的民主共和主义精神。值得注意的是,虽然积极投身于那个时代的政治生活,但黑勒的思想较少受到时代的局限,反而闪烁着很多超越时代的光芒。他立足现实主义,对形而上学和实证主义提出双重批评;他厘清国家学和国家法学之间的互动关系;他揭示种族主义的谬误和单一民族国家的幻想(他提出的对于国家与民主之间关系的看法甚至使人联想到 1983 年才出版的《想象的共同体》一书)。此外,他最重要的成就还在于率先提出从自由法治国向社会法治国迈进的观点。这些思想使得对于黑勒的研究不仅仅出于知识上的考古癖,他的思想对于理解德国的宪法实践甚至对于中国当代公法学界都具有实在的价值。

---

① Uwe Volkmann, „Hermann Heller (1891 – 1933)", in *Staatsrechtslehrer des 20. Jahrhunderts*, 2015, S. 393 (394).

② 彼得·盖伊:《魏玛文化》,刘森尧译,安徽教育出版社 2005 年版,第 7 页。

二、黑勒的国家学说

（一）中间道路与辩证法

黑勒在魏玛公法领域局外人的地位一方面固然源于他的出身，另一方面也源于他在学术中贯彻的独特的方法论。可以说黑勒以一己之力反对彼时德国国家学与公法学界的一切流派。他既反对施密特的政治决断主义，又反对凯尔森的纯粹的规范实证主义。他不同意耶利内克将国家学划分为社会科学和法学两个截然分离的部分，也不同意斯门德在宪法中使用的精神科学的方法。他反对德国学术传统中根深蒂固的理念主义和历史主义，但也不同意一切彻底的唯物主义。他反对康德代表的启蒙时代以来的自然法传统，但也反对黑格尔的民族精神之说。他反对原子化的个人主义，却更加激烈地批评德国社会中流行的国家有机体理论和种族主义。他是活跃的反法西斯斗士，同时又不是共产主义者。因此对于黑勒最常见的一个描述是走在中间道路上的国家法学者。

但这些当然并不意味着黑勒是一位横空出世的天才。他从亚里士多德的政治学当中得到启发，认为可以从对现实政治的经验描述出发，找到政治科学的目的。[①] 他服膺黑格尔和马克思对于市民社会和资本主义的批评，并认为这种经济状态不可能持续。[②] 同时，他所坚持的"现实科学"（Wirklichkeitswissenschaft）的视角，来源于韦伯的社会学和当时在德国新兴的"政治科学"（politische Wissenschaft）。在同时代的公法学领域，他也有着诸如理查德·施密特这样的盟友。

德国学术传统对于黑勒更加明显的影响则是辩证法。辩证的思想在他的《国家学》一书中几乎无处不在，这是黑勒学术的最主要特色。黑勒认为

---

① Hermann Heller, *Staatslehre*, 1983, 6. Aufl. , S. 24.
② Heller, aaO（Anm. 12）, S. 75.

所谓辩证关系就是两种陈述,它们既不互为根据,也没有一个共同的第三方的根据,但它们却同时存在于一个现实对象当中,无法分割。① 在《国家学》当中,他强调理念与现实、政治与规范、个体与整体、思想与行动之间的辩证关系,反对将任何一方视为绝对化的标准,反对任何一方可以决定另一方的说法。他认为学术研究当中对于这些矛盾中任何一方的片面强调,都只是学术上拟制的抽象化,只有在不断回顾整体的条件下,这种片面的思维才具有意义。比如他批评传统自然法思想片面地从个人权利或个人主观目的的角度出发理解法律和国家的本质,同时也批评在德国流行的民族精神或有机体主义等思想将社会的整体理解为具有独立意义的实体,将个人完全矮化为整体的零件和工具。他批评理念主义完全耽于形而上的思考,忽视了无意识的集体行为对于历史的巨大意义,同时也批评各种自然主义无视人进行价值思维的能力,从某一种自然的生理基础或行为本能来解释人类社会的全部现象。根据这种思想,黑勒认为社会是一个由各个部分辩证地组成的整体,他拒绝将组成社会和国家的诸多要素中的一个视为决定其他一切方面的根基。比如他反对种族决定论和地缘决定论,同时也反对经济决定论。

黑勒在人生的最后几年中,尤其是在西班牙的流亡生活中,奋力编写他最后的杰作,也就是最终未能完成的《国家学》一书,但此书已经可以完整地体现黑勒的国家学思想,尤其是他独特的方法论。黑勒所要走的是一条寻找实然与应然之间、权力与法律之间、个人与国家之间辩证关系的极其复杂的中间道路。在魏玛国家学的谱系当中,卡尔·施密特毫无疑问站在将现实的权力视为国家学问题中具有决定性意义的一方,而凯尔森则将国家的本质归结为应然的法律规范。因此可以说黑勒关于国家的辩证观点正好处于卡尔·施密特和凯尔森的中间。

但中间道路的意思并不是说黑勒满足于描述矛盾双方对立并分离的态势,而对矛盾所寓居的实体的发展拒绝做出任何判断。矛盾的双方必须被

---

① Heller, aaO (Anm. 12), S. 81.

统一起来,并形成一个综合的判断。黑勒试图将现实科学的方法和规范研究相连接,打破实然与应然之间的绝对界限,为政治科学寻找一种正确但同时具有拘束力的描述。① 通过将应然规范还原为现实的人类愿望和意志规定,黑勒所要建立的国家学中没有实然与应然的绝对对立。甚至在此基础上更进一步,通过在实然与应然的辩证关系中添加未来这一维度,这种国家学就能够兼具描述性和批判性。因为对于黑勒而言,国家学的真正问题是:通过对于政治现实的观察,在繁芜丛杂的政治思潮当中,找出哪一种意志代表了当代自然和文化条件下社会现实真正有效的发展趋势。② 黑勒的这种思想如何可能,在下一部分中还将得到更详细的论述。

(二) 国家的现实就是人类的作用

对于黑勒国家学而言,有一个判断具有基础性的意义,那就是黑勒将国家这一社会现实定义为人类的作用,是受人类影响的现实(gesellschaftliche Wirklichkeit ist menschliche Wirksamkeit, ist menschlich gewirkte Wirklichkeit)。③ 黑勒认为必须从现实的人的行为出发,去理解国家。而人类的任何一个社会行为都是行动与意义的辩证统一体。④ 一切高于人和低于人的要素,都不能直接决定国家,前者如对于超越性力量的信仰,后者如自然的地理、生物条件,它们都要通过"人"这一行动的中心对国家产生作用。⑤ 黑勒国家学有别于其他国家法学者的特征都建立在这一断言之上。

(1) 首先从这一断言出发,黑勒将国家学的研究对象定位于现实领域当中,国家是一个现实的现象,而非单纯人类精神内部的构建,国家不可能单纯地是任何一种客观精神。⑥ 国家不能脱离它在现实世界当中的基础。因此他认为国家学或政治科学是一门现实科学(Wirklichkeitswissenschaft),

① Heller, aaO (Anm. 12), S. 13.
② Heller, aaO (Anm. 12), S. 121.
③ Heller, aaO (Anm. 12), S. 82.
④ Heller, aaO (Anm. 12), S. 57.
⑤ Heller, aaO (Anm. 12), S. 83.
⑥ Heller, aaO (Anm. 12), S. 56.

而非精神科学或曰人文学科（Geisteswissenschaft）。精神科学的方法在当时的德国具有强大的影响力，格奥尔格·耶利内克、凯尔森和斯门德的学说都体现了这种方法。这两种科学的区分基于精神上的意义产物——如法律、语言——具有一定程度的独立性，但这种相对的独立性不可能脱离社会现实而存在，它们只是从社会现实中被抽象出来的一部分。在意义产物对应的精神科学中，其方法是解释和理解，因果律上的关联对于理解精神上的意义产物是没有意义的。对于法律规范内容的教义学研究可以被视为一种精神科学。而对于作为社会现实的国家而言，它只能在现实科学上被阐明。现实科学要在社会的整体关联中借助因果律去解释国家的现实存在。此处黑勒还补充道，对于意义产物——尤其是法律——而言，两种方法的研究甚至可能是科学上的必要。[1] 但是黑勒不满足于两种方法的并立，他并不同意耶利内克将国家学划分为社会学和法学两个分离的部分。黑勒要建立国家学与国家法教义学之间的联系。具体而言，前者应当解释，用教义学的方法研究宪法——也就是说将宪法看作脱离现实的、独立的意义产物——是何以可能，又为什么是有意义的。[2]

（2）但是不要忘记黑勒的辩证之魂，现实科学并不意味着实然、行为对于应然、价值领域的统治。"社会的现实就是人类的作用"，对于黑勒而言的第二层意义就在于：人类的行动受到思想观念的指引。这意味着国家的现实性并不是说它是一个完全的自然现象，现实科学不等于自然科学，如前一节所述，黑勒反击了各种低劣的唯物主义和自然主义，它们试图相信某一种自然条件或生物本能可以明确地决定和解释精神的活动。[3] 黑勒将人类有目的地对现实进行的形塑称为文化，并且认为国家学是一门文化科学。

（3）这意味着国家属于由人类的目的行为所塑造的世界。进而更重要的是，对于国家现实的描述不能排除对于各种政治愿望的描述，国家现实本身就是在愿望中不断被重新塑造的过程，它本身就是面向未来的。黑勒强

---

[1]　Heller, aaO（Anm. 12），S. 62.

[2]　Heller, aaO（Anm. 12），S. 294.

[3]　Heller, aaO（Anm. 12），S. 94 f.

调认识的主体必然在国家现实当中采取一种特定的立场,赋予国家现实以形式,因此价值无涉的国家学是不可能的,国家学与政治密不可分。即使凯尔森也不否认其理论中包含自由主义的立场。① 任何一种面向未来的政治愿望和立场都可以作为一种应然评价的标准,因此黑勒始终认为:"国家学的所有实然判断在一定程度上也都是应然判断。"②而对于不同政治愿望的平行式的描述,在黑勒看来只会得到混乱的结果。③ 黑勒提出以未来为向度,对于不同的政治愿望进行评价性的描述。他试图在同时代不同的政治趋势中寻找,哪一种必须被认为对未来具有塑造力。在《国家学》一书中,黑勒对于资本主义市民社会的描述就体现了这种批判性描述的方法。站在一种社会主义的立场上,他揭示出:市民社会赖以获得正当化的意识形态是自由和平等的理念,而市民社会的现实则是阶级分化的经济社会,它的现实与正当化理念之间出现了不可弥补的裂隙,并且工人阶级与社会主义思想结合,产生了阶级意识和改变现实的强烈政治愿望。④ 最终黑勒得出结论,认为当前的社会结构无法继续保持。

这样,黑勒在国家的现实当中为理念和规范的指引找到了地位,同时也认为规范的内容必须被理解为现实意志的愿望。由此黑勒巩固了自己在实然与应然之间进行辩证思维的基本态度。他反对将实然与应然的任何一方面绝对化,反对将社会现实和思想中的任何一个要素想象为统治性的。任何要素,无论是文化、法律,还是地缘、种族、经济、公共舆论,都是辩证地通过"人"这一行为中心而发生作用的。而又由于对国家学未来面向的认识,这种各要素之间的辩证认识避免了陷入混沌与不可知的泥潭。

---

① Hans Kelsen, *Hauptprobleme der Staatsrechtslehre, entwickelt aus der Lehre vom Rechtssatze,* 1911, Vorrede zur 1. Aufl., S. XI.
② Heller, aaO (Anm. 12), S. 71.
③ Heller, aaO (Anm. 12), S. 72.
④ Heller, aaO (Anm. 12), S. 133.

(三) 国家作为一种组织及其客观目的(社会功能)

既然国家是一种社会现实,那么接下来的问题就是国家究竟是一种什么样的社会现实,它是如何产生的,又依据何种标准来评价这种社会现实。黑勒对于国家产生过程的具体描述经历了自我—秩序—组织三个阶段。黑勒将当代国家的本质归结为一种特殊的组织。此外,黑勒提出了客观目的论作为评价国家现实的重要标准,这一客观目的的内容就是国家在社会中所必须履行的功能。

(1) 在黑勒看来,社会的构成起源于主体之间的交互性,也即人类之间的相互理解,而个人正是在这样一种互相理解、互相限定的交互关系当中完成自我确定的,以至于无法想象一种单独的、原初的"自我"。[1] 因此黑勒的个人观念从一开始就不同于自然法理论中原子主义的个人观,他反对从"孤岛式相互隔离的众多自我"出发构建社会。

由于人类的相互理解,形成了意义上的联合。虽然这种意义联合不能脱离现实社会行为,但它毕竟获得了相对独立的稳定性,并由此赋予了社会关联一定程度的确定性和持续性。在相同的文化和自然条件的限定下,将产生一个内部存在秩序的整体。所有社会共同生活都是有秩序的共同生活。[2] 通过社会秩序,人类共同生活才保持其稳定性和统一,保持集体的共同作用的可能性。社会秩序既表现在社会行为事实上的常规性中,也表现在它被规则要求的合规范性中。通过每一个人的日常的交互行为,社会联合和秩序可以在无意识的条件下产生并存续,[3]因而无须假定一种外在于个人的、客观的民族精神的存在,更加不可能像"有机体"理论那样,将这种联合当作独立于个体的现实存在。从这里对于整体主义的批评中,并且结合前文对于原子化个人主义的批评,可以看到黑勒在个人与集体之间的关系上也采取了一种辩证的态度,避免将任何一方视为决定性的因素。自我

---

[1]　Heller, aaO (Anm. 12), S. 96.

[2]　Heller, aaO (Anm. 12), S. 102.

[3]　Heller, aaO (Anm. 12), S. 107.

与共同体只能在一种交互性的联结当中,通过彼此而产生并且并肩共存。①
社会既不是个人的目的联合,也不是独立的超个人的整体。尤其是后一种
想法当中蕴含了将个人完全视为手段、工具,并取消个人道德能力在集体生
活中意义的危险。

单纯的意志或价值共同体本身也还不是国家,无意识地产生的社会秩
序还不具备做出统一决定和行动的能力。为了获得这种能力,需要一种有
意识、有计划的行动,将众人的行为和贡献强制性地统一起来。这种有意识
的统一体构建行为,就是组织。②

综上,黑勒对于国家的理解可以总结为:国家是一种组织,它区别于其
他组织的特点是在其领土上它通常拥有排他性运用实体强制的权力,也就
是说国家是一种主权性地域统治团体。③

(2)不同于建立国家的个人的主观目的,国家具有一种客观上的社会
功能。这种客观功能如同在解剖学上解释某一器官在动物的整个身体内完
成的任务。对黑勒而言,这是理解国家存在的必要性的钥匙。近代意大利
北部的城邦国家是现代国家这一特殊形式最早的起源地,在那里最早出现
了高度依赖分工与合作的社会,并且具备谋求独立自主的意志。通过这种
观察,黑勒确定国家的客观功能就是独立地组织并鼓励地域性社会合作,创
造共同的生存状态(status vivendi)。④ 国家的客观目的学说在黑勒看来首
先是一种描述性概念,它表达了国家的政治权力区别于其他社会组织——
例如宗教、经济、军事组织——的独特性质。但同时我们也可以将它理解为
一种评价性的标准。例如在黑勒看来,军事权力必须从国家那里得到目的
和正当性,而不服务于组织并鼓励地域性合作的军事力量与强盗无异。⑤

黑勒对于国家客观目的最重要的应用体现在国家与法律的关系之上。

---

① Heller, aaO (Anm. 12), S. 111.
② Heller, aaO (Anm. 12), S. 102.
③ Heller, aaO (Anm. 8), S. 268.
④ Heller, aaO (Anm. 8), S. 230.
⑤ Heller, aaO (Anm. 8), S. 236.

国家作为复杂分工社会的组织,为了完成其目的——组织地域性社会合作,在技术上必须采取法律秩序的形式。一方面,只有借助实证法律规范的稳定性,不断变换的权力关系的临时性才能被赋予形式并被构建为持久的权力统一体。[①] 另一方面,在社会分工和交往中的复杂性不断提高的社会中,交易安全对法律安定性的需求必然要求由国家统一地制定法律规范,并通过其官员统一地组织司法和强制执行,以此来提高社会关系的计划性和可预测性。[②]

那么国家与法律之间的关系是否仅仅是一种技术上的必须性呢?身处魏玛时代的理论和现实争议当中,尤其是在施密特的政治决断主义和凯尔森的规范主义之间,黑勒也必须对这一问题做出回答。

(四)权力的构建法律属性和法律的构建权力属性

在理解黑勒对于国家权力和法律之间关系的论述前,我们必须理解黑勒对于实然与应然之间辩证关系的论述。黑勒认为任何规范秩序都同时具有实然与应然两个面向:一方面,它表示某种行为模式在现实中通常都会发生,也即常规性;另一方面,它表示该行为模式符合某种规范的要求,也即规范性。[③] 规范所要求的,是现实的可能性中的一种,不具备实现可能性的规范当然没有效力;通常无法得到遵守的规范,也即失去了常规性的规范,也不具效力。在此可以看出,黑勒所采取的效力的概念不是单纯意志上的拘束力,而是在现实中引起常规性的结果。一种行为模式的可能性被挑选出来并得到遵守,这一过程依赖于意志上的规定和承认,因此它的应然属性也总是以现实上的愿望为前提的。但规范性与常规性必然存在差异,否则应然就失去了评价实然的意义。在黑勒看来,凯尔森和施密特都忽视了这种实然与应然的统一,而想将两者对立起来,并将一方面绝对化。凯尔森只看到了规范的应然面向,而不顾其实然面向;施密特则在相反的方向上认为宪

---

① Heller, aaO (Anm. 12), S. 219.

② Heller, aaO (Anm. 12), S. 287.

③ Heller, aaO (Anm. 12), S. 209 f.

法只是决断而不是规范。①

　　法律作为被国家权力制定出来的规范,作为被客观化了的意义产物,具有相对于其制定者主观心理状态的相对独立性,这使得法律可以成为法教义学解释的对象。但是法律相对于国家权力的独立性不是绝对的,它必须同时被理解为现实权力的愿望。② 法律无法离开国家权力的制定和保障而独立存在,没有统一的国家意志,就没有实证法秩序的统一。另外,国家权力在必要的时候可能通过创造新的常规性来建立新的规范:国家可能制定一项旨在反对传统或习惯的法律,③这种立法首先只是一种尝试,通过有意识地制定的规范性,去制造行为相应的常规性,只有当这一规范被生活接受时,它才具有效力。因此国家权力毫无疑问具有构建法律的能力。

　　但是法律又是国家在伦理和技术上必须采用的形式。一方面,如前所述,法律也是权力在技术上的必要形式,不采用法律形式,临时的统治状态永远也不能转变成为相对恒久的统治状态,出于这一统治技术上的原因,不受规范制约的意志就绝不能行使社会性权力。另一方面,在伦理上任何统治都以获得被统治者的服从为前提,服从不可能仅仅来源于外在的强制,它还来源于内在的认同,甚至实施强制的一方在一定程度上也需要对于他所维护的秩序的正当性确信,为此国家需要获得正当性的论证。对于黑勒而言,国家获得正当性论证的方式就是:只要规范的对象相信,立法者在法律规范中所实证化的,是一种超越国家及其法律的伦理性法原则,这些法原则因此构成国家与法律的基础,它们以伦理的方式使人负有义务,那么国家立法机关也就具有了正当性。④ 因此法律也具有构建权力的属性。

　　超实证的伦理性法原则本身仅具有理念上的效力,但它们内在地包含了实现社会效力的要求,也就是说,它们希望尽可能地成为实证法律规则而产生实效。这些超实证的伦理性法原则也不是自然法的翻版,黑勒认为人

---

① Heller, aaO (Anm. 12), S. 286.
② Heller, aaO (Anm. 12), S. 215.
③ Heller, aaO (Anm. 12), S. 287.
④ Heller, aaO (Anm. 12), S. 217.

性并非像自然法理论认为的那样先于社会和历史,而是受到它们的影响,①
因此黑勒并不认为所有超实证的伦理性法原则都具有超越时间与地域的普
适性。至于这些伦理原则的来源,黑勒认为国家作为一种组织最终只能保
障法律的安定性,国家无法避免陷入法的正当性和安定性之间的矛盾中,最
终只有诉诸个人良心,才能保障正义。② 因此也会产生个人是否有权利反
抗国家秩序的问题。黑勒认为针对一项在伦理上值得谴责的国家行为的反
抗权,是无法获得法律上的认可的,这一方面是出于法安定性的原因,另一
方面,更重要的原因在于所有法律的实现都依赖于权力这一悲剧性事实。③
因此这种反抗永远只能获得伦理层面的承认,而无法获得实证法律层面的
承认。但黑勒认为正是在这种悲剧性的冲突当中,法良知的反抗才显得更
加崇高。在此,黑勒并没有像德国其他思想家一样将国家抬高到伦理规范
之总体表达的地步,他强调存在着国家不可侵入的私人性,并且在这种私人
性当中蕴含着塑造国家生活的力量,这正是前文所提及的黑勒对于个人和
集体之间辩证关系的思考的一种表现。从这种辩证关系出发,黑勒并没有
像康德那样否定个人的反抗权,反而在国家机器空前强大和法西斯主义猛
烈抬头的时代背景之下,提出了一种具有悲剧性和英雄主义色彩的个人反
抗权理论,结合黑勒的生平,细读之下令人感慨横生。

(五) 宪制和宪法

沿着权力与法律互相构建的思路,黑勒进一步开始对宪制与宪法的问
题展开论述。黑勒从一种现实科学上的国家宪制(die Staatsverfassung)的概
念出发,它是指从一个特定的历史与政治视角出发,在国家的整体之内,评
价作为基础的国家基本结构,并将之着重表现为相对静止的国家统一体的
构架。④ 宪制所反映的是政治组织成员在当下与未来被期待以相同方式重

---

① Heller, aaO (Anm. 12), S. 20.
② Heller, aaO (Anm. 12), S. 256 ff.
③ Heller, aaO (Anm. 12), S. 258.
④ Heller, aaO (Anm. 12), S. 310.

复出现的合作形态。① 宪制是对于实际权力关系的反映,但权力关系总是处于变动当中,而宪制则是静止的国家,宪制不是整合的过程,而是其结果。这一宪制的概念与秩序的一般概念一样,同时具有常规性和规范性两个面向。宪制中包含了单纯的事实上的常规性,也即习惯,习惯来源于各种自然、文化与历史上的动机,而无须成员对此有所认识,它形成了人在经济、政治上的各种属性,构成了宪制的下层建筑。此外,宪制还包括各种规范,包括未被制定为法律的风俗、伦理、宗教和被制定下来的法律。

与这种实质上宪制的概念相对,人们更加注重被制定为法律的宪制,也即宪法(Rechtsverfassung)。宪法在被制定下的时刻,就被客观化了。黑勒认为:对于作为理念上的意义产物的"社会秩序"的客观化,是服务于作为现实社会产物的"社会秩序"的,因此只有当国家的规范性宪法的独立化服务于现实的国家宪制时,这一客观化才具有科学上可以被确定的意义。② 也就说,以客观化的宪法规范为对象的宪法教义学,其方法也必须受到以上现实科学视角的指导,其意义也必须从这一现实科学的视角说明,而非来自规范内部。

所有社会规范都具有通过意志上的拘束力来指导未来行为的功能,所有社会规范也都通过主体之间的意志拘束,服务于一种特定社会行为的固化。宪法规范的功能是,在时间与人员的变化中,为受到积极评价的常规性,也即为实现宪制的行为创造效力,为国家的宪制创造统一性与延续性。③ 这就是宪法规范被客观化和以凝固的宪法为对象的宪法教义学的意义之所在,它的方法也要保持指向这一目的。在现实中,现存法律规则的总和从未也不会构成一个逻辑封闭的统一体系,它永远只是有漏洞的、不充分的人类作品。法学上对于法律规范的无漏洞性的要求也不是法学家的先验假定——如同规范逻辑学家希望的那样。法学家的任务就是,借助体系化的法律统一体,参与到有组织的国家统一体日新月异的创造中去。

---

① Heller, aaO (Anm. 12), S. 282.
② Heller, aaO (Anm. 12), S. 294.
③ Heller, aaO (Anm. 12), S. 298.

不难看出,黑勒的宪法学说当中贯穿了前面几节所论述的基本思想。宪制与宪法的关系体现了实然与应然之间的辩证法。法律以其创造稳定行为模式的作用服务于国家实现客观目的或社会功能,也即组织并鼓励地域性社会合作,这一理论被套用在宪法上,指出宪法为稳定政治实践所做出的贡献。最后黑勒通过国家学上的论证,为宪法教义学铺平了道路,指明了教义学上为解释法律所需的最重要的"目的",完美地回答了此前提出的国家学与法教义学之间关系的问题。

三、 社会法治国原则

如前所述,在黑勒的学说中,提出了几种评价性的标准,诸如对于未来具有塑造力的政治愿望、国家的客观目的或曰社会功能、超实证的伦理性法原则。这些价值标准具有内在的统一性。能够塑造未来的政治愿望必定是能够更好地完成国家社会功能的政治组织形式,而出于黑勒不断强调的实然与应然、服从与统治之间的辩证关系,能够最好地组织社会合作的行为模式,也一定是符合伦理性法原则的。但是到此为止,黑勒并没有提出一种实质性的价值原则——黑勒在国家学中并没有阐述超实证的伦理性法原则的内容,并表示将这一问题留给了法哲学,国家学只需要满足于假定它们的存在。①

在此我就不得不提到让黑勒青史留名的另一项伟大成就,那就是他首先提倡的一种超越形式化自由法治国的社会法治国理念(sozial Rechtsstaat)。这种法治国原则首先承认传统的民主法治理论,也即公民通过民主制度以法律形式实现其在政治领域的自决。但是在此之外,它还承认社会的异质性无法被彻底清除。因此在传统法治国原则的基础上,它还要求在政治意志形成的过程当中,所有公民都应当拥有真实平等的机会,而非仅仅具有形式上的平等,因为只有顾及所有公民的利益,才可能形成政治

---

① Heller, aaO (Anm. 12), S. 254.

上的合意。① 因此民主的真正基础应当是国内政治中的对手之间存在真正
平等竞争的机会。② 只有这样一种社会民主,才能形成社会法治国。这种
社会的民主将赋予形式的法律一种实质的内容。在这种社会制度中个人或
团体的社会与经济特权均被取消,它将根据每一公民的个人能力而非经济
状况来分配发展的机会。③ 只有在这样的社会制度当中,才能真正实现人
的自决,从而达到一种人类的自由发展和解放。而在黑勒所处的时代,他认
为这种社会法治国所必须的同质性的存在,也就是共同的归属感和共同的
价值导向,正在被阶级分化和经济不平等所威胁,所以国家有义务去克服这
种状态,从自由法治国走向社会法治国。

对于黑勒而言,这一法治国原则具有伦理上的价值,可以看作黑勒对于
他心目中的宪法法律原则的一种表达。虽然这一表达在当时具有乌托邦的
性质,却被现代德国的《基本法》所吸收,成为国家的基本原则之一。

四、 黑勒与魏玛时代的国家法学家

(一) 格奥尔格·耶利内克

格奥尔格·耶利内克在其巨著《一般国家学》(*Allgemeine Staatslehre*)中
就对人类的科学进行了划分。耶利内克认为,研究人的心理内容的科学可以
划分为两类——个体心理学和社会心理学,而后者就是精神科学
(Geisteswissenschaft)。精神科学的研究对象又划分为两类:不需要共同的伦
理意志来领导的领域(如语言、国民经济)和必须要有这样一种共同意志以及

---

① Herrmann Heller, „ Politische Demokratie und soziale Homogenität " (1928), in ders. ,
Gesammelte Schriften, 1971, Bd. 2, S. 421 (428).

② Heller, aaO (Anm. 12), S. 427.

③ Hermann Heller, „Sozialismus und Nation" (1925), in ders. , *Gesammelte Schriften*, 1971,
Bd. 1, S. 437 (442 – 443); vgl. auch Hermann Heller, „ Der Sinn der Politik" (1924), in
ders., *Gesammelte Schriften*, 1971, Bd. 1, S. 432 (434).

共同计划的领域(如经济企业、教会、所有社团以及最重要的国家)。① 由此，耶利内克将国家现象定位于人类的心理世界，将国家学定位于精神科学。这种理论影响了第二帝国和魏玛时代几乎所有的国家法学者。而我们已经看到，黑勒并不同意这种划分，他重新将国家学定位于现实科学，他对于国家学和国家法的研究同时重视现实和精神两个维度，他的国家学是从两个维度的互动关系出发的。耶利内克国家学的另一个特征就是采用了社会学的国家学和国家法学这种区分方法。黑勒不满足于两种视角、两种学科的简单并立。我们看到黑勒的国家学为法教义学提供说明和目的。此外，黑勒的国家学也不同于耶利内克的社会学，在黑勒的国家学当中并不避讳政治性。

(二) 斯门德

斯门德接受了耶利内克的精神科学的分类，他的"整合理论"也认为社会整合是一个精神过程，在"精神的价值规律"的指引下，个体意志上升为国家意志，主权的意志联合得以建立。黑勒提出社会法治国原则，他同样注重社会的整合，但黑勒将国家定位于现实领域，在现实科学的方法下，他认为国家不是一个简单的意志联合体，社会的整合是现实的，因此统一体的构建，也即整合的过程绝不如斯门德所言是精神上的，②在黑勒的意义上，它正是发生在精神上的融合所不及的地方，它是军事的、经济的或其他现实面向的，是国家在现实领域对社会所做的有计划的、有目的的调控。③ 也就是说，黑勒意识到，虽然同质性对于民主国家很重要，但国家的统一性并不意味着国家之内所有成员在精神上的统一，较之于意志联合，国家首先应当被理解为一个统治单位，他可以有效地对反对者施加强制。在此，黑勒承认，对于威胁统一体的行为进行强制性的镇压，并且在联合体成员缺乏对于统一体而言必要的意识和行为的地方，国家组织进行的有意识的保障统一的行为就是必要的。虽然强制的强度有不同的阶梯，但确定的是，国家不是意志统一体，

① Georg Jellinek, *Allgemeine Staatslehre*, 3. Aufl., 1914, S. 1 ff.

② Rudolf Smend, *Verfassung und Verfassungsrecht*, 1928, S. 74.

③ Heller, aaO (Anm. 12), S. 103.

而是现实的决定和作用统一体。国家必须不断通过教育、公共舆论等方式间接地维持、完善乃至创造新的意志与价值的共同体。① 因此整合在黑勒看来是一个不间断的过程和任务,是面向未来的而非业已完成的前提状态。

(三) 凯尔森

凯尔森从"国家是一种超个人的精神联合"出发,认为这种联合不存在于现实的心理领域当中,而只存在于规范领域当中,②进而推导出著名的"将国家等同于法律规范之集合"的理论。黑勒批评他混淆了作为社会产物的国家和作为意义产物的法律,将国家等同于法律,这必将取消国家的独立存在和国家学的自主性,因此产生一种作为法律学说的"规范性的"国家学,也就是没有国家的国家学。③

凯尔森将法律主体等同于他所反映的客观法律的集合,国家作为最高的法律主体也只是规范上的拟制。④ 在黑勒看来,这恰恰将精神科学的方法演绎到了荒谬的地步,这等于说规范必须自我制定并自我保障,这导致凯尔森的实证主义失去了实证性。⑤

黑勒对于法律秩序要体现超实证的伦理性法原则的要求,与凯尔森纯粹法学理论中对于法律的去道德化的要求正好相反。在去道德化的法学中,凯尔森对于法律的效力来源问题的答案是"基础规范"的假定,其内容是:如同这个君主或这个议会命令的那样去行动。⑥ 黑勒对此进行了严厉的批评,他指出这种空洞的基础规范的假定无非是单纯地给不受规范制约的国家意志换了一个名字而已,⑦并且在前述没有国家的国家学、没有实证性的实证主义这两项评价上,又加上了没有规范的规范科学。⑧

---

① Heller, aaO (Anm. 12), S. 266.
② Hans Kelsen, *Allgemeine Staatslehre*, 1925, S. 7 ff., S. 13 f.
③ Heller, aaO (Anm. 12), S. 224 f.
④ Kelsen, aaO (Anm. 58), S. 62 ff.
⑤ Heller, aaO (Anm. 12), S. 224 f.
⑥ Kelsen, *Reine Rechtslehre*, 2. Aufl., 1960, S. 196 ff.
⑦ Heller, aaO (Anm. 12), S. 216.
⑧ Heller, aaO (Anm. 12), S. 225.

（四）卡尔·施密特

黑勒关于国家统治性和主权性的论述、对于实质正义的要求，说明他与施密特的分歧不如与凯尔森的大。他们之间的分歧存在于以下三点。

首先，黑勒认为国家的功能在于组织社会合作，因此他不同意施密特将政治也即国家的功能定义为敌友区分的观点，他认为这样一来，所有国家的内政都被忽视了，并且这种观点显然将政治视为战争的延续，但无法体现政治与战争之间必要的区别。①

其次，黑勒对于宪法的评价是基于法律规范在政治秩序中所起到的稳定化功能的。这恰恰和施密特的观点相反。施密特希望为政治权力消除一切规范。他认为宪制不能被理解为规范化，而应当被理解为对于政治统一体的种类和形式的"决断"②，并且法律都只是"情景法"（Situationsrecht）。③黑勒承认，任何法律的制定都可能是一项政治决断，但是只要被做出的决断要求得到拘束意志的效力，它就必须被对象化为规范。④ 黑勒认为"情境法"不再是社会变化中相对稳定的构建，不再是对不断变迁的权力情景的结构化，并最多导致产生瞬息万变的宪制情景，而不能产生宪制状态或国家宪制。⑤ 而且施密特的决断论将导致伦理的真空和权力的恣意，而黑勒的国家学当中要求一种具有正当性的法律原则。施密特并未对进行决断的权力设置任何规范性的限制，而黑勒则强调超实证的伦理性法原则对于权力的正当化论证的作用。

最后，我们发现，施密特和凯尔森的理论虽然处在两个极端，但他们同时可能导致权力失去道德规范的结果。即使他们的理论中也都暗含着一套价值观念，但无论是施密特反自由主义的政治立场，还是凯尔森的自由法治

---

① Heller, aaO（Anm. 12），S. 234.
② Carl Schmitt, *Verfassungslehre*, 1928, S. 20 ff.
③ Carl Schmitt, *Politische Theorie. Vier Kapitel zur Lehre von der Souveränität*, 1922, S. 13.
④ Heller, aaO（Anm. 12），S. 299.
⑤ Heller, aaO（Anm. 12），S. 288.

国的立场,黑勒都不能同意。黑勒主张的国家学蕴含着一种实质性的、截然不同的道德要求。因此黑勒对于施密特和凯尔森的批评不仅仅是方法上的、形式上的,而且是价值上的、实质上的。黑勒所走的在施密特与凯尔森之间的中间道路,也不唯是在实然与应然之间的折中立场,而且还是一种表达了实质平等要求的社会民主共和主义的价值立场。

五、 结语

回顾黑勒的一生,其命运与魏玛共和国相交错。他定然曾经满怀希望,他曾经写到要追求一种具有实践意义的政治科学,也曾写到政治科学要找出哪一种意志可以成为未来发展的趋势。他定然悲伤地看到魏玛共和国无可挽回地走向独裁与恐怖的统治。他的著作在纳粹统治时期难以面世,在"二战"之后经历了一个被重新发现的过程。[①] 他定然可以欣慰地看到,其学说中的一些内容——尤其是关于社会法治国原则的论述——正确地预测了未来政治的走向。

然而理解黑勒的学说注定是困难的,因为他在凯尔森和施密特所代表的两个极端之间努力挣扎。黑勒的学说充满辩证色彩,很难像施密特或凯尔森那样被概括为简单的口号性的话语。黑勒不能被简单地理解为凯尔森和施密特之间的折中。他在个人与集体、事实性与规范性、权力与正当之间搭建桥梁的努力,他对于建立一种具有实质内容的国家学的探索,无愧于施托莱斯在编纂关于德国公法学历史的书籍时赋予他"魏玛时代最具有意义之尝试"的褒奖。[②] 在他的学说中,政治诉求、现实描述、规范研究三者不仅并行不悖,甚至互相联系、融会贯通,这一点甚至对于当代中国陷于实证方法与教义学方法之争、政治宪法学与规范宪法学之争的法律学术界亦有相当大的启发意义。

---

① Klaus Meyer, „Hermann Heller. Eine biographische Skizze", in *Staatsrechtslehrer des 20. Jahrhunderts*, 2015, S. 66.

② Micheal Stolleis, *Geschichte des Öffentlichen Rechts*, Bd. 3, 1999, S. 183.

卡尔·施密特关于宪法本质和修订界限的学说*

韩　毅**

【摘要】面对 1919 年以来在德奥残境内愈成显学的"纯粹法学",施密特于 1928 年撰成《宪法学》。该书从根本上区分宪法(die Verfassung)和宪律(Verfassungsgesetze):前者是一个先验存在的、有行为能力的主体(民族)就其政治性统一体(国家)的存续性状做出的基本或曰总体决定,尤其在极端情势下;而宪律就其内容而言,则是前述主权性、莫基式意志的实施规范,作为制度依附于前者而存在。一旦宪法本身被废除或废止,宪律即成无本之木。宪律本身可以按照也是宪律规定的程序修订,必要情况下为个案而被背离或在例外状态期间被中止。但这些政治性措施的意义恰在于维系合乎前述意志的存续秩序,而任何立法形式既不能穷尽它,更不许颠覆它。这套维护民主共和国秩序的宪法学说无论从时间上还是内容上都与"法西斯"无关,毋宁说是施密特早年根本性决断主义向具体秩序思想发展进程中的一个里程碑。而施密特关于宪法本质与修宪界限的学说,对我国当今

---

* 本文系上海市法学会 2014 年十大理论课题"卡尔·施密特的'具体秩序思想'"的阶段性研究成果。
** 韩毅,祖籍山东梁山,1983 年生于吉林省吉林市;中国政法大学学士,德国汉堡大学硕士,德国科隆大学博士,华东政法大学师资博士后;研究方向:日耳曼国家与法律史、动物保护。

的改革实践依然启示深远。

【关键词】宪法；基本决定；民族存续；宪律；修订

　　任何一个名副其实的法治国家，均须具备一定的秩序属性。为此，常规情况下须先树立一套法律秩序，而其核心则多为一部宪法。然而，宪法却由不同性质的规定组成。其中关于"最重要的国家机关、立法程序、政府、纲领和普遍性条例"等的规定，[①]可以也应当应时而进地合理修订。但宪法之所以成为宪法，更因其在此之外包含着一些承载着一个国家整个法律秩序的原则，它们是不能轻易改弦更张的。作为史上第一人，卡尔·施密特（Carl Schmitt）[②]在其 1928 年的《宪法学》中专门从宪法理论的视角详细分析了对宪法实施改动的界限。尽管——或正因——其人 1945 年以来备受争议[③]，而

---

① 卡尔·施密特：《宪法学》第 8 版（Schmitt, *Verfassungslehre*, 8. Aufl., Duncker & Humblot, Berlin 1993；下文引作 CS, *Verfassungslehre*, 8. Aufl. 1993），第 14 页。

② 施密特于 1888 年 7 月 11 日生于德意志帝国普鲁士王国西部威斯特法伦省 Sauerland 地区的 Plettenberg。该地本信新教，他却一直就读于天主教学校；1907 年起在柏林修习法学，至 1910 年在斯特拉斯堡撰成论文《关于过错及其种类》而获得博士学位，由此进入法院实习，1915 年晋为候补法官。此前他已志愿报名参加第一次世界大战，但因在培训中脊柱受伤而被调到慕尼黑的代理参谋部供役。1916 年完成教习论文并在慕尼黑担任讲师，但 1919 年却因政局变动而被清洗；1921 年被鹰狮林［Greifswald，国内迄今音译为"格莱夫（斯）瓦尔德"］大学聘为公法教授，1922 年转战波恩，1926 年调到柏林，1932 年在"普鲁士政变"案中代表帝国中央抗辩此时由社会民主党把持的普鲁士邦，事后谪往科隆。但当年冬季学期过后即迁回首都，1933 年 5 月加入民族社会主义德意志劳动者党（"纳粹"为政敌及后世对其的贬称，学界不宜采用），受任普鲁士枢密国家顾问等职；据传 1936 年失宠于当局，但施密特在整个第三帝国期间均在正常教研著述，直到 1945 年才被剥夺教席，移送给苏、美占领军轮流审讯，至 1947 年方被无罪释放；后者第一时间没收了施密特约达 6000 卷的图书馆藏，1952 年才将明显减少的余部归还给他。但他没有接受"去纳粹化"审判，而是回到故乡，无视新当局政界的排挤和知识界的孤立，继续著书立说，直至 1985 年 4 月 7 日辞世。

③ 比较伯恩德·吕特斯：《堕落的法律》（Rüthers, *Entartetes Recht. Rechtslehren und Kronjuristen im Dritten Reich*, München 1988）；《施密特在第三帝国》第 2 版（*Carl Schmitt im Dritten Reich — Wissenschaft als Zeitgeist-Verstärkung? 2. Aufl.*, München 1990）；《施密特是谁？》，载《新法学周报》1994 年第 27 期，第 1681—1687 页（„Wer war Carl Schmitt? — Bausteine zu einer Biographie", in NJW 1994, Heft 27, S. 1681‑1687）；《施密特的新知与旧闻》，载《新法学周报》1996 年第 14 期，第 896—904 页（*Altes und Neues von und über Carl Schmitt*, in NJW 1996, Heft 14, S. 896‑904）；弗里茨·斯特恩：《文化悲观主义就是政治危险（德译本）》（Fritz Stern, *Kulturpessimismus als politische Gefahr—Eine Analyse nationaler Ideologie in Deutschland*, übersetzt von A. P. Zeller, Stuttgart 2008）；莱茵哈德·梅林：《施密特沉浮传》（Mehring, *Carl Schmitt—Aufstieg und Fall*, München 2009）。

其中也不乏非学术性言论,所以进行一场法律史的考察以重现施密特关于宪法本质的学说,有助于蹚过长期以来纷扰混杂的讨论状况,从"初始的简单"中拾取对当今的宪法实践也颇有助益或启发的结论。

一、绪言

然而,施密特的相关论述并不穷尽于上述的一部著作。为理清它们之间的关系并总览部分核心概念,有两点需要预先说明。

(一)施密特自始是秩序思想者

施密特生长于威廉二世年间(1888—1918),在帝国秩序下,他已在相当程度上警觉个人化的自由主义,这一点体现在其1914年的著作《国家的价值与个体的意义》中。学术方面,这位年轻的集体主义者颇受英国思想家托马斯·霍布斯(1588—1679)的影响。他将其学说主要理解为:自然状态("所有人对所有人的战争""人对人就是狼")是无序而充满危险的,唯有通过一个主权性的决定才能过渡到"文明社会"的国家状态。① 秉着这一基础观念,施密特在1912年撰写《法律与判决》时意识到生活中法律尚未做出规定但交易需求又亟待其判断的例外案件,②以至于"经常……只须根本做个决定"。③ 为此,他驳斥了19世纪流传下来的"合法条性"学说,④取而代之研发了"法律秩序本质性要求的法律确定性"(das der Rechts *ordnung*

---

① 卡尔·施密特:《论法学思维的三种模式》(Schmitt, *Über die drei Arten des rechtswissenschaftlichen Denkens*, Hanseatische Verlagsanstalt, Hamburg 1934;下文引作 CS, *Drei Arten*),第28—29页。

② 卡尔·施密特:《法律与判决》(Schmitt, *Gesetz und Urteil*, C. H. Beck, München, ND. 2009 der 2. Aufl. 1969;下文引作 CS, *Gesetz und Urteil*, 2. Aufl. 1969),第8页。

③ CS, *Gesetz und Urteil*, 2. Aufl. 1968, S. 45 – 46; als Beispiel dafür wurde die Polizeiverordnung angeführt, „die bestimmt, daß Fuhrwerke nach rechts ausweichen müssen. Es ist in der Tat gleichgültig, ob [. . .] es nützlicher, moralischer oder gerechter sei, nach rechts auszuweichen, vielmehr [kommt es ausschließlich darauf [an], daß überhaupt eine Entscheidung gegeben werden muß".

④ Vgl. CS, *Gesetz und Urteil*, 2. Aufl. 1968, S. 21 – 43.

wesentliche Erfordernis der Rechtsbestimmtheit)①,作为法官可资对实践中的任何案件进行裁决、确定秩序的标准。②

（二）法学思想的三个种类

规则缺失—做出决定（在德语中，裁判、决断等都是 entscheiden,兹译"决定"，即决而定之）—确立秩序。在这颗当时 24 岁的头脑中，"法"作为规则、决定和秩序均已登场。时至 1934 年,施密特将其总结为《法学思想的三个种类》，并终生坚持这一观念。

1. 具体秩序与构建思想（Das konkrete Ordnungs- und Gestaltungsdenken）

对于具体秩序思想而言，规则只是秩序的组成部分或手段之一；并非规则创制秩序，相反，它只能在某一既存秩序的基础上生发，也仅在其框架内才具有有限程度上独立并超然于案情的规制功能。③ 应用到实践中，则"言一国之法而仅思其规定诚属偏颇，实则每国复杂各异的组织、井然有序的职级、国家权威与国家权力的结合运用,方成其'法'——它们生成、改善、运用、保障法律规范，但绝难与后者等同视之；故曰，规则只是法律秩序的客体和手段，而非其结构性要素"，以至"规范的修改只是秩序变迁的结果而非动因"。④

2. 规范主义（Normativismus）

规范主义者的想法却是另外一套，宁见"法"于事先制定的、独立于具体情势的普遍规定和律条。⑤ 按照这种理解,法律生活中的每种现象——每条命令、每项措施、每部合同、每个决定——都是规范，而秩序对他而言，主要就是指某一具体情况符合作为其衡量标准的普遍规范。⑥ 这种观念必

---

① CS, *Gesetz und Urteil*, 2. Aufl. 1968, S. 47, 49; Hervorhebungen vom Verfasser des vorliegenden Aufsatzes. (着重号为本文作者所加。)
② 韩毅:《卡尔·施密特的法律方法论演进史述评》,载《法律方法》2014 年第 2 期。
③ CS, *Drei Arten*, 1934, S. 13.
④ CS, *Drei Arten*, 1934, S. 24.
⑤ CS, *Drei Arten*, 1934, S. 17.
⑥ CS, *Drei Arten*, 1934, S. 17.

然导致的结果是：所有的"法"都栖身于与事实无关的规范中；剩下的只是作为"法律实证"诱因的"简单事实"；规范性与事实性是"风马牛不相及的境界"；应然超然于实然，构成一座被规范主义者奉为不可侵犯的圣殿；而在具体现实中，所有法与非法、秩序与无序的区分，在他们眼中都变成了规则适用的客观前提。①

3. 决定主义（Dezisionismus）

尽管规范与秩序的关系看似如此剑拔弩张，但早先的反命题却是规范与决断的对立。作为决断主义的经典，霍布斯（参见上文）指出：法（Recht）就是律（Gesetz），而律就是结束关于法的纷争的命令；创制法律的是权威而非真理（Autoritas，non veritas facit legem）。换言之，谁能创制和平、安定和秩序，谁就是主权者并拥有一切权威，唯有主权决断作为万物伊始，接下来的一切——法律和秩序——才成为可能。② 对此，施密特加注道："从法学上，一切法律效力与价值的最终合理性基础都寓于一个意志过程，即一个决断——它恰恰是作为决断而从根本上创制了'法'，而后者的法律效力并不来源于任何一条决断的规则。因为不符合规范的决断也创制法律，而这种违规决断的法律效力在每个法律秩序中都屡见不鲜。"③

（三）概念界定

为克服对人们19世纪以来唯以抽象规范为法的惯性思维，施密特提出了具体秩序思想，而这恰是其早年的根本性决定主义经过20多年的逐步具体化而渐进形成的。④ 首先，1919年的《政治浪漫派》和1921年的《政治神学》分别从反和正两方面论证了一切"纯粹法律"问题从特定层面起实则都是具体政治问题。1923年的《当今议会制的思想史状况》，则将民主作为具体的、唯一的目的性质体，与作为抽象的、可替代的技术性制度的议会区分

---

① CS, *Drei Arten*, 1934, S. 18–19.
② CS, *Drei Arten*, 1934, S. 28–29.
③ CS, *Drei Arten*, 1934, S. 25.
④ 韩毅：《卡尔·施密特的法律方法论演进史述评》，载《法律方法》2014年第2期。

开来。① 而又经过 1926 年"国家法学者大会"上的"法学方法之争",②施密特如今更是直言:"对宪法学而言,宪法(Verfassung)和宪性法律(Verfassungsgesetz,下文简称宪律)的区分是一切释义的伊始。"③

1. 宪法(Verfassung)

Verfassung 在德语中的本意约等于"状态"。④ 但为自己的这部《宪法学》,施密特却对其做出了如下的进一步限定:

> 实证(positiv)⑤意义上的宪法产生于立宪权力(die verfassungsgebende Gewalt)的行为。该立宪行为依其性质并不包含任何单行规范,而是通过一次性决断确定整个政治性统一体的特有存续形式。这一行为架构(konstituiert)政治性统一体——一个具备行为能力的民族⑥——的形

---

① 卡尔·施密特:《当今议会制的思想史状况》第 8 版(Schmitt, *Die geistesgeschichtliche Lage des heutigen Parlamentarismus*, 8. Aufl., Duncker & Humblot, Berlin 1996;下文引作 CS, *Parlamentarismus*, 8. Aufl. 1996),第 13、16、23、41、42、48 页。

② 该冲突的爆发始于艾里希·考夫曼在解释《魏玛宪法》第 109 条时,在条文、立法和体系之外还援引了法律史、其他国家的法律秩序和国际法。对此,以凯尔森为首的实证主义者依其同胞耶利内克的传统,要求"将一切目的论(尤其是关于国家目的)的探讨作为政治性问题而排除在法学之外,进而将后者的研究局限在所谓的'法律方法'的框架内——这样一来,法律从业者的工作实已只剩对国家颁行的法律条文进行解释。与此对立的是,反实证主义者(其下又有施密特独立一派,考夫曼、斯门德和海勒另立一派)追寻法律背后的精义,这些深层价值对于'法'的寻获应当比律典条文更能起到决定性的作用;而价值评判即使不是法学的核心问题,也至少是其重要组成部分。事实上,反实证主义者并不认为伦理、政治和社会学与法学有什么本质区别,而是试图把前述学科的知识引入到法学的讨论中来"。详见汉马可(Marco Haase):《魏玛共和国的国家与宪法学说》(*Staats- und Verfassungslehre der Weimarer Republik*),清华大学出版社 2014 年版。

③ CS, *Verfassungslehre*, 8. Aufl. 1993, S. 21.

④ Vgl. U. K. Preuß, *Verfassung*, in *Historisches Wörterbuch der Philosophie*, Bd. 11, Schwabe Basel,2011, S. 636 – 643.

⑤ 但请注意的是,施密特此处说的"实证"与凯尔森所用的意义并非同义。前者的阐释详见 *Verfassungslehre*, 8. Aufl. 1993, S. 9;后者则既无彻底的体系也非"法学思想的原生种类。它先是……屈从于时下掌握国家权力的立法者的决定,因为只有他们才有事实上的强制力;但实证主义者马上又会要求,这些决定作为颠扑不破的规范永久生效下去,亦即说,即使国家的立法者也要屈服于自己制定的法律。……这可不是同一种思维方式依其内部逻辑的衍生进程,而是实证主义独有的将决定主义和规范主义兼收并蓄,并允许自己根据形势时而诉诸前者,时而求助后者,以保障其法律安定性与可预见性的实证主义需求"。详见 CS, *Drei Arten*, 1934, S. 35 – 36。

⑥ CS, *Verfassungslehre*, 8. Aufl. 1993, S. 21.

式与品性,因而前句所称的有意识的基本决定也定夺实证法学,本身才
是最根本的实证。①

2. 宪律(Verfassungsgesetz)

施密特提出上述论断,恰是针对一种"在当今德意志的国家法学说中
几乎成了当然"的要求,②即"宪法 = 成文宪法,而这在当今语境下无非叫
作:宪法 = 若干成文宪律"③。长此以往,"宪法就被当成律典来对待"④。
此间方法在于将作为整体的统一宪法化作一部只通过外在的、次要的所谓
形式化标识来定义的单行宪律,⑤尤其是对其条款进行修改的难度。⑥ 这一
境地促使施密特直言疾呼:

>　　不能将宪法瓦解为各种单行宪律,而又只依某种外在标识甚或按
>其修改方式来定义后者。这会挖空国家法的一个本质性概念和宪法的
>基本概念。⑦

二、 宪法的本质

与凯尔森德的"合法条性效用"相反,施密特认定宪法是一种"质体性
的存在",并坚持要找出其产生的过程与结构的依据。⑧ 而其出发点是:"宪
法的本质并非一部法律或一条规则。任何规则的编纂均以相应的政策性决

---

① CS, *Verfassungslehre*, 8. Aufl. 1993, S. 25.
② CS, *Verfassungslehre*, 8. Aufl. 1993, S. 19.
③ CS, *Verfassungslehre*, 8. Aufl. 1993, S. 16.
④ CS, *Verfassungslehre*, 8. Aufl. 1993, S. 14.
⑤ CS, *Verfassungslehre*, 8. Aufl. 1993, S. 12.
⑥ Vgl. CS, *Verfassungslehre*, 8. Aufl. 1993, S. 16.
⑦ CS, *Verfassungslehre*, 8. Aufl. 1993, S. 21.
⑧ CS, *Verfassungslehre*, 8. Aufl. 1993, S. 8.

定为前提。"①

（一）作为宪法质体的意志行为

因为"言称宪法自生自行,明显是荒诞不经的。宪法得以生效,因为这是立宪者的政治性意志要它生效。而任何规范化,包括宪律性的规范化,均以这样的意志为前提"②,所以从程序角度来看,宪法的质体就是抉择一个国家存在性状的决定。③

该作为生效原因的意志并不依附于任何规范或抽象的正确性。④ 事实上,任何规则(包括所谓基础规则)都不足以自行,而是先要被认可为正确⑤,有人要其生效,才能从根本上被立为法律。换言之,后者的内容无非就是立宪意志的规则化实施。因此,法律完全以该意志中包含的政治性基本决定为前提和基础。⑥

（二）该基本决定的具体性

于是在实体层面上,任何意志都不会是抽象的,而是现实存在的,其权能与权威也正归因于这种实在。⑦ 由它有意识做出的、确立政治实体具体存续形式的宪法,只能是针对一个具体的政治性统一体做出的。⑧

1. 作为立宪权主体的民族

后述政治性统一体,在 1789 年以来的语境下,指的是具备主权的民族。其时,法国人民承载起了立宪的权能。这一进程影响巨大、意义深远,因为他们意识到自己作为有行为能力之主体的属性,并做出亲自掌握自己政治命运的基本决定。在相当程度上可以说,法兰西民族自己构建(konstituiert)

---

① CS, *Verfassungslehre*, 8. Aufl. 1993, S. 23.
② CS, *Verfassungslehre*, 8. Aufl. 1993, S. 22.
③ CS, *Verfassungslehre*, 8. Aufl. 1993, S. 87.
④ CS, *Verfassungslehre*, 8. Aufl. 1993, S. 76.
⑤ CS, *Verfassungslehre*, 8. Aufl. 1993, S. 9.
⑥ CS, *Verfassungslehre*, 8. Aufl. 1993, S. 76.
⑦ CS, *Verfassungslehre*, 8. Aufl. 1993, S. 9.
⑧ CS, *Verfassungslehre*, 8. Aufl. 1993, S. 21 – 22.

了自己。而通过"给自己一部宪法"（sich eine Verfassung geben），它已决定了自己存续的性质和形式。① 在此有两点需要注意。

（1）先验于任何规范

一方面，这一切在历史上成为可能，前提是法兰西在绝对君主治下已经成了一个国家性统一体，无论宪法如何变更或修改，它都是作为前提而当然存在的。② 由此可见，政治性的存在先验于创立宪法的行为。③ 而即使面向未来，立宪权也并不因其一次性的行使而失效或消灭。④ 两相总结起来，便可以说："人民（Volk），或曰民族（Nation），⑤是一切政治事件的根本和力量的渊源；它总能以新的形式表达自己的意志，生发新的形式和组织，但却不会让自己的政治性存续永远受制于某一规范。"⑥

（2）独立于形式程序

另一方面，任何民族更不会将自己绑定于某一律定程序，因为前者只会在为数不多的决定性关头才会形成意志并将其可见地表达出来。⑦ 事实上，民众大体只能表明是或否，而事情愈是关涉其自身总体存续的根本决断，他们的是或否就愈加简单而决绝。可若在此将19世纪诸如普遍选举与秘密投票之类的方法当作民主绝对而永恒的形式，则是"一个不民主的错误"。⑧ 毕竟作为立宪主体的民族并非稳定的、有组织的职级，而每日发挥功效、常规处理业务是机关的任务，⑨但它们的权能却是始经宪律构建而来，⑩并分立为立法、司法和行政的。⑪

---

① 　CS, *Verfassungslehre*, 8. Aufl. 1993, S. 50.
② 　CS, *Verfassungslehre*, 8. Aufl. 1993, S. 79.
③ 　CS, *Verfassungslehre*, 8. Aufl. 1993, S. 50.
④ 　CS, *Verfassungslehre*, 8. Aufl. 1993, S. 77.
⑤ 　CS, *Verfassungslehre*, 8. Aufl. 1993, S. 79 详解道："（Nation）描述的是一个有政治行为能力、意识到自己政治特殊性并决意政治性存续下去的 Volk，而一个尚未成为 Nation 的 Volk 当然是拥有血统和文化共性的人的集合体，但却未必政治性地存在。"
⑥ 　CS, *Verfassungslehre*, 8. Aufl. 1993, S. 79.
⑦ 　CS, *Verfassungslehre*, 8. Aufl. 1993, S. 83.
⑧ 　CS, *Verfassungslehre*, 8. Aufl. 1993, S. 83.
⑨ 　Vgl. CS, *Verfassungslehre*, 8. Aufl. 1993, S. 98.
⑩ 　Vgl. CS, *Verfassungslehre*, 8. Aufl. 1993, S. 98.
⑪ 　Vgl. CS, *Verfassungslehre*, 8. Aufl. 1993, S. 77.

2. 存在主义与维护统一

关于国家存续性状的政治性决定得以贯行，因为当事政治性统一体存在，而该立宪主体能够决定自己存续的性状。它不需要符合任何道德或法律的规范以证明自己的合理性，毋宁说其意义就在于其政治性的存在。①

而几乎众所周知的是，按照施密特早在1926—1927年便将政治性定义为在事关是非存亡的极端情况下区分敌友，②作为对自身本质的辨识与维护——能够泾渭分明地区分敌友的人，一定比无此觉悟者生存得更坚定、更充实。"朋友"是对自己本质的亲近，"敌人"是对自己本质的拒斥。而在亲近与拒斥的紧张关系中，各民族成了命运的学徒，才明了了自己姓甚名谁，何来何往。③唯其通过这般对自身本质的觉悟和对其他民族的自保，一个民族才具备政治性，④而对施密特而言，国家恰是作为政治性统一体的民族。而它无从证明自己合情合理合法，正如私法领域里的活人无力也无须解释自己为什么存在。⑤在这个意义上，施密特洞察烛照道：

> 国家并非"有"一部按其形成国家意志、发挥效用的宪法，而是国家就"是"宪法本身，一种实然存在的状态（ein seinsmäßig vorhandener Zustand），一种统一和秩序的状态（ein status von Einheit und Ordnung）。一旦宪法，亦即这种统一和秩序，停止存在，那么国家也就停止存在。宪法是国家的灵魂、具体生命和个性化存续。⑥

由此可以推论的是，因为任何存在都是具体的、呈现特定性征的存在，

---

① CS, *Verfassungslehre*, 8. Aufl. 1993, S. 87.
② 卡尔·施密特：《议会民主》(*Parlamentarismus*, Vorbemerkung zur 2. Aufl. 1926, hier zit. v. deren ND. als 8. Aufl. 1996)，第16—17页；卡尔·施密特：《政治的概念》第8版 (*Begriff des Politischen*, Text v. 1932, zit. v. dessen ND. als 8. Aufl. 2009；下文引作 CS, *Der Begriff des Politischen*, 8. Aufl. 2009)，第25—26页。
③ Oberlercher, *Carl-Schmitt-Falle*, 1993, S. 6-7.
④ Haase, *Staats- und Verfassungslehre der Weimarer Republik*, 2014 (erscheint bald, im Entwurf), S. 21-22.
⑤ CS, *Verfassungslehre*, 8. Aufl. 1993, S. 89.
⑥ CS, *Verfassungslehre*, 8. Aufl. 1993, S. 4.

所以每个具体的政治性存在都有自己无论如何的一部宪法。但鉴于前者天生具有自保存续的权利，没有任何一部宪法能脱离是非存亡性的概念，例如1836年德意志邦联决议暨1871年《帝国宪法》第74条保护的"存续、完整性、安全"等，或更如《瑞士联邦宪法》第2条宣誓的"对外保护祖国独立，对内维系秩序安宁"。在这些是非存亡的决定面前，任何规范性条款都是次要的。①

（三）实例解析《魏玛宪法》

既然搭好了这番理论构架，自始心系祖国实践②的施密特接下来当然免不了拆解一番时下生效的1919年《魏玛（帝国）宪法》。

1. 作为质体的基本决定

首先，施密特将其本质属性总结为：

> 关于民主的决定，见诸前言措辞（"德意志人民给自己立定了这部宪法"）和第1条第2款（"国家权力源于人民"）；支持共和而反对君主的决定，见诸第1条第1款（"德意志帝国是一个共和国"）；关于保存各邦的决定，即帝国的联邦制结构（第2条）；关于立法和行政采取议会代表制的原则；以及最终关于市民法治国及其基本权利与分权原则的决定。③

2. 其余宪律性规定

这便导致《魏玛宪法》分为两部分：一个对抗国家、保障公民自由的按照法治国原则部分和一个规定国家形式本身的政治性部分。④ 但尚需注意

---

① CS, *Verfassungslehre*, 8. Aufl. 1993, S. 22 – 23.
② Vgl. CS, *Gesetz und Urteil*, 1912, von vornherein, aber insb. S. 73.
③ CS, *Verfassungslehre*, 8. Aufl. 1993, S. 22 – 23.
④ CS, *Verfassungslehre*, 8. Aufl. 1993, S. 41.

的是,这些"非原则性个律"①中还夹杂着仅因魏玛当局的党团媾和而写入的宪法条文,②其目的仅在于保障其党派专利在日后的议会多数更迭中免遭废黜。③ 但后述关于政体的实证决定才构成"不容触犯"的宪法内核,④而前述内容只是规制国家权力的技术性方法和手段,⑤可以按照宪律的程序修订。它们根本没有必需的质量以入宪,遑论该按第 76 条规定的加难程序才能修改。⑥

三、 "宪法"的修改

第 76 条本身规定:"宪法可以按照立法程序进行修改。"⑦但对施密特而言,其意义是明确的:称"宪法"可以修改,当然非指构成宪法本质的基础性政治决定可以随时被议会废止或改换。德意志帝国就不能仅以通过三分之二多数便摇身一变成为绝对君主国或苏维埃共和国。第 76 条的"合宪性立法者"绝非全能。即便如此,他还是不得不诊治一番"迄今人们习以为常的模糊用词"。⑧

(一)"修订宪法"与相关概念的区分

人们惯常所称的修改或修订"宪法",实则指的是按照宪律规定的程序

---

① CS, *Verfassungslehre*, 8. Aufl. 1993, S. 31.
② CS, *Verfassungslehre*, 8. Aufl. 1993, S. 24; die o. g. „bisherige Annahme", S. 25.
③ CS, *Verfassungslehre*, 8. Aufl. 1993, S. 35.
④ CS, *Verfassungslehre*, 8. Aufl. 1993, S. 26.
⑤ CS, *Verfassungslehre*, 8. Aufl. 1993, S. 41.
⑥ CS, *Verfassungslehre*, 8. Aufl. 1993, S. 18.
⑦ *Reichsgesetzblatt*(《帝国法律公报》,下文引作 RGBl.)1919 I, Nr. 152, S. 1383;该条的后续规定是:"但帝国国会可以决议修改宪法,如果其法定成员的三分之二以上到场,而到场成员中又有至少三分之二投票赞成。联邦参议院决议修改宪法,同样也需所投选票的三分之二多数。如果民众请愿通过全民公决的程序修改宪法,则需全部有权投票者的多数同意。(第 2 款)如果帝国国会不顾联邦参议院的反对而修改了宪法,则后者可以在两周之内要求举行全民公决,帝国总统此前不得公布修宪律法。"
⑧ CS, *Verfassungslehre*, 8. Aufl. 1993, S. 26.

修改迄今施行的宪律条文,①例如专门召集大会,简单立法然后交付全民公决,或只按律定通过加难的立法程序(必要多数、反复表决等)。② 具而言之,这是指:

　　　　一条或数条宪律规定可以用其他宪律规定置换,但必须以保持宪法整体的本质和持续性为前提。因此,修宪的权能仅指在遵循宪法的前提下对宪律规定进行修改、附则、补充、勾除等,但绝不包含制定一部新宪法的权限。③ 因为做出基本的政治性决定是专属德意志人民之立宪权的事务,④而这不容与第76条划给帝国国会、联邦参议院或选民的职能混为一谈。⑤

为此,必须将"修宪"与其他相关概念明确而坚决地区分开来。

1. 废除宪法(Verfassungsvernichtung)

废除宪法,是指现存宪法(不仅是其宪律规定)及作为其基础的立宪权者同时被消灭,典型地伴随革命发生,⑥例如1789年在法国或1917年在俄国,迄今的绝对君主或沙皇式宪法基础被推翻,民众或苏维埃夺取主权。与此相反,"主管"机构只能受托制定一部修改宪律的法律,却无权更换立宪主体:"一部立足于人民主权的宪法不能通过宪律的所谓修改或修订而变成一部君主制原则的宪法。这不是修改宪法,而是废除宪法。"⑦

2. 废止宪法(Verfassungsbeseitigung)

废止宪法,是指消灭现行宪法,但保留现存立宪主权,经常伴随政变发

---

① CS, *Verfassungslehre*, 8. Aufl. 1993, S. 99.

② CS, *Verfassungslehre*, 8. Aufl. 1993, S. 101.

③ CS, *Verfassungslehre*, 8. Aufl. 1993, S. 103;所引处续文道:"也不含修改、扩充或另行规定该修宪权本身基础的权能,例如按照第76条规定的程序对第76条进行修改,将其改为诸如宪律的修改从此可以仅由国会的简单多数决议便可实施。"

④ Vgl. CS, *Verfassungslehre*, 8. Aufl. 1993, S. 105.

⑤ CS, *Verfassungslehre*, 8. Aufl. 1993, S. 20.

⑥ CS, *Verfassungslehre*, 8. Aufl. 1993, S. 99.

⑦ CS, *Verfassungslehre*, 8. Aufl. 1993, S. 104.

生。① 最新例证是德国的所谓"革命性消灭帝制宪法":

> 德意志人民维系以民族为基础的政治统一体的意志,即使在 1918
> 年 11 月以后也依然存在,而这足以在民主的基础上确定德意志帝国从
> 1871 年宪法到新颁《魏玛宪法》法制下的延续性。② 后者的导言也确
> 实开宗明义:"德意志人民的各部族矢志更新并稳定自己的帝国,使其
> 更加自由、公正,……兹为自己立定下述宪法。"③这证明,新宪法并没
> 有建立新的德意志国家。只是一个迄今认为自己只能在君主制基础上
> 政治性生存的民族,如今在这一原则缺失的情况下,通过这部宪法来独
> 力决定自己的政治性存续。④

在这一前提下,现行宪法中能修订的就只是局部条款了,而非其精神或
原则:"例如,民主政权不能通过第 76 条的程序改成苏维埃体制;……帝国
总统也不能通过第 1 条第 1 款或第 41 条的'修订'而登基称帝。……此类
变更将会导致宪法更替,而非修订。"⑤

3. 背离宪法(Verfassungsdurchbrechung)

背离宪法,是指在一个或数个单独案件中违反宪律规定,但仅作为例
外,即以此处背离的规定在其余情况下继续生效不变为前提。⑥ 与修订相
比,这里并不改变任何宪律,而只是规定暂时偏离它们。该行为的必要性取
决于个案:"只有整体政治性存续的利益才能决定采取此种背离之措施,但
这恰恰体现了是非存亡的重要性远高于单纯的合规范性。而谁有权能和实
力采取这种行动,谁就是主权者。"⑦这又昭示了二者的另一区别:修宪机构

---

① CS, *Verfassungslehre*, 8. Aufl. 1993, S. 99.
② CS, *Verfassungslehre*, 8. Aufl. 1993, S. 96.
③ RGBl. 1919 I, S. 1383.
④ CS, *Verfassungslehre*, 8. Aufl. 1993, S. 97.
⑤ CS, *Verfassungslehre*, 8. Aufl. 1993, S. 104 - 105.
⑥ CS, *Verfassungslehre*, 8. Aufl. 1993, S. 99 - 100.
⑦ CS, *Verfassungslehre*, 8. Aufl. 1993, S. 107.

没有主权,因而也无权采取背离宪法的措施,正如立法者只有权立法,而无权破法;至于(即使是宪性法律规定的)程序,就更谈不上背离宪法的主体了。①

4. 中止宪法(Verfassungssuspension)

特定时段内解除个别或全部宪律规定,经常被囫囵地称作"中止宪法"。本义上的宪法,即关于一个民族政治存续方式的基本的政治性决断,当然不能被暂时解除效力;但却可以——恰系为了维护这些政治决定——中止本为执行它们而颁行的宪律规范。② 与修订相反,这里和背离一样,也不修改任何规定。但与后者的区别在于,这里也不违反规定,而只是排除其效力,并且不为个案,而是持续特定时长。③ 但为此,也仅当国家防御受到妨害进而威胁到政治共同体存续时,方可采取中止宪律;为此,19世纪的进程中发展起来了围困状态、战争状态和例外状态等法律制度。而根据上文对宪法内容的分类,实施这些制度时,取消的是市民法治国对国家权力的限制(《魏玛宪法》中为第114、115、117、118、123、124和153条),以便帝国总统能为保护宪法而动用第48条第2款规定的紧急条例权,采取必要的政治行动。④

(二) 抽象"修宪"的危害

但即使"宪法"的修订与非常规状态的权力更迭和非法律性质的政治措施区分开来,日常却还存在着用规范手段颠覆宪法的可能性——这几乎令人嗅到阴谋的气息:

> 首先,宪法(作为整体)和宪性法律(作为个体)被悄无声息地等同并混淆起来;然后,"形式上的宪法"(真正的宪律)和"形式上的宪律"

---

① Vgl. CS, *Verfassungslehre*, 8. Aufl. 1993, S. 107–108.
② CS, *Verfassungslehre*, 8. Aufl. 1993, S. 109.
③ Vgl. CS, *Verfassungslehre*, 8. Aufl. 1993, S. 110–111.
④ Vgl. CS, *Verfassungslehre*, 8. Aufl. 1993, S. 110 i. V. m. 27.

也不再区分；最后，将一条规范确认为宪性的标准干脆被归结为两项形式要件：其一，形式上的"宪法"必须是一部成文律典；其二，该宪律——默认的"宪法"，唯有通过更严格的条件和程序才能修改。①

　　具而言之，这种形式化、相对化的思维方式，例如凯尔森的"纯粹法律学说"，②首先把所有的宪律规定普遍等同起来，以至于第 1 条第 1 款（"德意志帝国是一个共和国"）和例如第 129 条（"公务员有权查阅自己的身份档案"）都成了"基本规范"。但很显然，这种形式化并不赋予后述种类的单行规定以基本性品质，③反而大开门户，终将宪法本质性的基本决定与上文所述的伪宪律规定混为一谈——参与"立宪"的各方为确保其党派私利免于随着日后议会多数的更迭而沉浮，才趁机将其要求写入宪律。④ 这样，宪法的统一性被打破，民族存亡的政治意志中混入了政党牟利的政治图谋⑤——虽然按照《帝国宪法》，它们根本不该存在，⑥遑论有权染指宪法的修订，更何况后者还不许涉及主权性的基本决定。虽则如此，各党派还是"作为社会和经济实力团体……算计彼此的利益和掌权几率，并在这一现

---

① CS, *Verfassungslehre*, 8. Aufl. 1993, S. 12. 破折号插入的部分，例证有第 123 条第 2 款（特定集会的事先申报义务）、第 129 条第 3 款（公务员有权查阅自己的档案）、第 143 条（教师的公务员身份）、第 144 条第 2 款（只有受过相关专业教育的官员才能对学校进行监督）。对此，施密特指出：这些条款的入宪"归因于 1919 年特定的历史与政治情势。构成魏玛国民大会多数的各党意图赋予这些规定以宪性条款的效力。但它们与其他也是非常重要的单行规定的区别究竟在哪里，对此恐怕没人能给出一个合乎法律逻辑必要性的合理说辞。毋宁说，他们当时同样可以把其他规定写入宪法"，例如民事婚姻（区别于宗教婚姻——译注）、遗嘱自由，甚或野兽（对土地）造成的损害赔偿，以及"未来十年内房租不许涨价"之类。参见本文第三节关于伪宪律的部分。

② Haase, *Staats-und Verfassungslehre der Weimarer Republik*, 2014（erscheint bald, im Entwurf）, S. 25, 将其与本案相关的立场总结为："宪法就是确定怎样造法的规则。换言之，宪法通过规定立法的权限与程序，来确定怎样通过律（Gesetze）来创制法（Recht）。……至于评判一部宪法是好是坏，对凯尔森而言是大逆不道的，一如以特定的先验价值作为解释宪法的标准。"参见同文原稿第 13 页。

③ CS, *Verfassungslehre*, 8. Aufl. 1993, S. 12.

④ CS, *Verfassungslehre*, 8. Aufl. 1993, S. 15; vgl. oben B. III. 2, die Scheinverfassungsgesetze.

⑤ Vgl. CS, *Der Begriff des Politischen*, 8. Aufl. 2009, S. 30.

⑥ CS, *Parlamentarismus*, Vorbemerkung zur 2. Aufl. 1926, hier zit. v. deren ND. als 8. Aufl. 1996, S. 11.

实基础上勾结妥协、组建党团"①。这样，它们迟早会达成一切必要的多数，届时宪法的一切保障和稳定性都将沦为一纸空文。②

这一过程的机要在于，先把作为完整性统一体的宪法化解为一堆仅以外观为标识的法律规范，然后把它们普遍称作"宪性法律"。③ 而格奥尔格·耶利内克早在 1900 年就在其《普遍国家学》第 520 页中预言："宪性法律的本质性法律特征仅存于其更高的形式性法律效力。"但如今，施密特已揭露其必然结果：

> 如果这就是终局的宪法概念，那么关于修改宪法的规定——现行宪法中为第 76 条——就成了宪法本质核心和唯一内容。其余的整部宪法实则都成了临时约法，事实上无异于空头支票，每条都处于待填状态。换言之，每条宪律规定都得加上但书：按照宪法第 76 条进行修改的除外。"德意志帝国是个共和国"（第 1 条），但保留本法第 76 条的限制；"婚姻是家庭生活的基础"（第 119 条），如果没按本法第 76 条另做规定的话；"帝国的全部居民都享有信仰和良知的自由"（第 135 条），只要没有按第 76 条实施的改革剥夺他们的这一权利。④

为克服这种荒谬的结果，施密特不得不再次明示：宪法的内容和效力，均广于和高于任意一部普通法律。宪法的内容并非因其修改的难度而变得特殊乃至崇高，而是恰恰相反，唯因其本身的奠基性意义才获得了持久性的保障。⑤ 从中可以止争定分：

> 进行合宪性的宪法修改，逻辑上和时间上均以宪法本身为前提。

---

① CS, *Parlamentarismus*, Vorbemerkung zur 2. Aufl. 1926, hier zit. v. deren ND. als 8. Aufl. 1996, S. 11.
② CS, *Verfassungslehre*, 8. Aufl. 1993, S. 18.
③ CS, *Verfassungslehre*, 8. Aufl. 1993, S. 16.
④ CS, *Verfassungslehre*, 8. Aufl. 1993, S. 19.
⑤ CS, *Verfassungslehre*, 8. Aufl. 1993, S. 18.

《魏玛宪法》的规定即使没有第76条,也都还是形式意义上的宪律;它们生效,并不因为它们可能被修改,而是关于修改的条款和其他宪律一样,皆始因宪法而生效。……修宪的权限仅存于宪法框架之内,以之为基础,不得僭越。而另立一部新宪法的权能不在此列。①

(三) 施密特的总结

末了,施密特总结道:"进行一切区分,其核心都在于防止将宪法之类的概念化解为规范和规范性。一个民族的政治性统一体通过宪法确定其具体的存续形式。叛国之类的罪名只保护这种政治存续,而不是修宪的程序或其他任何程序和应然。……政治上统一的民族存续高于一切规范。"②

四、 结论

总而言之,施密特于1928年提出的《宪法学》,以宪法(die Verfassung)和宪律(Verfassungsgesetze)的区别为出发点。前者是一个既存的、有行为能力的民族就其政治性统一体的存续做出的基本或曰总体决定,尤其是在极端情势下。而宪律就其内容而言,则是前述主权性、奠基式意志的实施规范,并作为制度依附于前者而存在;换言之,一旦宪法本身被废除或废止,则其宪律即成了失源之水、丧本之木。宪律本身可以按照也是宪律规定的程序修订,必要情况下为个案而被背离或在例外状态期间被中止。但这些政治性措施的意义恰在于维系合乎前述意志的存续秩序,而任何立法形式既不能穷尽它,更不许颠覆它。

---

① CS, *Verfassungslehre*, 8. Aufl. 1993, S. 20.
② CS, *Verfassungslehre*, 8. Aufl. 1993, S. 121.

（一）法学理论方面

就方法论而言,施密特再次强调区分与决定(Unter-und Entscheidung),但并非作为最终目的的,而是作为手段,将本质性事物从与之混淆的非本质性中剥离出来,以重树或维系前者的整体与秩序。为此,施密特在开篇即已宣明:诸如整体、秩序、目标、生活、灵魂等概念,皆以特定实在体(etwas Seiendes)为描摹之标的,而宪法并非一个规定国家意志形成过程和国家行为行使方式的法则体系或集合,而其被遵守始为"秩序";相反,作为政治性统一体和社会秩序的总体状态,它指向的只是具体的单个国家——德意志帝国、法国、英国——具体的政治性存在。①

因此,《魏玛宪法》也是一个具体的政治性统一体就其具体的存续形式②做出的具体的政治性决定。③ 继施密特在1923年的著作中将目的暨本质性(teleologisch-substanziell)的民主与技术暨制度性(technologisch-institutionell)的议会区分开来后,④1928年的《宪法学》是将其起初"只需根本做个决定"(《法律与判决》,1912年)的思想进行具体化的又一里程碑。

在这一进程中,施密特顺便理清了宪法的产生过程,即任何法律规范的制定均以政治性定策("本案"中:立宪也是意志行为)为基础,⑤而后者又以一个政治性实体为前提⑥——它存在着,而其特定的存在方式一定是具体的,盖因"每个国家……的整体与秩序都有其特定原则"⑦。把倒叙换成顺叙,则曰:特定具体秩序(一个政治性存在的权力或权威)⑧产生合实然性的基本决定,是为一切后续规范化的奠基性前提,包括宪律。⑨ 这一认知直

---

① CS, *Verfassungslehre*, 8. Aufl. 1993, S. 4.(着重号为本文作者所加。)
② CS, *Verfassungslehre*, 8. Aufl. 1993, S. 22.
③ CS, *Verfassungslehre*, 8. Aufl. 1993, S. 24.
④ Vgl. CS, *Parlamentarismus*, 8. Aufl. 1996, S. 5‐22, 30‐63;韩毅:《卡尔·施密特的法律方法论演进史述评》,载《法律方法》2014年第2期。
⑤ CS, *Verfassungslehre*, 8. Aufl. 1993, S. 23.
⑥ CS, *Verfassungslehre*, 8. Aufl. 1993, S. 50.
⑦ CS, *Verfassungslehre*, 8. Aufl. 1993, S. 4.
⑧ CS, *Verfassungslehre*, 8. Aufl. 1993, S. 22.
⑨ CS, *Verfassungslehre*, 8. Aufl. 1993, S. 24.

接形成了其 1934 年《关于法学思想的三个种类》的架构。

（二）法律史方面

有人甚至指出，施密特实则自始就在具体秩序中进行思考，只是直到后来的著作才将其有意识地作为概念提出。[①] 但无论如何，上述结论都再度并以最直接的方式证明了，无论根本决定还是具体秩序思想本身都与政治骂战无关，而是施密特长期以来与"纯粹法学"的规范思想坚持论辩的起点与顶点。后者的代表——许多是犹太人——届时离开德国的土地，则是出于学术以外的原因。在此之前，两种学说的角力已经持续了二十多年，其时尚无任何后世讳莫如深的政治运动存在。

佐证施密特观点科学性的还有一项重要事实，即其总是"在具体的决定和秩序而非抽象规范和普遍规则中"进行思考[②]——无论当世的主流意识形态如何变更，他的学说都以维系现存秩序为出发点。

1945 年以来，批判者反复宣称施密特用 1933 年的《国家、运动、民族》和《第二帝国的结构与崩溃》两书，尤其是 1934 年的《领袖护法》一文巴结新的掌权者。但被隐去的事实是，1928 年时尚无任何强权国家逼迫施密特为维系现存秩序进言献策。即便如此，他还是明确了《魏玛宪法》的本质，并提出了多种经过精细分辨的制度，为其保驾护航。但施密特本人并非这种"市民法治国"及其"合法性"理想的信徒，却是共知的事实。[③]

（三）法律政策方面

这些论断的年代和内容都证明，施密特的学说与意识形态无关，因此其

---

① Vgl. Hofmann, *Legitimität gegen Legalität*, 1988.

② CS, *Drei Arten*, 1934, S. 16.

③ Vgl. allen voran *Politische Romantik*, 1919, vereinzelt u. a. auch in *Gesetz und Urteil*, 1912, S. 5, 23 – 43, 58 – 59, 108; *Parlamentarismus*, 8. Aufl. 1996, S. 23, 53, 63; nach *Verfassungslehre*, 1928 (im Laufe des obigen Textes angegeben) wieder durchgehend in *Staatsgefüge und Zusammenbruch des zweiten Reiches*, 1934; sowie *Drei Arten*, 1934, S. 14, 22, 31, 35.

继受也没有原则性的政治障碍。其总体精神是,徒法不足以自行,宪法也须具备"合时宜并客观必须"①的秩序质量,才能被尊重和遵守。②

但首先,一堆没有逻辑联系、可以随意修改的规则不足以奠定秩序,哪怕它们被称作基本规范。相反,宪法本身必须自成一个基本体系,为此须首先在是非存亡的问题上做出一个奠基性且不可更改的决定。此外,用于执行它的单行宪律应当尽可能地就重大问题做出实体决定,而非仅达成措辞性的妥协。但与此相反的是,作为党派政治产物的投机性立法不具备宪法属性,这样的伪宪律不可纳入,否则会冲淡宪法的本质,损害其权威。

其次,法治国(Rechtsstaat)和律治国(Gesetzesstaat)绝不可同日而语,就像法的本质也不穷尽于律。如今必须明确的是,关于"普适的、事先拟定的、约束所有人、不允许例外、原则上永恒的法律"③理想已随着17、18世纪的市民时代一去不返。④ 但与此相反,民族统一和存续的意志是永恒的,连宪法本身都是它的产物,当然更高于始于后者框架内的一切宪律规定。⑤由此甚至可以说,在例如战争、动乱、自然灾害等必要情况下,为维系或重树生存秩序而背离宪律⑥或宣布例外状态,恰是现代国家主权的体现⑦,哪怕这被"国际舆论"渲染为违"法"、独裁或反人权。

最后,不容忘却的是,即便在看似和平的时期也须时刻警醒地维护宪法的本质。虽然没有哪个民族以革命或暴乱为日常生存方式,以至废除或废止宪法。但客观上,以"价值无涉"的"纯粹法学"为名,将一切本质性与非本质性规范混为一谈,再按普适立法程序修改或偷换的技术可能性一直存在。巨型国际资本既能在议会买通党派,也能动用其媒体帝国制造舆论、操纵民意和选票,这是最迟在百年前的施密特青年时代就已公知的事实。⑧

---

① CS, *Parlamentarismus*, 8. Aufl. 1996, S. 68－70.
② CS, *Drei Arten*, 1934, S. 16.
③ CS, *Parlamentarismus*, 8. Aufl. 1996, ND. der 2. Aufl. 1926, S. 53.
④ CS, *Verfassungslehre*, 8. Aufl. 1993, S. 4.
⑤ CS, *Verfassungslehre*, 8. Aufl. 1993, S. 91.
⑥ CS, *Verfassungslehre*, 8. Aufl. 1993, S. 107.
⑦ CS, *Verfassungslehre*, 8. Aufl. 1993, S. 107.
⑧ Vgl. CS, *Parlamentarismus*, 8. Aufl. 1996, S. 11, 62－63.

因此,主权者必须注意,自己民族存续的权利①及其相关的基本决定不得因滥用立法权而被颠覆、挖空、背叛。唯有保障这样的本质持续性,人们才能尊重和遵守宪法,而这正是宪法的权威。②

① CS, *Verfassungslehre*, 8. Aufl. 1993, S. 22.
② CS, *Verfassungslehre*, 8. Aufl. 1993, S. 75, 阐释权力(Macht)与权威(Autorität)道,"与(依其本质必然实在的)权力相匹配的概念是主权(Souveränität)或君统(Majestät,即'陛下'一词)",亦即实际参与构置事物的可能性。关于权威与权力对立的经典案例,莫过于中世纪教皇与国王的关系。以此类推,可谓宪法虽无实权,却有威严。

国外论文

柏拉图《政治家》中的政治知识[*]

格里斯伍德(Charles Griswold) 著

方 旭 王海洁[**] 译

我的这篇文章目的在于分析《政治家》中爱利亚的异邦人所提出的"政治知识"(*politike episteme*)的含义。"政治知识"(英语中通常翻译成 political science)这一主题,贯穿于整个《政治家》文本之中,因此我将对文本的若干部分加以评析。这篇异常复杂又相对受到忽视的对话让解读者津津乐道,与此同时,又引发了诸多令人费解的谜团。本文在概述了要探讨的基本问题及其一般背景之后,我将在第二部分探讨《政治家》开篇所提出的政治知识的定义。在第三部分,我将重点分析异邦人悠久的异域神话。在第四部分,我将着眼于他对尺度(*measure*)的分析。在第五部分,我将注重他对法律的论述。在第六部分中,基于个人对《政治家》的阐释,我将勾勒出其中未被言明的"最好"的政治体制的图样。

---

* Source:J. P. Anton and A. Press(eds.), *Essay in Ancient Greek Philosophy*, Vol. 3 (Albany:State University of New York Press, 1989), pp. 141 –167. 感谢四川外国语大学马克思主义学院李思凡女士对本文校阅并提出意见。

** 方旭,中共重庆市委党校马克思主义学院副教授;王海洁,三峡大学外国语学院讲师。

一、导言：哲学与政治知识之间的关系

在《智术师》(*Sophist*)的一开始，苏格拉底(Socrates)宣称"哲学家"一词的所指(*the genos*)是很难被察觉的。① 由于人类普遍的无知，哲学家有时被认为一无是处，有时被当作政治家，有时被视为智者，有时仅仅被认为是发了疯。苏格拉底转而向爱利亚的异邦人(Eleatic Stranger)提出问题，该问题引出了之后的两篇对话，并向异邦人提供了讨论的主题：在爱利亚的异邦人所生活的地方是否将"智者""政治家"和"哲学家"一分为三，并且都恰恰用这些名称来命名他们呢？爱利亚的异邦人做了肯定的回答，之后依照苏格拉底的要求对这些类型进行了定义，同时也按照苏格拉底建议的顺序进行了阐释(首先是智者，然后是政治家，最后是哲学家)。事实上，第一篇对话是由爱利亚的异邦人与苏格拉底所推荐的年轻人(泰阿泰德，Theaetetus)(参看《智术师》218b，253e—254b；《政治家》257c2—4，258b，285d)所主导的。② 为了回答苏格拉底的问题，爱利亚的异邦人建议将三个名称(*gene*)分别予以分析。在快速地为之后的讨论设定了方向后，苏格拉底旋即回到自己的位置上静静聆听。他在《政治家》的开篇再次讲道，在文本的这个部分他强烈推荐小苏格拉底(Young Socrates)作为接下来的对话者，此后，我们在这篇对话中再也听不到他的声音。苏格拉底异常地安静，和他对异邦人(Xenos)异乎寻常地服从，都是十分"戏剧性的"。

苏格拉底能够仔细聆听爱利亚的异邦人对这三个名称的定义是有充足理由的，因为在前一天下午(剧中时间)他被指控了(《泰阿泰德》210d 和

---

① 在这篇评论当中，除非另有标识，否则我所提及的苏格拉底仅仅是柏拉图书中的"苏格拉底"。在文章中的所有的页面都是由《政治家》中引述。除非有另外的标识，《泰阿泰德》《智术师》《政治家》这些都是来自于伯纳德特(S. Bernardete)的翻译：*The Being of the Beautiful：Plato's Theaetetus，Sophist，and Statesman*，Chicago：University of Chicago Press，1984。

② 爱利亚的异邦人与苏格拉底(257b2—4)一样，看上去都认为这三个主题的安排并不武断，塞奥多罗(Theodorus)则犯了一个错误而被苏格拉底责斥(《政治家》257a—b)，他认为这些名词是具有同等价值且可替换的，因此可以用任何顺序加以讨论。

《游叙弗仑》2a—3b）。对苏格拉底的审判是造成《政治家》一书思想错综复杂的关键。① 事实上，审判的要点在于，苏格拉底既是一个蛊惑年轻人的智者，同时也是一个虚伪的政治家，假称自己知道对于城邦和公民而言何为最佳。如果苏格拉底是一个哲学家，那么雅典人断言，智者、政治家和哲学家实际上是两种人，因为哲学和诡辩术（sophistry）是无法区分的。苏格拉底在《高尔吉亚》（Gorgias；521d）中声称他是唯一（由他的哲学能力推断而来）拥有真正的政治技巧的人，这一说法遭到了质疑。在法庭上，城邦很快证实了他的这个说法。② 在《高尔吉亚》中，苏格拉底预言自己的审判将类似于一个医生在由孩童组成陪审团的法庭上被一个厨子控告。正如一位评论者近期所言，③相比之下，如果《智术师》和《政治家》代表了"对苏格拉底审判的独特哲学观点"，那么这个审判的结果是非常难以定论的。因为柏拉图认定哲学家是不可被替代的。这段对话将显示出，爱利亚异邦人的哲学是否清晰地表现了苏格拉底毕生的思想，进而为苏格拉底提供了申辩的机会。我将着眼于文本为我们设计的问题——政治家的知识与哲学家的知识之间的关系。

在《政治家》一开始，爱利亚的异邦人很快地从对"政治家"的定义转向探索"知识"或者说"技艺"的定义，④他这种做法的依据显而易见，他相信一个人成为政治家的充分必要条件就是必须拥有政治知识。因此，爱利亚的异邦人主张要成为真正的政治家，并不需要掌握政治权力（politic power；259b）。相应地，爱利亚的异邦人实际上也没有像苏格拉底在《王制》中对

---

① 《政治家》的戏剧背景，详见 M. Miller 的《柏拉图〈政治家〉中的哲学家》（The Philosopher in Plato's Statesman, The Hague：Nijhoff, 1980）。更多关于《智术师》和《政治家》的戏剧背景可见 S. Rosen 的《柏拉图的智者：原型与影像的戏剧》（Plato's Sophist Drama of Original and Image, New Haven：Yale University Press,1983）。也可看看 G. K. Plochmann 的《苏格拉底，爱利亚的异邦人与其他人》（"Socrates, the Stranger from Elea, and Some Other", Classic Philology, 49, 1954, pp. 223－231）。

② 据我所知，柏拉图的对话中仅仅有两个人物宣称自己拥有真正的知识或者技艺：一个是苏格拉底（《高尔吉亚》521d），一个是普罗塔哥拉（《普罗塔哥拉》319a）。

③ Miller：《柏拉图〈政治家〉中的哲学家》，第2页。

④ 在《政治家》中，至少对于政治家所掌握的知识而言，"技艺"和"知识"是作为同义词使用的。例如，在258e10当中，政治家是指有"技艺的"，而在259b1则被视作"王者之技艺"；在259b4—5中，我们被告知掌握这种技艺者将成为王者。

待政治知识那样,花费大量篇幅讨论政治家的品性、教育、灵魂,以及如何取得政治权力这些主题。

　　为了建立一个指导假设,即政治家拥有"政治知识",爱利亚的异邦人询问小苏格拉底:"我们必须将政治家(the politikon andra)归于有知者之列,你觉得呢?"小苏格拉底回答:"是这样的。"一开始,在什么情况下这种"政治知识"得以存在是很模糊的。最初,在一系列不可捉摸的范式(Paradigm)中,我们不清楚爱利亚的异邦人是否想要定义"真正的"(true)或者"理想的"(Ideal)政治家。也不清楚他定义的"政治家"是否有着为我们所熟悉的特性;或者是他所分析的对象是否是一个可以实现的"政治家",只是存在数量比较稀少且很难实现。[1] 我们也可以这样想,"名称"(genos 或 eidos)的意义是非常模糊的:我们分析的"政治家"的"种"(Species)是否是苏格拉底在《王制》中所使用的"理念"(Ideal)的意思? 还是说,我们可以仅从字面上来理解,这个词的意思就是广义上的"族"(family;310b10)、"类(tribe)"、"种类(kind)"、"群"(group)之类的意思?或者,爱利亚的异邦人使用这个词已包含了以上这两种可能性?[2]

---

[1]　比较亚里士多德在《政治学》(1288b10—1289a1)中有关政治知识的论题,认为政治知识必须要与最好的政体一致;最好的政体又是与现实条件相联系的,而这些条件又是当前存在的,需要对三者进行区分。政治知识必须研究如何使现存的城邦获得发展以及城邦衰败的原因等等。

[2]　考虑到在《政治家》285b 中,"种"的含义,以及在 210b10 和 d2 中两个名称(gene)的用法。在《智术师》218c—d 中,爱利亚的异邦人说,包含了"phylon"与"种"两者的智者(同样可以在《政治家》260d7 中看到)。这自然就认为"政治家"能作为一个"种"(尤其是因为他不仅仅提出智者作为一个"种"),事实上,爱利亚的异邦人从未提出"政治家"的"种"和"相"(在《政治家》中,被看作是在二分法的背景下,"种"和"相"两者是可以替换的)。但是,可以对比 260d1、303d5 以及 295d3—4,因为爱利亚的异邦人试图用二分法的方法去寻找"政治家"。"种"的含义就是与我们的评价方法紧密联系的问题。可以说何谓"种"的类型是二分法所解决的问题。见 K. M. Sayre:《柏拉图的分析方法》(*Plato's Analytic Method*, Chicago: University of Chicago Press, 1969),第 187—192 页;J. Moravscik:《柏拉图的二分法的剖析》("The Anatomy of Plato's Divisions"),载于 *Exegesis and Argument Phronesis Suppl* 第一卷(Assen: van Gorcum, 1973),第 324—348 页;H. Cherniss:《早期学术之谜》(*The Riddle of The Early Academy*, Berkeley: University of California Press, 1945);F. M. Cornford:《柏拉图的知识理论》第三版(*Plato's Theory of Knowledge*, 3rd ed., London: Routledge and Kegan Paul, 1949),第 262 ff 页;以及我的《柏拉图的〈斐德若〉中的自我认知》(*Self-Knowledge in Plato's Phaedrus*, New Haven: Yale University Press, 1986),第 168—197 页。

　　"政治"(politikos)这个词不足以说明这个问题,因为它具备多种内涵。苏格拉底在《申辩》(Apology;21c)中用它指代政治人物。《政治家》中却没有提及实际上的政治家或政治人物,而且很明显,在《政治家》中爱利亚的异邦人并未描述可以被普遍实践的"政治知识"。正如爱利亚的异邦人所说的,实际上,真正的政治家是很容易被混淆在狡猾的模仿者之中。这些欺诈者中有许多"与狮子、人头马和其他类似的动物有相似之处,还有大量的类似于森林之神和软弱而狡猾的野兽,他们彼此迅速交换容貌(观念)和能力"(291a8—b3)。① 完全可以说,有许多所谓的"政治家"其实不过是政治家的模仿者。因此,爱利亚的异邦人不仅要寻找理想的(至少是超凡的)、适合于诸神的政治知识,还要寻找优秀的、随着人类的变化可以适当被掌握的且符合他们统治需求的知识(299d 及以下),或者以上两者兼备。《政治家》的一个明显的特征是,爱利亚的异邦人向我们展示了这两种政治知识之间的更替,对两种政治知识都进行了描述。爱利亚的异邦人进一步将两者进行对比,显示出二者之间相对的弱点和优势,它们不仅仅是最佳与次优的关系。对话的复杂性和丰富性很大程度上在于爱利亚的异邦人对政治知识的这种双重描绘所产生的相互作用。

　　在谈论对话之前,有必要做一基础评论,《政治家》开篇的二分法向我们展示了,"政治知识"是"知识"的一部分,②因而要充分理解何为"政治知识",就必须厘清何为"知识"。不幸的是,爱利亚的异邦人从来没有定义过知识和技艺,尽管他划分了一个"整体知识论"(258e6—7),以对其加以部分定义;虽然他提到修辞学的知识(304c10—d2),以及神职人员的技艺或知识(diakonou;290c5—d3——这是 mantike 知识的一部分),这表明他允许"知识"这个词有多种内涵,但他没有确定这些内涵的核心理念,似乎只是

---

① 整个法律部分(291a8—303d2)都致力于将政治家从"智者的智者"中区分开来(看这个部分的开头和结尾)。智者是"真正知识性政体"的"最伟大的模仿者"。

② 在《智术师》的最后一个部分,爱利亚的异邦人向我们提供了一个对二分法的全面描述。他现在在没有任何解释(《政治家》258b9—10)的情况下声明一种新的二分法是必要的。为何这样呢?《智术师》和《政治家》的二分法是否和谐一致呢? 那么在《哲学家》的开篇是否也需要二分法呢?

想对真观念(true opinion)和知识(如在 301a10—b3 中)加以区分。更多的
提示主要见于爱利亚的异邦人关于二分法(diairesis)和辩证法(dialectic)的
讨论(285a—d,286d—287a),①以及关于范式(Paradigms)与尺度(Measure;
283c—287a)的各种题外话(digressions;277a—278e)。② 与其将这些线索凑
在一起而得出一个"知识本身"的定义,我更愿意跟随爱利亚的异邦人的思
路,使"政治知识"的含义在我的论述过程中显现。③

二、《政治家》开篇的二分法

对话开篇的二分法是从 258b3 到 267c3 这个部分。在 267b—c 中,爱利
亚的异邦人将政治家的谱系"编织在一起"(weave together),形成了一个定
义,其实质如下:政治家拥有诺斯替主义的科学(the gnostic science),可以向
培育、放养那些双足的、无角的、不杂交的牧群类动物下达自己的命令。④

---

① 在《政治家》中,辩证法并不能称作一种知识,而在《智术师》中(253c7—8:自由的知识)
　确实这样,并且与哲学相关(253e4—6:这是"纯粹而公正地进行哲学化的人"的技艺)。
② 对《政治家》的完整诠释,将不得不解释一些题外话对辩证法的持续干扰,也要解释许
　多公认的错误——干扰二分法,强迫爱利亚的异邦人和小苏格拉底按原路重行或者修
　正他们的讨论结果。
③ 一些评论家对《政治家》的评论都宣称政治知识和我们政治知识的哲学知识
　(philosophical knowledge)是一样的,以至于《政治家》是缺失(missing)的《哲学家》。参
　看 R. K. Sprague 的《柏拉图的哲人王》(*Plato's Philosopher King*, University of South
　Carolina Press, 1976)第 100 页以及 J. Klein 的《柏拉图的三部曲》(*Plato's Trilogy*,
　Chicago:Chicago University Press, 1977)第 177 页。我发现这个论题是没有说服力的,
　仅提及显而易见的问题。爱利亚的异邦人不仅未提供任何明确的证据来支持这一观点
　[在《政治家》中没有提到哲人王(Philosopher King)],而且他还推迟了他关于二分法的
　讨论的关键要素,这可能是因为《哲学家》(参看 263a—b,284d)。爱利亚的异邦人还将
　智者、政治家、哲学家视为三个单独的要素,以三个不同的逻辑属性分别对待。
④ "sumplekein"或"sunagagein"(276b6)忽略了在政治家的宗谱学(genealogy)上的普遍
　性。其中尤为重要的是野生动物和驯养动物之间的区别,这一点已经被错误地忽略了
　一次,并在后来以某种形式被高调地引入到分类中(263e—264a)。似乎是为了尽量减
　少人与其他动物之间的差异,爱利亚的异邦人也忽略了无灵魂之物体与有灵魂之物体
　之间的区别(最早是在 361c 提及)。更加有趣的是,爱利亚的异邦人将他所寻找的政
　治家置于对有灵魂之物的统治划分栏目之下,由于政治家的王者之知是较之其他任何
　技艺都要"高贵以及伟大的",它是监管无灵魂事物的(261c)。然而,在开篇的二分法
　中,政治技艺并没有被视为"高贵或伟大的",而是仅仅较之较早被掌握的统治奴隶的
　知识更为令人印象深刻(259b,参看亚里士多德《政治学》1255,31—37)。

我们也可以这样总结：政治科学是一门统治没有羽毛的两足动物的艺术。随后，爱利亚的异邦人又问小苏格拉底对他的定义是否满意，小苏格拉底的回答是肯定的，爱利亚的异邦人马上抛出对这个定义的怀疑，同时质疑小苏格拉底对这样一个定义的完全接受态度（同样的情况可见于277a）。模仿苏格拉底的教育法，爱利亚的异邦人将小苏格拉底引入了一条谚语式（proverbial）的歧途，同时在某种程度上，他将对这个年轻的数学家进行指导。二分法的过程中，小苏格拉底对爱利亚的异邦人的回答或许是简短的，但是"是"与"否"之间（含义）的差别是相当大的。二分法的本质就在于每一步都要进行一次选择定位。而小苏格拉底也有足够大的空间去获得他所想要知道的（知识）。那么我们完全可以说，小苏格拉底应该对二分法最终造成不可理解的结果负责。小苏格拉底关于政治家的观点草率而毫无创见，他眼中的政治家正如一个精于此道的牧羊人，具备准数学化的知识，统领着羊群一般的市民（因而也与牧羊人有了种类上的差别，见275b—c）。看到了这一点后，爱利亚的异邦人直接对此定义进行了批评，同时也将小苏格拉底推进了困惑（aporia）的深渊。消除了小苏格拉底对政治生活的偏见之后，爱利亚的异邦人引入了伟大的神话，这个神话给小苏格拉底提供了一个广阔的视野来看待事物，使之看到自己先前观点的局限性。

　　爱利亚的异邦人在着手讲述神话之前就说明了开篇的二分法的错误（在完成神话之后，他又对其他的错误进行了说明，见274e—276e），同时，为了推翻之前我所总结的定义中的错误，他引入了一个新理论，这给我带来了一丝惊喜。爱利亚的异邦人指出定义存在缺陷，因为该定义没有区分出一种只有作为政治家才能拥有的知识。按照该定义描述，"成千上万"的其他人都将宣称自己是"政治家"（267e—268c）。① 我们本来期待爱利亚的异

①　为何爱利亚的异邦人不能通过进一步的划分来解决这个问题呢？为何要转向神话，并把它比作儿戏呢？他只是简单地说他们要这么做，而在后面，他又将要重新恢复二分法（268d5—e2）。虽然我不能在这里继续讨论这个问题，但我提到以下几点作为这个问题的可能答案。神话对于二分法就好比是编织对于梳理的技艺，或者是总体对于部分的关系。爱利亚的异邦人强调每一个"相"都是一个部分，但是并不意味着每一个部分就是一个"相"（263b）。这些"相"是"全部"（all）和"宇宙"的一部分在神话中就有所描绘；比如，"全部"是因为它本身没有部分，它并不是一个"相"。神话提供的关于"整体"的"综合性"论述，在对话开篇的二分法之中清楚地表明：如果没有一些通俗易懂的故事来告诉人们在哪里划分以及走向何方，那么就无法分而治之。

邦人会说,我们所知道的统治者实际上和被统治者在本质上并没有区别,人与动物之间才有根本性的差异,公民的自由问题也是应该被考虑到。① 一旦对人类的状况有了正确的认识,他就在神话之后考虑到了这一切。我们可以尝试性地推断,神话及其所描绘的宇宙观在某种程度上是必要的。然而,现在爱利亚的异邦人所提出的观点却为我们准备好应对这些更深层次的反对意见。如我们所知,分歧现象如此彻底地渗透到生活的方方面面,它标志着某种思想和行动的自由,这似乎是人类特有的,政治家必须知道如何引导。这种分歧现象同样标志着我们的世界缺乏神圣的政治知识,正如爱利亚的异邦人在 301d4—6 中所说,如果一个杰出的政治家表露"他将受到热情的欢迎,那他将以高度的精确性引导我们通往那个幸福而又正当的政体"。不幸的是,在我们生活的当今时代(按照在神话中所说,我们可以称我们的时代为宙斯时代),这样的热情并不会持久。因此,这种无所不知的牧羊人的形象,似乎不适合我们这个世界。我们还可以看到,《政治家》开篇对政治知识的定义与政治毫不相干。这是一个非常奇怪的去政治化(apolitical)的定义,因此,在神话中,爱利亚的异邦人将那样的政治图景安排在克罗洛斯时代(他在 274e10—275a6 中进行了明晰的阐述),以与适合宙斯时代的政治知识相区别。

　　《政治家》中对待政治知识的双重性,在开篇对话中第一次使用二分法时就显现出来了,前四个二分法(从 258b3 开始,一直到 261d—262b 中所犯的错误)通过以下方式展开:

---

① 亚里士多德的《政治学》开篇(1255b17—21)就对"完全相等"进行了批评(在《政治家》的开篇 258e)。在《政治家》中,政治家、地主、奴隶主三者的技艺是相等的,我在当前的文章讨论《政治家》这个问题,而文本本身也将向我们展示它自己对亚里士多德的批判性反驳。

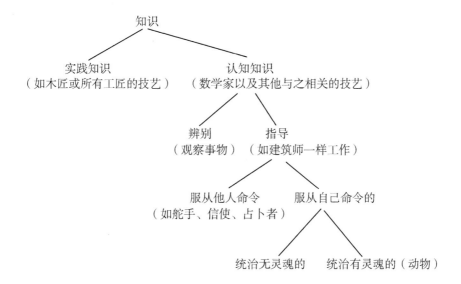

在左边第一级分支中,爱利亚的异邦人说,他们"将自己的知识视为自然而然地融入了他们的行动中,并随着行动而完成,知识贯穿于所有的行动之中,而非先于行动出现"(258d8—e2)。而对于右边的分支,"这些却无关乎行动而仅仅与认知相关"(258d4—6)。由于从二分法到神话都在探索政治知识(以及与之相同的管家和奴隶主的技艺;259b)被置于"认知知识"的这一类别下,所以政治知识首先被视为更多地类似于数学的而非木匠的知识。然而,在神话之后,政治知识的范式从牧者转变为编织者(更为确切地说是编织羊毛大衣;279b1—5),很明显,编织是一种生产性的技艺,能够产出一些东西。因此,尽管爱利亚的异邦人之前从未明确承认这样的变化,但在神话之后,完全可以说,政治知识应放在"实践知识"的分类之中,而非放在"认知知识"中来探究。我们将看到神话为这样的观点提供了更多的证据加以支撑。在对话的后半部分,爱利亚的异邦人在总结前两个二分法时,他明显忽略了"认知知识"与"实用知识"(可以说是"生产性的"知识)之间的区别,好像承认现在提到它,就需要对分歧进行明确和长时间的修正一样(292b3—c3)。他的总结如下:

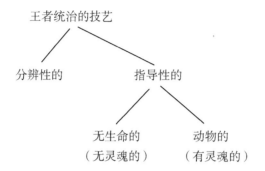

　　我并不是说这政治知识的两种概念是完全不同的。例如,爱利亚的异邦人从头至尾都认为政治家拥有一种技艺,而这种技艺是统治的技艺,他的统治是通过脑力实现的,仅下达命令即可(260e,305d1—4)。政治知识是一类"体系性"(259e8)知识。进而,爱利亚的异邦人宣称政治技艺是合法统治的唯一标准。严格来说,被统治者的臣服是次要的(292c5—9;因此,在259b,国王和奴隶主的知识是相同的)。无论如何,这是政治知识到底是作为生产性的知识还是作为认知性的知识的根本区分。《政治家》开篇预见了这篇对话中关于如何对待政治知识的核心问题:政治知识是"理论性的"还是"实践性的/生产性的"? 这种知识更像是发现(discovering)还是制造(making)呢? 还是说,我们应该得出这样的结论:政治知识在某种程度上既是理论性的,又是实践性的/富有成效的?

　　该问题的双重性贯穿于整个对话之中。确实,对话被分为了两个部分,前神话部分和后神话部分各为"一半"。而神话则是作为一个联结点,联结着这两个部分,并描绘出了一个被划分为两个时代的宇宙,并存在两个范式(牧者与编织者)和两个尺度(算术和均值;283d)。尽管《政治家》给我们提供的是一个合流的二分法的例子(见287c及以下),而分流的二分法对于整个对话而言,以刚才所预言的方式发挥其作用。同时,对《政治家》两个部分的划分实在是太过简单,因为神话本身就可以构成第三个部分,同时还有一些神话之后的题外话(digressions)(包括范式和尺度)也对其划分产生了干扰。

　　神话表明,通过二分法呈现的两种选择的表面排他性并不是最终的结果,因为神话向我们展示了似乎排除的东西,即政治科学所属的两个分支。正如我已经指出的,政治知识的概念是通过前神话的一系列二分法而产生的,适用于克罗洛斯时代的宇宙;而后神话时代的一系列二分法则产生了一个适合于当前宙斯时代的政治知识概念,因此,尽管二分法深刻影响着《政治家》的内容,但神话却在根本上控制着这篇对话。神话为将二分法的结果(甚至是二分法的方法)植入到图景之中提供了基础。因为它给予了我们一个评价二分法结果的基础,这一观点在法律部分和政制部分(291d—303c)表现得尤为明显,我将在后续部分中做简要探讨。

　　神话中的宇宙学背景(cosmological setting)有助于我们理解政治知识,但并不能消除上面提到的关于政治学的问题;相反,它为我们提供了更深层次的构想。因为在我稍后要研究的方式中,神话不仅告诉我们如何划分时代,它还让我们产生一个疑问——当前的时代是否应该要模仿克罗洛斯时代来构建。可以肯定的是,《政治家》混淆这两个时代(正如小苏格拉底所做的,尤其是思考牧者的范式是否适合我们这个时代)是为引出大灾难。一个在我们这个宇宙时代的人,认为自己拥有克罗洛斯的知识,以至于他不同于那些如同羊群般被统治的动物,因为他就是暴君。这种不以法治为基础的君主政治乃是最糟糕的政治。(267e,301b10—c4,302d—e)

　　通过确认政治为何物,爱利亚的异邦人部分地阐释了政治知识的含义。这种知识的对象是"人"。因而,在我们的对话开篇的二分法中,就分成了两部分:第一部分详细地提出了知识的相关种类,而第二部分则划分了不同种类的动物类别,直至"人"这种独特动物出现(261a3—266e11)。在前神话部分的二分法中,人仅仅是通过可见的身体特性与动物相区分。因此,《政治家》首先减少关于我们生物学特性的属性,即我们意欲将其视为唯人类所有的东西,这些信息以各种方式结合在一起,从而勾画出动物王国种类的信息。我们还需要指出的是,如果在《政治家》的前神话部分存在一种人的"形式",那么它完全是由感性世界的属性所决定。因此,爱利亚的异邦人对一系列二分法的修订,不仅仅要求不同的政治知识概念,还需要一种不同于人类这种动物的概念。

根据《政治家》开篇一系列二分法的暗示,政治知识和人类自然概念之间的联系是什么呢?为何"认知"的知识会和数学相同,进而导致爱利亚的异邦人设想人是作为无羽毛的两足动物而存在呢?要回答这些问题是非常困难的,但是我会尝试着做以下的回答:数学与和它相关的知识对象在某种程度上是存在惰性的,它们不发生改变,既没有潜力,也没有自由。这些对象(如几何图形)彼此之间并无"本体论"上的不同。几何学家或数学家操控着它们,按照自己的意愿使用它们(当然,要受到它们结构的束缚),这就好像牧者对待羊群(再次重复,被视为牧者的政治家与奴隶主在本质上是一样的;259b),其知识对象正如我们刚才所说的是有惰性的。272b 中小苏格拉底并不确定哪个时代是更幸福的,他没有看到关于第一次对政治知识与人的定义中存在的缺陷。这些定义反映了他自己的、以数学为导向的性质,这有助于解释在 267a1—3 中论及的债务偿还。《政治家》的第一个定义在真正意义上是由小苏格拉底提出来的。

可以预见的是,在爱利亚的异邦人的后神话概念中,政治知识是一种实用的/多产的艺术,与伴随而来的熟悉的、非还原的人的概念之间也存在着联系。这就好像是木匠发掘出一块木头的潜能,使之能够与原本相依而生的树木区别开来。木匠的产品很可能是起到了使其非自然化的目的呈现出来;编织者利用自然中最为原始的质料,通过复杂的改良过程,使其具备可为(对象)最好的性质,同时他还可以生产出(原本粗糙的)原料的完美产品。这种半自然化的对象也是为了避免自然化。同样,政治家和国王从潜在的政治动物中培养出了公民。"羊毛大衣"般的法律、习俗以及真实观念可以保护人类不受自然(包括人性中更危险的方面)的伤害。《政治家》的后半部分告诉我们,政治生物在某种意义上就是通过政治知识人工制作而产生的(它本身也是一种人造物)。这种生产"第二自然性"的过程明确了人类的潜能,同时也将人与其他动物区分开来。面对政治知识的人工改造,人的本质是可塑的。不同的陈述使人可以与动物区分开来。人是具备使用技艺能力的动物,包括总能引发争端的政治技艺。这就是《政治家》中极易被忽视的关于政治知识与人的设想。结果,"生产性"的政治知识和"认知性"的政治知识也将有所不同,因为二者存在区别,必须以对其对象(人)的需求和最恰当的理解为导向。

为找到《政治家》中关于政治知识的两个概念之间的不同,我将对神话做进一步分析。

三、 神话

在柏拉图的所有的对话当中,《政治家》中的神话一定是其中最为奇特的一节。① 我对它的评论不是完整的,而是具有选择性的。我建议将神话划分为以下几个部分:(1) 前言(268d5—269c3);(2) 介绍有关神以及造物主的本质(269c4—270b2),在此,爱利亚的异邦人试图解释为何宇宙既有时代周期又有反时代周期,以及为何其中一个被神控制而另一个被宇宙自身控制;(3) 对宇宙两个时代(270b3—274e3)的描绘,我称其为"克罗洛斯时代"以及"宙斯时代"。在前言中,爱利亚的异邦人颇具哲学意味地宣称,他将解释一些著名的神话的起源。因为这些神话是对宇宙论背景的模糊记忆,而这些宇宙论背景正是爱利亚的异邦人在神话中所描绘的。爱利亚的异邦人提及了三个流行的神话,第一个是阿特柔斯与梯厄斯忒斯的争斗,第二个是关于克罗洛斯时代以及最早的五代时代的人的神话,而第三个则是关于最初的生命并不来自于人类,而是以一种非自然的方式直接来自于大地的神话。确切地说,通过对这些传统神话的共同来源的叙述,爱利亚的异邦人的神话就不具传统性了。但是,无论如何,爱利亚的异邦人的宇宙观看上去深受赫西奥德的影响。

---

① 我将这部分所提到的对话称为"神话",但是爱利亚的异邦人提出的神话则包括了"神话"(mythos;268d9—e4,272d5,274e1,277b7)和"逻各斯"(logos;274b1,277c1)。然而,在286a中,爱利亚的异邦人使我们清楚地看到,并不存在一个"最伟大者"的形象——只有逻各斯才能拥有完全表达他们的能力。在277c中,爱利亚的异邦人反对逻各斯(通过他所谓的二分法)以及模仿(eikastic)的神话。

一开始,爱利亚的异邦人借鉴了赫西奥德的观点:对人类而言,事物随着时间的推移逐渐退化。事实上,爱利亚的异邦人的宇宙观展示了在这两个时代里都有一种不可避免地向混沌状态发展的趋势。由于既定原因,克罗洛斯时代被迫结束(272e,269c4—7)。暴行与物种灭绝相继发生。克罗洛斯与宇宙充分结合在一起,就像是一只悬挂在线上的纺锤(参看《王制》617c),而破坏性的转变是由宇宙毁灭自身时突然的逆转造成的。此时,克罗洛斯和他的精灵们(helper gods)离开了自己的岗位,让宇宙自己(automatically)控制自己(269c7)。随后的宙斯时代,因为宇宙"身体"之中内在的缺陷而必然灭亡。① 宇宙所拥有的"美丽的东西"都是由造物主赋予的,也就是说,宇宙不是天生的好东西(273b7—c2;造物主当然不必为宇宙提供一个身体)。即使是宇宙的生命,也会因这种不和谐感而进入其中,并周期性地进行复位(270a3—5,273e1—4)。回到克罗洛斯时代——因此宇宙以一切形式继续存在——似乎完全依赖于创造它的上帝的"关怀"(279d—e)。当造物主看到了"宇宙"现在混乱不堪的状况时,上帝感到很感动并加以干预,重新回到舵手的位置。之后,他再一次毁灭宇宙(对隐喻进行转变的是异邦人),从而导致宇宙运动的逆转,使所有生命物遭到完全毁灭。

爱利亚的异邦人对宇宙的描绘中,第二重要的是对赫西奥德的模仿,赫西奥德认为,"混乱的嘈杂"是万物的起源。这个"鸿沟"和"缺口"看上去是不可知的——但谁又知道它的起源(它从何而来)呢? 就其本身而言,我们(或者赫西奥德)似乎对此无能为力。事物的起源连同其有争议的后代(他们之间的分歧总是再现),在赫西奥德的宇宙学中似乎从来没有被完全克服。因此,赫西奥德总是在不断地强调工作、节制、美好事物的匮乏、始终存

---

① 《政治家》273b4—c2。莫尔(R. D. Mohr)令人信服地认为,物质是宇宙自我毁灭的原因。[《柏拉图〈政治家〉中的无序的运动》("Disorderly Motion in Plato's *Statesman*", in *phoenix*, 35, 1981, pp. 199–215)]

在的失去它们的危险等等。同样地，尽管是通过造物主（的安排），①但爱利亚的异邦人的宇宙仍然存在一系列的混乱（无区别、无形式、无秩序的事物），当每次重新安排好一个命定秩序之后，这样的混乱周期性地发生。最佳的宇宙在赫西奥德或是爱利亚的异邦人的描述中都没有存在的条件。事实上，正如我将在下面展示的，要定义何为最完美的、最完满的、最幸福的爱利亚的异邦人的宇宙中的动物（269d1）可能是非常困难的。正如我们可能会指出的那样，宇宙不是由善的观念或者是由任意观念所决定的。事实上，在《政治家》中，引发争论的一个问题是，爱利亚的异邦人从未提及如苏格拉底在《王制》（V—Ⅶ）、《斐德罗篇》（Phaedrus）以及《筵话篇》（Symposium）中所提到的理念（Ideal）或者形式（Forms）。② 在最后一种方式中，爱利亚的异

---

① 爱利亚的异邦人神话中的一个谜团是造物主的身份以及他与克罗洛斯的关系。在270a3—5 中，爱利亚的异邦人提及了一个"神圣的原因"以及造物主再次复归拯救宇宙的生命；在273d4 中，我们听到了"造就了所有宇宙的上帝"掌握着宇宙之舵。这个"所有事物的舵手"（272e4，273c3）似乎是克罗洛斯。因此，造物主和克罗洛斯实际上是同一人。爱利亚的异邦人也说道，"所有运动事物的领导者"按照一个单一的方向使"自身永恒地旋转"（269e5—6）。宇宙以及其造物主克罗洛斯是永远都未停歇过的。

② 在《王制》377e—378a 中，苏格拉底说："赫西奥德告诉他，最为荒唐的莫过于把最伟大的神描绘得丑恶不堪……如赫西奥德描述的乌拉诺斯的行为，以及克罗洛斯对他报复的行为，还有描述乌拉诺斯的所作所为及其儿子对他的行为，即使这些事情都是真的，我认为也不应该随便讲给天真单纯的年轻人听……"（翻译自 A. Bloom, New York：Basic Books, 1968）当然，爱利亚的异邦人借用了赫西奥德的故事，在此，他将赫西奥德的故事进行了净化处理——移除了关于众神之争的元素。但是爱利亚的异邦人的重构并没有给"善"和"相"留下了明显的位置，因此在这里并不像苏格拉底在《王制》中提出的激进的批评。爱利亚的异邦人的神话告诉我们，宇宙从造物主那里得到了"最美丽的事物"（273b7）以及"最幸福的事物"（269d8）。然而，这些东西很可能是造物主制作的。我们并没有得到任何暗示说神话中的造物主是宇宙中的任何形式组合而成的。在爱利亚的异邦人的神话中，这仅仅是作为一个关于"相"的可能的典故（269d5—6）。这个典故是电报式的，并且可以描述"上帝"，因为它并不必然包含所讨论的实体是静止的，只是它与宇宙不同，就其存在而言，它是完全相同的，一个可以是活动的存在（见295e5—7）。在神话之外，那些明确的候选形式是 284d2 中的"精确自身"，以及 286a5中"无身体的事物"。下面我将提出一个关于"精确自身"的意义的建议，它不需要被理解为一种形式。在这里爱利亚的异邦人并没有提出任何一个关于"无身体之物"的例子，但是他将其称为"最为伟大的"（286a6），这个"最为伟大的"或许是包含在《智术师》中的最为伟大的因素。尽管如此，这样的争论还在继续，是否这样的"最为伟大者"就是《理想国》Ⅵ中的"相"的意思呢？我将论证爱利亚的异邦人的"种"是概念而非是"相"。我在此并不能提出论断，我将采取和苏格拉底不一样的方法，通过观察来得出，当爱利亚的异邦人将他的"相"大量通过隐喻来表达时，很有可能他就是在分析"政治知识"。但是，他能否将他所想的这些当作"相"呢？

邦人所说的宇宙是一个无限的过程（如果上帝继续干预并再次结束它，那将是无尽的过程），我认为，这就是爱利亚的异邦人的宇宙论和苏格拉底的宇宙论之间的根本性区别（例如，考虑到伟大时代的神话），以及他们各自的政治学和辩证法概念之间的显著差异。

正如我反复提到的那样，在《政治家》开篇的二分法中，克罗洛斯时代既体现了政治知识的观念，也体现了所阐述的人的概念（在274e—275a中有明确体现）。在这些辩证法和神话所描绘的克罗洛斯时代，统治者与地主和奴隶主是一样的。其技艺完美，操作起来犹如数学家般精准。在271d中，我们已了解到，克罗洛斯的精灵们被完全分派于宇宙的各个部分——就好像完美的二分法，每一个区域都被指派的精灵完全控制并为其提供牧群。在这个时代，人类之间没有争斗，没有私有财产，没有家庭，没有分工，也没有性别之分（人是从地里面生长出来的），而且还没有战争（271e—272a）。在这个时代，因为人类的身体是裸露的，而且也无须觅食，他们不需要制作羊毛大衣的技艺，也不会感受到冬天的寒冷（272a5—b1）。显然，在这个时代的人类也是没有羞耻感的，所以技艺的进步成了一件没有必要的事情，甚至还没有农业技艺以及制衣技艺。

我们完全可以推断，克罗洛斯时代是不存在政治的，人和动物可以相互交谈（272c），人与猪之间的唯一的区别在于脚的数量（见266a—e）。而现在，人类主宰劣等物种，正如上帝主宰人类一样（271e5—7）。在《政治家》较早的二分法中，“人”仅仅是根据其身体特征来定义的。因为在克罗洛斯时代，人类出生之时就已经发育成熟了，之后愈发年轻，似乎并不存在学习，而只存在遗忘。就像爱利亚的异邦人所说的，没有人拥有对过去时代的任何回忆（271e8—272a2）。这样，我们可以看到，那个时代的人类没有历史感，没有继承他们之前的任何传统。

当爱利亚的异邦人问小苏格拉底哪个时代的人类更幸福时，他给犹豫不决的小苏格拉底提供了以下标准：如果克罗洛斯时代的人拥有哲学，在“他们与兽类的交往中以及彼此之间交往中研究哲学，并通过对每一物之自然的探究学习，以了解每个物种自身所特有且有别于其他物种的能力，并在集聚中增长智慧",他们远比现在要幸福。(272c1—5;这是《政治家》中爱利亚的异邦人唯一一次提到哲学,见257a5,c1)。爱利亚的异邦人让小苏格拉底认识到了克罗洛斯时代的无羽毛两足动物是否拥有哲学:这看上去很明显,那个时代并不存在哲学。(同时也可以看到,正如羊群或者其他动物一样,他们并没有宗教信仰以及虔敬的意识。)在克罗洛斯时代,人只是为食而活。

我由此推断,克罗洛斯的黄金时代实际上并非各方面都令人满意,因而我们这个时代的政治家不应该简单地寻求以克罗洛斯时代的政治知识为基础来建立自己的政治知识。无论是宙斯时代还是克罗洛斯时代,我们的政治知识不应仅仅是根据自然规律而存在的艺术。① 为了更好地理解《政治家》的教诲,很有必要明白我们这个时代"理想的"的政治关系,这个关系不能仅仅被视为对克罗洛斯时代政治关系的模仿,尽管我们的政治家渴望实行一种牧者的统治,对待市民就好像对待羊群一般。可以看到,克罗洛斯的统治仅仅是作为一种可能性,但是并不能全然令人向往。因此,我们将留下这样的一个问题:如何让传统习惯去模仿自然呢,或者,政治家衡量传统价值的标准何在?

在宙斯时代初期,人们还能够在某种程度上回想起关于宇宙"天父"的教导,并且有一段时间一切都很顺利(273b)。但是,一旦没有了神,健忘就出现了,就像宇宙一样,人类将不得依靠自己谋生。这是所有技艺的起源(274b—c),包括政治技艺和哲学。它们都是各种自我治疗(autotherapy)的形式,而所有的方法都是尽可能地延迟不可避免的衰退。同时,这也是爱利亚的异邦人选择羊毛编织术作为宙斯时代政治知识的范式的最重要的(尽

---

① 《政治家》抛弃了通常对政治统治的神性和可取性的主张,从而给我们带来了许多政治之外的荣耀(甚至连克罗洛斯都倾向于理论化)。正如 R. Brague 所指出的,"政治上的神秘主义"(*Du Temps chez platon et Aristote*, Paris:Presses Universitaires de France, 1982, p.93)。当代表以自己的方式做同样的事(哲学家必须被迫从事枯燥的统治工作),它则代表了另外一种活动(哲学的),其性质和价值被详细解释。爱利亚的异邦人并没有提供一个有说服力的解释,或许,他要在《哲学家》中解释。

管不是唯一的)理由。① 在天气最为恶劣的寒冷冬天,羊毛是必要的。爱利亚的异邦人明确地将羊毛编织术归类为防御艺术,实际上是把编织与编织羊毛斗篷区分开来。类似地,他希望将皇家艺术与政治技艺加以区分(279c—280a)。政治知识是使市民免于自然灾害的技艺。政治知识的概念根植于爱利亚的异邦人的宇宙论之中,引导着爱利亚的异邦人随后对有关法律和德行问题的讨论。爱利亚的异邦人很清楚,立法者的目的在于使市民免受自己人的伤害(人类有自我毁灭的天性),同时也使得市民免于城邦之间相互倾轧的危险。因此在这里提及了城邦之中的"病态"以及回避灾祸的问题(273e2)。② 在法律部分中,治疗的隐喻被广泛应用,船的隐喻也是如此(比如,在302a中,爱利亚的异邦人提出城邦——"许多城邦由于其船长和全体船员低劣的状态,像船一样沉没、毁灭,要么已然毁灭,要么正处于毁灭途中")。同样,神话也提出了宇宙的"领航人",以及神圣的"舵手"使宇宙免于在"无边无差异的大海之中"(273d6—e1)沉没。

　　我们这个时代中,政治家应该拥有怎样的"知识"或者"技艺"呢? 可以预见的是,宙斯时代的政治知识的关键是谨慎,即如何创造一个能够抵御时代挑战的城邦的"实用"知识,也是关于什么时候做什么以保证城邦安全的知识。宇宙拥有谨慎(269d1),在宙斯时代,人模仿宇宙的功能以照顾自己(274d)。当然,这与亚里士多德的"谨慎"概念相去甚远(对他来说,这不是一种知识或技术),尤其是爱利亚的异邦人的政治知识并非以"美德"作为指导,至少在任何意义上,都没有"美德"比对城市及其市民生存更有用。

---

① 在一次相对不错的接触中,柏拉图书中的爱利亚的异邦人通过宙斯发誓,他(爱利亚的异邦人)提出要将编织作为政治知识的范式(279b1;这是在《政治家》中的出现的唯一一次誓言)。

② 我推测爱利亚的异邦人的辩证法概念也可能受到了其宇宙论的影响。爱利亚的异邦人非常强调辩证法的必要性,它能避免我们将同样事物与其他事物相混合(285a—b;《智术师》,253d)。这个强调变得有些多余,如果我们描绘了一个普遍的"信"(letters)或者其他成分,四元素(stoichbeia,277e6,尤其是278d1"ta ton panton stoichbeia"),这样便会失去它们的共同性。由于缺乏尺度,这样十分明晰且容易理解的概念将会不断地受到威胁。(在"尺度"这一节当中,爱利亚的异邦人讨论了辩证法和二分法。)在283b7中,爱利亚的异邦人提及了与编织有关的二分法的缺陷,同时也开始讨论尺度以及辩证法。

这与《政治家》对于灵魂、美德和正义的定义缺失有关，这种缺失是惊人的，或者令人困惑的。正如我已经指出的，在这方面，《政治家》中对政治知识的处理与苏格拉底在《王制》中所讨论的明显不同。①

《政治家》中，宙斯时代的政治知识是谨慎的，它通过对宇宙两个时代中人类对环境的危险的理解而得到启示。更为微妙的是，政治知识必须认识到每个时代的局限性，因此必须认识到两个时代之间的复杂差异。我在上文提到，克罗洛斯时代的"乌托邦"不仅在当今无法实现，而且在没有条件去实现它的情况下，所有尝试都是不可取的。正如爱利亚的异邦人对法律的讨论所表明的那样，《政治家》关于政治知识的教导必然会缓和任何追求完美正义的热情。这并不与爱利亚的异邦人在对话的最后阶段的论点矛盾，爱利亚的异邦人认为不能将节制和勇气混合起来，否则会招致毁灭。我们政治家的保守主义的智慧（在字面意义上的术语）将很大程度上取决于他对宇宙和神话中描述的人类处境的把握。爱利亚的异邦人还将论证，政治家风范的一个主要成就是法治。只有当我们充分理解法治的局限性和优点、在这个时代所能达到的目标，以及在克罗洛斯时代的所处境遇后，法治才变得合理。这是一个复杂的命题，而高度辩证的法律部分也相应地复杂。

鉴于以上论证，政治知识是人类在宙斯时代的发明，在这种意义上，它也是一种技艺。在爱利亚的异邦人看来，哲学与宗教也是如此。因此，当神（克罗洛斯）远离了我们的时候，政治、哲学、宗教的技艺便成了人类生存的必须。用爱利亚的异邦人的话来说（274d2—6），所有这些的技艺都是自我照料的形式。因而，爱利亚的异邦人坚持认为，政治技艺并不能宣称它的知识来源于神的指导，政治家只能下达他自己的命令，这些命令的接受者包括

① 并不是说苏格拉底没有谈到事物的逐渐退化问题。《王制》Ⅷ详尽地讲述了这一点（如果是547b，苏格拉底明显提出了赫西奥德的种族）。在546b中，苏格拉底评论说，监护人不可能掌握世代相传的可能性。在某种程度上，苏格拉底也将政治知识视为一种"自我治疗"的形式，旨在尽可能长时间地抑制起源所带来的不可避免的衰变。苏格拉底也强调了爱利亚的异邦人所使用的编制的隐喻，即暗示了政治家的整体性。然而，苏格拉底的宇宙是由善所支配的，并被思想所占据，因此苏格拉底相应地强调（如在伟大的神话中）基于思想知识选择道德上良好生活的重要性。爱利亚的异邦人从未强调此类事情，也没有将辩证法与过上道德良好的生活联系起来。

了祭司以及占卜者(260d—e,290c—e)。在我们的时代,政治知识是一门世俗的技艺。

为了更加清楚地指出在《政治家》的后神话部分所审慎呈现的政治知识的特征,我将对爱利亚的异邦人关于尺度和法律的论述做进一步讨论,这些部分本身是复杂的,我再次声明,我并不可能给出一个完美的解释。

四、尺度

"尺度"这一节很自然地被划分为两个部分:283c3—285c3 和 285c4—287b2。我的主要评论是针对第一个部分的。在 283d 中,爱利亚的异邦人也提出了"尺度的技艺"要被划分为两个部分。相对于《政治家》中的其他二分法而言,爱利亚的异邦人更加倚重于这种二分法,同时,他又敏锐地批评了那些无名的"聪明"的思想家,认为他们并没有很好地做出划分(285a)。爱利亚的异邦人在 283d 中关于尺度的划分如下:

在284e 中,爱利亚的异邦人再次对此进行了划分:

第二个二分法的右边分支中,尺度这个词是指适度(to metrion)、生成(to prepon)、契机(ho kairos)、适当(to deon)、适中(to meson)。虽然尚不完全清楚该系列中的第五个词是作为单独的术语还是作为对其他四个词的概

括的方式,但证据的平衡有利于前一个备选词。①

　　在这两种二分法的确切的表达中可以看到,左边的栏目对应的是认知知识。爱利亚的异邦人指出,右边的栏目是与生成密切相关的。爱利亚的异邦人继续指出,政治知识在很大程度上依靠与中道相关的尺度。在284c2中,他宣称政治家应该成为一个"行动知识的拥有者"(另一方面指出,政治知识不能仅是一种认知,或者,仅仅对于"无形事物"的辩证分析)。爱利亚的异邦人的困惑,以及两次强调——这个尺度的"形成"是与"中道的生成相关"(pros ten tou metriou genesin;284c1,d6),②这暗示了中道与生成是有联系的。尺度就是生成的实体(ousia),而不是生成的自身。尺度是以稳定为先决条件。然而,在文本中,似乎也能看到中道必须要改变。实体的必然(anagkaia ousia)并非一个"理念"或者"形式",甚至不是爱利亚的异邦人所说的外形(eidos)。何谓中道将取决于具体情况以及适于发生的时间。在这种意义下,"中道"可能被视为"生成"。"生成"从某种意义上说可以被度量,这意味着中道的生成并非难以理解的。同时,似乎与尺度相关的中道更需要标准而非生成的问题。在《政治家》中,为这些标准而存在的候选词是在284d2中提及的神秘的"精确自身"(precise itself),爱利亚的异邦人的分析也提到了一些将来要发生的事件。"精确自身"的认识可能是指:在每种情况下判断最适合该情况的能力,与将一般规则应用于特定情况的能力区分开来。在法律部分,智慧与精确规则之间的区别得到描述,另外一

---

① 这一点是通过 Miller 证实的(《柏拉图〈政治家〉中的哲学家》,第66页)。把"中道"(mean)当作"中间"(middle),见《王制》619a。爱利亚的异邦人也提到"to prosekon"(294d11,295a2、b2),这个词也可以看作是对中道的注释,还包括了303a3中的适度(to meson)。更多的是,在284b1中,爱利亚的异邦人提出的 to metron,在普遍意义上也是"中道"的意思,在286d2中提到的 to prepon,以及在283e11再次提到了 to metron。

② Skemp 将 284c1 翻译为"关于规范与度量的标准"(in respect of attainment of a norm or due measure;*Plato's Statesman*, Indianapolis:Bobbsmerrill, 1979, p.47)。因为"生成"也能理解为"生产"的意思,这段话也可能被翻译为"关于生产的中道"。

方面又强调了根据成文律法去精确规则的必要性。①

在宙斯时代,法治是不可避免的,但也必然是不精确的。可以这么说,这个时代的政治家也并不具备为任一事件立法的政治知识(295a)。当今时代的"精确自身"没有确切的知识和明确的行动。关于这些事情早期的观点,立法是适合我们这个时代的中道,这也是无须法律而进行英明统治和无法无天的统治之间的中庸之道。考虑到宇宙时代逐渐陷入混乱状态,政治家的首要目标将是保证市民财富和身体的安全,还要使之免于痛苦。正如我们在神话部分(274c—d)和法律部分(299e 及其前后部分)中所学习的那样,后一个目标需要在艺术方面取得进展。如果技艺(包括军事艺术)太过于粗糙,那么编织者就编织不出美丽的事物。当他们明白何为政治家理解的普遍性的可能时,"中道"将以一种含糊的方式被确定。在《政治家》中,爱利亚的异邦人并没有提出进一步的标准或者规则。明显看来,政治家必须依靠上文所言的实践智慧(phronesis)。

因此,以一种"比应有的更不合时宜"的方式走向和平(peace),将导致市民生活失去尺度,最坏的情况下将被外国力量奴役。(307e7 及其前后内容)。判断何为时宜是一个政治智慧问题。政治家的才能包括判断哪些技艺应该在城中实行,哪些技艺在特定时间需要政治知识作为尺度,需要知道如何去管理城邦使之变成一个整体(像爱利亚的异邦人之后所谈到的,如何向将军、诗人以及法官等下达命令)。政治家必须要知道什么时候该制定什么样的法律,哪些人可以通婚,哪些孩童可以交换(310b),神话诗人们在什么时候能吟诵什么样的诗歌(304c—d)。他必须要能公正度量对罪行

---

① "精确"是在 295a2、b2 以及 301d5 中与有智慧无法律的统治相联系的(此处也提及了 the prosekon)。在 394b1 中,我们被告知法律不可能是精确的。在神话中(273b3)提到,宇宙在宙斯时代结束时逐渐丧失其自我规则的"精确性"。这种疏解和损失导致需要不精确的法律来维系社会结构(正如爱利亚的异邦人在对话最后所说,法律将成为"真观念"的表达)。在精确性、尺度以及辩证法的问题上,他将较之当前的《政治家》部分更为丰富。在《斐莱布》59a 以下的内容,我只想指出,苏格拉底的观点与爱利亚的异邦人并不相同,前者清楚地将相对于中庸的尺度与善和思想的知识联系起来。我们在不知道什么样的形式(如在《政治家》结尾提出的勇气)对这种情况有利(如在《政治家》中的宙斯时代某个阶段的城邦),以及不知道如何使其最好地实例化的情况下,如何在一个特定的情境中"精确地"实现某种形式呢?

的惩罚(在这里,两个尺度的分支是相联结的)。总之,要知道做什么、何时做以及如何运用度量的智慧——度量的知识与中道相关才是审慎的;具备了这一切,才能成为政治家。

五、 法律

正如前文所说,《政治家》的这一复杂部分通过辩证法的方式展开,①我将再次有选择性地进行评论。由于要将真正的政治家从"诡辩中的智术师"中区分出来是极其困难的,也就是说"最伟大的模仿者和最伟大的魔法师"谎称自己是合法的统治者(参见291c以及303c),所以对于政制与法律的题外话的讨论就十分必要了。(人物)形象(images)的问题,在《智术师》中就占据了相当的比重,现在这也将成为我们理解政治生活的关键。爱利亚的异邦人将论证,任何政治知识如若不能把握住(人物)形象问题,并对它做出适当的反应,就会以灾难而告终。在最为恶劣的情况下,这样的结果就是暴政。暴君混淆了原型与模仿,爱利亚的异邦人对暴君的定义不是那

① 我建议这个部分应该划分为七节。(1)291d1—293e7:五种类型的政体,以及对它们进行分类的真假标准之间的差异。正当的政体是基于知识的统治,是为了市民的正义与安全,而并未意识到被统治者的财富或者意愿,也未意识到成文法的产生。(2)293e8—294c9:对于实践智慧(phronesis)的赞扬以及法律的批评——法律是不精确的,同时又类似于一个固执又愚蠢的人。(3)294c10—295b9:既然法律是如此地不完整,那为何他又是如此地必要呢?通过与体操类比,对法律进行了适当的称赞——立法者并不能考虑到个人与情形之间的各种差异。(4)295b10—297b6:回到对法律的批评。如果一个医生写了一张药方,之后进行了一次长途旅行,他嘱咐不能更改这个处方,但如果他提前回来,发现病人的情况有所改变,阻止他更改处方是愚蠢的。法律就是这个不可改变的药方。(5)297b7—299e9:法律辩护。人类所能达到的制度是对最佳制度的"模仿",因此存在着不完善的制度,如果这些制度足够好地模仿真正的制度,可能仍然优于其他制度。另一种选择是无政府状态和猖獗的私利。基于专家的证明,完备的法律是可能形成的,但是他们还是控制了技艺的不同方面。但这最终将导致对所有技艺的压制,从而使生活比现在更痛苦。(6)300a1—302b4:有法律的政制也可能优于没有法律的僭主制。爱利亚的异邦人暗示法律将不会抑制所有技艺的进步。如果一个政权遵循真正政治家的"轨迹",并按照允许艺术扩张的法律生活,那么法治就可以被证明是正当的。尽管这并不是一个真正完美的政制,而这样的政制是优于其他制度的。(7)302b5—303b7:考虑到这一点,爱利亚的异邦人再次将不同的政体进行分类和排序。(这七种政体产生。)

些统治不愿臣服的臣民的人,而是那些相信自己拥有真正的政治知识而不遵循既定法律的人(301c),暴君对自己的无知表现出极大的无知。

与此处讨论最相关的方面是,真正的政治家的政体与依靠较为低下的政治知识组建的不同政体之间的对比。爱利亚的异邦人并没有告诉我们,是否文章中所说的真正的"政治家"就是克罗洛斯,但我认为我们可以确切地说,爱利亚的异邦人现在向我们展示的是克罗洛斯的神圣统治下的特征与在宙斯时代中不完美的人治之间的对比。了解二者之间的差异成为我们接受由谨慎的政治艺术所产生的法治的关键。用苏格拉底的话来说,除非我们对政治生活的评价是以无知为指导的,否则我们将无法忍受不完美的现实。要理解为何政治知识与法律统治如此紧密地联系在一起,就必须了解什么是当前时代所需要的,什么是不需要的,什么是及时的,什么是适当的。不适合尝试的是那些超出我们限制或不受欢迎的事情。总的来说,《政治家》指出,特别是在政治背景下,要区分那些有真知灼见的人是极其困难的,并且在宙斯时代没有人拥有完全"精确"的政治知识,而这正是克罗洛斯时代的特征之一。此外,《政治家》还指出,由一位确实拥有完美政治知识的政治家统治的时代——克罗洛斯时代——并非是一个完全理想的时代。

爱利亚的异邦人在一开始的时候就认为"城邦中的大多数人"并没有"获得这种知识的能力"(292e,这个观点在297b7—c4中又重复出现)。事实上,对于任何技艺而言,仅仅只有5%的人会出类拔萃(292e)。这似乎与苏格拉底在《王制》494a中的那段名言一致:"大多数人成为哲学家是不可能的。"就这个话题,爱利亚的异邦人进一步说道:"就事实而言,没有一个国王产生于这些城邦之中……而这一类型可以自然地产生于蜂群当中——一位在身体和灵魂方面生来就异卓绝伦而适于为王者……"(308d8—e2)在此的"国王"就是他所指的真正的政治家。同样,爱利亚的异邦人也宣称,我们将真正的政治家与其余的模仿者区分开来,这就好像将神与人区分开来一样(303b)。真正像神一样的政治家最为显著的特征在于他的统治不需要成文的法律进行辅助:"某种意义上说,立法的技艺是属于王者的技艺,这是显而易见的,但是最佳的统治并不是法治,而是人治——一个有智慧的国王的统治。"(294a—8)就好像一只船上的船长,富有智慧的政治家的统治不是通过书面法律而是通过法令来进行,同时他不会犯错误,"只要他们在城邦中颁布这些命令——只要他们总是以其心智与技艺,将正义布施于城邦的民众,使得他们得到平安,就可以尽可能地使他们越来越好"(297a5—b3)。没有法律知识的统治是基于实践智慧(phronesis)和心灵(nous)的。真正的政治家提供"其技艺作为法律,并保证其同伴的安全与健康"(297a2)。

这种统治方式值得称道的是,它绕过了一个看似不可抗拒的法律缺陷:"由于人类和人类之间存在差异,法律永远无法去准确理解什么对所有人而言既是最好的又是最公平的,也没有能力来施予他们最好的东西;而且几乎没有任何人类的事物处于静止状态,这一事实不允许任何技艺在任何情况对一切事物做出简单的断言。"法律就像一个"固执、愚蠢的人那样,不允许任何人做任何违背其命令的事,即便有人提出了一些有悖于其本人命令的更好建议,也是不被允许的"(294b10—c4)。因此,爱利亚的异邦人三次将"精确"与"合适"(prosekon)联系起来,目的是将"合适的精确"与法律的统治加以对比(295a2、b2,294d11)。

我们似乎可以合理地假设,在这些段落中提到的真正政治家,就其超人般精确的政治知识而言,相当于克罗洛斯,而真正政治家的模仿者都是宙斯时代可能的政治家。后者不仅仅是"政治磨坊"的运行者,爱利亚的异邦人似乎希望将他们中的大多数人纳入智者和其他伪装者的大乐队中(300c)。如果他们的著作"追寻最真实政体的道路"(301e3—4),那么,他们的政体将成为现实情况下可能得到赞扬的最佳政体。

爱利亚的异邦人清晰地将不完美的政制与他们所"模仿的"完美的政制的等级列了出来。这样安排的唯一的标准就是政治知识。仿造制度可以依法管理,也可以非法(无法律、违反法律)管理,具体如下:

	有法律的政制	缺少法律的政制
由一个人的统治	君主政体	僭主政体
由一些人的统治	贵族政体	寡头政体
由许多人的统治	民主政体	民主政体

在 303a 中,我们了解到,没有任何政制对于其他政制是"适中"(meson)的,同时,在 302e10—11 之中,如果有一个好的成文法的统治的话,君主政制是最佳的。在 303a—b 之中,我们得知,在没有法律和不受约束的时代,民主则是最好的,而这些并不具备最好的善,也不具备最坏的恶。如果简单地按从最佳到最坏的顺序对制度进行排序,我们会得到层次结构有些不同的等级表:

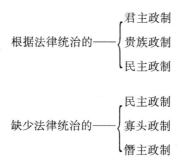

这张图表中很清晰地反映出,民主制度是处于"中间"的中道。这很有可能是说,在宙斯时代,任何一个有法制的政制都可能成为"中道"。例如,在宙斯时代初期,当天父的教诲尚未被忘记时,君主制可能是最好的;但正如爱利亚的异邦人的宇宙论神话所暗示的,人类的事物是永远不会停歇的,同时,总是伴随着从有法可依退化到缺少法律的倾向,从记忆清楚到不断忘记的过程,似乎极不可能在这个时代找到一个明智的君主。这就是我们这个时代的境况。另外,正如在文章 301d8—e4 中援引的,爱利亚的异邦人说,"没有王者能在这些城邦中产生",以及"他们(市民)必须看到,一旦他们团结在一起,就不得不追随最真之政体的道路,并写下成文的东西"。爱利亚的异邦人在 301c8—d2 中指出,人们仅仅"不相信任何人会被证明具有那种国王般的统治；作为一个统治者，愿意并能够凭借德行和知识，将正义与神圣的事物施与所有人……"人们称任何自称君主的人为"暴君"。因此，在宙斯堕落时代，适合我们现阶段的合法政权要么是贵族制度，要么是民主制度。在我看来，爱利亚的异邦人明确反对一个人的极端独裁统治，更有可能对少数这类人的主张持反对意见。因此，爱利亚的异邦人的论证表明，谨慎的政治家将以法治民主为目标——也许是一种宪政民主或共和国。爱利亚的异邦人并未明确地表达他的建议，然而从大量关于法律的讨论来看，他的理想政体似乎是一个通过人们制定法律加以约束的政体（下文将详细讨论这一点）。

尽管爱利亚的异邦人在这节中反复提到"正义"，他却从未对该词进行明确定义。公正的统治似乎至少意味着给予每个人应有的权利，这是在没有法律的英明统治的情况下所能达到的最好的标准。考虑到对城市安全的高度重视，以及肆无忌惮的私利、公民斗争、暴政和其他"疾病"带来的接连不断的危险，似乎正义的目的是使得市民人身得到起码的安全保障，从而至善（summum bonum）也对政体有好处。因此，正义必须要更多地对私人财物进行控制（在294a2—294e8中，提到的"相互接触"）。神话的宇宙观在此继续构建爱利亚的异邦人的政治知识观念。正如爱利亚的异邦人所说的，神话（304c）是关于"美、正义等（还包括与之相对的）"真观念的"神圣纽带"，这将必然有利于我们这个时代的政治家将大量灵魂集合在一起（309c）。这很可能包括针对违反法律的多种宗教的制裁：祭司也应该被政治家统治（290c8—d3）。在"皇家艺术的缪斯"（309d2—3）的启发下，正确的观点是（310a3），政治家将使市民免于成为完全的异类或者屈服于道德（310a及其上下文）的两个对立部分，使他们免于成为奴隶（307e—308a）。

在300e及以下内容中，爱利亚的异邦人的逻辑变得清晰，法治的有效性得到了证实：如果是真正的政治家统治，没有法律的统治是最好的；如果任何一个并不拥有完美智慧的人进行统治，那么法律则是必要的（因此，301a10—b3指出了真正国王的技艺与模仿者之间的对比）。在认识到无知的基础上，对法律的服从变得可能；法律是一种"中庸"，适用于我们公认的非文明、人性和有争议的时代。在神话中可以看到,当神离我们而去时,政治和法律就成了我们这个时代的必需。我们这个时代的政治知识必须被理解为一种对真正知识的模仿,并且还要明白政治知识和法律是密不可分的。法律是"羊毛大衣"的一部分,它能够使我们免遭自然和人类的伤害(见310a)。法律并不理想,但在一个没有完美知识的时代,有法律总比无法无天好。但是我们仍然有待确定的是,如何最好地制定法律,以及什么样的制度能给我们提供最佳的立法机会。它们必须基于"很多实验和错误"(300b1)才能成型,并且以这种方式使城邦就不会"由于船长与水手的糟糕状态,像船一样沉没海底而最终毁灭……"(302a6—8)即使必须遏制那些自认为是政治技艺拥有者的人们对权力的渴望,也必须鼓励对实用技艺的改进。这样看来,最好的办法是让公民分享政治权力,教育他们既要节制他们对知识的要求,又要鼓励他们对知识的渴望。

总　结

　　这些评论让我了解了爱利亚的异邦人对待政治知识的态度,而该部分又是这个对话里非常困难的问题,它很久以来都在困扰着这篇对话的读者。在这个总结当中,我将简要地概述这个问题。归根结底,爱利亚的异邦人并没有明确界定市民的自由地位到底是什么,另一方面,爱利亚的异邦人前后一致地区分了奴隶和自由人(包括在311c中对政治家的最后描述),同时,并指出自由要比被奴役好得多(307e—308a)。奴隶是一种工具,不配与政治家争夺统治权,而所有的自由人都在与政治家争权(289c以下)。也就是说,自由者认为自己有能力以公民的身份指导自己的生活。然而,暴君之所以坏事,是因为他没有知识就进行统治(甚至他还不知道自己缺乏知识)。爱利亚的异邦人也认为僭主是邪恶的,因为他杀害或伤害他想伤害的任何人(301d)。在神话结束不久,他一度认为强制性规则和自愿规则之间的区别是至关重要的,应该被纳入早期的二分法(276d—e)

　　另一方面,爱利亚的异邦人也坚持认为知识是衡量统治的唯一相关标准。关于强制与自愿、贫穷与富有、有法可依与无法无天，以及个人、少数人与许多人之间的区别，这些问题都无关紧要（292a，293a）。正如医生之所以能治愈我们，是因为他拥有医学艺术，无论我们愿意还是不愿意（293b），同样，在"卓绝正当的政体中，也是唯——种制度，在这种制度中，人们可以找到真正有知识的统治者，不管其统治是否依照法律，是否出于臣民之自愿，统治者本人是穷人还是富人，因为我们不能以任何方式来考虑这些事情的任何正确性作为一个因素"（293c5—d2）。只要他们使用"知识和正义，并在确保维持城邦安全的前提下，使城邦变得更好"，真正的政治家会通过杀死一些人或驱逐一些人，以使城邦得到净化（293d4—e5）。根据这样的推理线索（这也是《政治家》的主线），唯一能将僭主与真正的政治家区分开来的就是，后者拥有政治知识。除了受到自身知识的限定外，真正的政治家的能力是没有任何限制的，而且只有真正的政治家才能判断这些限制是什么。爱利亚的异邦人并没有花费更多的篇幅讨论任何关于灵魂、正义、"形式"、哲学、公民及监护人的本质，似乎代表了一个反面观点，即政治家的权利仅仅限于他所说的知识。在真正的政治家的政体中，这并不能轻易看到奴隶和自由人之间的区别何在。

　　然而，一个真正的政治家与完美精确的政治知识缺乏的时代也是有其自身好处的，即市民的自由成了一种可能性（相反，克罗洛斯时代就不存在这样的优点）。事实上，在这个时代中，理想的政治知识并不适用于人类，因此，对于正义的统治而言，难道政治家把不完美的政治知识用于统治（他们最好能意识到他们的知识是不完美的）并非必不可少的吗？如果知识是不完美的，任何人都毫无资格宣称自己是他人的主宰。此外，市民自由发展他们的技艺对于城邦的生存难道不是不可或缺的吗？如果知识是不完美的，只要有机会使之进步，就是必须要被鼓励。我们在神话的结尾看到（274c），人们在没有技艺（atechnoi）的时代生活是相当痛苦的，同时还伴随着危险。在299e中，法律体系排斥这些技艺进步的可能性，从而导致了城邦的毁灭（这正是制定法律所要避免的结果）。如果不存在最为完美的政治家，那么我们面临的问题是，要找到一个能够激励那些具有政治家才能的人的政权,让他们发挥自己的才能,然后让他们在选举中发挥作用。与此同时,政权必须激励其余的公民,让他们习惯于负责任的公民纪律——正如爱利亚的异邦人所指出的,这一纪律需要适度、勇气和真实观点的适当结合。我所概述的这种谨慎且实用的顾虑表明,这一切还需要一定程度的政治自由。如果这一论点对于文本而言是正确的,那么《政治家》则向我们指出了一个通常与柏拉图政治哲学无关的命题:①政治知识和美德将在法治民主的背景下最好地蓬勃发展。

---

① 例外包括 F. J. Crosson 的《柏拉图的〈政治家〉:同一性与多元性》("Plato's *Statesman*:Unity and Pluralism",in *New Scholasticism*,37,1963,pp. 28 – 43),以及 R. Kraut 的《苏格拉底与城邦》(*Socrates and the State*,Princeton:Princeton University Press,1984),第208 页。Kraut 也评论说:"这并不能精确地描绘出,苏格拉底仅仅是作为民主的朋友还是民主的敌人。他认为多种意愿的统治总是不好的,而他宁愿选择通过道德专家们来治理社会。但是他看到了一丝希望,因为任何统治都比民主要好,然而通过这个民主政治系统能提供精神自由。"(第244 页)还有,"发现一个新的政治秩序不是苏格拉底对话中唯一甚至最为重要的目的。这充满了乌托邦式的梦幻,人类有限的自然能力将不得不被超越"(第309 页)。我们可以在 A. Bloom 对《王制》翻译中的"解释篇"中看到大量的类似结论(参看第 409—410 页)。还可以参看,D. Clay 的《柏拉图式的写作,柏拉图式的阅读等》(*Platonic Writing*,*Platonic Reading*,ed.,C. Griswold,N. Y.:Routledge,Chapman and Hall,1988)一书中的《阅读〈王制〉》("Reading the *Republic*";第19—33 页)。如果当前对《政治家》加以论证的文章是对的,那么将对民主得到一致的结论,那就是 Kraut 归因于苏格拉底的(而我错误地认为他是反对柏拉图的)。尽管爱利亚的异邦人的假设——至少他在《政治家》中所表达的——并不等同于苏格拉底的观点。爱利亚的异邦人的推理路线拒绝乌托邦主义作为政治实践的基础。从一个暂时的观点来看,爱利亚的异邦人的观点看上去多少被综合了,一方面 E. Burke 对快速更替的政治与激进的保守社会持怀疑态度,另外一方面还综合了 J. S. Mill 关于探寻自由的实用主义的论断。

　　我向来自于 National Endowment 的 Summer Stipend 致谢,因为 the Humannities 让我能够对《政治家》进行研究。我衷心地感谢 Richard Kraut、Mitchell Miller、Richard Mohr和 Jon Moline,因为他们的批评为这篇文章提供了不同的素材。不管有什么样的错误,都将由我一人承担。

作为"第二自然"的历史、法权和国家
——论谢林的政治哲学①

桑德屈勒(H. J. Sandkühler)　著

温玉伟　译

　　1800 年前后,名为"唯心主义"的智识运动对"理性时代"的同时代人来说是不言而喻的。理性表现在整全的知识中,人们既无法在日常经验,也不能在诸经验科学中获得这种整全。这种理性—知识是迈向自由和法权潜在进步的决定性因素。不过这里所说的并非"抽象观念"中静观生活的世外桃源,如人们不久后便歌颂的那样。这个时代正在觉醒,而且也的确如此。同其他的论辩者一样,谢林深知哲学活动和精神、美学和宗教世界观、哲学和科学知识等革命,以及同封建政治和市民社会政治系统的变革,并非只有单纯的外在关系。此外,他并没有逃避所处时代的智识、理论以及政治吁求。

　　当早期的谢林以批判姿态着手研究思想大家——尤其是康德哲学、进步历史理论以及自然研究——时,他为发展做出了诸多重要贡献(Beiträge);当他认为能够看到并且必须批判畸形发展时,谢林作为反对者

---

① 本文是对 2000 年 6 月 19 日于图宾根大学举行的谢林纪念日所做报告《统一体如何同自由事物之存在相一致,即国家如何可能——论谢林的政治思想》的扩充。笔者在此部分引用拙著 1998a。

表达了自己的对立构思(Gegen-Entwürfe)。说谢林的哲学尤其是他后期的"实证哲学"(positive Philosophie)是随波逐流,这对他来说不啻天方夜谭。他曾使用自由主体性(freie Subjektivität)的理念来反对任何一种对法权和国家的形而上学论证,用神话学之未来(Zukunft der Mythologie)理念对抗神学和哲学理性主义,并且以(重)构[(Re-)Konstruktion]自由和存在之历史性来抗衡黑格尔一切发展皆为必然的形而上学。哲学——他对世界的理论性理解可以如此通约——的对象是作为开放进程的整个存在的历史(Seinsgeschichte),它既不能被固定在自然的物理性进化中,又不能被固定在人类存在的有限性中,也不能被固定在历史在上帝中终结。

一直以来,存在一些关于"谢林绝不会是什么"的流言蜚语(on dits),比如,他并非历史哲人,并非政治思想家。这一点既非全然错误,亦非全然正确。笔者想分三步来说明。第一,谢林是一位对人类历史性进行分析研究的激进思想家。① 第二,在自由视角——自由是"善与恶的能力"②——中理解的历史性规定了法权和国家可能的位置。显然,谢林倾向的是一种"对法权和国家的批判"(按照康德的理解),重要的是可能性的诸条件。第三,笔者想要论证(当然,并非对语文学的重构特为感兴趣),在19世纪众多哲学家中,为何恰恰是从谢林的思想出发,人们今天才可以重新思考法权和国家。③ 笔者论点如下:谢林给出了对于法权有效性和国家必要性的良好理据,却避免了对法权理念和国家功能在物质、伦理上的整齐划一。因此,他的法权、国家方案对于现代多元社会来说仍具意义。

如果从谢林关于历史、法权和国家的代表性陈述出发,我们首先不可避

---

① 关于"历史",尤参 Schulz 1997;Baumgartner 1981,1996;Jacobs 1993,1996,1998;亦参 Marx 1977;Sandkühler 1984,1998。关于"法权与国家"尤参 Hollerbach 1957;Schraven 1989,1998;也参 Hofmann 1999。

② 《谢林作品全集》(以下简称《全集》——译注)卷七(SW Ⅶ),第352页。关于缩写请参文献中对应的目录。有关谢林对自由问题的讨论,参 Duque 1999。关于恶的问题的讨论,参 Marx 1981;Pieper 1985。

③ 在笔者第一部有关谢林政治哲学的大部头作品(Sandkühler 1968)中,当时按照明斯特"利特尔学派"(Ritter Schule)的黑格尔优先性,得出了完全不同的判断。当时激进的批判对谢林多有不公。

免地遇到如下问题：

（1）历史："若……人类（后天地）拥有历史，那么，他之所以拥有，仅仅在于他（先天地）不拥有；也就是说，因为他的历史并非与生俱来的，而是创造出来的。"

（2）法权："法权法则"（Rechtsgesetz）即为"自然法则"（Naturgesetz），"该法则所主宰的第二自然即为法权状态（Rechtsverfassung），因此作为持存性意识的条件，后者是推导出来的"。

（3）国家："自然统一体（Natureinheit）——人们被迫不得不将这个超越第一自然的第二自然作为其统一体，即为国家。因此，国家是……基于对人的咒诅的结果。"

一、 谢林——思考一切存在之历史性的理论家

有人会疑惑：谢林是否曾预想过现实的历史，或者，他所想的只是一种"超验的我之历史"？[①] 对他而言，重要的只是为了洞见"外在世界在我们面前展开着，以便于在其中重寻到我们精神的历史"？[②] 是否未来之理念之于历史哲学便已足够（这种理念似乎只在上帝中才可想象，但几乎不能够——如果不考虑超验唯心主义体系——作为未来世界公民性的个体和国家法权状态）？

谢林毫不怀疑存在之历史性及对其的激进分析。不过，如果将他同康德这样的前辈、同黑格尔这样的同侪，以及同费尔巴哈和马克思等后进相比较，人们会发现谢林是个例外。他的历史哲学有着自己的音调，异彩纷呈且不时有着奇异的变奏。他不想成为——按字面来看——历史哲人，他在1827年的《世界时代体系》中如是说：

---

① 《全集》卷十（SW X），第 93 页。
② 《全集》卷一（SW I），第 383 页。

　　对历史哲学这个表述的另一错误理解似乎是要呈现一部批判的历
史。但诸君在我这里无论如何不会碰到类似的东西。另外，这种表述
归根结底只是暂时的，它只在一个更好的表达出现之前发挥自己的作
用。一切早期哲学的出发点都是立足当下，这对我们来说却是一种无
法理解的整全，无法确定的往昔的事工（Werk）蕴含于其中。为了回到
其根基，必须摧毁整个时间广厦。①

　　令谢林心仪的历史之维是未来，应将其理解为可能之世界。对过去的
研究深受未来的影响。

　　鲍姆伽尔特纳（H. M. Baumgartner）指出——拙文感谢其提醒——"谢
林哲学从一开始，并且其核心就是绝对（das Absolute）哲学，同时又是历史
哲学"，以及为何如此。"向历史过渡的理性"这个说法可谓切中肯綮，他
说，"谢林的思想不断地扩展到历史，'历史'一直都是哲学解决问题的纲领
性理念"②。谢林在不同的路径上追寻"理性的踪迹"，其中一些路径在谢林
晚年看来被证明是死胡同。直至1800年的《超验唯心主义之系统》，自然才
成为发现（Entdeckung）的媒介。至关重要的是，它绝不是只事关自身的自
然史，亟待发现的是历史性，尤其是"我们精神的历史"。

　　自己究竟是否应被视为历史哲人这个问题，也在挑衅着谢林本人：人们
无法找到在其思想各阶段一成不变的历史理论。对于有关"历史"的诸种
表达常有的误解，人们不能责怪谢林：他的解释者过分夸大了他同康德或黑
格尔的亲近，并且把他同二位比较。虽然谢林也尝试过——比如1790年在
《论我》中——"伟大的想法……即，如同一切科学，所有经验科学也毫不例
外地愈发朝向完成的统一点运动，作为统一的准则，人类自身从一开始便作
为规则为这一历史奠定了基础，在最后也将成为根本性的法则"③。两年

---

① 《时代系统》（SdW），第10页及以下。着重号为笔者所加。
② Baumgartner 1981，第175页及以下；可参对此一阐释的批评，Ehrhardt 1981，第239页；亦
　参 Habermas 154。
③ 《全集》卷一，第158页及以下；参"历史考订版"卷一（AA I），第二部分，第79页及以下。

后,谢林却看起来像是另一传统的继承者。人们可以从他对历史哲学对象的批判思考中清楚看到,与启蒙传统不同,与康德甚或黑格尔也不同,谢林对哲学进入历史本质的唯理主义、纯概念的路径深表怀疑,但他更中意一种诗化的、接近维科(G. Vico)的理解:"历史哲学(引按:请注意,仅在特定情况下)是不可能的!"原因在于:

　　一、一切不进步的,就不是历史的对象……二、机械主义所在之处,便非历史,换句话说,历史所在之处,便非机械主义……那么,人们[a posteriori(后天)]拥有的历史,即他之所以拥有它,恰在于他[a priori(先天)]不拥有;简言之,因其并非与生俱来就有历史,而是自身创造了历史。①

可以看到,谢林以极其类似的方式论证了法权和国家。

对于早年提出的问题"我们是什么? 我们生而为何种生活?",谢林终其一生都在探求着答案。原罪、为善和作恶的自由、值得回忆的神话,②谢林就是在这些标记下讨论历史的。

"我们是什么? 我们生而为何种生活? 我们被赋予何种秩序?"③1792年,这位年轻的图宾根神学院学生,以这句摘录于佩尔修斯(Persius Flaccus)《讽刺诗集》(Saturae)的格言,给了我们进入他思想的第一把钥匙。在《试论人类恶之本源之太古哲学命题》("Antiquissimi de prima malorum humanorum origine")一文中,谢林深感兴趣的是,"审视整个人类的自然,在

---

① 《全集》卷一,第470页及以下。
② 不只是到了晚年的谢林才对神话(Mythos)和总的神话(Mythologie)有一个绝非强调的、有限度的肯定的理解。"神话"(Mythologie)更多地也指的是由自由引起的历史性所导致的成问题的后果。谢林在1846年日记中写道:"神话进程的终点是自然之无神性。"[1846年日记(TGB 1846),第65页]"那个没有,或曰与上帝意志对着干[亦即,行为(den Actus)]的人,使强权失去神性(其亦在否定哲学中失去神性),以至于在其中没有了神性,而只剩下自然性,而它们才会是神话进程的诸原则。"(同上,第68页)"神话跌入到意识的危机中,整个失去神性的外部世界即是该危机之终点。"(同上,第77页)
③ "历史考订版"卷一,第一部分,第104页;《全集》卷一,第2页。

其中方可找到人类历史的最终原因"①。谢林以此发现了他的问题,人类自然的问题永远是他所关心的。它决定着——忽略解决问题时的各种变化——其后续的思考。

> 鉴于属人的恶带来的钻心不安,给那些真正关心属人之事和那些对此焦心的人带来不少难题。寓于我们之中被释放的文化或理性的开端,如何会成为属人之恶的开端,缘何我们曾经——那时我们远不会使用理性(这实际上意味着远离我们所据有的至高尊严)——那么幸福,这是个巨大的难题。②

谢林在硕士论文中勾勒出来的伟大主题,在他主要研究自然哲学的时期也没有被遗忘。

> 我们人类的全部历史……以原罪开始,即以第一个任意的行为,并且以理性王国终结,即当一切肆意而为从这片土地消失时。③

我们在这里似乎看到那个谈论"历史辩证法"④的谢林后来的洞见:被赋予精神的人类在自然中的勃兴,标志的不仅仅是物理上自然发展的终结,而且也是一个"完全不同、崭新、超越自然并从中脱离出来的世界,这是知识、历史、人类的世界"的开端。⑤ 神话和宗教所称之为"原罪"的东西,对于谢林来说并不是伦理化批判的对象。对于历史性的理论而言,它的功能更多的是必要条件,而非作为自由和为恶之可能性的标志。

在《系统》中谢林亦从两个前提出发,首先:

――――――――――

① "历史考订版"卷一,第一部分,第126页。
② "历史考订版"卷一,第一部分,第140页及以下。
③ "历史考订版"卷一,第四部分,第166页;《全集》卷一,第439页。
④ 《全集》卷十一,第9页。
⑤ 《全集》卷十一,第400页;参 Knatz 1996。

　　神话使得历史从本能的统治中迈出第一步,跨进了自由的领域而开始,也就是说,以丧失黄金时代或以原罪,即第一次肆意妄为的表达。在哲人们的观念中,(引按:与自己保持着距离的谢林接着写道,)历史以理性王国作为终结,即以法权的黄金时代结束,若一切肆意妄为从地球上消失,并且人类通过自由重返当初这个点上——这是自然最初将他所置于的一点,当历史开始时,他却从这里离开……①

其次,谢林表达了这样的论点:

　　绝对的无法则性,或曰无目的和意图的一系列事件,也同样不配享历史之名,只有自然和合法性(Gesetzmäßigkeit)相统一,或者,借整个物种来逐步实现一个永不消亡的理想,才组成了历史的独特性。②

　　笔者在这里无法再进一步呈现立论的步骤。谢林所选择的进路最终得出近似康德式的结论,相较于政治历史目标而言,这种结论同康德的《论世界公民眼中的普遍历史》有颇多的共性:"历史唯一真正的对象只可能是世界公民状态(Verfassung)的逐渐形成……因为只有它才是历史唯一的原因。"虽然对于谢林来说,"无限进步性概念寓于历史的概念中",但他并不再想从中"直接地得出人类无限可完善性(这样的结论)"。此外,颇为复杂的是:

　　那些在看法上要么赞成要么反对的人,在思考人类伦理的进步时,对用来衡量进步的标准也是一团乱麻,针对这一点,我们也曾希望能有一个标准。③

----

① 《全集》卷三,第 589 页。
② 《全集》卷三,第 590 页。
③ 《全集》卷三,第 591 页及以下。

我们并没有这样的标准。

就历史哲学方面而言,在体系时期的"早期"谢林和时代时期的"后期"谢林以及神话哲学或者启示哲学的"晚期"谢林之间强行寻找一些蛛丝马迹是毫无意义的。1800 年的谢林在历史的分期中早已认识到"启示的三个时期(Perioden)。……命运和天命这一对立给了我们分期的依据,自然居于二者之间,成为一个到另一个的过渡"。在第一时期,命运作为盲目的力量进行统治,"古老世界的荣光和奇迹"都在这种盲目力量中落幕。在第二时期,曾是命运的东西转变为自然和"开放的自然法则……它迫使自由和最不受羁绊的任意性,服务于自然计划(Naturplan),并至少在历史中逐渐达成一种机械的合法性"。"历史的第三个时期则将是:早期作为命运和自然的东西会发展为天命并给人们启示,即早先看起来仅仅是命运或自然事工的事物,其实已经是一个以不完全方式启示自身的天命的开端。"接下来是对于法权和国家思想具有决定意义的论断:"这个时期何时开始,我们无从知晓。但这个时期一旦存在,上帝也将存在(seyn)。"①需要注意的是,这个上帝——谢林愈发对多神论神话和一神论宗教中讲述的上帝故事感兴趣②——是现代的譬喻(allegorisch)符号,即那个将存在(wird sein)的自由。③

"我们是什么?我们生而为何种生活?我们被赋予何种秩序?"生为实现自由,我们生活在第二时期的秩序中,我们还需要"至少一种历史中的机械合法性":对于历史而言,"任意"和"自然计划——得以完全发展的它,必将带来普遍的国际联盟和广泛的国家",都是将被克服的阶段。只有从这个前提出发,我们才能明白,为什么谢林将法权理解为"第二自然",并且毫不矛盾地使用"机械主义"的各种术语。

---

① 《全集》卷三,第 603 页及以下。

② 关于后期哲学,参 Tilluette 1987。

③ 早年谢林已经极端地表达过一个对其上帝概念决定性的原则,该原则与同时代的神学和传统的教会观念格格不入,并且唯有在多神论和一神论的统一历史中方可理解:"人是设定上帝的自然。也就是说,寓于他之中的自然就是上帝的设定性。而今,上帝并非完全是被设定的,而是历史性的。"(1809 至 1813 年日记,第 43 页)

因而,谢林的历史之哲学便找到了暂时的对象。同时,未来历史不会完结的开放性也得到决定:无论在包罗万象的世俗法权状态(Rechtsverfassung),还是在诸神或上帝的演变中,[①]都不会有历史的终结。谢林最终与传统的理性历史形而上学分道扬镳。需要强调的是,对他而言,可替代的方案绝不存在于"非理性主义",在他看来,理性的"逻辑"体系永远是理解现实不可或缺的历史、体系前提,"只有当它们排除了实证性,并让自己冒充之,它们才会出错"。[②]与此相符,他后来提到,"尽管我们承认历史哲学也有其消极方面,但是,凭借理性科学得出的现实的历史哲学无异于天方夜谭"。[③]谢林哲学发展出了独特的理性样式:它恰恰会在如下意义上才是历史性的,即它以未来之故,以对当下(Gegenwart)哲学而言可能的视角来解释过去的方式,亦即首先从自由的理念反思性地构思,继而叙述的方式。

只有当它扩展到象征性的形式、语言、神话、宗教以及艺术等的历史,历史性才会得到表达,于是,未来的观念得以从自由进程的重构中产生。通过"任意",该进程在"无法预想的存在"(unvordenkliches Sein)转变为世界和现实之中的开端,这种"任意"不是任何原因的发端,而是"非原因"(Ungrund)。对谢林而言,即便这是在一切历史进程中起作用的唯一的自由原则,但却以诸多不同的形象出现,它们在程度上不相上下,就如同它们从"盲目的自然"中解放出来的形式一样。在其《哲学导论》(Einleitung in die Philosophie, 1830)中,谢林不断地提到:

> 一种新的第二理想世界从自然中超脱出来,比诸感官之自然更丰富。在此第二世界中,自然史经由人类的意识不断得到重复。逐步克服的原则只以上升的形象回环往复(狭义上的历史)。虽然该原则就自身而言一直是相同之事物,它却在历史中以不同的形象出现,就如同

---

① 参《全集》卷十一,第229页及以下,第551页及以下。
② 《时代系统》,第12页。
③ 《全集》卷十一,第568页。"否定"在这里的意思是超验哲学意义上的"批判"。

它在自然中是真正的普罗透斯(Proteus)①一样。我认为已借此方式找到了历史中的阿里亚德涅线团。②

对他来说,哲学——他越来越将其构想成新的"更高的经验主义",③

不能在任何实事中找到其根据,而只能在世界的伟大实事(große Tatsache der Welt)中寻找。哲学同其他科学的分界仅仅在于,它找到了世界的实事。不过,什么是它本质的实事? 很显然,不会是外在的。……真正的实事在任何时代无论如何都只是内在性的东西。④

他所理解的"实事"是,

整个自然的创世史……基于这样一个优势(Übergewicht):它逐步地先被给予主观性,然后被给予客观性,直到客观性自身在人类意识中变为主观性。

如果我们只遵循事实性(das Faktische),那么,就必须

注意,那个进程(已经和自然一道以某种方式)得以完成和完结了。如果仍有第二世界超脱自然而出,那么,这就是一种对已在自然中被克服的客观性的超脱。普遍的世界进程(因此)基于一种进步,以及基于主观性对客观性的最终胜利。⑤

---

① 普罗透斯,希腊神话中的海神,以变化无常著称,因此也被用来形容变化多端、反复无常之人。——译注
② 《哲学导论》,第 141 页及以下。
③ 可参《全集》卷十,第 199 页;《全集》卷十三,第 130 页。
④ 《实证哲学基要》,第 272 页。
⑤ 同上,第 275 页。

二、 法权和国家的内在必然性

在很早的时候,谢林就不看好博爱的乐观主义。对他来说,1804 年(维尔茨堡《大全哲学系统》讲座时)"一个对人类友好的未来黄金时代、永恒和平等理念,大多都失去了意义。黄金时代可能将会不请自来,如果每个人都在自我中设想它;谁如果内在地拥有它,则无须求诸外物"。① 这样一来的后果是,谢林就没有用"形而上的庄重"来论证作为实存(Entitäten)的法权和国家,而是给二者几乎毫无例外地加上实用、功利性的限定。

难道真如策沙(Claudio Cesa)所解读的那样,在《超验唯心论系统》中尤其重要的法权宪法观念,只是"对其他缺失的主线暂时的替代品"?② 笔者实难认同。法权与国家是谢林所关心的历史的组成因素——那个伟大的普遍历史,"它不仅囊括了人类,而且从一开始就囊括了创世"。③ 他想要书写的既非法哲学,亦非国家哲学。不过,对谢林而言,人类自由行为的这两个结果是并且一直是极具挑战性的政治形式(Formen des Politischen)。④

法权与国家内在地属于被他称作是"主观性对客观性的胜利"的事物——当然,缘由是 aporetisch(困境)。促成历史并影响了其历史性的属人的自由是成问题的,正说明了它急需一个基于必然性的秩序。年轻的谢林早年并未看到这一点。他的第一篇法哲学文章《自然法新释》(„Neue Deduktion des Naturrechts")仍是对主体性的辩护:"如你所是吧! 以语词最高的意图,不要再只将自身呈现为现象,追求成为存在者本身吧!"⑤他还说道:"普遍意志取决于个体意志,而非个体意志取决于普遍意志。"⑥不过,我

---

① 《全集》卷六,第 563 页及以下。
② Cesa 1986,第 514 页。
③ 《全集》卷十三,第 197 页。
④ 无论如何,尽管谢林并非政治思想家,在其《全集》中仍有 570 处提及"国家"(而"权利"则少得多)。
⑤ "历史考订版"卷一,第三部分,第 139 页;《全集》卷一,第 247 页。
⑥ "历史考订版"卷一,第三部分,第 145 页;《全集》卷一,第 253 页。

们要再次返回去考察一番。

1796 年或 1797 年，一份纲要问世了。图宾根神学院的几位学生中，谁是那篇划时代的、短小却令人欢欣鼓舞的文章《德意志唯心主义太古系统纲要》的作者，我们在这里并不感兴趣。该纲要——承接了大革命的呼声——透露出谢林后来系统地联系在一起的内容：自由观念、纯理论物理学、将艺术作为"哲学工具"的计划、对神话的回忆、多神教和一神论宗教的多元化、对国家的批评等等。它以这样一种程度出现，以至于谢林哲学可被看作是对该纲要本质性的实践，

> 即一种伦理学。……首要观念当然是把自我设想成绝对自由的存在者。和这个自由且有自我意识的存在者一同出现的，是一个整全世界——从无（Nichts）中生成，是唯一真实并且可以想象的从无中的创世。……对于一个道德存在者，世界要具有何种特性？……从自然出发，我找到的答案是 Menschenwerk（人的事工）。人类观念在先，我想说明的是，因为国家是某种机械的东西，因此不存在国家观念，就像也不存在一个机器的观念一样。只有自由的对象，才叫作观念。我们必须从国家超脱出来！因为每个国家必须把自由的人看作机械的齿轮，但它不应这样，应该停下来。……那些在自身承载着智识世界、禁止在自身之外探寻上帝或不朽的所有大智的绝对自由。①

后来不久，谢林再次吸收了这一激进思想，即大约在 1797 年的《关于自然哲学的思考》中：

> 自然不会自愿地让任何人离开它的监护，没有一个人是天生的自

---

① 黑格尔，《20 卷文集》卷一，第 234 页及以下。当我们读一读卡尔·冯·弗腾堡大公于 1792 年的发言"王侯就是那个洞悉关联并使整个国家机器保持有条不紊的人"（Georgii-Georgenau 1886，第 12 页），我们可以在《德意志唯心主义太古系统纲要》中预估到一个直接的回答。

由之子。……而且也无从理解,人是如何离开自然状态的,我们无从知晓,他在自身据有这样一种精神,它——其要素是自由——不断追求自我解放,摆脱自然的羁绊及其监护。[①]

这就是谢林于 1800 年在《体系》中讨论道德哲学问题的框架,当然不是作为道德哲学,而是以一种严格意义上超验的"对道德概念之可能性和可解释性的推论"。[②] 谢林自己面对的基本问题——与康德所面对的因果性问题并无二致——是自由与必然性的关系问题。

　　某些事物,若自然中的条件根本不能够满足它,那它一定是不可能的。但是如果为了客观化,自由完全等同于直观并完全栖身于直观的法则之下,那么,自由在其之下会出现的条件也要消解掉自由本身。一旦自由在其表现中成为一种自然现象,那么,根据自然法则,它也就可得到解释了,也恰恰因此而被消解。[③]

谢林赞成一种解决途径,它在第二自然和"以自由为目的的自然法则"两个概念中,协调自由和必然性。为了提供其论证的例子,这里应该更详细地引用:

　　从该词的本质意义来讲,自然不能够行动,但是理性存在者可以行动,而且经由客观世界这一媒介对这些存在者的相互作用,甚至是自由的条件。不过,其他理性存在者可能的自由行动,是否使得所有理性存在者的行动受到限制,这一点取决于绝对的偶然,即任意。但这不可能存在。至圣之物不应诉诸偶然。个体的自由在所有理性存在者的相互作用中会被消解掉,应通过牢不可破的法则的强制使之成为不可能。

---

① "历史考订版"卷一,第五部分,第 70 页;《全集》卷二,第 12 页。
② 《全集》卷三,第 532 页。
③ 《全集》卷三,第 571 页。

当然，这种强制不能直接针对自由，原因在于，每个理性存在者都不能被强制，而只能被规定自我强制。这种强制也不能直指纯粹意志——它的对象是一切理性存在者所共有的东西，即自我决定本身（Selbstbestimmen an sich），而只针对出自个体并回到个体的自私的本能冲动。针对这种本能，除了本能自身，别无他物能被当作强制手段或者武器。外部世界也必须同样如此安排，以便强制这种本能——其方式是越过自己的界限——同自身对着干；并为其在就其是理性存在者而言虽是自由的存在者，却不能作为自然存在者能够有所欲求之处，设定相对立之物，这样一来，行动者便被置于同自身相矛盾的境地，而且至少会注意到自身已一分为二。

自在且自为的客观世界不可能在自身包含这样一种矛盾的原因，因为作为这种原因，它完全漠然地同自由存者的活动相对。上文所述那种同自利本能相反的矛盾的原因，只可能存在于理性存在者之中。

也就是说，人们必须建立一个比第一自然更高的第二自然，在其中起主宰作用的是一种完全不同于可见自然中的自然法则，即一种着意于自由的自然法则。在第二自然中，侵入他人自由，毅然决然，并且以一种冷漠的必然性——在感官的自然中，自然对原因的影响借此必然性紧接而来——紧随其后的一定是与自利本能相反的暂时矛盾。上述的自然法则是一种法权法则，是这种法则所主宰的第二自然，也是法权状态，它因而可以作为一种持续性意识的条件。[①]

谢林不再带有启蒙运动的（甚至是康德的）理性、进步以及法权的乐观主义，

法权性的状态只应是可见自然的补充物，正是由此而得出，法权性的秩序并非伦理性的，而是一个纯粹的自然秩序，无论对这种自然秩序

[①] 《全集》卷三，第 582 页及以下。

还是感性自然的自然秩序,自由皆力不能及。因此,一切将它转变为伦理性秩序的尝试,皆通过自身的颠倒和以最可怕的形象,并且作为直接的后果,即以受人唾弃之形象出现的专制主义,来呈现自身。①

　　作为第二自然(Natur)的法权——难道说,谢林从康德那里一点儿也没有学到如何区分自然因果律与决定论? 为了解决主观性的自由问题,谢林难道没有在自然那里寻求慰藉? 断不可能! 关键是哪一个自然。让我们想想谢林自然哲学的三个基本原则:第一,自然哲学应"得出自然的可能性,即从诸原理中推导出整个经验世界之可能性"②,也就是说,人类世界影响下的自然。第二,"自然应是可见的精神,精神应是不可见的自然"③。第三,与将"作为客体的自然"作为自身对象的经验性认识不同,哲学认识关注的是"作为生产力的自然",是"作为(真正)主体的自然"④,人在这一主体的生成中产生。

　　谢林从低处着手法权概念,从自然来论证它,有两方面原因。首先,是存在之因(Seinsgrund):这一自然并非外在于人的存在,毋宁说自然自身亦涵括了"第二自然",在其中,必然性和自由共生共存,理性与自然相一致。故而,"自然"使得法权有了论证的根基。其次,是有效性之因(Geltungsgrund):人的行动趋向一种"并非由个体,而是只由整个种类才能实现的东西"。不过,身处自由的所有个体都对这一目标负责,对于谢林来说则是"可疑并且不确定的,或者说不可能的,因为大多数人甚至远远不能够想象这一目标"。他的问题"如何从这一不确定性中走出来?"用康德的话说,"涉及一种道德性的世界秩序",但与康德不同的是,这一世界秩序的显明似乎不再是由于理性而得到保证,

---

①　《全集》卷三,第583页及以下。
②　《全集》卷二,第11页。
③　《全集》卷二,第56页。
④　《全集》卷三,第284页。

　　可是我们如何论证"这一作为客观性、作为完全不受制于自由而存在的道德性世界秩序是可以想象的"? 我们可以说,这一道德世界秩序只有在我们将其建造之后方会存在,但是,它应建在何处? 它是一切聪明才智共同的成果,倘若他们直接或间接地除了这样一种秩序之外别无其他欲求。只要不是这种情况,那么它也不会存在。①

　　如果谢林是法哲学时期的黑格尔,②那么,我们在这里便可期待他对现代市民社会的分析了,同时,不可避免的还有道德国家这样的规范性观念,它对社会起校正作用。谢林分析了被迫服从秩序的自由(Freiheit an Zwang zur Ordnung)所得出的结论,在这个分析框架内,国家既不会是德行的场所,亦不会是应然。他对市民社会表现得很漠然,以至于在《学术研究方法谈》(Vorlesungen zur Methode des akademischen Studiums)中讲到学术自由问题时,仅仅顺带地提到了它:

　　　　要是市民社会对我们来说更多的是断然的理念和现实之间的不和谐,那么它就是如此。因为它暂时遵循的是其他的目的,而非从那种不和中出现;并且手段占如此大的优势,以至于掩盖了本应达到的目的。……倘若市民社会仍须遵循经验目的,而妨害绝对性,那么它只能给出一个似是而非、矫揉造作,而非真正自内而外的一致性。学术只能有一个绝对目标,那就是:除此目标,别无其他。为了达到其各种目的,国家有必要做出多种分离:并非在各阶层不平等中产生的,而是通过对单个有才干之人的孤立和对立而产生的深层次内在性,对太多个体的压抑,各种力量指向多个方面,为了使其成为更适合它(国家)的工具。③

　　"政治的"谢林在其体系思考中"追寻的是合法性的脚步","它作为看

---

① 《全集》卷三,第596页。
② 参 Smid 1987。
③ 《全集》卷五,第235页及以下。

不见的手的织物,在历史中的任意性的随意把玩下匆匆经过"。他要穿过连接斯库拉(Skylla)——完全的历史前定性和由此产生的"宿命论"——和卡律布狄斯(Charybdis)——与绝对化了的主观性携手并进的,"完全无法则性的,非宗教(Irreligion)和无神论体系"[1]——的道路。[2] 这条道路绝非一马平川,它并不通往所宣称的最终答案。虽然存在一些有关法权和国家的思想端倪,不过,谢林在其发展中认为它们行不通,并为其寻找替代性方案。与早期的黑格尔以及——虽然谢林也使用了"有机体"这个词——哥勒斯(J. Görres)和穆勒(A. Müller)等政治的浪漫派不同的是,谢林在《学术研究方法谈》中将国家定义为"自由的客观有机体",[3]必然和自由在其中达到了和谐,

> 只有在特殊和普遍之物绝对统一,所有必然同时成为自由,所有自由地发生之事物同时成为必然,这时,完美显现的即是达到其理念的完美国家。[4]

从更广泛的语境来看,上述内容并不能被视为从形而上学对"国家理念"的拔高。从历史角度来看,国家是必需(然)的,同时,也应注意其影响力的局限。七年后,谢林在《斯图加特讲演录》(*Stuttgarter Privatvorlesungen*)中称,国家绝不能太强大,也不能太虚弱,[5]必须被限制在其必要的可调控

---

① 《全集》卷三,第 601 页及以下。"非宗教和无神论"这对概念指出,鉴于政治性,谢林遵循了两种意图,并说了两种不同的语言:一方面,作为系统性的哲人,他投身于对法权和国家功能冷静的分析;另一方面,他也和同时代对政治现象和事件做出粗鲁批评的人一样,是个仔细的观察者。笔者在此处感兴趣的是这位重要的分析者,而非那个有些过于保守的政治时代见证人(参下文),其判断与为其相关的哲学理论造成了不少麻烦。

② 斯库拉(Skylla)和卡律布狄斯(Charybdis)都是古希腊海妖,见荷马:《奥德赛》(第 12 节,诗行 85、104),王焕生译,人民文学出版社 2003 年版,第 223—224 页。熟语"处于斯库拉和卡律布狄斯之间"在此处意指"面临窘境、困境,没有出路"。——译注

③ 《全集》卷五,第 312 页。

④ 《全集》卷五,第 313 页及以下。

⑤ 1848 年,谢林和马克西米利安二世针锋相对地致力于一个"为了共同事务的强大政府","一个令人肃然起敬的首脑,其旁边有一个真正代表普遍意识的议会";因此对他来说,"德意志伟大的革故鼎新及由此对世界的革新"便是可能的了。(《谢林致马克西米利安二世,1848 年 12 月 17 日》,见 Trost/Leist,第 241 页及以下。)

性上。它恰恰就是个体自由的而又受法律限制但有可能发挥的条件,

> 如果人们赋予了国家以统一的力量(Kraft-Einheit),那么它就堕落
> 为最可怕的暴政;如果通过宪法和阶层来限制最高的国家权力(Staats-
> Gewalt),那么它就失却了应有的力量。[1]

几乎没有其他任何表达能像谢林早在1810年的总结性论述那样,如此具有代表性地表述了他对国家的理解,这个历史理论性的论述采用了原罪的主题。他说:

> 第一自然之上的第二自然这一自然单位(Natureinheit)便是国家,
> 人们迫不得已将自己的统一依附于这一自然统一。因而,国家就
> 是……基于人类的咒诅的结果。……众所周知,尤其在法国大革命和
> 康德哲学的概念之后,人们花了多大力气使之成为可能,即人们如何同
> 存在的自由的人达成统一,也就说,国家何以是可能的——而它原本只
> 是最具可能之自由的条件。而单就国家来说就是不可能的。[2]

在《斯图加特讲演录》的《格奥尔格附言》中,还有更为严厉的关于国家的论述,这些论述紧跟着有关"人类堕落对其内在的影响"的表达:"没有什么能比建立一个作为纯粹是人类堕落之后果的国家更能说明,作为精神的人沉降到了物理性的意义。真正的共和国只存在于上帝。"[3]不难理解,谢林将其后来理论上对复辟性"纯然(根本上否定)的保存(Erhalten)"[4]所持的反对(Veto),也用在国家上:即便现存的国家,也不值得去保存。

谢林对政治(das Politische)的批评——首当其冲的当然是国家——贯

---

① Vetö,第174页及以下。参 Vetö 1971。
② 《全集》卷七,第461页。
③ Vetö 1971,第二部分,第43页及以下。
④ 《谢林致马克西米利安二世,1848年7月20日》,见 Trost/Leist,第158页。

穿了整个哲学。这个判断的系统性理据在其"实证哲学"中再没有做出更改。1832—1833 年间冬季，他在慕尼黑的"实证哲学基要"（Grundlegung der positiven Philosophie）第 31 次讲座中，提到对黑格尔的严厉批评时这样说道：

> 即便国家在自身包举了很多实证性，但它仍是反对一切实证性，在最否定性的一面，它也是反对更高、精神性、道德生活的所有现象。……我们时代真正的但是被误解的任务就是，去限制国家本身和根本上的国家，即各种形式的国家，不仅仅是君主制国家。①

同样，在关于"神话哲学"（Philosophie der Mythologie）的柏林讲座中，有关国家的批评也无新的创见。值得注意的是，系统性论证和实际政治判断之间长久以来便存在的两可态度，如今更为明显。在哲学上"对国家的批判"与基于经验对强大国家的政治吁求，两者全然形成鲜明对比。其原因再明显不过：它们产生于 1848 年革命之中。②

1850 年代"神话哲学"第 22—24 节授课内容对革命的批评很少能反映这段经历。反对民主观念和"推翻国家的罪行"这样的表述，在现实国家面前捍卫个体内在性的法权，为存在史中使国家合法化的理性法则做的辩护，

① 《实证哲学基要》，第 235 页。

② 此处参 Sandkühler 1990。关于谢林的政治批判的观念史和意识形态原因，尤其是他对圣西门主义和蒲鲁东主义的认识，参 Sandkühler 1988。鉴于谢林于 1834 年在库辛（Cousin）德译前言中提到"圣西门主义粗暴的丑闻"，他一定知道说的是什么。他针对的是所有那些意图"在俗世建立天国"的人（《全集》卷十一，第 537 页；参 Trost/Leist 1890，第 278 页）。1848 年革命期间，他在年历上摘抄了《上帝国》（*Revue des deux mondes*）杂志中一篇有关路易·布朗（Louis Blanc）的文章作为阅读材料。"事实上，从科学共产主义就开始了，如今已经愈演愈烈，人人都明显被放逐于卑劣和日常琐事的界限之外。财产即为偷盗（La propriété c'est le vol），（蒲鲁东）这句明净的原则亦扩展到了诸理念。"（1848 年日记，第 64 页）谢林在此时期不止了解蒲鲁东，在其 1849 年日记中也有巴枯宁作品中的节选。

在谢林日记记载的日常政治经验面前都显得苍白无力。①

对谢林从哲学上对政治的理解的评判,比起对其关心政治的人格的评判要简单得多。万恩哈根(Varnhagen)完全有理由在 1848 年 4 月 5 日——普鲁士国王在起义者逼迫下对三月革命死难者恢复名誉的见证以及于 3 月 21 日发出“致吾民与吾国”的号召之后——记下如下文字:

> 谢林完全不知所措,所有支撑他的恩宠和力量,统统灰飞烟灭。被暴怒冲昏头的他甚至不断地赌咒,应该将人民用散弹枪消灭干净!②

而另一方面,还有另一个谢林,那个毫不怀疑法权意义的谢林。1848 年 10 月 20 日,谢林正在写作《论亚里士多德》(„Aristotelica“)。他的日记中有一段摘自未标明作者的文章中的文字,显然谢林将其据为己用了:

> 我们正处在革命状态。在这个阶段,自三月革命以来,所有要求遵守已存在的国家和联邦州法的规劝,所有要求重视已然生效的各国宪法的指示,皆被否弃。……我们处在革命状态,即意味着我们如今完全没有法权的土壤。……何处还有对法权统治地位信仰与和平未来的栖居之所? 对历史教训的蔑视会有其后果。经年的革命状态的一个结果便是,对人民来说,法权状态神圣的意义会丧失殆尽。还有,就像在法国,漂泊的犹太人的诅咒落在了被激发的人民身上,革命永远都不会死,除了在新的不断持续着的暴力统治的无情臂膀中。③

---

① 目前在 16 卷本的计划中出版的有:F. W. J. Schelling, *Das Tagebuch 1848. Rationale Philosophie und demokratische Revolution*, mit Alexander v. Pechmann und Martin Schraven aus dem Berliner Nachlaß hg. v. H. J. Sandkühler, Hamburg 1990;F. W. J. Schelling, *Philosophische Entwürfe und Tagebücher*; Aus dem Berliner Nachlaß hg. v. H. J. Sandkühler mit L. Knatz und M. Schraven, Bd. I: *1809 - 1813. Philosophie der Freiheit und der Weltalter*, Hamburg 1994; Bd. 12: *Philosophie der Mythologie und reinrationale Philosophie*, Hamburg 1998。

② 《同时代人眼中的谢林》,第 502 页。

③ 1848 年日记,第 170 页及以下。

　　与康德或者黑格尔相比,政治——法权,尤其是国家——在谢林这里有着尤为明显的地位。我一直以来都持这样的观点:谢林是反政治(*Anti-Politik*)的代表。① 今天,我对修正这一观点的做法仍有所怀疑。谢林从未远离这一理念,即法权理念是对自由进行调整和调节的理念。涉及国家的是:国家秩序之历史必然性和强烈的反国家至上论(Anti-Etatismus)等诸种理由在这里相互作用。在我看来,反国家至上论并非系统—哲学地产生的,而是明显由情感上对政治的历史的憎恶而引发的。谢林将政治置于一种普遍的历史性理论之中,置于一种从一开始便是自由史的历史之中,它在个体的实现中成为现实。他希望:

　　　　当下世界危机的结局将会是这样子的:国家重新被置于其真正的位置——作为条件(Bedingung)、前提(Voraussetzung),而不是作为个体自由的对象(Gegenstand)和目的(Zweck)。②

　　当然,该表述的语境再次抛出了谢林对待政治矛盾立场的问题,在这里只能以精短的只言片语来审视。③

---

① 参 Sandkühler 1988。

② 《谢林致马克西米利安二世,1853 年 12 月 17 日》,见 Trost/Leist,第 243 页。

③ 在上一页脚注②中提及的信件起因是马克西米利安二世 1853 年 11 月的问题:"紧接着如今的时代思潮,预计来看,还会有哪些撼动寰宇的理念?"(同上,第 240 页)谢林首先肯定地指出,"得到科学论证的答案必须能回复到历史哲学最遥远的深处"(同上,第 241页)。不过他将自己的论证局限于当代史(书信的附件使我们清楚看到,谢林一方面反对"共产主义",另一方面反对主要强调在宪法层面上探讨的"政治唯理性主义";同上,第 278 页及以下):时代的特征是,"人们所有的考量、思考和欲求指向的都是国家,根本上来说即此世的王国。在相同关系中则是避开更高的世界即上帝国,如此之巨,以至于最极端的一撮人宣称,如他们所说的,要在'尘世'建立'天国'"。"唯独关注国家"的时代,"即便没有完蛋,也行将就木了"。前面引述的有关国家作为个体自由之前提的预测性表述,谢林这样接着表达:"因此自然的后果就是,被国家所褫夺的位置将由那个属于所有人的有意义的所接管。这就是我们要说的,就是上帝国。"他解释道,"其早先意义上的教会"将会承接这一调停的角色,原因在于,国家本身也会需要有超出国家之外的权力的干预调停(Dazwischenkunft;拉丁文 intercessio——译注)。(接下页)

三、 自由与秩序

法权在欧洲的法治文化中有双重解释:第一,它是自由之所以能实现的理据;第二,它是约束工具。它存在于规范中,这些规范与制裁紧密相连。自由与秩序组成了国家内部使国家合法化的统一体。秩序并非理所当然地被赋予个体所具有的自由。法权与国家是手段,能使个人的自由和谐相处。人们今天定义为罗尔斯(J. Rawls)"事实多元主义"(faktischer Pluralismus)的东西,②也可以在谢林那里找到近似的形式——多神论。法权接受者的兴趣和态度、经验和世界观是多元化的(pluralisiert)。谢林已经预见到,现代社会中属于共时(synchron)的情况,历时地(diachron)凸显了自由的整个历史。

法权与国家是这一事实的必然后果。在规范接受者不同思维方式和行为方式独特性和多元性的条件下,法权规范和国家功能必须实现其普遍效力。"事实多元主义"的情形包括,现代社会表达的原则——政治决策的参与,一视同仁地照顾所有成员的利益,……以及独立对道德判断负责——再

(接上页)而在这一问题面前,即"国家相互之间的冲突(Collisionen,Conflicte)要通过何种强力来得以决定",国家达到了其能力的极限(同上,第242页及以下)。当然,应该在这里避免对谢林之立场的误解。重要的并不是一直存在的"教会"机构,他对其调停角色表示赞同,而是他在1846年日记中为了和有些人"不费事"的立场——这些人迫不及待地声张"一个建立于外部法权之上的教会"——做区分,而称为"我们的教会"的东西:"当(我们的)教会成为了教会,那么它就在国家之上。因为国家只是个国家。……不会有一个包罗万象的(universell)国家,原因在于,国家隶属于外在性的事物;而相反,教会则会是包举万有——根据其天性(基于对真理的认识)只会是普遍性的,它,正是因为如此,才不在国家之上,而是在国家之外;正如它在国家中作为个别性事物(partikulare),即便根据其通过'无可避免的'局部存在和方式而显得特别(Besonders)(不过未得到本质上恰如其分的东西)——这一点从自身以及根据其本质便可理解,因为外在性不会是普遍性的。教会不是在国家之上,而是在其之外,如同它作为一个在其之中的教会一样。它必须是精神性,不可见的,以便外在于国家。"(1846年日记,第19、37页及以下;参第39页)

② 参Sandkühler 1998b,1999。罗尔斯在其《作为公平的正义》(参1994年第二版)首次引入了"事实多元主义"这一概念,之后他先后将此概念衍生为"事实的"和"理性的"多元主义(参Rawls 1994,第106页)。

也无法持续地确保自由,也就是说,"对个体的道德伦理判断的保护也许有利于自由宽容的气氛,但无法抵挡大多数人决定的规则,这些规则会限制其他人的行为"。① 拉德布鲁赫(G. Radbruch)揭示了其后果:"相对主义挑战法治国家。"②我们可以肯定地说,这种论证尝试也指导着谢林的法权和国家思想。

　　许多在今天强调"脱离国家"的人与此洞见相去甚远。③ 谁同哪种利益相脱离?如同18世纪末以来那样,在各种立场间,当下也交织着对国家功能和界限的论争。这些立场从个体的自由法权和保护需求出发,将国家功能最小化,或者鉴于对抗的市民社会,从集体利益所在的法权协商的共同体出发,来论证国家的必然性。社群主义一方尤其认为有效的是,要解决当下问题,就不能指望"豢养猛兽的政治"(Politik als Raubtierhaltung)。自由主义民主制纲领,

> 对任何国民的理想都没有好感,这种理想根据人的天性将人看作政治动物。对于自由主义者来说,作为一国之公民意味着自然人处于小聪明而扮演人为的角色,以求保护他孤独的作为人的存在。④

　　因此,令人惊讶的是,社群主义者同自由主义者在一个策略上继续达成一致,即对国家的批判,要求限制国家。一些人以社会性和公共福利之名,给国家框定界限,因为在家庭和团体中能更好地保障那种保护;而另一些人则以个体的自由之名。

　　在"实质理性"形而上学终结之后,这种策略变得很有风险。社群主义者和自由主义者都没能看清,正是"事实多元主义"迫使人们重新思考自由与秩序、法权与国家的相互联系。这就意味着,要放弃一切次要的国家职

---

① Denninger 1996,第12页。
② Radbruch 1990,第19页。
③ 参 Speck 1999。
④ Barber 1994,第39页。

能,并且,在国家主要的任务中——在其作为宪法、法治和福利国家的职能中——来挑战国家。次要的国家职能是,从国家本体论意义上,从种族形而上学意义上,以及从多样的经济利益的优先性上,赋予国家的那些职能;而主要的职能则是那些在个人自由和尊严意义上归于作为法制工具的宪法国家的职能。追求"更少的国家"(weniger Staat)并不是解放先天的呼声。无论在斯大林主义还是新自由主义纲领下,对国家职能的限制都导致对公共空间的取消和对各种利益的认可,在多元社会中,任何特权都不能享用这些利益。与对国家去合法化的批评相伴的,常常是对多样性的恐怖(Terror des Partikulären)的合法化。没有法治国,人们的自由照样可以和谐相处,这种看法几乎没有根据。

当康德在其《道德形而上学》中欲将国家理解为"法权法则之下众人的联合"时,这种洞见基于"人是由'曲木'组成的,必须先行成为法治国的公民"。这在本质上也是谢林的观点,他是从作为善与恶之可能性的自由理念出发来论证的。故而,法权法则的概念在伦理上也不可能完全是中立的,它依据的是正义理念。该理念及由此推出的规范,授予并限制国家权力。

就如同我们今天一样,谢林也不能不提及法权就径直谈论国家和不受制于国家的法权。他也意识到与此相关的问题和悖论。践行主体性和个体法权,后果是产生利益冲突,并因此造成人们生活关系的法治化和国家形式化。可以用一个简单的公式来表达这个悖论:自由越多,法权越多;法权越多,国家越多;国家越多,自由越少;自由越少,对法权的需求越多,国家和法权不断循环。

法权以及享有权利的法权(Recht auf Rechte)"从自然而言"事关每个个体。如果要避免自然主义或者形而上学式的误解,那么"从自然而言"就仅仅意味着:在被国家实证化之前。Vor(在……之前)这个词,指的是这些权利的起源,或者,"前—国家的"在有效证成的语境中,意味着"超(extra)—国家的"?人们更倾向于接受后者。那么,我们就同谢林一道重新思考:法权与自由的第一个历史行为一同兴起,"人的自然"以及个体的生命构成了国家的存根—结构(Juxta-Struktur)。谢林曾谈及的、我们在这里也在谈的个体从没有完结(fertig)。在个体化的进程中并且从"我之生成"(Zum-Ich-werden)中,不仅产生了对享有权利的法权的需求,而且还有对所有人的自由诉求的相互认同。如果说人们期待的是国家赋予的法权所赋予的自由,那么它关及的无非是为每个走向成功的个体化创造条件,个体自由、对他者的认可以及集体性的平等和公平,在个体化中都不再是相互对立的。

人们将实现法权的任务交给作为设定法权和保护法权的机构——国家。这又是那个抛出关键问题的"事实多元主义"。由于自由和自由之历史等原因,对诸多法权规范奠定其中一个实在价值伦理基础的诉求无法证明自身的正当性。因此,人们为实证法设定了严苛的界限:第一,出现在如下问题中的界限,即什么是相当有必要进行调整的;第二,出现在宪法或"基本规范"的必然外在特征中的界限。

尽管民主宪法的基本法规范为内容上确定的法权系统奠定了基础,但是"基于基本法规范"什么是应然的,仍是不确定的,"其原因不仅在于基本法法规的语义和结构开放性中,而且主要是在基本法规范的原则特征,其中隐含了权衡的必要性。虽则权衡的程序是……一理性程序,但其并非一个在所有案例中都能得出解决之道的程序。……权衡的开放性……导致了内容上受基本法规范决定的法权系统的开放性"。此外,"基本法规范的有效性……意味着,法权系统是一个相对于道德而言开放的系统"。①

现代民主渴求形式的、不同于世俗理解的中立的法权的正义、公平以及普遍性,就如同在康德观点的实践方面和谢林观点的历史理论方面所理解的那样:康德认为,法权是"一者的任性能够在其中按照普遍的自由法则与他者的任性保持一致的那些条件的总和"②。于是谢林说道:

(必须)同时在第一自然之上设立第二和更高的自然,全然不同于

---

① Alexy 1996,第 494 页及以下。
② 《康德全集(学术版)》卷六,第 230 页。(中译参李秋零译:《康德著作全集》卷六,中国人民大学出版社 2010 年版,第 238 页。——译注)

可见自然中的自然法则在其中为了自由的目的而占统治地位。在侵犯到他人的自由后,在第二自然中必须毫不妥协并且以冷酷的必然性——在感性自然中,原因产生结果——继而形成同自利本能暂时的矛盾。如上述这样一种自然法则才是法权法则。这种法则在其中占据主导的第二自然才是法权状态。①

从谢林的视角来看,并且在今天出于类似原因仍然而必要的国家,是法权的手段。它之所以在功能上必然,并不是因为自身之故。"个体需要国家,以便他们可以享受自己的权利并且可以促进自己的利益。国家保护每个人的自由,同时也限制自由,以使其他人同样的自由不受妨害。"另一方面,"只要国家的设定是为了实现这一任务而使用权力和强制手段,国家的这种权力就必须就自身而言得到限制,以使它不会威胁到个体的自由"。②

谢林是一位自由和法权的现代理论家,之所以说他现代,是因为就实在的法权基础和法权有效性伦理或宗教原则而言,他拒绝了一切规定。当然,并不是出于漠视。笔者的前提是,谢林已经深知:法权规范是历史上不断变化的解释样式,关涉的是自由地为善或作恶的个体行动。人们可以视之为不足,因为他本人并未道出法权意涵的最低限度。不过,相对于人们对多样化的价值观的无尽盘剥,这反倒是一种优点。此外,无论什么也无法阻止我们去填补在谢林那里形成的批判性裂隙。如若事关"真正法权"的准则,那么,今天实证化的人权——要多形式化有多形式化,要多普遍化有多普遍化——就是最合适的选择。笔者找不到谢林可能对此表示反对的任何动机。

---

① 《全集》卷三,第 582 页及以下。
② Petersen 1995,第 333 页。

缩写对应文献

AA 谢林(F. W. J. Schelling)："历史考订版"(Historisch-kritische Ausgabe),巴伐利亚科学院谢林委员会委托 H. M. Baumgartner/W. G. Jacobs/H. Krings/H. Zeltner 编。第一部分:作品集(I. Werke);第二部分:遗作(II. Nachlass);第三部分:书信(III. Brief);第四部分:附录(IV. Nachschriften)。Stuttgart 1976 ff.。

Eph 谢林:《哲学导论》(*Einleitung in die Philosophie*), W. E. Ehrhardt 编,Stuttgart-Bad Cannstatt 1989[=谢林研究丛书卷一(Schellingiana Band I)]。

GPPh 谢林:《实证哲学基要》(*Grundlegung der positiven Philosophie. Münchener Vorlesung WS 1832/33 und SS 1833*), H. Fuhrmanns 编/注,I Torino 1972。

HW 黑格尔(G. W. F. Hegel):《20 卷文集(理论作品版)》,基于 1832—1845 年《作品集》重新修订版,Frankfurt/M. 1971。

SdW 谢林:《时代体系》(*System der Weltalter. Münchener Vorlesung 1827/1828 in einer Nachschrift von Ersnt von Lasaulx*), S. Peetz 编/导言,Frankfurt/M. 1990。

SSZ《同时代人眼中的谢林》(*Schelling im Spiegel seiner Zeitgenossen*),X. Tilliette 编,Torino 1974。

SW《谢林作品全集》(*F. W. J. von Schellings sämmtliche Werke*), Karl F. August Schelling 编,第一部分:10 卷[I. Abteilung: 10 Bde. (=I－X)];第二部分:4 卷[II. Abteilung: 4 Bde. (=XI－XIV)],Stuttgart/Augsburg 1856－61(引用时为 *SW: Bd, S.*)[=《谢林作品集》(*Schellings Werke*),根据原版重新整理,M. Schröter 主编,6 卷补遗,München 1927 ff. ,1958 ff. ,第二版]。

TGB 1809－1813 卷一:《谢林哲学论稿与 1809—1813 年日记,自由与世界时代的哲学》(Bd. I: *F. W. J. von Schelling. Philosophische Entwürfe und Tagebücher 1809－1813. Philosophie der Freiheit und der Weltalter*), L. Knatz, H. J. Sandkühler, M. Schraven 主编, Hamburg 1994[《哲学论稿与日记,柏林时期遗作》(*Philosophische Entwürfe und Tagebücher. Aus dem Berliner Nachlass*), H. J. Sandkühler 与 L. Knatz,M. Schraven 主编,卷一]。

TGB 1846《哲学论稿与 1846 年日记,神话哲学与纯粹理性哲学》(*Philosophische Entwürfe und Tagebücher 1846. Philosophie der Mythologie und reinrationale Philosophie*), L. Knatz,H. J. Sandkühler, M. Schraven 主编,卷十二,Hamburg

1998。

TGB 1848 谢林:《1848 年日记,理性哲学与民主革命,柏林时期遗作》(F. W. J. von Schelling, *Das Tagebuch 1848. Rationale Philosophie und demokratische Revolution. Aus dem Berliner Nachlass*), H. J. Sandkühler, A. v. Pechmann, M. Schraven 主编,Hamburg 1990。

Trost/Leist《巴伐利亚国王马克西米利安二世与谢林:书信集》(*König Maximilian II. Von Bayern und Schelling. Briefwechsel*), L. Trost, F. Leist 主编,Stuttgart 1890。

Vetö 谢林:《斯图加特授课》(F. W. J. von Schelling, *Stuttgarter Privatvorlesungen*, Version inedite, accompagnee du texte des Oeuvres, publiee, prefacee et annotee par M. Vetö), M. Vetö 主编/导言/评注,Torino 1973。

参考书目

Alexy, R.［1996(1985)］: *Theorie der Grundrechte.* Frankfurt/M.

Barber, B. (1994): *Starke Demokratie. Über die Teilhabe am Politischen.* Berlin.

Baumgartner, H. M. (1981): "Vernunft im Übergang zu Geschichte. Bemerkungen zur Entwicklung von Schellings Philosophie als Geschichtsphilosophie". In: Halser 1981, S. 175－192.

Barmgartner, H. M./H. Korten(1996): *F. W. J. von Schelling.* München.

Cesa, C. (1986), "F. W. J. von Schelling". In: *Pipers Handbuch der politischen Ideen.* Hg. v. I. Fetscher, H. Münkler, Bd. 4. München/Zürich, S. 226－251.

Denninger, E. (1996): "Recht, Moral und Politik. Demokratie contra Verfassung? Überlegung zum Disput zwischen Ronald Dorkwin und Jürgen Habermas". In: *Frankfurter Rundschau*, 16. 10. 1996, Nr. 241. S. 12.

Duque, F. (1999): "Die Philosophie in Freiheit setzen. Freiheitsbegriff und Freiheit des Begriffs bei Schelling". In: *Transzendentale Logik. Fichte-Studien* Bd. 15, S. 169－188.

Ehrhardt, W. E. (1981): "Die Absolutheit der Vernunft und der Geschichte". In: Hasler 1981, S. 239－244.

Ehrhardt, W. E. (1990): "Freiheit ist unsere Gottheit". In: *Deutsche Zschr. f. Philos.*, H. 6, S. 521－527.

Georgii-Georgenau, E. E. (Hg.) (1886): *Herzog Karl von Württemberg, Rede gehalten in der* [...] *Karlsschule* [...] *zur Zeit der Schreckensherrschaft in Frankreich*, o. O.

Habermas, J. (1954): *Das Absolute und die Geschichte. Über die Zwiespältigkeit in Schellings Denken.* Bonn < Diss. >.

Hasler, L. (Hg.) (1981): *Schelling. Seine Bedeutung für eine Philosophie der Natur und der Geschichte. Referate, Voten und Protokolle der Internationalen Schelling Tagung Zürich ipzp.* Stuttgart-Bad Cannstatt.

Hofmann, M. (1999): *Über den Staat hinaus. Eine historisch-systematische Untersuchung zu F. W. J. Schellings Rechts- und Staatsphilosophie.* Zürich.

Hollerbach, A. (1957): *Der Rechtsgedanke bei Schelling. Quellenstudien zu seiner Rechts und Sozialphilosophie.* Frankfurt/M.

Jacobs, W. G. (1993): *Gottesbegriff und Geschichtsphilosophie in der Sicht Schellings.* Stuttgart-Bad Cannstatt 1993.

Jacobs, W. G. (1996): "Zur Geschichtsphilosophie des jüngeren Schelling". In: Sandkühler 1996, S. 33 − 44.

Jacobs, W. G. (1998): "Das Universum als Geschichte, als moralisches Reich. Zum Verhältnis von Ethik und Geschichte bei Schelling". In: D. Losurdo (Hg.): *Ethik und Geschichtsphilosophie.* Frankfurt a. M./Berlin/Bern 1998.

Knatz, L. (1996): "Schellings Welt der Geschichte". In: Sandkühler 1996, S. 45 − 58.

Lanfranconi, A. (1992): *Krisis. Eine Lektüre der "Weltalter"-Texte F. W. J. Schellings.* Stuttgart-Bad Cannstatt.

Marx, W. (1974): "Grundbegriffe der Geschichtsauffassungen bei Schelling und Habermas". In: *Philos. Jh.* 81, S. 50 − 76.

Marx, W. (1977): *Schelling. Geschichte, System, Freiheit.* Freiburg.

Marx, W. (1981): "Das Wesen des Bösen und seine Rolle in der Geschichte in Schellings Freiheitsabhandlung". In: Hasler 1981, S. 49 − 69.

Matsuyama, J./H. J. Sandkühler (Hg.) (2000): *Natur, Kunst und Geschichte der Freiheit. Studien zur Philosophie F. W. J. Schellings in Japan.* Frankfurt a. M./Berlin/Bern.

Petersen, Th. (1995): "Die Freiheit des Einzelnen und die Notwendigkeit des Staates". In: Ch. Fricke/P. König/Th. Petersen (Hg.), *Das Recht der Vernunft. Kant und Hegel über Denken, Erkennen und Handeln.* Stuttgart.

Pieper, A. (1985): "Der Ursprung des Bösen. Schellings Versuch einer Rekonstruktion des transzendentalen Anfangs von Geschichte". In: *Philosophische Tradition im Dialog mit der Gegenwart*. Festschrift f. H. A. Salmony, hg. v. A. Cesana/O. Rubitschon. Basel/Boston/Stuttgart, S. 199 – 216.

Radbruch, G. (1990): "Der Relativismus in der Rechtsphilosophie". In: Ders., *Gesamtausgabe, Rechtsphilosophie III*, hg. v. Winfried Hassemer. Heidelberg.

Rawls, J. (1994): *Die Idee des politischen Liberalismus. Aufsätze 1978 – 1989.* Hg. v. W. Hinsch. Frankfurt/M.

Rawls, J. (1994a): "Gerechtigkeit als Fairneß: politisch und nicht metaphysisch". In: Rawls 1994. ["Justice as Fairness: Political not Metaphysical". In: *Philosophy and Public Affairs* 14 (1985)].

Sandkühler, Hans-Jörg (1968): *Freiheit und Wirklichkeit. Zur Dialektik von Politik und Philosophie bei Schelling.* Frankfurt/M.

Sandkühler, Hans-Jörg (Hg.) (1984): "Natur und Geschichtlicher Prozeß. Von Schellings Philosophie der Natur und der Zweiten Natur zur Wissenschaft der Geschichte". In: *Natur und geschichtlicher Prozeß. Studien zur Naturphilosophie F. W. J. Schellings. Mit einem Quellenanhang als Studientext und einer Bibliographie.* Frankfurt/M, S. 13 – 80.

Sandkühler, Hans-Jörg(1988): "F. W. J. Schelling-Philosophie als Seinsgeschichte und Anti-Politik". In: *Deutscher Idealismus und Französische Revolution.* (Schriften aus dem Karl-Marx-Haus Trier, Bd. 37). Trier, S. 130 – 151.

Sandkühler, Hans-Jörg (1990): "Einleitung. Positive Philosophie und demokratische Revolution". In: TGB 1848, S. XXIII – LXI.

Sandkühler, Hans-Jörg (Hg.) (1996): *Weltalter—Schelling im Kontext der Geschichtsphilosophie.* Hamburg [DIALEKTIK 1996/2].

Sandkühler, Hans-Jörg(Hg.) (1998): *F. W. J. Schelling. Mit Beiträgen von Christian Danz u. a.* Stuttgart/Weimar.

Sandkühler, Hans-Jörg (1998a): "Die Philosophie der Geschichte". In: Sandkühler 1998, S. 124 – 149.

Sandkühler, Hans-Jörg (1998b): "Die Universalität des Rechts und das Faktum des Pluralismus". In: R. Fornet-Betancourt (Hg.), *Armut im Spannungsfeld zwischen Globalisierung und dem Recht auf eigene Kultur.* Frankfurt/M. , S. 131 – 144.

Sandkühler, Hans-Jörg (1999): "Pluralismus". In: Ders. (Hg.), *Enzyklopädie Philosophie*, Bd. 2. Hamburg.

Schraven, M. (1989): *Philosophie und Revolution. Schellings Verhältnis zum Politischen im Revolutionsjahr 1848*. Stuttgart-Bad Cannstatt.

Schraven, M. (1998): "Recht, Staat und Politik bei Schelling". In: Sandkühler 1998, S. 190–207.

Schulz, W. (1977): "Freiheit und Geschichte in Schellings Philosophie". In: *Schellings Philosophie der Freiheit. Festschrift der Stadt Leonberg zum 200. Geb. des Philosophen*. Stuttgart, S. 23–46.

Smid, S. (1987): "Folgen der Kritik des Geschichtskonzepts in der Hegeischen Rechtsphilosophie durch Schelling für die Staatsphilosophie. Historischer Fortschritt als Problem der Rechtsphilosophie". In: *Arch. f. Rechts- und Sozialphilos.* 73, S. 338–358.

Speck, U. (1999): "Der lange Abschied vom Staat". In: Merkur, S. 607.

Tilliette, X. (1987): "Gott und die Geschichte in der positiven Philosophie Schellings". In: *Auf der Suche nach dem verborgenen Gott. Zur theologischen Relevanz neuzeitlichen Denkens*. Hg. v. A. Halder, K. Kienzier und J. Aller. Düsseldorf, S. 146–159.

Vetö, M. (1971): *Les Conferences de Stuttgart de Schelling. "Georgii" et "Calendrier pour 1810"*. Paris.

Yamaguchi, K. (2000): "Die Weltalter—Schellings Versuch der Überwindung der neuzeitlichen Philosophie". In: Matsuyama/ Sandkühler 2000, S. 149–170.

国内论文

托马斯·格林的公民哲学(二):伦理政治论

刘佳昊* 著

一、 前言

在《托马斯·格林的公民哲学(一):道德存有论》一文里,笔者已就格林思想的形而上学与伦理学面向,做了整体论述。从中我们可以看到,格林透过批判启蒙哲学、重新诠释圣保罗思想,建立了一套属于他自身的道德存有论主张。此即:生而为人,我们仅可能在自身的动物本能与理性意志之间,进行无休止的摆荡,除非我们可以社群生活、道德自律为本,舍弃纯然利己的肉欲目标,转念为共善与公义牺牲奉献,才可望于社群整体的存续中,超脱自身的永恒自我否定之境况。在此,对格林而言,纯然利己的肉欲生活显然是他极力批判之对象。不过,值得我们留意的是,格林虽然排拒利己的肉欲生活,但他并未因此全然否定"愉悦"对人而言的道德意义与价值。这是因为对于个人来说,透过行动实现某种良善目标时,必然可从中获致某种愉悦或快乐的感受,而这种感受,作为欲求获得满足之后的附加产物,虽然

---

* 刘佳昊,英国卡迪夫大学政治与国际关系博士,台湾"中央研究院"人文社会科学研究中心博士后研究员。

不是道德行动或良善意志之根本价值来源,但仍然具有个人主观意愿上之评定价值;即因如此,当个人愿意舍弃追求纯然利己之肉欲生活,转向为社群共善牺牲奉献时,此转念才会具有道德上的意义与价值。

不过,如果个人主观意向之变化,乃是格林道德思想之核心,其论说便无法跳脱主观主义倾向,而有忽视道德客观判准之重要性的疑虑。对此,若按格林坚持反对二元论的立场来说,仅依赖主观意向来解释道德规范效力之根源的说法,显然无法符合他自身的一贯态度。① 然而,若说在个人主观意向之外,另有一个无关个人意向之客观判断标准存在,那么,个人的道德自由便容或受此客观判断标准之限制。就此而言,如何解决这一主观主义与客观主义之悖论,遂是我们接续论说格林公民哲学的一项重要关切课题。至于格林化解此悖论的方式,一方面就形式上来说,他即是透过交互主观的论说观点,表示众多个人基于其主观意志可合力造设客观规范;另一方面就实质上来说,他则是透过一套伦理政治论述,将个人自由与道德自律之基础,立于个人参与公共事务的自我规训行动之上,从而达致主客合置。质言之,正如个人存在的永恒境况仅可能以舍弃肉欲、转向共善为其出路,通过政治参与、直接间接地行使主权权力以规训自身,遂是个人学习如何实践前者之必要条件。所谓主权,在格林的界定下,不单只有法律上的国家治理权力之涵义,更是个人履践自身自我实现理念之必要,而具有了道德伦理上之意义。顺此,本文的前半部分便将聚焦阐述格林公民哲学中的伦理政治论,而后半部分,则将以格林的公民实践活动为参照,检视他的思想论述与实践行动之关联,并进而以此为基础,概述他的思想行动对英国自由主义发展的影响。

---

① 格林对于道德主观主义和道德客观主义之二元分立观点,根本上持批判的态度,而这也是他批判康德道德哲学仍具有二元论色彩的重要基础。换句话来说,若格林自身依然是以主观个人的意向为道德规范之根源,那他的论述主张显然会和他的批判立场相左。有关格林对于康德思想的批判,参见笔者所著《托马斯·格林的公民哲学(一):道德存有论》(载吴彦主编:《菲尼斯与新自然法理论》,商务印书馆 2020 年版,第 109—195 页)第二节的讨论。

二、作为整体的国家

从当时的社会处境来说,格林认为,弥漫在19世纪英国社会中的个体主义论述,虽然为部分享有社会资产者的权利提供了证成依据,但对于普罗大众来说,这类论述涉及的享乐主义、社会演化、自然主义等观点,不仅使他们蒙受的苦难可借诸如"自然淘汰说"合理化,将实然通则与应然规范混淆后带来的道德究责性遗缺之问题,也使得他们的论辩主张容易在科学挂帅的思维下被轻易排除。准此,格林的伦理学即是以重新确立实然和应然之别为基础开展的。进而,在划定这实然与应然之别时,格林亦就人类的存在境况与生命指向做了描绘。以意识的反思区辨能力为本,人与自我、他者、世界构成了内外主客的关系,而如何通过认知活动与实践行动以使这主客分立的关系重获和解,便是人一生所欲追求的理想状态。就此而言,为了使关系的和解成为可能,将自己投入某个特定的社群生活之中,并于其中致力为了共善的落实而牺牲奉献,便是每个人应该履践的首要工作。

不过,鉴于社群生活之为可能的前提,涉及人与人之间的相互承认和彼此共享的善观,当每个人在社群之中善尽己职、为共善和自我理想的实现努力时,便须同时留意自身的言行举止是否会对他人的生活福祉造成影响,甚或危害。如身为木匠和身为作家,或有各自不同的社会本分与责任,但若人们不依其身份、职务从事工作,社会资源分配的不当便会在这过程中被凸显出来。若人们因为社会资源分配的不当而侵夺、偷窃他人财物,或是伤害他人,众人同心为共善努力的伦理精神即会由此受到损害,更不用说个人在此过程中所将蒙受的损失,亦可能使其无力或无心继续为共善的落实奋斗。即因如此,为了确保社会资源得获有效分配,众人的生命财产安全得获保障,种种由政府通过法律、政策建立的权利体系及社会制度,对人们来说遂是在追求自我安宅的道路上必不可少的事物。

承此,虽然在《伦理学绪论》一书里,格林侧重讨论应然和实然的关系、人的道德能力与伦理观念等课题,但在《论政治义务诸原则讲演》里,他则明确将这些伦理、道德课题和政治生活的运作联结起来。他说：

> 道德，就其第一义来说，是对规范的服从，而即使有更高的道
> 德——以无关利害的(disinterested)动机主导的品格道德，像是以人类
> 完善为目标的道德——和这基于共善而服从特定规范的初始道德有所
> 别，但这后一种"外在的"道德仍是更高的道德之为可能的前提。是
> 故，道德和政治的隶属(subjection)有其共同根源(在此，这"政治隶属"
> 乃指为主体确保权利之意，而非成为奴隶)。此即特定人们(如同属一
> 家的孩子)对共同福祉的理性承认，而将这福祉视为是他们所有，并认
> 为这是他们无论何时、无论当下的意向如何皆为其所共有的福祉；而当
> 凡此种种经承认体现为各种约束个人意向的规定后，为实现这整体幸
> 福所相应产生的各种自由便受到了保障。①

由是观之，依格林之见，政治隶属、法律约束、自由权利等与政治生活有
关的事务，就其有助于约束个人意向、助人学习服从共善来说，当同时带有
一种原初的道德内涵。此即：道德良善固然是以个人的内在动机来证其价
值，但在个人决意转念向善之前，外在规范则有助于约束其主观意向，从而
给予其认识各项规范背后涉及的共善之机会。准此，政治生活纵然未能直
接助人养成良善德行，但在有助于人们洞察共善这点上则有其积极的道德
意涵。换句话说，对格林而言，政治不仅应该促成社会资源的有效分配、个
人生命财产安全的保障等等，还应协助人们体察共善、培育基本的道德素
养。是故，以其对于政治抱有的如此理解与认知，格林遂反思、批驳了古典
自由主义者坚守的政治立场及其衍生主张。

---

① Thomas Hill Green, *T. H. Green: Lectures on the Principles of Political Obligation and Other Writings*, eds. Paul Harris and John Morrow, Cambridge: Cambridge University Press, 1986, p. 92.

（一）市民社会与有限政府

前言中提到,在格林研读古希腊哲学、德国哲学,并借以重新诠释基督教思想的理论工作背后,是他寄希望于通过开展一套新颖的政治社会论述,以证成社会改革工作之价值与意义的实践意图。而他之所以极力支持改革工作的推展,即是因为在 19 世纪的英国政治社会体制里,劳动阶级不仅受到资产家、贵族等权势阶级的经济压迫,在个人应当仰赖己力以自存的思维主导下,众多未能拥有充分资产养育自身的劳动者,更被认为不具参与政治的资格,而无法在立法施政的过程里表达意见。诸如斯迈尔斯（Samuel Smiles, 1812—1904）、哈考特（William V. Harcourt, 1827—1904）、斯宾塞（Herbert Spencer, 1820—1903）、格拉斯通（William Gladstone, 1809—1898）、密尔等人皆认为,能够肩负起自主责任的人才得以享有参与公共事务的资格。有关这一为 19 世纪诸多英国士绅与知识分子所坚信的"负责公民"（responsible citizens）论述,笔者已于《托马斯·格林的公民哲学（一）:道德存有论》中概述了其渊源。而就其时英国劳动阶级的政治社会处境来说,其间涉及的思想论述也和洛克、亚当·斯密等人开展的有限政府（limited government）理论和自发性社会（spontaneous society）观念有关。

受到洛克提出的有限政府论影响,19 世纪的英国知识分子多认为任何政府决策都必须经过公民的同意,并以保障公民的生命安全和财产为目的,才能获得正当性。如洛克在《政府论次讲》（*The Second Treatise of Government*）所言:"人们进入社会的理由,是为了维护自身的财产,而他们选出并授权立法机关制定法律的目的,便是希望通过规则的设立,来保障所有社会成员的财产,同时限制特定成员或党派的权力,以缓解其支配力量。"[1]如此,公民之所以同意政府通过政策法律对其言行进行规范,便是因为这些规范能协助公民获得生命、安全及财产的保障。换句话说,对于拥有

---

[1]　John Locke, *Two Treatises of Government*, ed. Peter Laslett, Cambridge: Cambridge University Press, 1988, p. 412.

投票权资格的英国公民而言,他们即可通过选举选出议员代表他们在国会监督政府施政,以确保政府履行其职责。不过,洛克虽然在他论说的过程中强调,公民同意和财产安全等保障乃是政府统治具有正当性的前提,但他对于政府应积极还是消极地进行治理一事,则未有明确界说。相对地,亚当·斯密在他的政治经济学研究里,则在这一点上进一步拓展了洛克的观点。

依亚当·斯密之见,政府之所以出现,当是为了保障人民的财产。他说:

> 每当有巨额财产出现,不平等便会随之出现。这是因为当一人非常富裕,即意味着有五百人贫穷,而这少数人的富足,便是由多数人的贫困而来。由此,当富人的富足造成了穷人的贫困,穷人便容易出于渴望,亦出于忌妒,而去侵夺富人的财产。只有在民政司吏的保护下,通过劳力付出或是世代积累而拥有有价财产的人们,才终于能够在夜晚安眠。①

由是观之,对亚当·斯密来说,避免人们的财产遭受侵害或侵夺,即是政府之所以存在的主要缘由。此外,值得一提的是,就此段落来看,政府对于富裕阶级提供的财产保障不是毫无条件的,富人的财产必须是他们依自身"劳力"或"世代积累"积攒所得。换言之,若富人是以欺骗、压迫或其他各种方式从他人处掠得财富,这类财产便不是政府应提供保障的对象。就此而言,虽然政府的成立和富人因穷人的怨怼而可能蒙受财产上的损失有关,但财产权的保护则是普遍适用于所有人,无分贵贱。总之,从亚当·斯密的观点来看,政府的职责乃是限定在财产权的保障上;诸如防止人们侵夺财物、阻却外敌入侵掠夺等,都属政府应善用税收履践的职责。除此之外,政府唯一可以在人民的同意下斟酌进行的积极行为,便是兴建桥梁、港口等

---

① Adam Smith, *The Wealth of Nations*, New York: Modern Library, 1937, p.670.

社会经济发展所必要的基础设施。① 依亚当·斯密之见,人们为了取得、利用更多的资源与财货,总会不断设计、创造各种器物、制度来提高生产效能。是故,除了因应社会发展之所需来进行基础建设外,政府的治理职责便只是防止社会自主运作的机制因部分人的恶行而受干预或破坏,遑论能否介入或干涉这社会运作的机制了。如此,时至 19 世纪,经洛克和亚当·斯密之手发展成型的"有限政府"和"自发社会"等概念为许多自由派学者与乡绅支持。除了前述提到的斯迈尔斯、斯宾塞等人外,柯布登(Richard Cobden)、布莱特(John Bright)等"曼彻斯特自由主义者"(Manchester liberals)亦属其中较为著名者。②

　进而,密尔作为知名的 19 世纪自由主义者,他也认为政府应有节制地介入市民社会的运作。密尔尝言:"唯一使权力可以在与个人意志相左的情形下正当施用的目的,即是去防止该人伤害他人。"③换句话说,除了防止人与人相互伤害外,政府无其他可正当施用权力的根据。不过,在密尔的认知下,这所谓"政府的职责乃是消极防止人们彼此互相伤害"④之说,有其前提。要言之,依密尔之见,人活着是为了追求幸福、追求愉悦,因此会尽量避免受苦、受害。同理,当人们为极大化自身所欲追求的幸福,而彼此合作、共同生活之后,生活在一起的人们也当合力追求群体幸福的极大化,而非彼此伤害。只不过,鉴于人们并非总是明智且理性而能永远遂行这项关于社会生活的道理,社会的自主运作便可能因部分只顾私利者对他人造成损伤而

①　Smith, *The Wealth of Nations*, pp. 653 – 768.
②　柯布登和布莱特等曼彻斯特自由主义者,在 19 世纪英国《谷物法》争议中乃是积极反对保守托利党的中心人物。而他们反对政府借《谷物法》向进口谷物课征关税的主要缘由,即是因为他们认为,课征关税一方面将使国内原物料价格居高不下,从而使得工业生产的成本提高,另一方面则将使国内农产畜牧业无意提升市场竞争力,造成原物料生产效率不彰的状况。他们之所以有此观点,主要便是受亚当·斯密论说的"自发社会"概念所影响,而认为政府不应当通过政策法令过度介入市民社会的自主运作。关于曼彻斯特学派的见解,参见 W. H. Greenleaf, *The British Political Tradition*, Vol. 2: *The Ideological Heritage*, London: Routledge, 1983, pp. 30 – 48。
③　J. S. Mill, *On Liberty and Other Writings*, ed. Stefan Collini, Cambridge: Cambridge University Press, 1989, p. 13.
④　即所谓"伤害原则"。

受干预。为有效避免这些自私个体的干预及其影响,密尔遂认为,政府除了应该通过法律禁制惩处伤害他人者之外,亦应积极推动各项政策法令,改革种种出于个人私利而减损社会公益的制度行径。① 质言之,密尔虽然强调政府的保护职责,而和洛克、亚当·斯密一样,皆主张政府干预市民社会运作的正当权力是有限的,但正因他设想政府功用的根据与其设想的人类生活境况有关(亦即以追求个人的幸福与愉悦为目标的生活),故在界说政府的保护职责时,他便采用了较为宽松的解释,而认为政府在特定情境下亦应采取积极的作为。

不过,尽管部分论者(如密尔)指出,采取行动、推动改革亦为政府善尽其保护职责所应从事的工作,但对于多数的 19 世纪英国自由主义者来说,政府的职责是有限的而不应积极干涉社会自主运作这项观念,诚乃他们坚守的政治信条。是故,在这种强调政府不应积极干涉市民社会运作的想法,与前述的那种唯有能自主、自立者才可享有投票权的观念交相影响下,19 世纪的英国劳动阶级遂不仅无法享有投票权,进而通过选举代表来监督政府施政。对他们来说,期待有投票权者和政治人物会通过立法、通过政府的介入来改善其生活处境,亦是一种奢望。然而,正因为劳动阶级的生活处境无法获得政府应有的重视,英国各地于 19 世纪遂曾出现诸多由劳工、农民发起的动乱。有鉴于此,对格林来说,为回应 19 世纪动荡的政治社会处境,古典自由主义的社会观和政府理论自将有所调整与修正。

(二) 国家作为众多社会之社会

关于格林的政府理论与社会观,整体而言涉及以下几项要点:首先,他认为政府应为每个人的自由权利提供保障;其次,他指出政府既为保障每个人的自由权利,便有责任通过法律政策等去确保社会资源获得有效分配;进而,他强调政府在推动各项法律政策时皆须以共善为根本。进而言之,格林认为社群生活的构成条件关乎人们对彼此身份地位的对等承认,以及他们

---

① Greenleaf, *The British Political Tradition*, Vol. 2, pp. 117－121.

共享的善观。而国家社会作为以法律制度维系社群生活、确保自由权利行使可能的体制,便须以社会平等和社群共善为制定法律、创建体制的首要考虑对象。是故,格林强调:"当政府能向人民呈上共善,才得以使人民意识到他们应当服从之。"[1]而这是因为任何一个政府只有在依循社群共善行事时,其统治正当性才可为人民所辨识、承认。不过,虽然政府在创制法律体制时,必须以社会平等和社群共善二者为主要目标进行,但依格林之见,有责任协助这两项目标于社群中落实者,并非仅限于政府,而是整个国家。

　　进而言之,对格林来说,"政府"并非等同于"国家"。相较于洛克、亚当·斯密乃至密尔等人倾向于将国家等同于政府来理解,格林对于国家的定义与认知则有所不同。举例而言,依洛克之见,人们是在自然状态里出于种种因素与不便,才需进入社会生活并通过群体的力量组建政府,以获得生命、安全及财产的更完善保障;[2]而密尔,则如同亚当·斯密,认为"国家"的存在是由于人们为了寻求自身生命财产的安全保障。[3] 在此,当国家被视为和政府等同时,市民社会与生活于其中的民众的互动场域,便成了和政府与国家等公共场域相对的私人场域。对于19世纪的英国自由主义者来说,划定这"公私领域"边界有其重要性。因一旦划定了公私领域的边界,政府便不可任意假国家之名干预市民的私人互动场域,而只能在市民同意的前提下,获得正当行使其统治权力的机会。不过,就格林的观点来说,所谓国家,当是社会之中的一种,而非与社会相对的人类结社组织。他认为,国家作为保障自由权利的一种人类结社组织,是"众多社会之社会"(the society of societies);在其中,所有人的自由权利与财产资源都能获得最佳的安排与分配。[4] 至于国家之所以能够让所有人的自由权利与财产资源获得最佳安排的根本缘由,则在于国家作为众多社会之社会,享有在不同的社会组织、

---

① Green, *Lectures on the Principles of Political Obligation and Other Writings*, p. 79.

② Locke, *Two Treatises of Government*, pp. 330 - 333.

③ J. S. Mill, *The Principles of Political Economy with Some of Their Applications to Social Philosophy Part 2: Books III - V and Appendices*, *Collected Works of John Stuart Mill, Volume III*, ed. J. M. Robson, Toronto: University of Toronto Press, 1965, pp. 880 - 881.

④ Green, *Lectures on the Principles of Political Obligation and Other Writings*, p. 110.

社群团体与个人之间做出至高而绝对的政治决定之权力。进而言之,这项权力,作为国家在各种社会组织中独树一帜之处,是其用以在内外事务上保护人们的自由权利,从而维系、促进所有国民共同渴望落实的种种社群价值之根本。质而言之,这项权力即是国家执掌的主权(sovereignty)。①

　　准此,据格林所言,国家和部落、村落、家庭、家族等人类结社组织之不同,便在于国家可凭借其享有的至高权力,抵御外来侵犯,维持境内治安,并以此创制法律体制来促成共善的维系与落实。不过,如此执掌主权的国家之所以和政府有别,则是因为政府仅是国家之中的一个组成部分。依格林之见,从人类社会发展的历史角度来看,国家在人们开始使用"国家"一语来指称它之前,便已经成形。格林指出,当人们彼此辨识、承认的共善,以及由此衍生而来的各种追求自我实现的方式,慢慢通过权利宣称的过程编纂成法典、形成制度,而人们亦随之系统性地组织常备军等保卫社群生活的机制时,所谓"国家"这个观念其实早就在这些人们的日常实践中体现、萌发。② 如此,所谓政府,作为一种常在的统治、管理机构,则是为使法律、法典、军队体制等机制能够有效发挥其作用而产生的。换句话说,政府和人民或是家庭、家族等其他社会形式一样,都是含括在作为众多社会之社会的国家里而为其组成部分的,故不能全然等同于国家。

　　在此,就这两种关于"国家"的理解来说,格林的学生鲍桑葵(Bernard Bosanquet,1848—1923)曾做了更进一步的说明。他说:

　　　　"国家"一语当涉及社会整体的政治面向,而与无政府社会相对。但国家也囊括了所有使社会生活成为可能的各种体制,从家庭到贸易活动,从贸易活动到教会与大学。不过,国家虽包含了这所有的体制,但也不是这些体制的加总集合,而是将生命意义赋予此政治社会的构造;通过这生命意义的赋予,政治结构和社会体制自将互相调适、扩展,

---

① Green, *Lectures on the Principles of Political Obligation and Other Writings*, pp. 102 – 103.
② Green, *Lectures on the Principles of Political Obligation and Other Writings*, pp. 103 – 104.

进而促成更多的自由。因此,国家是在所有体制中运作的那股批判力量,是那股存在于人类意志之中而可修正、调整各种事物关系的理性能力。①

质言之,按照鲍桑葵的阐述,国家的运作、存续除涉及某些政治结构外,更含括了各种经由人与人相处产生的社会体制与社会活动。因此,若我们将国家等同为政府,而认为国家只是使用主权以进行治理的机构,那我们便误解了国家。进而,当我们依循古典自由主义者的观点而视政府为国家时,我们不仅会对国家的构成产生错误认知,更会难以理解为何国家拥有赋予社会整体生命意义之力量。此即,国家除是含括政府、人民和其他各种社会组织之"社会"外,国家作为人民全体共同认可之众多善观的实际承载者,当为体现人民意志的场域。

(三) 公民社会与伦理国家

就根本来说,格林认为,社群生活和社会生活的形成,与人们共同认可、追求的善观密切相关。举例而言,霍布斯曾主张,在没有社会的自然状态里,人们会逐渐发现孤身在自然状态里生活负担的风险高于和他人合作维生;因此,人们最终会彼此达成协议,共组国家,而将管治自己生命的权力交予国家授权的统治者行使。② 在此,就霍布斯的主张来看,生命安全的存续遂是众人之所以会从孤独的个人处境进入社会生活的肇因。换句话说,追求生命安全的存续与保障便是众人在社会中共同认可、追求的良善价值。同理,寻求生命、安全及财产的保障,乃是人们组建社会、创立政府的原因,这些为众人共同认可、追求其实现的价值,即是体现于国家运作之中的共善。就此说来,若我们将国家单纯看作管治社会、人民之生活的政府,这政

① Bernard Bosanquet, *The Philosophical Theory of the State and Related Essays*, eds. Gerald Gaus and William Sweet, South Bend, Indiana: St. Augustine's Press, 2001, p. 156.

② Thomas Hobbes, *Leviathan*, ed. Richard Tuck, Cambridge: Cambridge University Press, 1996, p. 120.

府便是人民、社群共善之维护者,而市民社会则成为实际承载共善的处所。在这样的区分下,共善价值的形成与落实遂是生活在社会之中的人们所应致力的目标,而政府作为维护者便可如古典自由主义者所言那般,仅需消极地确保社会自主运作的机制不会遭到人们的恶意破坏或干预。顺此而言,格林之所以强调国家不等同于政府的一项缘由,则是为指出维护共善、确保社会运作机制不会遭到人们恶意破坏或干预的职责,非仅属于政府,而是属于所有存在、生活于国家内部的社会组织与人民全体。如尼科尔森(Peter Nicholson)所言:"就格林的理论来说,成为一个信息通达且积极的公民,是良善生活的一部分;因为唯有通过这样的生活方式,人才能完善自身。"[①]这是指若人们无法积极参与公共事务、表达自身的政治意见,人们便只能被动地作为受到国家法律规训的对象,而无法和客观世界相调适。此外,若把自身投入到社群生活之中以积极协助社群共善的落实,乃是个人得以免于落入永恒的自我否定之间隙的出路,那么,维护共善,确保社会依共善运作的自主机制不致遭到破坏,便是所有生活在社群里的人们所应致力的目标。换句话说,从格林的观点来看,人们不应认为自己的生活仅是在社会、社群之中追求己利,或是通过表达、沟通以和他人达成价值的共同认知而已,而更须为这一维护共同认可之价值的工作贡献己力。在此,我们或可以格林对契约自由原则的反思,来阐明他提出的这一观点的重要性。

1880—1881 年间,英国国会为回应劳动阶级的要求,曾针对多项劳动相关法案的立法修正提案进行论辩。如《雇主责任法》(The Employer's Liability Act)、《狩猎法》(Ground Game Act)、《农地佃租法》(Agricultural Holdings Act)等等,皆为当时英国两大党讨论的对象。然而,当两党(保守党和自由党)议员在讨论、争辩该如何修法时,契约自由成为他们论辩的一项焦点。举例而言,就《雇主责任法》的修法争议来说,当时争论的重点在于,当劳工因出勤而受伤,雇主提供的补偿该是由政府立法明文制定规范,

---

① Peter Nicholson, "Introduction", in *Collected Works of Thomas Hill Green*, *Volume V : Additional Writings*, ed. Peter Nicholson, Bristol: Thoemmes Press, 1997, pp. xv – xxxi, xxv.

还是只须依照劳雇双方的工作契约协议内容明列即可。对重视契约自由的议员来说,基于劳雇双方协议产生的契约,应是双方依据其利益所能达成的最佳共识,换句话说,这份契约应是最符合劳工和雇主双方的利益的。由是之故,为了确保市民依个人同意作成契约的自由不会受到政府或其他各种可能的外在干预,致使缔约各方无法达成符合彼此利益的最佳共识,部分议员即主张政府不应立法明文规定雇主的抚恤责任。

　　然而,就这类以契约自由来反对劳动立法的论述来说,格林认为,论者明显忽略了现实中劳动阶级的处境。质言之,受到产业革命带来的变革性影响,诸多以前从事手工业、农牧业的英国劳工和农民失去了原有工作,为了糊口,他们便只好接受工厂主、雇主提出的低廉薪资与福利待遇,并每日从事长达 10 小时以上的执勤工作。格林指出,在如此处境下,那些宣称劳工可与雇主商议进而订立最能符合双方利益的契约之说法,彻底忽视了这种不对等的订约条件。即因如此,他强调在我们讨论政府的立法作为是否会损害个人契约自由之前,我们应该先根据社会现实就事论事;而若一味坚持契约自由原则、反对立法改革,其后果便是社会上充斥着"过劳的妇女、恶劣的居住环境和未受教育的家庭"。① 不过,格林虽然支持劳动立法改革,但他不是要求众人放弃契约自由;相反地,他之所以会主张政府应该针对劳动议题立法规范,便是因为他认为在没有通过政府立法来协助改善劳雇双方的不对等条件以前,劳方的订约行为在现实上其实是被限缩的,是不自由的。换句话说,政府不应只在乎是否针对个人的自由提供了消极保障,也就是只在个人自由遭他人干预时介入,而同样也应关注个人行使自由的条件是否获得了最低限度的保障。以契约自由来说,当劳工不接受雇主的不平等契约便必须挨饿受冻甚至丧命时,如此做成的契约实难以被认为是正当的,或者说是真正基于劳工的自由所做成的"最佳"契约。

　　在此,就格林针对契约自由所做的反思来看,他对于自由的理解显然和

---

① 　Green, *Lectures on the Principles of Political Obligation and Other Writings*, p. 203.

19 世纪诸多自由主义者不同。关于这部分,我们将于下一节做进一步的讨论。而就格林反思契约自由原则的用意及其接续提出的因应策略来说,政府通过政策立法来改善劳雇双方的不对等处境之作为当属必要,这一改善社会不平等的责任非专属于政府。一方面,诚如前述,对格林而言,人们当是因为共同认可了某些价值,而希望合众人之力来落实之、维系之,才会组建社群、发展国家;是故,若契约自由的保障有助众人落实共善,那众人便必须协助彼此享有行使这项自由的基本条件。另一方面,若国家作为众多社会之社会,该是诸多社会组织中最能有效调适、安排各种不同的自由权利与价值主张者,当国家未能落实这项工作时(如改善人们蒙受的不平等待遇),那国家执掌的主权其正当性便将遭受质疑。一旦国家无法维系,不仅政府将会瓦解,体现于国家之中的社会生活也将随之失序,而人们便无法再仰赖国家主权与法律体制来保障自身的自由、安全与财产。简言之,从格林的观点来看,维护共善、确保社会自主运作的机制不会被他人恶意破坏或干预的责任,当不仅限于政府所有,身为国家一分子的所有公民也都应当善尽这项责任。

就此而言,经考察格林的国家概念、政府理论与社会观,我们当可发现,对格林来说,国家无法化约为政府,而是含括政府、人民与其他诸多社会组织在内的"众多社会之社会"。进而,正因格林将国家看作一种特别的社会组织形式,在他论说的国家概念和政府理论里,维系共善便是属于所有公民的职责,而非仅限于政府。如此,从格林的论说主张来看,不仅英国古典自由主义者如洛克、亚当·斯密或密尔的政府观有其疏漏之处,诸如托马斯(Geoffrey Thomas)和泰勒(Colin Tyler)等当代学者将格林的国家概念界定为一种单纯为个人服务之工具的观点,也是谬误。当泰勒以其提出的观点主义诠释为本,宣称格林笔下的"国家"与政府的内涵较为相近,是种为个人的价值、利益与福祉服务之机构时,国家作为在社会生活的场域里为实现某些特定目的所造之机构,遂是种与个人、与社会分立而自存的工具性存在。或更为明确地说,格林所谓的国家,乃是"社会为实现某些特定任务所用之政治工具"。① 同样地,托马斯亦曾主张,对格林来说,"政治的角色便是工具性的";②此即,政治与国家系个人为追求其自我实现而存在的工具,而非自有独立价值之事物。

对此,就泰勒与托马斯两人的诠释来说,他们对于格林的国家概念乃至政治概念的理解,其实都和古典自由主义者的观点较为相近。首先,当他们将国家看作一种为个人、为社会服务的工具时,他们显然是把国家等同于负责管治公共事务的政府,而不认为国家本身作为一种社会组织形式有其自身的社会文化独特性。其次,当他们将国家视为外于个人、外于社会自存的工具时,他们对于格林笔下论及的个人主体性实则有所误解,而未察知对格林来说,个人之为主体,乃是经由和他人、和社会、和世界的互动成就;换句话说,他人、社会与世界皆是个人主体性的构成要素之一环。从而在此意义下,国家作为个人生活的场域,遂乃个人得以成就其主体性所不可或缺的部分。如此,当泰勒和托马斯把格林的国家概念理解为某种外于个人自存的工具性存在时,他们理解、诠释格林国家概念的路径,其实更接近于古典自由主义者基于"个体主义"立场所发展的见解,而与格林基于其道德形而上学及伦理学开展的政治哲学主张不同。

简而言之,对于格林来说,身处 19 世纪动荡处境之中的英国人,若想为其要求政治社会改革的行动寻求一套逻辑一贯的理据,便需要从反思、批判古典自由主义者宣扬的有限政府理论、自发性社会概念和负责公民等论说主张出发。而当格林由此界说国家该如何借主权、法律体制等制度作为来保障个人的自由时,他之所以认为国家有积极介入社会、改善社会不平等的职责,便和他提出的那些与古典自由主义者相异的个人主体性理解密切相关。在此,鉴于国家乃是一种特殊的人类结社组织,且国家作为社群共善的承载者又有其自身独特的社会文化与伦理蕴含,是故国家不会只是一种工具性的存在,也不会只是一个关乎"政治事务"的治理机制。

---

① Colin Tyler, *Civil Society, Capitalism and the State: Part 2 of The Liberal Socialism of Thomas Hill Green*, Exeter: Imprint Academic, 2012, p.175.

② Geoffrey Thomas, *The Moral Philosophy of T. H. Green*, Oxford: Clarendon, 1987, p.23.

三、 自由、权利与对等承认

经由上一节的讨论,我们可以发现,格林的政治哲学与其道德形而上学、伦理学见解相互关联。而我们之所以须以格林的国家概念为起点来谈论、介绍他的政治哲学,一方面是因为对他而言,阻碍19世纪英国社会推动诸多改革的一股力量,便是古典自由主义者信守的社会观与政府理论,是故,为排除这项阻碍,使各项改革获得正当性,重新界定国家政府的角色与职责乃势所必然。不过,从另一方面来说,我们之所以以格林的国家概念为起点来介绍他的政治哲学,则是因为依格林之见,政治哲学关切的首要课题乃是"国家的起源"。

在格林存留的手稿里,有一篇以《政治哲学》("Political Philosophy")为题的文章。在其中,他明确说,在政治哲学的讨论里,"国家的起源该是首要关切的课题"[1]。依格林的观点来说,国家之所以存在必然和生活于其间的人们为何需要国家存在有关,而人们的政治生活亦即是从这些考虑开始的。由此,格林便从思想史的角度区分出三种论说国家起源的主张来讨论,此即:出于习约(convention)、出于本性和出于契约。[2] 首先,就"出于习约"的观点来说,国家是在人们疲于相互争斗、寄希望于通过集结众人之力,以防止人们伤害彼此时产生的;而霍布斯和希腊时期的诡辩学派就国家起源提出的见解,则都被格林归于此类。其次,就"出于本性"的观点来说,国家则是一种有机整体,而人们基于其天性,须在这整体之中寻求安宅、实现其社会本能。在此,柏拉图和亚里士多德的观点即被格林视为是此类主张的代表。至于"出于契约"的观点,格林则认为,这是卢梭提出的。简言之,他主张在卢梭的观点下,人们不是因长久争斗造成的恐惧而创建国家,也不是

---

[1]　Thomas Hill Green, *Unpublished Manuscripts in British Idealism: Political Philosophy, Theology and Social Thought* (2 vols.), *Volume I*, ed. Colin Tyler, London and New York: Thoemmes Continuum, 2005, p. 72.

[2]　Green, *Unpublished Manuscripts in British Idealism*, *Volume I*, pp. 72 – 73.

出于某个先天预定的社会本性而为之;相反地,从卢梭的角度来看,人们当是基于对彼此的爱而相互订约、建立国家。诚然,格林如此的分类方式或会产生些争议,如霍布斯在谈论国家起源时,亦曾谈到大众经彼此同意创建政治体的过程。不过,若我们暂且搁下这些可能的诠释争议,而从人们为何需要国家存在的角度来看格林的分类,基于恐惧、实现天性或是爱来形构政治生活,当是他区分这三种学说主张的首要基础。

进而,在区分出这三种学说主张之后,格林则强调,就这三者而言,"出于习约"和"出于契约"的观点都可谓是一种"政治原子主义"(political atomism)。① 这是指,在这两类谈论国家如何创立的观点中,国家、政府乃至社会都是基于个人的主观同意而形成的;反之,在个人同意创建社会组织、国家政体之前,则未有所谓的群体生活。准此,鉴于个人在经由同意创建社会组织、国家政体之前不存在群体生活,那么,在表示同意创立社会国家之前,每个人所身处的生活状态当是孤身一人。是故,这便是格林以"政治原子主义"来指称这两类见解的缘由;此即,经同意创建社会国家之前,个人就像是原子那般,以孤身一人的状态存在。

诚然,就霍布斯和卢梭二人论说的主张来看,个人在没有社会生活的自然状态里,即被设想为享有自然权利或是自然自由的原子式个体。以霍布斯为例,他在《利维坦》(Leviathan)里便提到"所谓自然权利,是每个人为了保存自我的本性而使用其力量的自由"。② 生活在这样一种自然状态(也就是没有社会的状态)里,可基于自我保存的目的自由使用自身力量的个人,则会为了与他人竞夺生存物资而争斗;这种基于生存争斗产生的对丧失生命的恐惧,即如上提到的,乃是个人想要创立国家的理由。相似地,当卢梭在《社会契约论》(The Social Contract)一书里谈到人们是如何订立契约、创立国家时,他所设想的这群人也具有某种天生的自由。此即,当人们生活在没有社会的自然状态里时,彼此都拥有着自由自在生活的自然自由;唯在孤

---

① Green, *Unpublished Manuscripts in British Idealism*, Volume I, p. 73.
② Hobbes, *Leviathan*, p. 91.

身一人的生活中遭遇不便,并出于天性与相爱之人互结伴侣、形成家庭后,人们便可能进一步通过订约,结成社会,建立政府。① 如此,就霍布斯和卢梭的观点来看,原子式个人便是造就社会、国家的主体。

不过,依格林之见,这以"政治原子主义"为基础阐述的国家起源学说,有其谬误。② 此即,将国家的起源设想为由原子式个人经订约创立这件事本身,乃是种错误的推想。质言之,若在自然状态里,每个人都是孤身一人地活着,那人们又如何可能知悉彼此都会如实履约,而不会随意背弃约定?换句话说,若人们不了解人与人之间的规范、不了解订立契约的规范效力,人们其实无法单纯地通过彼此的同意缔约创立、维持社会和国家。不过,如果人们在订约之前即已了解何为契约规范,那这又意味着人们并非如霍布斯、卢梭等理论家所认为的那般,在订约之前并没有经历过社会群体的生活,而是至少于相当程度上知晓社会规范的意义。如此,格林遂认为,以契约或习约的方式来解释国家的起源,当会涉及社会和个人何者出现在先的问题。而其间的关键则是,自由权利作为国家与政治生活保障的对象,是否是个人先于社会所有的事物。

(一) 个人的自然权利与社会承认

就"自由权利作为国家与政治生活保障的对象,是否是个人先于社会所有的事物"这项课题来说,其间涉及的政治原子主义见解显然是一种个体主义论述。而就格林的立场来说,探究并驳斥这类个体主义的自由权利论述,乃是他在回应、批判 19 世纪古典自由主义者的政治理念与政治主张时所须从事的一项理论工作。诚如前面提到,对格林而言,自由权利之所以为政治生活中的要角,乃是因为国家有保障众人的自由权利免受外在侵害与通过社会资源的有效分配以确保众人能够平等享有施用其自由权利的基本条件等职责。然而,在格林如此理解国家和自由权利之间关系的思想架

---

① J. J. Rousseau, *The Social Contract*, trans. Maurice Cranston, Harmondsworth: Penguin Books, 1968, pp. 59 – 65.

② Green, *Unpublished Manuscripts in British Idealism*, Volume I, p. 73.

构里,他对于自由与权利的解释和定义,实与古典自由主义的认知极为不同;而这存在于格林和古典自由主义者之间的差异,除了如前述讨论的与两方对于人的本体状态、道德生活之不同想象有关外,格林针对"政治原子主义"提出的批判亦是关键。

就霍布斯和卢梭等被格林认为其所提出的国家起源学说乃是一种政治原子主义的观点来看,他们对于自由、权利的想象——也就是人在没有社会的自然状态里即已享有自然权利或是自然自由的看法——乃是一种结合个体主义与自然主义的理论论述。先就霍布斯的部分来说,其观点乃属"自然权利理论"(natural rights theory)之一支。概而言之,所谓"自然权利理论"可以分为两类。① 第一类多以霍布斯为典范,主张自然权利是人基于生存的"自然法则"而可自由运用其所有能力。如前所述,在霍布斯的设想下,人在自然状态里的生活处境是必须以一己之力求生,而为了依循自然法则替所有生物设下的这项存在目的,人当可运用其所拥有的各种能力来实现之。此即,人不仅可以奋力耕耘或与他人合作,更可使用诈术、豪夺他人生命财产等方式,无所不用其极地来追求自我保存。不过,显而易见地,"自然权利"一语在此无关个人自由行使自身能力的保障,而仅是一个用以陈述为何人不择手段求生乃是合理的描述语词。换句话说,在此类自然权利理论里,自然法则、自然权利都仅是一种关于事实的描述,而非具有强制力或究责性的规范。

至于第二类的自然权利理论,则可以洛克为典范,主张自然权利是人基于神所立下的"自然法"而可正当使用其能力以求生。一如上节提到的,对洛克来说,人是为了寻求自身生命、安全与财产的保障而成立国家、政府;不过,若深究人为何需要生命、安全与财产的保障,则不仅是为了单纯的自保,而且是为了履行神交付给人的存在义务。质言之,人之所以力图自存,乃是因为人是神的造物,而必须在神订立的自然法规范下,"致力保存自我,而

---

① David Boucher, *The Limits of Ethics in International Relations*, Oxford: Oxford University Press, 2009, ch.5.

不得随意放弃自己的岗位"。① 因此,无论是人的生命安全或财产保障,在自然法的规定下皆是在人进入社会生活、政治生活之前,便已经是人天生享有的自然权利了。而正因为人的自然权利是在神订立的自然法规范下取得、享有的,若人未能善用自然权利履行其义务,又或滥用自然权利危害其他造物的生存,那人便得承受神的惩罚。显然地,就洛克此番定义来看,自然权利在他笔下遂不再是一个用来描述事实的概念语汇,而是一个具有规范内涵的事物。

不过,尽管霍布斯和洛克谈论的自然权利理论可依"描述性"和"规范性"两类观点进行区分,但是就他们如此想象、勾勒出来的人类生存景象来说,自然权利即被认为是在社会、国家出现之前便已为每个人所各自享有的天赋自由。准此,格林虽然在《政治哲学》这篇短文中未将洛克纳入讨论,但在他后来讲授的《论政治义务诸原则讲演》种,洛克便和霍布斯、卢梭等人一样,成为他反思、批判的对象。②

再说卢梭,在《论人类不平等的起源与基础》("A Discourse upon the Origin and the Foundation of the Inequality among Mankind")一文里,他对人生活在自然状态里的景象做过了一番描述。他说:

> 漫游在森林的原始人,他无须工作,无须谈话,居无定所,不与人争,不与人交,不需要同类,也无意加害他们,甚至可能从来也不曾认识哪一个个别的人。他仅受制于很少的热情,因此是自足的,并仅具备在自然状态中所需的感觉与启发,感受真正的需求,只看他认为对他有利的事物,他的智能仅止于让他觉得满意,而没有其他发展进步的需求。③

---

① Locke, *Two Treatises of Government*, p. 271.
② 参见 Green, *Lectures on the Principles of Political Obligation and Other Writings*, pp. 45–55。
③ 卢梭:《德行堕落与不平等的起源》,苑举正译,台北联经出版事业股份有限公司 2015年版,第 257 页。

　　由此,以他对于人在自然状态中生活的景象之理解,卢梭遂主张当人们出于天性组建家庭,后又为了保障自尊与自身的财产而建立国家,人性实乃步向堕落。如经国家法律保障的财产权,卢梭认为这是因为人们开始独占事物,而不再如过往一样仅取用自己维生所必要的份额,从而造成了不平等与怨怼,这才致使国家和政府通过强制力或集体力量以保障个人财产的体制有其存在的必要性。① 承此,虽然卢梭在《社会契约论》里较少对人的自然状态生活做描述,但一如前面的讨论所指出的,卢梭依然认为,在订立社会契约、组建国家政府以前,每个人乃是自由自在地独自生活着。即因如此,格林强调,当卢梭宣称国家与政府得以成立及运作的基础在于人们彼此订立的契约和经此契约确立的"共同意志"(the general will)时,他固然论及了一个具有整体主义色彩的政治生活,唯这生活乃始于个人的自然自由,故个人经让出自然自由而由订约取得公民权利的过程,便依然是以"个体的自由"为前提启动的。②

　　显然地,如果我们接受霍布斯、洛克和卢梭的说法,在群体生活尚未出现以前,人们虽然是作为孤立的个体而独自生活,但在此自然状态里,人们即享有自然的权利与自由;而这自然的权利与自由,作为社会、国家及政府得以确立的前提,则于19世纪的英国被论者认为是社会、国家及政府所应当尊重、保护且不得任意干涉的事物。如前文提到过的,19世纪的古典自由主义者多主张,在未经个人同意的情况下,国家与政府不得介入个人的自由生活场域。而此一主张的理论基础,即与霍布斯、洛克和卢梭谈论的自然权利与自由之观点密切相关。③

　　然而,霍布斯等人以假想的自然状态来推论社会与国家的创立基础之

---

① 卢梭:《德行堕落与不平等的起源》,第261—293页。
② 关于由离散的个体经订约转向整体的过程,卢梭有清楚的说明:"我们每个人都将自己,和属于自身的所有权力交付给公众,并在至高的普遍意志之下,接受指导;而作为整体,我们则把每位成员,都看作是全体不可分割的一部分来对待。"(Rousseau, *The Social Contract*, p. 61)
③ 顾肃:《自由主义基本理念》,中央编译出版社2003年版,第99—110、218—255、275—283页。

做法,则为格林所抨击。如前文提到的,格林认为,若要在自然状态里使"订立契约"这项行为具有规范性,那么便必然意味着参与订约的人们已然经历过某种社会互动,以及由此延伸而来的社会规范生活。是故,格林宣称,纵使霍布斯、洛克和卢梭都指出自然状态、自然权利、习约、契约等概念皆是一种理论设想,而非必然在人类历史上真实出现或存在过的事物,但是当论者去进行这样的理论设想时,他们其实是以其自身身处的社会生活形态来反推无社会生活的自然状态之样貌。换言之,在论理的过程里,社会生活当是先在的。[1]

顺此而言,若论者在推想自然状态时是以他们身处的社会生活形态为蓝本而进行的,那所谓的自然权利或自然自由是否为个人先于社会所有,便值得商榷。对格林来说,权利的内涵当涉及人我之间的言行举止之规定、保障,因此,若说权利是个人先于社会而有之事物,显然是种谬见。按格林的理解,权利乃是一种法学意义下的自由,是一种通过国家法律的规定以使个人的言行举止免于受到他人无故干涉的保障。因此,权利不是个人可在没有群体生活、没有国家政府之保障下径为宣称的对象。

准此,经指出自然权利和自然自由涉及某种对社会与个人之间关系的误解后,格林则更进一步提出他自身的权利界定,即权利乃是"经由宣称而被承认对共善有益的能力"[2]。我们在前面谈到过,依格林之见,社群生活的出现取决于两项要件:一是人们彼此的对等承认,一是人们共享的善观。即因如此,若人们欲使特定能力成为国家法律保障的对象,他们便也必须彰显这一能力对共善的帮助,进而取得社会公众的承认。换句话说,对格林而言,人们得以宣称某个特定能力为权利的前提,乃"在于其运用应可对某类社会善有所贡献,而这必须能够被公众良知所明确辨识出来"[3]。

只不过,若权利的证成基础取决于"社会公众的承认"和"对社群共善的帮助"二者,过往论者述说、论辩个人的自然权利与自然自由之所以重要

---

[1]　Green, *Lectures on the Principles of Political Obligation and Other Writings*, pp. 46 – 48.

[2]　Green, *Lectures on the Principles of Political Obligation and Other Writings*, p. 79.

[3]　Green, *Lectures on the Principles of Political Obligation and Other Writings*, p. 113.

的一项根本用意,便似乎在格林的论说中被忽略。此即,个人的自然权利与自然自由之所以为过往论者所重视,乃是因为其时国王与政府或可以国家、社会等集体之名,介入甚至剥夺个人的自由。诚然,从近代欧洲政治体制的发展进程来看,议会民主和人民主权等概念之勃兴正是为制衡王权、教廷等权贵阶级的专断权力,而议会民主和人民主权等概念之所以能够取得合理性或正当性,确实与霍布斯、洛克、卢梭等人提出的自然权利说和社会契约论紧密关联。① 换句话说,若从这政治自由的发展系谱来看,格林谈论权利的方式便有重新回归集体甚至再次以之为名来压迫个人的疑虑。

(二)积极自由与消极自由

关于格林的权利概念所蕴含的这项潜藏压迫之问题,著名学者罗斯(W. D. Ross)曾明确地提出批判。在罗斯看来,我们若将权利的证成与宣称立基于社会公众的承认与共善之上,从而否定个人在社会生活之外拥有基本的先天道德权利,那个人自由便将受制于社会的集体价值。他表示:"将法定权利和道德权利等同,并将两者的存在皆视为取决于社会大众的认可,这样的想法明显是错误的。因为当我们说要去认可某事物时,该事物必然是已经先存在在那儿,才能等待我们去认可之。"②质言之,依罗斯之见,个人拥有的道德权利应是先于社会公众的认可而存在,进而,当道德权利经过公众认可后,便成了国家法律保障的权利体制之一环。如此,正因为罗斯认为个人的道德权利先于社会,格林那种将权利立基于社会承认与共善之上的观点遂被他抨击为"集体主义"(collectivism)。

于20世纪的英美学界里,不少论者实和罗斯一样,认为格林将权利的

① 霍布斯和洛克皆曾在英国内战时期撰写、发表他们的政治论著。而造成17世纪英国内战爆发的一项重要原因,便是当时的英格兰国王欲向各领地征税备战,从而引发部分贵族与领主对自身权益与自由将受侵害的不满。此外,虽然卢梭撰写的《社会契约论》并未直接鼓吹人民革命,但人民主权的理念却经由他的书而普及,从而激励了日后的法国知识分子与资产家为捍卫自身权益与自由,而向国王、贵族及教士等特权阶级发动抗争。

② W. D. Ross, *The Right and the Good*, Oxford and New York: Oxford University Press, 2002, pp. 50 - 51.

证成与宣称基础立基于社会公众的承认和社群共善之上的观点,乃是一种集体主义论述。诸如普拉门纳兹(John Plamenatz)、普里察得(H. A. Prichard)、路维斯(H. D. Lewis)等人皆属于此类。[①] 不过,若我们从格林对于自由概念的讨论与界定来说,他如此设想的权利概念当与其论说的法学自由和道德自由之区分有关。整体而言,格林认为在国家法律的保障下,个人得免于遭受外在干涉其行动的权利,即为所谓的法学自由;与之相对,所谓道德自由则是指通过个人内在心智的变化,从而落实对自己、他人乃至世界来说为善的目标之行动。进而,法学自由作为国家法律保障个人行动的权利事项,其与道德自由的落实亦密切相关。此即,在一个社群之中,与个人的道德自由相关而为人我共享的良善目标,当是指生活于同一社群的人们所共享的善观,亦即共善。是故,按格林所言,权利作为法学自由其得获证成的基础是共善,这便是说当社会公众在思考、判断何种能力对共善有益时,他们的考虑面向其实不仅涉及共善本身,而亦与个人的道德自由相关联。质言之,从格林的思考角度来看,权利的证成与宣称之所以涉及社会公众的承认与共善二者,便是因为权利乃是个人在社群之中实现理想自我、落实道德自由、寻得自我安宅的一项必要条件。

由此说来,虽然格林对权利概念的界定涉及社会承认与共善两项条件,但是就社会承认的过程或共善的形构方式来说,[②]其间皆与个人的主观意向与其判断密切相关,而非单纯以社会的集体性格为本呈现。不过,对于格林如此论说的自由及权利概念,20世纪英国思想家伯林(Isaiah Berlin)则是持批判、怀疑的态度。在著名的《两种自由概念》("Two Concepts of Liberty")一文里,伯林直言格林的自由概念容易沦为极权主义者用以合理

---

① 关于他们对格林权利理论的批判,见 John Plamenatz, *Consent, Freedom and Political Obligation*, London and New York: Oxford University Press, 1968, ch. 3; H. A. Prichard, *Moral Obligation, and Duty and Interest: Essays and Lectures*, London and New York: Oxford University Press, 1968, pp. 74 – 80; H. D. Lewis, "Individualism and Collectivism: A Study of T. H. Green", 63(1) *Ethics*, 1952, pp. 44 – 63。

② 对格林而言,共善的构成乃是基于人们交互主观产生的判断与作为。详见笔者于《托马斯·格林的公民哲学(一):道德存有论》一文中的讨论。

化其压迫手段的理由。依他所见,当格林将人的自我区分为当下的经验自我和理想的自我之后,人的自由便似乎仅在于追求那个理想自我的实现,舍弃了当下的经验自我对于自身而言的意义。换个角度来说,伯林所意指的乃是在区分理想自我和经验自我的情况下,宣称前者才是可欲的话,那么这个"理想自我"便成了人能够享有"真自由"(the true freedom)的行动目标。① 只不过,一旦人的自由有了真假的区别,如何能够掌握、知晓真自由的内容,也就是关于"什么是理想自我"以及"如何实现理想自我"等事项的知识,便成了人能否自由的关键。进而,若关于理想自我、真自由的知识的取得,取决于人如何运用其理性能力,那么专家学者便容易成为众人仰赖的对象;因为普遍而言,专家学者往往会被众人认为是具有较佳的理性能力而得以发现真知者。如此一来,伯林认为,只要统治者通过权势掌控了这些专家学者,那他们便可成为人类生活的真正主宰。②

承此,就伯林的观点来说,这一预设人有个理想自我、有个真自由,且这些都可通过理性掌握其内容以获得实现的说法,乃是在鼓吹某种积极自由(positive liberty)概念。此即,这类观点强调通过理性掌握理想自我的知识,可被用来决定、干涉个人的行动,且如此产生的个人行动才是真自由的体现。对此,伯林根本上反对这类允许某人干涉他人行动的积极自由概念。对他来说,人与人相处总会因观念、价值或欲求对象的不同而发生冲突,所以,宣称能够通过理性掌握某个关于人类真自由的客观知识之说法,固然可能有助敉平这些冲突,但这些基于个人自由产生的不同观念与价值,以及因为观念冲突与碰撞产生的崭新可能,却也都将一并被掩盖。是故,伯林虽然承认格林是个诚挚的自由主义者,但他却认为格林倡导的自由权利观不仅是谬误的,亦是危险的。与之相反,伯林自身持守的自由概念则是消极的(negative),即强调个人的言行举止得免于他人干涉的自由观。依伯林之见,在社会中经历史习惯和法律体制所确定出来的自由权利,乃是人们彼此

① Isaiah Berlin, *Liberty*, ed. Henry Hardy, Oxford and New York: Oxford University Press, 2002, p.180, n.1.
② Berlin, *Liberty*, pp.178－200.

互动与活动的边界,任何人(包括政府与国家)都不可随意跨越这一由自由权利所标志出来的界线,干预他人在界线内的思想行动。就此而言,身为经历过德国纳粹统治时期的犹太人,对伯林而言,与其宣扬某种关于人类真自由的见解,从而给予威权统治者压抑多元意见的可能理据,不如固守个人自由不得受他人干涉的主张,才可与野心家抗衡。

言已至此,我们可知伯林之所以对积极自由戒慎恐惧,诚有其个人与历史处境的考虑。但同样地,格林之所以倡导某种被伯林归类于"积极自由"范畴的自由观,亦有其时代考虑;进而,从格林区分的法学自由与道德自由之别来说,在理论上他也未必如伯林所宣称的,因倡导积极自由而忽略其中的压迫危险。诚如前述提及,格林认为政治生活乃至国家、政府,都应以保障自由权利为己职,换句话说,个人的自由行动当可在社会、法律划定的一定界线内获得免于干涉的权利。只不过,就这种权利如何被划定的理据与过程而言,在格林的理解下,这就必然涉及个人在社群之中的生活何以为继的考虑。进一步来说,格林强调权利(或者说法学自由)的基础在于社会公众的承认与共善二者之上的理由,在于他寄希望于以此方式指出个人在国家社会中享有的权利,不是为一己之私服务,而是在与他人的福祉、利益相关之下才为可能。诚如他所说:"没有人能够拥有权利,除非(1)他是某个社会的一分子,以及(2)在这个社会之中的所有成员都承认某些共善为他们的理想目标,且这应该是为了所有人的福祉而来。"[1]如此,在格林的理解与界定下,个人之所以能够享有国家社会提供的权利保障,便是因为这些权利保障乃是为了促进社会上所有人的福祉而来。

从格林意欲敦促 19 世纪的英国社会大众关注劳动阶级议题的考虑来说,他如此界定自由权利的证成基础的做法,确有其理。此即,通过强调自由权利的保障既是为促进社会上所有人的福祉,社会公众当须关注政府与国家设立的法律是否在现实上确实有助于每个人追求其福祉。准此,就当时英国的社会现实来说,除了贵族、地主和少数的资产家以外,农民、工人等

---

① Green, *Lectures on the Principles of Political Obligation and Other Writings*, p. 25.

劳动阶级则多因缺乏可以行使、履践其自由权利的现实条件,而饱受政治、经济乃至社会上的诸多不平等待遇。由此说来,格林论说的自由权利概念固然与伯林主张消极自由的立场相左,但就其时代处境与理论内涵来说,则未必会如伯林所宣称的那般,有导向威权、极权的危险。①

不过,若回过头来看罗斯的批判,他的抨击则比起伯林更为有力且关键。此即,虽然格林谈论法学自由并强调国家法律保障个人自由权利的重要性,然而,若人们的权利必须经由社会公众的承认而对共善有益才可获得证成、进行宣称,那这是否意味着在当前社会中未被认为有资格享有权利者,只能等到社会公众或说社会上的多数人改变其观念,才有可能去宣称、主张其对等的权利资格?

(三) 平等身份的承认:应然或实然?

承上,罗斯的批判之所以比起伯林更为有力且关键,乃是因为在格林的权利论述里,权利宣称确实被界定为取决于社会公众的承认,而非特定个人可借诉诸某种自然权利或先天自由以争取的事项。诚如前述指出,格林的权利论述和他寄希望于鼓励公众重视社会上所有人是否都对等地享有自由权利的行使条件这项意图有关。因此,在他谈论的权利概念里,比起个人天赋的自然权利或自由,他人的福祉与社群生活的维系更为重要。只不过,若权利的证成与宣称乃取决于社会公众的承认,那么,对于社会中位居弱势且其权利未被公众承认的人来说,其生活处境的改善便似乎遥遥无期。就此

---

① 就伯林对格林的自由概念之批判来说,英美学者有诸多讨论,参见 Avital Simhony, "Idealist Organicism: Beyond Holism and Individualism", 12 (3) *History of Political Thought*, 1991, pp.515 – 535; Avital Simhony, "Beyond Negative and Positive Freedom: T. H. Green's View of Freedom", 21(1) *Political Theory*, 1993, pp.28 – 54; Maria Dimova-Cookson, "A New Scheme of Positive and Negative Freedom: Reconstructing T. H. Green on Freedom", 31(4) *Political Theory*, 2003, pp.508 – 532; Maria Dimova-Cookson, "Liberty as Welfare: the Basecamp Counterpart of Positive Freedom", 18(2) *Collingwood and British Idealism Studies*, 2012, pp.133 – 165; Colin Tyler, *The Metaphysics of Self-realisation and Freedom: Part 1 of The Liberal Socialism of Thomas Hill Green*, Exeter: Imprint Academic, 2010, ch.6; Ben Wempe, *T. H. Green's Theory of Positive Freedom: From Metaphysics to Political Theory*, Exeter: Imprint Academic, 2004, pp.211 – 227。

而言,纵然格林认为他自己的立论良善,但在现实生活中,他的见解却反倒可能有利于维持社会的既有偏见与通见,而非改变之。

在此,为回应罗斯的批判,我们首先应区分出格林的权利论述涉及的两项议题。首先,当格林说个人在社会国家中享有的权利乃是经由社会公众基于这项权利保障的能力是否对共善有益而予以承认生成时,这里涉及的是权利证成的议题。就此而言,权利既是经社会公众根据某个对众人而言皆为良善的理念目标来取得承认、认可,那么,只要具有经过承认与认可而对共善有益的能力者,理当可依此主张其权利。只不过,若按此逻辑来说,谁被认为或被承认拥有这项法律权利保障的能力,在实践上便是更为关键的议题。诚如我在《托马斯·格林的公民哲学(一):道德存有论》中所谈过的,对格林而言,众人的相互承认和共享善观乃是社会生活、社群生活之为可能的关键前提。准此,生活在同一社会国家里的人们理当视彼此为对等的同胞、公民,才可让社会国家持续运作、维系。然而,虽然说社会、国家的形成与维系涉及人们的相互承认,但在被认为是同胞、被承认是公民的族群以外,在每个社会、每个国家里,总有许多人未能享有这对等的身份地位。诸如奴隶、残疾人士、移民、少数族群,或在 19 世纪的英国被认为无法自主生活的人,他们皆可能因为被公众假定缺乏权力所保障之特定能力,而不被认为有资格拥有权利。换言之,纵然人们会基于各种理由生活在同一个社会、国家里,但这并不代表他们会因此自然而然地给予彼此对等的承认与待遇。

进一步来说,按格林的界定,在那些彼此对等承认的人们之间,应当可以共享某种社会群体生活;在其中,人们能够依循共善尊重彼此的自由权利。然而,在这些人和那些未被他们承认的人之间,就很难有一个共享的社会生活,而仅可能是出于某些特定、偶然的因素与目的共处。对此,深受格林与英国观念论者启迪、影响的 20 世纪英国史家柯灵乌(R. G. Collingwood)说得很明白。依柯灵乌之见,社会生活仅可能出现在相互承认的人们之间,这是因为在无法或缺乏对等承认的人们之间,彼此难以为了寻求自身自由行动的安全保障而合作;与之相反,压迫、强制等以力服人的手段则更为普遍。① 由此说来,若在一个国家社会里,有人虽然和其他人一样奋力工作、为群体生活贡献己力,但却因为未获得社会公众的承认,而无法享有应得的自由权利,那就格林所言"相互承认乃是社会生活之为可能的一项条件"这点来说,社会公众究竟是否应该给予这些人对等的承认? 或者说,在格林的论说中,相互承认到底是一个社会生活之为可能的应然条件,还是只是一个描述社会生活如何形成的实然解释?

为回答这些问题,我们须从格林的伦理学与本体论再次论起。依格林之见,由于自我意识的反思能力之运作,每个人不仅可将自我分为"欲求中的""当下的""理想的"种种类型,而且在这个自我区分的过程里,每个人又可在自我与外在世界、他人之间做区辨;唯人总会在这反思、区辨的过程中,寄希望于通过思考和行动以超越、克服存在于自我内在和自我外在之间的种种差异。承此而言,对于格林来说,将自我投身于一个众人彼此相互承认的社群生活中,牺牲奉献,便成了个人得以学习如何超越、克服的关键一步。质言之,当人学会了对等地承认他人、面对他人时,这便是他舍弃自我、转念向善,进而在社群中朝向人我和解迈进的一项重要表征。不过,鉴于人能否舍弃自我、转念向善乃取决于其自身的意志,是故,当格林表示"相互承认乃是社会生活之为可能的一项条件"时,他的论说遂因此更像是从实然的角度来做解释,而非鼓吹某种应然的道德规范。

然而,虽然在格林的论说主张里,相互承认不是作为某种应然的原则,而可用以要求生活在同一个社会国家里的所有人,都应该对彼此的身份地位给予认可,进而赋予、尊重彼此的自由权利。但就他提出的权利论述来看,那些未获得社会公众承认的人也并非因此就全然失去了可资主张其权利的依据。质言之,既然经国家法律保障的权利对象是对共善有益的"能力",那么纵使社会公众未承认特定的人有资格享有这项权利,但只要这些人事实上拥有这能力,且能够在实际社会生活中展现之,经具体展现的"社

---

① R. G. Collingwood, *The New Leviathan*, ed. David Boucher, Oxford: Clarendon Press, 1992, chs. 20–24.

会事实"便可成为人们争取权利的凭据。就此而言,正如包裹(David Boucher)所指出,当格林表示人的权利需要经由社会承认才能宣称时,他在这里所强调的乃是经由人与人的互动与辨识(discern)所产生的权利观念。对于此,包裹举了一个极具英国特色的例子来说明:

> 有两个人习惯在每个星期五晚上七点在同一间酒吧见面,这个习惯已经持续两年以上的时间了。两人皆不觉得有必要做出任何约定,而只是假定两人会在下周同一时间碰面。某一个星期,其中一人没有出现,也没有表达任何的歉意。在此之前,两人的行动方式仿佛是彼此间已存在某种权利义务关系,但双方都没有清楚地思考这个关系。而现在因为预期落空了,其中一人因而觉得另外一人没有尽到义务,或至少相信可以说服另一人认可这项义务关系之存在。换言之,他肯认了一项权利之存在,并预期他的朋友也会做同样的事。①

准此,按包裹的诠释来说,人们基于共善而对特定能力给予承认并使之成为一项权利的过程,便像是这里的例子所显示的,乃是人们对于潜藏在彼此人际互动关系之中的权利概念之辨识、肯认的过程,而非属于人们设立法定权利之一环。换句话说,若我们接受包裹的诠释,那么格林虽然未在其立论之中依托自然权利或自然自由,但在他的权利论述里,其实仍然存有着法定权利与某种非法定的权利观念之别,而后者则是人们可诉诸主张其法定权利的依据。

进一步地,若我们仔细检视格林的论说,他的确曾言及法定与非法定的权利观念之别。依格林之见,当一项权利已为人们所共同辨识、肯认,而服膺于某个对所有人来说皆为良善的目标时,这项权利便已获得了承认而为"潜在权利"(implicit right)。诚如他说:"奴隶正是在此意义下享有'自然

---

① 包裹:《权利的承认:人权与国际习惯》,许家豪译,载曾国祥主编:《自由主义与人权》,高雄巨流图书公司2013年版,第111页。

权利'。这是指奴隶虽是生活于国家法律之外，或是与国家法律冲突的'自然'之中，但他们却不是自绝于社会关系之外……而奴隶，正是从这种种社会关系中，生成其遭到国家法律拒绝承认的权利。"①质言之，格林虽然抨击自然权利概念，但他并未舍弃自然权利概念在论证过程中具有的重要性，此即在法定权利之外，人们定然会有另外的依据或来源生成权利概念，而可借以审视、批判既有法定权利的不足。

总结而言，有鉴于19世纪的自由主义论述受到自然权利学说的影响甚巨，从而致使当时众多的自由主义者未能及时关注劳动阶级在这类论述观念的影响下所饱受的不平等待遇与艰困的处境，格林遂以其伦理学和本体论思想为本，另辟蹊径，阐述了一套以众人的相互承认与共善概念为前提证成的权利思想。至于格林如此耗费心力所欲促成的根本目的，如前述及，当是为抗衡将自由权利单纯看作为己利服务的特定社会观念。然而，若仅是从论证的角度将权利的宣称与证成根据安放在众人的相互承认与共善之上，却未能提出某种应然的要求，那格林的权利思想便依然无法对现实的社会改革产生更为具体的影响。就此而言，正如我们在上一节的讨论中曾经指出，对格林来说，维护共善、确保众人的自由权利与社会自主运作的机制能够免于他人恶意破坏或侵犯的责任不仅属于政府，而且是身为国家一分子的所有公民都应当善尽的责任。当人们基于社会互动与社会关系得以拥有某种潜在权利，或基于国家法律的规定而享有法定权利时，他们即同时承担了与这些权利伴随而生的义务与责任。

四、义务、本分与主权的伦理性

经上两节讨论可知，为回应并驳斥阻碍社会改革的古典自由主义政治信条，格林分别就古典自由主义政治信条中涉及的两个重要面向做了批判与改造。首先，就社会观与政府理论这部分来说，格林一反古典自由主义者

---

① Green, *Lectures on the Principles of Political Obligation and Other Writings*, pp. 108 - 109.

将社会与国家对立起来并将国家等同于政府的做法,而将国家看作是包容个人与诸多社会之社会;且国家作为这种上位社会组织,其与政府机关不仅不同,后者更是国家为遂行其共善理念才进而创设的政治组织。其次,就个人的自由权利这部分来说,格林则以社会公众的承认与共善理念为本,强调自由权利与社会生活的内在联结;换言之,个人的自由权利不仅是在社会生活中才为必要,更是因为有了社会生活才为可能。顺此而言,当我们审视格林经批判古典自由主义所提出、开展之理论主张后,我们遂可清楚发现,共善系属格林用以联结其道德思想与政治思想之关键。

作为个人得借投身于社群生活以寻求自我实现、自我安宅的重心,共善乃是生活在同一社群之中的人们所一同构想得出之价值理念。以这一对所有人一致为善的理念为本,个人在社群生活中经国家法律保障的自由能力,便与社会公众的共同承认相关。准此,经阐述格林对于自由权利与国家社群之间关系的看法,我们可知,个人与他人在社会上、政治上乃至经济上的紧密联系,当属格林政治思想的核心。如此,正因为相较于侧重个人的自然权利与自然自由,以及政府非经个人同意不得干涉个人的财产与自由行动等古典自由主义者信守的价值观念而言,格林的道德与政治思想更为关注个人与他人、个人与群体的关联,他对于民主政治与国家主权的论说即呈现出一种重视社会正义、人性公义的伦理性格。

(一)主权的伦理性格

如前提及,那种假定个人在进入社会生活、群体生活之前即享有某种自然权利或自然自由的论说主张,多宣称国家政府的出现和建立乃是奠基在"个人的同意"之上而产生的。即因如此,受到此些论说主张影响者多倾向于认为,除非经由个人同意,否则国家政府制定的各项政策、法律都不得任意侵害或介入个人的自由行动空间。进而,这类以个体自由为根本论说的政治信念,多主张国家主权的掌握者若非是议会,便是人民全体。以洛克和亚当·斯密为例来说,议会作为公民选举出来的代表,即拥有代公民进行政治决定的至高权力与正当性;以卢梭为例来说,经人民全体共同集会所展现出来的整体意志,则是国家与政府进行政治决定时可以获致其正当性的唯一根源。在此,与洛克、卢梭等人相较,霍布斯的阐述则有所不同。此即,霍布斯虽然如洛克、卢梭一样认为人在进入国家社会以前即已享有自然权利,但对他来说,在进入国家社会之后,人所拥有的自然权利便因为彼此同意创建国家的约定,而彻底让渡给负责统治的主权者,故所有人作为国家统治之下的臣民,便都不再享有可资与国家对抗的权利基础;这是因为当人们将自己的自然权利让渡给主权者之后,众人在国家里享有的所有自由权利,便都是基于主权者制定的法律而来的,是故当人们想要反抗国家、反抗主权者时,种种受到国家法律保障的自由权利便将消失。如此,就 19 世纪英国政治思想的讨论氛围来说,霍布斯论说的国家主权观遂较少为古典自由主义者所重视;相似地,卢梭论说的人民主权观则因侧重人民"整体"意志的必要性,而为古典自由主义者所戒慎、恐惧。如前论及,对于 19 世纪的古典自由主义者、知识分子与乡绅权贵来说,在广大的人民中有自主生活的能力者乃是少数,因此,具有资格参与公共事务的公民亦属少数;故他们认为,若将做出政治决定的权力诉诸全体人民,这将导致公共事务的灾难。由是之故,凡此种种遂使洛克、亚当·斯密等强调议会统治权与个人自由权利之价值的论述,备受 19 世纪的知识分子与乡绅权贵关注。

然而,正如前述讨论指出的,以议会及少数公民为政治主体运作的民主政体,在 19 世纪英国产业革命带来的社会问题日益严重时,却未能有效回应人民的政治社会期盼与要求,致使众多劳动阶级不得不蒙受诸多不平等待遇。对此,前述各节已多次提到,这些有待改善的政治社会处境正是格林对 19 世纪的道德与政治思想进行反思、批判的主要理由。此即,通过检讨、审视普及于当时英国社会的道德与政治思想,格林一方面希望改变自由主义者及社会公众对于政治、对于道德的理解,另一方面,他亦希望借此为其要求社会改革行动的实践意图提供思想上的理据,进而作为其向社会公众传达改革理念之重要性的根基。准此,在前两节的讨论里,我们即可看到格林以其开展的道德伦理论述为核心,针对权利、自由与国家等概念做出的种种不同于古典自由主义者的诠释。不过,虽然格林就权利、自由乃至国家等概念做出的诠释有其独特性,并已获致诸多国内外学者关注与讨论,但他阐述的政治思想中最为关键之处则鲜为人所论及。此即,在他阐述的政治思想论述中,主权作为国家享有的一项至为特殊的权利,乃是由现下的公民之共同意志和过往的公民之共同意志交相碰撞所呈现与运作的社会整体主导意向。

　　一般而言,所谓主权,乃是指在一国内部进行政治决定的唯一且绝对之力量,而在内外事务上,主权亦因此为一国抵御外敌、惩治内乱的至高权力。在格林的论说主张里,他亦曾以这一常见定义来解说主权的内涵。格林尝言:"主权职务,作为一个社会建制,乃是为保护众人的权利免受侵犯所设,无论这些侵犯是来自于国外还是国内。至于主权的至高性,则是基于社会得如此免于国内外攻击的独立性。"①由是观之,格林对于主权的理解当与一般见解无太大差别,而同样强调主权在保卫国家的整体安全与独立性上之角色。不过,在前引字句之后,格林则另外强调:"主权乃是社会的能动力(agency),或者说,社会就其本身而言,正是为了这目的而行动。不过,若为了这项目的而存在的任何权力,乃是根据不同于其构成宪法或经由这宪法彰显的风俗习惯之外的其他事物而使用,那么这项建制便不再是为维护众人的权利所设,并且也不再是国家行为者。"②在此,格林表述的这段文字里值得我们关注的地方有二。首先,对于格林而言,承揽主权职务者乃是国家的行为者,并且以保障众人的权利免于内外侵害为其行动目的。换句话说,就格林对国家主权的界定与理解来说,他的论说即与我们在前两节中进行讨论时所指出的观点相符,即依格林之见,政治生活乃至国家政府的重要性与职责,在于保障个人的自由权利、确保社会自主运作的机制免受他人破坏或侵犯等事项上。其次,就这段文字来说,在格林的理解之下,主权当非属特定一人或一群人执掌、持有的事物,而是归属于"社会"。更进一步来说,归属于"社会"的主权,乃是基于社会公众的风俗习惯与由此建构的宪

---

①　Green, *Lectures on the Principles of Political Obligation and Other Writings*, p. 103.
②　Green, *Lectures on the Principles of Political Obligation and Other Writings*, p. 103.

法而来。如此,若主权非属于特定一人(如国王)或一群人(如议会代表或人民全体)所有,而是归属于"社会",格林经此阐述的国家主权学说便与前述提及的霍布斯、洛克、卢梭等人之见解大不相同。

　　承此,若就格林何以宣称"主权乃是社会的能动力"这一点来说,这与他阐述的权利概念有关。关于权利,一如格林所做的界定,乃是"经由宣称而被承认对共善有益的能力";换句话说,权利的本质必然是一种对共善有益的能力。就此说来,主权作为国家执掌的一项正当权力,亦属国家经公众认可而享有的统治权利,是故主权便也应当以某种对共善有益的能力为其根本。然而,国家作为众多社会之社会,其何以具有某种能力? 换个角度来说,若国家具有某种可被众人承认为权利的能力,这项能力又将来自于何处?

　　在此,格林此前论说的"国家作为共善的承载者"这项主张即是其中的关键。当我们论说国家乃是主权职务的行使者时,我们通常是以"法律人格"(legal personality)来将国家比拟于一般个人的道德人格(moral personality)。此即,国家乃是依构成宪法赋予的职权而具有相应于职权的行动能力,且这些能力,作为和一般个人的道德人格相同之处,便在于国家必须承担起行使职权的责任与后果。不过,相较于此通见,格林对于国家主权的理解并非纯然以"法律"的角度来界定之。对于格林来说,法律人格是基于权利的享有而来的,而权利的享有即预设某种能力在先。① 换句话说,依格林之见,国家作为主权的享有者,当是先具有某种能力,才可经由社会公众的承认而具有行使这项能力的权利。质言之,按格林所言,主权作为国家享有的一项正当行使的权力,必然是经由社会公众依特定能力是否对共善有益而给予承认后产生的权利。

　　进而言之,国家具有的能够被公众承认之能力,实正源于通过国家体现之种种共善理念。正如前述提到的,国家作为众多社会之社会,除应具有保障各项自由权利的能力外,亦须具有调节、安排各种社会组织以有效分配各

---

① Green, *Lectures on the Principles of Political Obligation and Other Writings*, p. 27.

项资源的能力,而这种种能力作为国家必须善尽的责任事项,即隐含了国家具有促进这种种体现在社会组织之中的共善理念之能力。进一步来说,如我们在第二节中有关权利的讨论,对格林而言,国家必然是在展现出这些能力之后,才会被社会公众辨识出其具有这些有助共善实现的能力。举例而言,在特定的政治组织展现出具有保卫社会、保护众人的生命安全及财产以前,这一政治组织自然便尚未能向公众表明,其具有使社会公众的自由权利免于遭受内外攻击的能力;然而,当这一组织具体展现了这项能力后,其作为主权得享的至高权力便可为公众辨识,进而获得肯认。就此而言,正如同我们是否具有享有特定权利的资格,乃取决于我们能否向公众展现出我们具有该权利保障之能力的事实,特定政治组织亦必须待展现出特定能力后,才可经公众辨识、承认其所具有的能力为主权。

　　不过,鉴于共善的内涵与理解乃是经众人各自的认知与诠释形构、呈现的,主权的内涵便将会随着众人对共善的理解与诠释之变化而变。依格林之见,人类群体生活中出现的种种体制与规定都是基于特定社群各自对于共善的不同理解所创建的事物。[1] 准此,现存的各种习俗建制乃是过往各个世代基于其当时共享的实践理性与共善理念所创,这些经习俗建制体现的理性观念与共善理念,必然需要经过各个世代的不断辨识与肯认才能持续;一旦这些蕴藏于习俗建制之中的理性观念与共善理念无法或不再为公众认可、承认,这些习俗建制便将受到挑战。顺此而言,正因在格林的论说架构里,任何客观规范皆与个人的主观意向密切关联,是故,当客观规范已不再符应于当下人们的主观意向时,客观规范据以存在的理由便不复存在。然而,正因为格林的主权概念涉及个人与社群、主观与客观之间的辩证互动关系,社会公众的公共参与遂为他阐述的"伦理自由主义"(ethical liberalism)思想之实践核心。

---

[1]　Green, *Lectures on the Principles of Political Obligation and Other Writings*, pp. 14 - 16.

（二）权利、义务与法律

概而言之,格林以其伦理学、形而上学为基础阐述的政治思想与主权概念,可以下图表示:

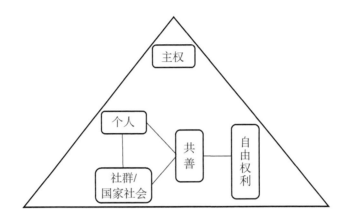

在其中,个人为了追求理想自我的实现,而意欲在社群中寻求安宅;而社群,或谓国家社会,则是以诸个人共构的善观为基础,并由此作为个人在其中实现自我、寻求安宅的场域;此外,共善作为国家社会创立的根基,既然是以诸个人共构的善观为其内容,任何个人、群体所欲要求、主张应由国家法律保障的自由权利,便应以共善为依据证成其合理性,以取得社会公众的承认。至于主权,作为国家经社会公众承认而享之正当权力,遂是经由个人与社群、共善与权利辩证互动之过程而造。设若诸个人共构的善观有了变化,或特定的权利主张遭到废止或兴立,那么主权的构成内容(亦即其权力行使的范围及相应职责)亦将由此变化。

顺此而言,当我们说经由社会互动产生的潜在权利,或经由国家法律明文规定的法律权利,具有某种要求人们善尽其职的责任与义务内涵时,责任与义务具有的规范效力便是源自于主权的构成。质言之,主权的构成既然是由诸个人共构的善观为其肇始,主权的规范效力遂是来自于经由诸个人对善观表示的认可。而主权的规范效力既然是来自于这项认可,那么,通过主权设立的种种权利义务,便是诸个人对于其自身设立的自我规范。在此,对格林而言,法律具有一种规训的意涵,而就主权的构成方式来说,法律具有的规训意涵实即人们作为公民的自我规训之实践表现。换句话说,主权的根源既然来自于诸个人的共同认可,通过主权确立、保障的法律体制与权利体系,究其根本,乃是参与权利承认、共善诠释的诸个人作为公民所造就的"自律"产物。

准此,当一项权利经社会公众的承认而确立后,相应于此权利而应尊重、不干涉他人自由行动能力的义务,便属享有此项权利的公民所同时应当遵行的要求。就权利义务关系来说,常见的理论见解为,一人的权利宣称隐含了另一人或他人相应的义务,或说权利的宣称隐含了义务的要求(right implies obligation)。① 例如,当某甲宣称他有使用水源的权利时,若该项权利宣称为正当,其他人或特定的某乙便有尊重、不干涉某甲使用水源的义务;进一步来说,当我们说某乙有尊重、不干涉某甲使用水源的义务时,这亦即是在说某甲享有使用水源的权利。由是观之,单就权利义务的联结而言,两者当是相互蕴含的关系。然而,对于权利义务关系的论说,若我们是以前述的自然权利、自然自由等个体主义的道德与政治主张来理解,其间涉及的规定便系属个人限制彼此行动的法律依据。此即,当某甲宣称有使用水源的权利时,他当是意图去限制某乙或他人的行动,进而确保自身拥有自由使用水源的行动能力;不过,该项权利宣称若要为正当,这通常意味着某甲也必须尊重某乙同样具有使用水源的权利。换句话来说,以个体主义为基础理解的权利义务关系,不仅涉及权利义务之间的相互蕴含,也涉及其间关涉的权利事项是否符合于权利义务规定的主客体之利益和福祉。

然而,若我们从格林的观点来看,权利义务之间固然依法律规定而具相互蕴含的关系,但就这二者关涉的权利事项来说,双方各自的利益与福祉诚

---

① 如 Jeremy Bentham, *The Works of Jeremy Bentham*, *Vol. 3*, ed. John Bowring, Edinburgh: William Tait, 1843, p.159; R. B. Brandt, *Ethical Theory*, Englewood Cliffs, New Jersey: Prentice-Hall, 1959, pp.433－441; E. F. Carritt, *Ethical and Political Thinking*, Oxford: Clarendon, 1947, p.77; J. Hospers, *Human Conduct*, New York: Harcourt, Brace & World, 1961, p.386; W. D. Lamont, *The Principles of Moral Judgment*, Oxford: Clarendon, 1946, pp.80－95。

非权利宣称获得证成的关键。对格林来说,共善作为个人权利的证成与宣称基础,既然是经诸个人的共同认可而产生,那么,在承认权利的过程里,其间涉及的利益与福祉便不只是规定事项中涉及的各方自我利益,更须顾及各方的共同利益。质言之,法律与权利是个人投身于社群生活之中,借以寻求自我实现、自我安宅的重要媒介,在设立法律、主张权利时,个人自然不能仅顾及自我利益,而亦须重视使社群生活之为可能的共善理念之落实。不过,就依法设立的权利义务关系来说,其间蕴含的自我规训与自我规范之意,除是作为个人能够自律的表征外,亦是个人得以助其转念的社会机制。诚如前一节讨论指出的,学会承认他人、对等地面对他人,乃是个人得以转念向善、朝向为共善牺牲奉献的关键一步。而在经由法律设立的权利义务关系里,纵使个人可能因为一时的欲望或自我放纵,而有意忽视行使自身权利时应尊重他人拥有的对等权利之义务,国家主权作为法律与权利义务关系的设置者,也会因个人未履行其义务、侵害他人的权利而对之依法施予惩处。如此,以主权为核心设置的法律与权利义务关系,便是一个不断提醒众人于行使自身权利时,亦须善尽尊重、不干涉他人权利之义务的社会机制。

顺此而言,格林即曾强调,通过主权设立的法律与权利义务关系,必然须以社会公众认可的共善为基础施用其强制力;若非如此,他认为通过主权依法施予的惩处将只会在公众之间造成恐惧,而非有助其道德上的精神提升。进一步来说,格林指出,在通常的情况下,即便人民对于某项法律是否确实有助于落实共善产生了疑虑,或主观上认为这项法律为恶法,人民也不得任意地反抗这项法律,而必须通过国家与政府体制内提供的政治程序,并在逐步取得社会公众的认可下,对这些法律提出修正或废止的要求。不过,在另外一些特别的情况下,格林却也认为,人民可以在取得公众的认可下,正当、合理地拒绝遵守恶法;换句话说,在某些情形下,人民当有反抗恶法的正当理由。

(三)反抗的本分与社会改革

在《论政治义务诸原则讲演》里,格林曾明确指出,个人没有反抗国家

社会的权利。他说："以权利对抗社会乃是不可能之事；因权利必然源于某
种社会关系。"①质言之，国家作为众多社会之社会，以其主权为根本设立之
法律与权利义务关系，自然无法为生活于国家社会之中的个人或特定群体
提供反抗、对抗国家之工具。进而，既然法律、权利义务乃至国家主权尽皆
以社群共善和众人的彼此承认为基础，若想借主张权利来对抗国家，便将是
一种对自身正当性基础的否定。不过，正如前述提到的，在格林的论说里，
权利亦可分为法定与非法定之别，由是之故，只要人们非意欲以权利宣称来
反抗、对抗国家，而仅是为要求废止特定恶法，那么，在既有的政治体制内便
往往尚会有其他途径可助人们改变法律。以 19 世纪的英国社会处境为例，
虽然自由党和保守党内的多数贵族、地主与资产阶级或许未认真关注过劳
动阶级的生活状况，但诸如格林这般的激进分子仍然致力于主张劳动阶级
应该具有和其他公民一样的投票权。质言之，虽然特权阶级在英国国会里
占了多数，但尚有诸多知识分子与乡绅另在公共场域里为劳动阶级发声。
像是密尔、罗素勋爵(Lord Russell)、格拉斯通等知名的政治与社会精英，则
皆属于支持开放投票权的一方。

　　如前所述，在 19 世纪古典自由主义者之中，密尔算是支持政府应在特
定事项上借正当程序干涉社会运作以保障个人遂行其自由之条件的一员。
承此，对于当时英国劳动阶级蒙受的诸多政治、社会乃至经济上的不平等待
遇，密尔亦是位于支持开放投票权之一方。进一步来说，对密尔而言，由于
每个人都是他自身的主权者，且没有任何人可在缺乏个人同意的情形下制
定法律，是故，当劳动阶级未能在国会中有其代表，而以其同意授权为基础
监督政府施政、立法时，种种由政府与国会制定、施行的法律政策便缺乏要
求劳动阶级遵行的正当性。② 即因如此，当英国国会改革联盟(Reform

---

① 　Green, *Lectures on the Principles of Political Obligation and Other Writings*, p. 110.
② 　诚如密尔在《论自由》(*On Liberty*)中指出，"每个人的独立性是绝对的"且"个人对于他
　　自身、对于他的身心而言，乃是具有主权、至高无上的"(Mill, *On Liberty and Other
　　Writings*, p. 13)。故对密尔而言，唯有个人才是他自己的主权者，代议政府或他人皆不
　　应任意逾越。

League)于 1866 年 7 月在伦敦海德公园进行大规模抗议活动时,密尔即在国会里声援,表达他对开放投票权、改革国会选举制度之要求的支持。此外,罗素勋爵、格拉斯通等人则是自自由党成立以来,便属英国政界中倾向支持开放投票权的知名士绅。

虽然从理论上或是 19 世纪的英国政治处境来看,一个国家在既有的政治体制里,往往仍会有可助人们依正当程序提出修法要求的渠道,但格林另也提到,在下列四种情况①出现时,个人或群体将会有可资反抗恶法的正当理由:

1. 当主权处于争议状态时,任何法律权威给出的命令便将是可疑的;

2. 因政府的所作所为,致使没有任何可合法废止法律的可行渠道;

3. 当法律与政府系统已被私人利益所支配而敌视公众,致使既存系统已无法维系公共利益;

4. 当特定命令脱离了一般社会秩序与权利结构运作的基础,而反抗不会造成严重的社会危害。

就第一种情况来说,当国家主权处于争议状态时,任何宣称具有统治权的政府所颁布的法律命令之正当性,自然会陷入疑义;正因如此,任何个人或群体为确保自身权益不致因遵行这些正当性具有疑虑之法律命令而蒙受损失,遂可拒绝、反抗遵行这些法律命令。就第二种情况来说,这是指个人或群体虽已穷尽各种要求废止或搁置恶法的合法渠道,但政府却一味拒绝要求,从而迫使提出要求者只能选择拒绝、反抗遵行恶法。就第三种情况来说,这是指当政府体系已沦为私人利益的保护伞,而不再能够促进、维护共善的落实时,人民遂可拒绝、反抗由政府体系颁布、施行的各种法律命令。就第四种情况来说,格林认为这是最为常见的一种人们会反抗遵行法律的状况,即当权威机关在正常法律程序之外,突然另立法律、颁布命令时,这些未经正当、合法程序制定、施行的法律命令,遂可不为人民所遵循。此外,由于这些法律命令未经正当、合法程序制定,一般而言,人民若不遵循,也就不

---

① Green, *Lectures on the Principles of Political Obligation and Other Writings*, pp. 80 - 81.

会和社会公众的共善理念发生冲突、破坏社会秩序的稳定。

准此，通过这些一般性、理论性的陈述，我们当可发现，对格林而言，人民反抗或拒绝遵行政府颁布的法律命令之情况，应多系属政治生活中的例外。例如，所谓国家主权发生争议，多是指国家发生严重分裂，如内战；而若政府忽视人民通过各种合法渠道提出修正、废止法律的要求，则多意味政府已背离了民心，国家也就多正处在陷入纷乱、动荡的边缘。不过，虽然此处提到的四个情况多属政治例外，但若确有一项出现，格林认为，反抗恶法便是人们的"本分"（duty）。至于为何是人们的本分，就消极层面来说，即如前面说到的，依格林之见，人们的法定权利必然是在国家社会的法律体制保障下享有，而非法定权利亦是在国家社会内才为可能，故人们没有反抗国家社会的"权利"。不过，就积极层面来说，人们之所以会有此本分，则是因为人们为了实现自我理想、寻得自我安宅，便必然得在某类社群之中生活。而当现有的国家社会法律体制，未能协助共善的实现与维系并将致使社会生活瓦解时，人们出于前述的生存处境要求，便有了反抗破坏社会生活的法律体制与政府制度之本分。换句话说，从格林的观点来看，反抗的本分乃是源自人的存在处境；当反抗比起服从更符合人们的共同利益与福祉时，反抗便成了本分。①

进一步地，格林虽然强调反抗的本分与人的存在处境之关系，但在实践上，他仍然秉持需要反抗的情况乃是政治例外的基本看法，而强调当人们有意反抗时，必须就下列三点审慎思考②：（1）反抗主权的行为将会对主权的特性带来哪些变化或是改善，而不必走向推翻它？（2）若按人民的性情推翻了主权，那么既有的社会秩序与权利结构是否可幸免于难，而不会导致全面的无政府状态？（3）若推翻主权会导致无政府状态，就必须审视现有的法律与政府体制，是否已受到私利腐化或与公众为敌而无法再维系公共利益？准此，从格林罗列的这三项考虑重点来看，对他而言，反抗未必走向推

---

① Green, *Lectures on the Principles of Political Obligation and Other Writings*, pp. 84 – 86.

② Green, *Lectures on the Principles of Political Obligation and Other Writings*, p. 86.

翻主权,而可以是作为促成政府与法律体制改革的一项策略。然而,若人民走向极端而想推翻主权,有志者就必须谨慎思考伴随"革命"所可能产生的严重后果。若既有体制已过于腐败而无力矫治,革命遂是唯一之途。不过,格林也指出,就算有志者认为革命是必然的道路,但在政府早已不再维系公共利益、鼓吹公共精神的情况下,有志者发动的革命则也未必能获多数人民的认可;在此情形下,他强调有志者便只能通过不断的革命与失败来唤醒大众的良知。

就 19 世纪的英国社会处境来说,当时的政治体制显然尚未彻底腐败,即因如此,格林才会采取和密尔、罗素勋爵等人一样的途径,通过公开演说、政党活动、社会服务等各种途径来鼓吹公众对劳动阶级等弱势群体的权利与福祉之重视。不过,诚如前述第四种反抗情况所示,格林通过鼓吹劳动权利与政治权利的意识、组织工会与各种团体活动的用意,不是在推翻国家主权和政府体制,而是在不危及主权政体的前提下,以正当理由号召民众抗拒恶法,要求国会推行改革。在此,正因为格林强调正义与人性公义在人与人之间的关系中具有的重要意义,通过给予劳动阶级投票权、改善劳动阶级的工作与生活处境的方式所将促成的,实则不仅是为落实社会平等的理念,更是为使全体人民拥有真正地成为自律的主权者、致力向善的自我实现者之重要契机。质言之,若个人基于自我反思能力所欲实现的理想生活,乃是与自我、与他人、与世界达成和解的存有状态,那么,只要在自身所处的社群之中,尚有人因政治律法和社会经济条件的限制未有机会能成为自律的主权者,个人便无法真正生活于和解状态之中。这是因为对于那些未有机会成为自律的主权者之人来说,他人通过投票、参政所设立的政策法律便会是一种依恃主权施予的压迫。

尤有进者,格林认为,一旦国家社会内出现了公民不平等的问题,这便容易导致国家主权陷入争议、政府法律过于受私利腐化等情况发生,从而促使革命甚或是全面的对外战争。他表示:

在国内若出现了特权阶级,或各种因公开否认或严格法规而未能享有公民权以顺利发展其自由能力的群体,或是因某些权利事项之争议挑战国家权威从而阻碍公民团结的教会组织,凡此种种必将使得人们以为国家内部存在着各种争权夺利者。就特权阶级来说,他们将易于相信国家的利益取决于对外扩张,而非内部组织的改善;就受苦的阶级来说,他们则将易于取得他国的同情,从而导致外国的干预;而国家或将以其糟糕的既有组织与其间产生的特殊利益为本来抵御外国,但却非对症下药、改善国内组织。①

换句话说,对格林而言,改善社会不平等、公民不平等的问题,不仅仅是为了落实社会正义的理想,更是为了确保国家社会的稳定性与永久长存。从这个角度来看,格林之所以主张英国国会开放投票权、推动社会改革的理由,除了与其论说的主权概念蕴藏之自我规训这一理论意涵有关外,亦与当时 19 世纪英国政治社会秩序的稳定性等现实考虑相关。

总结而言,从伦理学、形而上学和本体论主张出发,格林的道德思想和政治思想乃是紧密相连的。甚而,以其阐述的人类存在境况和共善概念为根本,格林开展的种种关于权利义务、伦理国家、规训主权、道德本分、公民参与之论述主张,即为他改造古典自由主义政治思想之成果,且亦为他借以推动各项政治社会改革行动的理论基础。诚如他所说:"但人呐,在所有现代人之课题中最关键的,当是去理论化自己的实践行为,而若是无法适切完成这项工作,人必将使自己的实践跛行。"②格林借反思、批判盛行于 19 世纪英国的诸多道德与政治思想论述之用意,遂是为其一生的政治与社会实践行动给出一套逻辑一贯、论理一致的理据。承此,在接续的讨论里,我们便将看到格林是如何在行动中萌生理论改造的企图,又是如何进而在行动中遂行其理论阐发的价值理念。

---

① Green, *Lectures on the Principles of Political Obligation and Other Writings*, pp. 130 - 131.
② Thomas Hill Green, *Works of Thomas Hill Green, Volume III*, ed. R. L. Nettleship, London: Longmans, Green, and Co., 1907, p. 124.

五、 格林的公民生活

至此,结合《托马斯·格林的公民哲学(一):道德存有论》一文及本文前述的讨论,我们应可对格林的哲学思想有一整体而初步的掌握。以人类的生存处境为其关切核心,在道德课题上,格林拒斥以自然科学的实然研究方法来统整、化约应然规范之论述主张。相应于此,他亦拒斥纯然以个人的角度来理解、界说道德活动的思想论说,诸如效益主义、享乐主义等道德伦理思想,皆为他致力回应、批判的对象。以其本体论与道德思想为基础,在政治课题上,格林亦致力于改造以政治原子主义为原点展开的古典自由主义思想。无论是后者的社会观、政府理论或国家概念,还是自由、权利、主权或法律义务等概念之阐释,格林对于古典自由主义思想的改造乃是全面性的。准此,相对于格林拒斥、批判的思想主张而言,他自身开创的道德与政治思想则具有"相互性"(mutuality)、"辩证性"(dialecticality)、"内生性"(immanency)与"整体性"(holisticity)等特色。

相互性:无论是就个人的内在、个人与他人,还是个人与社群、国家与社会来说,在这之间都涉及行动的主体与客体之分;相对于主体一方的客体,若具有能动性,便同时也是就其本身而言的主体,而相对于其本身之外的另一方,便成了客体。换言之,格林思想中体现的相互性特色,凸显了每个行为者都同时兼具主体与客体身份之现实状态。

辩证性:鉴于每个行为者对内、对外都同时兼具主体与客体之身份,每个作为主体的行为者其自我发展与成长,便必然会涉及当下自我与理想自我、自我与他者、自我与社群、自我与世界之互动辩证关系。质言之,以自我反思能力为根源产生的追求调和、统一之内在动力,将致使个人在行动与思维时,无法单纯以主观片面的角度回应外在他者的行动与思维,而须同时考虑各方的互动关系。

内生性:由于格林认为人的自我反思能力与其生物欲求二者乃是人之为人的两项关键,经由这两项内建于人作为行为者之驱力所交互产生的思想与行动,便是个人对于其内在自我与外在世界的各种分立、调和之根本。换句话说,不仅个人的当下自我与理想自我之别是内生的,个人与他人、个人与社群,乃至个人与世界以及由此种种创设的国家与社会,皆是内生于人之为人的潜能之中,而后历经相互辩证的过程实现出来的造物。

整体性:最后,以相互性、辩证性与内生性等特色为基底,格林的道德与政治思想呈现出来的面貌,遂是重视个人与他人、个人与社群、社会与国家之整体性的伦理自由主义思想。质言之,不同于古典自由主义者强调社会与政府的公私分立,以及个人自由在社会上与公共事务上的优先价值,经格林阐发的思想论述,虽同样重视个人的道德自由与自我实现,及其在社群生活中的权利福祉保障,但正因每个人都是在与他人辩证互动的过程里相互联结、彼此共生,社会的运作与个人自由权利的主张便都必须以共善和整体社群的存续为考虑发展、提出。

综上,之所以说格林的思想乃是伦理自由主义,便是因为他的论述最终系以个人在社群共善的指引中得以享有的道德自由及权利保障为中心而展现。而就 19 世纪的英国社会问题来说,格林如此开展的伦理自由主义思想论述,便为他据以展开各项公民活动的理论基础。

(一) 教育事务的访查与批判

格林的公民生活主要涉及三个面向的社会公共事务参与。从他在 1864 年开始参与的英格兰和威尔士中小学皇家调查工作开始,乃至他于 1872 年开始因自身经验而参与的禁酒节制运动,以及他耗费一生精力关注、投入的劳工运动与政治社会改革活动,皆属他公民生活的一环。不过,若就格林关注这些议题与公共事务的初衷来说,阶级不平等诚乃他积极参与的主要缘由。对此,从格林 18 岁时留下的些许文字,我们便可瞥见格林对于阶级问题的敏锐感知。

1854 年,格林将从英国知名的拉格比公学校(Rugby School)毕业,之后,他为接下来的升学规划前往牛津参观,考虑是否要以牛津大学系统下的学院为目标问学。然而,当格林拜访完牛津后,他的感想却是此处过于矫饰、浮华。据奈特绪普(N. L. Nettleship, 1846—1892)的引述,格林当时的表述为:"这里的学院生活内部和它的外在形象极为不符。最优秀的学院乃是最腐败的;从院长到仆役,这里的运作都显得太不真诚,而学生则费尽心力于无用的感官娱乐上。"进而,他嘲讽道:"我若能在这儿认真做事将会是快乐的,但众多无用之事的诱惑又是如此巨大。对我来说,其中最大的诱惑乃是那至为奢华的独木舟;在那划桨的过程里,即可在树荫下不须费力地度过数个小时,而不会遭到他人打扰或厌恶。"①在此,格林的意思是,以独木舟运动为矫饰,他便可装作和同学一样在练习划桨,而躲在有树荫处独自念书,无须参与其他人不真诚的社交活动。就此而言,对于一个来自乡村市镇的18岁男孩来说,格林在牛津看到的一切内外景象之差异,乃是源于他对大学生活的想象与现实中的"有教养阶级"生活所呈现的实况之距离。不过,正因为格林观察到的景象乃是出于他自身的期待与认知,奈特绪普便曾直言:"这些感受与理解其实不符实情。"②不过,虽然格林的记述未必和当时牛津学院的实际生活景象一致,但我们确实可从他的描绘里瞥见潜藏在他思想之中的"阶级意识"。

　　于1858年、1861年接续筹组了皇家教育委员会之后,英国政府在1864年第三次筹组教育委员会,以检视经前两次调查和检讨后位于英格兰和威尔士的中小学校的营运状况与缺失改善情形。其时,格林和英国日后著名的文人教育家阿诺德(Matthew Arnold, 1822—1888)、自由党政治家布莱斯(James Bryce, 1838—1922)等人一起,在道恩顿勋爵(Lord Taunton)的主持下,开始了他们的教育访查工作训练与实践。之后于1865年至1866年间,格林遂走访了华威克、斯塔福德、白金汉、莱斯特与北安普敦等郡的中小学,并于1866年完成了他的调查报告并提出改善建议。经由访查,格林发现多数的中小学都有以下三个问题:贫富阶级区分、世俗政权与教会的冲突,以

---

① R. L. Nettleship, "Memoir", in *Works of Thomas Hill Green*, *Volume III*, ed. Richard L. Nettleship, London: Longmans, Green, and Co., 1906, pp. xi – clxi, xvi.

② Nettleship, "Memoir", p. xvi.

及国家和父母家长在教育事务上的主导权争议。①

就贫富阶级的区分来说，依格林之见，这是影响当时英国政治社会最为关键的问题。1877 年，在格林提交调查报告的 11 年后，当他向伯明翰教师协会（Birmingham Teachers' Association）发表演说时，他便曾再次强调这阶级区分的严重影响。他说：

> 对于当前的英格兰社会来说，一项最为关键的困扰便是所有教育问题都因为阶级区分而变得复杂。……学校往往以绅士教育为名，吸引了无数未来根本与绅士生活无缘的男孩来就读，但同时对于那些真正可受绅士教育启发的男孩来说，他们却因为自身的社会地位、社会基础而被排斥在外。至于另外一类课程，则是以预期学生将会较早进入职场的方式来做规划，因此在学习上有不同的要求。这类课程往往会被冠以较不绅士的名称，而被认为是"次等的"；不过众多应该修读这类课程的学生，往往却不会用到它，反倒是那些其实具有实力攻读更高课程的学生，则多会因为他们的社会地位较差，被分配到此类课程之中。②

对格林来说，这种基于社会背景与社会地位来安排学生修读的课程之体制，不仅使得社会阶级无法通过教育而流动、改变，更使得具有实力的人无法真正取得较好的条件与机会发挥其能力。诚如前述讨论言及的，格林认为，国家与政府有协助每个人都能取得妥善发挥其能力的平等机会与权利之责任，而要落实这项职责，国家与政府便要有通过政策法律介入教育事务的正当权力；唯有如此，每个人才可望在国家社会中寻求其实现理想自我的位置，并据此促进共善，为国家社会的发展做出贡献。

不过，虽然国家应该明确制定更为妥善的教育政策与教学课程设计方

---

① D. R. Nesbitt and E. Trott, "Democratic Paradoxes: Thomas Hill Green on Democracy and Education", *Paideusis*, 2006, Vol. 15, No. 2, pp. 65 – 67.

② Green, *Works of Thomas Hill Green, Volume III*, p. 403.

针,以促进阶级流动、社会平等与国家社会的发展,但现实中当时的英国教育体制改革,则受到教会私立学校和家长们的教养权等问题的阻碍。在访查众多中小学后,格林发现由于教会学校往往有自己的一套教学安排与制度,因此,各地学区的学生素质便时常会受到这些与公立学校不同的制度与课程安排影响而参差不齐。然而,由于教会办学的风气在英国与欧陆由来已久,在传统的名义下,教会学校多主张其具有独立办学的自由,而反对各级政府制定统一的教育法规,限制或改变教会的教育方式;更遑论办学的教会各属不同教派,而担忧政府的法令将介入或干涉他们各自的布道信念。准此,在反对国家统一教育政策的立场下,格林指出,私立学校不仅过早地教授中小学生拉丁文、希腊文等古典学,更往往无视国家社会的现实处境,而妄想借古典学的讲授创造出无数的"绅士"。对此,格林即秉持他对于教育的一贯看法,认为中小学教育应该依学生的禀赋与才能,给予适合的教育内容与能力养成的机会。因当时的英国社会仍多受到出身背景等偏见影响,人们便仍然相信,商人的孩子便应该从商,佃农的孩子便应该务农,而乡绅的孩子便应该成为绅士。① 而这也成为格林在 1866 年提交他的教育访查报告后,皇家教育委员会未采纳他的制度改良建议之原因。

进而言之,正如同 19 世纪英国乡绅与知识分子对契约自由多保有一种过于崇敬却僵硬的理解,包括道恩顿皇家教育委员会的诸多委员在内,当时多数的民众都认为教养子女乃是家长们的权力与权益,而政府不应干涉父母的教养权。然而,格林指出,单就从事一般商业活动和手工业的家庭来说,父母根本没有时间教育子女:除了每日的工作外,父亲往往会在下班后到酒吧与他人交际,而母亲若非忙于工作,便会因为下班后得从事家务而无法拨出时间教育子女。因此,格林表示,对于这些家庭而言,其子女遂往往只能在中小学校里学习知识,而在中学毕业 15 岁时即须进入职场工作、分担家计。相反地,对于那些具有律师、药师身份的家庭或乡绅阶级来说,他们的子女便可在中学毕业后继续求学,即便这些学生未必有能够理解、修习

① Green, *Works of Thomas Hill Green*, Volume III, pp. 388 - 390.

更深的学问的相应禀赋。① 质言之,在当时的社会通见与家长教养权的主导下,学生的学习环境不仅在学校会因为阶级偏见的影响而受限制,学生的禀赋也往往会因为家长的偏差期待而遭到扭曲或忽视。

总归来说,通过参与教育现况的访查,格林不仅亲身见识到了 19 世纪英国社会里的阶级偏见之影响力,他也直接地看到了不同社会阶级背景的家庭日常处境的不平等与不对等状态。承此,正如里克特(Melvin Richter)指出,格林接触教育事务的种种经验,遂是他以社会平等和正义为核心开展思想论述的契机。② 不过,除了教育工作外,格林对于社会不平等现实最切身的体悟,当与他协助他兄弟戒酒失败的经历有关。

(二) 禁酒节制运动的参与

1862 年,已经开始在贝利奥学院担任讲师的格林,因为其兄长的酗酒问题,在 4 月假期间曾离开牛津去协助他的兄长戒酒。然而,格林的好意最后以失败告终。他的兄长最终未能戒除酒瘾,而失意的格林则受此打击,决定将全身精力投入在研究、写作的工作上。③ 此外,格林亦是因此伤痛,而获好友西季维克等人善意邀请,于同年暑期长假至德国游历、散心,从而加深了他对德国思想与社会文化的认识。不过,虽然受到其兄长事件的打击,自 1872 年始,格林即投身于英格兰禁酒节制运动(the temperance movement)中,并获选为联合王国节制饮酒协会的副主席。然而,正因为格林是以其不同于当时自由主义者的思想见解为根本,来参与、从事各种社会公共事务,于 1873 年他便就政府应在节制运动中扮演何种角色之课题,批

---

① Nettleship, "Memoir", pp. l - li.

② Melvin Richter, *The Politics of Conscience*: *T. H. Green and His Age*, London: Weidenfeld and Nicolson, 1964, p. 354. 除了此处谈到的中小学教育体制之问题外,格林在教育事务上的长期关注对象也包括 19 世纪英国女性的教育平等议题。除了积极筹组、推广英格兰地区女性教育的社团组织与资金援助外,格林及其妻子夏洛特(Charlotte Symonds)也曾在牛津地区协助诸多外地就学的男女学生。参见 Olive Anderson, "The Feminism of T. H. Green: A Late-Victorian Success Story?", in *History of Political Thought* 12(4), 1991, pp. 678 - 685。

③ Nettleship, "Memoir", p. xxxvii.

评了自由党牛津区国会议员哈考特的见解。

　　1872年12月30日,哈考特于其选区内向选民发表公开演说,而在他的演说里,他谈到了他为何反对英国国会于该年通过的饮酒管制令(Licensing Act of 1872)。依哈考特之见,是否能够不过量饮酒、保持清醒而不做出愚蠢的行为,乃是基于个人的自由与品格。他说:"你当然可以通过立法使人们无法饮酒,从而不会有人再喝醉;同样地,你甚至也可以把所有人都关进牢里以禁绝犯罪。只不过,把所有人都关进牢里,无法使人民变得有道德。而当你违背人们的意志强迫他们清醒时,你也不会使国家变得更道德。"① 如此,就此番言论来看,哈考特的见解基本上相符于古典自由主义者的政治信条和"负责公民"的观念,即认为选择喝酒与否乃是个人自由的展现,且通过这自由选择的展现,个人品格才能获得彰显。

　　不过,正如我们前文提到的,格林对于自由和德行的理解与此种19世纪英国士绅普遍接受的道德与政治信条相左。对于格林来说,若要人能够发挥其自由选择的能力,国家与政府便必须提供一个良善且平等的社会环境,而可让每个人都能有对等的机会去做出更佳的选择。准此,就当时的英国社会来说,格林认为,国家与政府应该采取的作为是去面对社会现实,也就是社会上已有太多的人因为酗酒而生活悲惨。无论是因为酗酒造成的斗殴与治安问题,还是因为酗酒造成的家庭破裂与经济困顿,在这些社会现实下,若人们一昧主张个人应该仰赖自身的力量与意志而非通过立法以外在的力量来协助节制饮酒,这便将拘泥于原则,却罔顾现实。② 质言之,从格林的立场来说,为改善社会问题,国家与政府即应通过法律、政策限制那种借由廉价通路与成瘾物质使人沉迷饮酒的不当牟利行为。

　　进一步地,除了支持国家与政府通过法律政策管制贩酒、饮酒行为外,格林自身亦曾与友人合资在牛津开设咖啡馆,以期借此取代酒馆、酒吧成为民众下班后休憩的场所。另一方面,于1873年至1881年间,格林更是每年

---

① Thomas Hill Green, *Collected Works of Thomas Hill Green*, *Volume V*: *Additional Writings*, ed. Peter Nicholson, Bristol: Thoemmes Press, 1997, p. 217, n. 1.

② Green, *Collected Works of Thomas Hill Green*, *Volume V*, pp. 450 – 453.

发表公开演说,向社会大众说明、强调禁酒节制运动与相关立法的重要性。而说到因为饮酒过度产生的公共问题,格林认为,最为关键的便是具有投票权的民众易于受到酒精的影响与支配,而被特定阶级所掌控。1874 年,当格林出席联合王国节制饮酒协会在牛津的集会时,他便提出动议,主张协会应向国会提出制定法令以进一步管制普遍的酗酒情形的正式要求,从而帮助各级政府与人民对抗那些唯利是图的资本家。依格林之见,自 1872 年饮酒管制令颁布实施后,各地监狱的犯人数量便有了大幅下降,而治安单位则有了多余的人力与物力投入更为重要的任务之中;唯有反对者以其不切实际的政策建议,希望借此迂回地来维护其贩酒利益。① 尤有进者,当格林支持的自由党于 1874 年英国国会大选失利后,他更是曾于公开演讲场合指控托利保守党人往往在其选区内通过金钱与酒精控制民众,从而使得各地酒馆沦为他们的俱乐部。②

对此,格林的指控并非空穴来风。1881 年,英国国会曾成立贪腐调查委员会,针对 1880 年英国大选活动中各党的贿选行径进行调查。而在委员会最终呈现的调查报告里,我们即可发现保守党通过金钱与酒精影响选民投票意向的明确证据。只不过,经由调查报告所揭露的,远非只是保守党人的贪腐行为,而更亦包含自由党人的贿选行径。以 1880 年大选之后的牛津区国会议员补选情况来看,在短短 10 天内,保守党花了 5611 英镑,而自由党则花了 3275 英镑从事竞选活动。诸如以高价租借不会用到的场地、现场发放酒水、高时薪聘请临时工等等,皆为两党用以收买、影响选民投票意向的方式。③ 就格林的政党立场来说,如此结果固然不是他所乐见的,但从国家福祉的角度来说,他则认为,若能经由这些调查促成相关立法,让政党向民众公开他们的资金运作状况,自将有助于改善当时的英国政治体制,使之

---

① Green, *Collected Works of Thomas Hill Green*, Volume V, p. 245.
② Green, *Collected Works of Thomas Hill Green*, Volume V, p. 256.
③ P. D. John, "Politics and Corruption: Oxford and the General Election of 1880", LV *Oxoniensia*, 1990, pp. 142-145.

变得更为健全。[1]

总归来说,对格林而言,19 世纪英国酗酒问题所凸显的,其实不仅是当时英国社会劳动阶级的困苦和社会不平等的现实,更是特定阶级可通过饮酒来影响、左右选民意向的政治问题。格林尝言:"最为伟大而重要的自由,乃取决于人民能否尽可能地发挥他们的能力,进而确立指导众人福祉的根源……因此,饮酒问题是这自由能够存在于英格兰的最大阻碍。"[2]是故,依格林之见,唯有解决酗酒问题,当时的英国才能进一步免除特权阶级对人民福祉带来的危害。

(三) 工会组织与市镇服务

据前面的陈述来看,我们当可发现,因阶级差异产生的不平等问题乃是格林至为关注的公共议题。在他参与教育事务或是禁酒节制运动的过程中,最为他所担忧的便是社会不平等问题所可能导致的阶级对立与公共精神的沦丧。然而,有鉴于此时英国社会的阶级对立乃是因特权阶级的有意区隔造成,格林关注、参与公共事务的一项重要动机,便是去改变这些区隔与对立。诚如前述提到的,在教育事务上,格林反对学校以学生的家庭背景来区分他们应该就读的课程内容;而在禁酒节制运动中,格林主张国家与政府应积极立法介入的原因,便是希望借此间接改善劳动阶级的生活环境。不过,就他如此在意阶级区分与社会不平等课题的根本原因来说,这是因为这些区隔与对立影响了国家的整体性。对格林而言,个人与他人、个人与社群、国家与社会既是交互辩证、彼此内生发展的整体,阶级区分、社会不平等等社会现象便如同古典自由主义者信守的个体主义与政治原子主义一样,将会因为过于重视区隔、差异而使国家的整体性易于蒙受挑战与威胁。至于改善这些区分与对立的根本之道,依格林之见,便是人民能够积极参与公共事务的协商与推行。

---

① Green, *Collected Works of Thomas Hill Green*, Volume V, p. 374.

② Green, *Collected Works of Thomas Hill Green*, Volume V, p. 369.

　　在前述几节的讨论里,我们即曾谈过,格林认为确保国家乃依共善指引运作、个人得以享有履践其自由能力的平等机会之职责,非仅属政府机关,而是属于所有人民应戮力合作的生活目标。甚而,按格林的观点来说,国家主权乃可通过人民共同善尽其道德与社会本分的过程获得承认,并成为众人追求自我实现、自我安宅的媒介。换句话说,在格林重视阶级与社会不平等问题的背后,除是他对于国家整体性的重视外,亦是他所秉持的个人可通过群体生活来追求其生命意义的见解。承此,就如何确立、促进众人的一体感,并使众人得以在整体生活之中达致其自我实现的理想来说,普遍的公共事务参与便是其中的一项关键。就格林自身的情况来说,工会组织与地方自治活动便是他积极参与、协助众人得以凝聚一体感的途径。

　　在格林参与的公共事务里,除了教育工作是自他于1864年参与中小学教育访查后便持续关注的对象外,劳动阶级的工会组织与生活处境则是他另一个长期关注的对象。从1867年第一场的非学术公开演讲开始,至1881年于莱斯特发表著名的《自由立法与契约自由》演说为止,格林对于劳动阶级的自由权利之关注是显而易见的。不过,除了强调开放投票权对于保护劳动阶级的福祉与权益之重要性外,在格林参与的诸多劳动议题中,工会组织的成立与联合亦为他所特别重视。1874年,当格林受邀出席英国国家农业工会并发表演说时,他便曾强调工会对于保障农民福祉与权益的重要性。他说:

> 　　在工会成立以前,农民们往往未能获悉其他地方的状况,他们也没有适当的工具与途径可从一地转移到另一地,而当他们因为要求提高工资而受到雇主报复时,他们也没有任何方式维生,以使其可在与雇主对抗的过程里撑过一周。反之,农民们现在则有了从一地移往他地的工具,也能够在雇主拒绝给他们工作时,获得生活上的奥援。①

---

① Green, *Collected Works of Thomas Hill Green*, Volume V, p. 247.

　　质言之,格林认为,若农民或工人等劳动阶级能够相互合作、组织工会,这便能提高他们向雇主争取权益的意愿与成功机会。至于格林在这段文字中提到的有关农民能否从一地转移到他地的问题,则是与农民能否基于供需法则在农业劳动市场上取得更好的待遇之课题相关。以1872年约克郡和多塞特郡两地农民的待遇为例,格林指出,约克郡农民的平均薪资约为16先令,而多塞特郡则是8先令。至于两地农民的待遇之所以有如此差距,格林认为,便是因为约克郡农民已有了工会,而多塞特郡没有;甚而,若多塞特郡的农民有能力迁徙,他们自然可以转移到约克郡或是更为缺乏农业劳动力的地区,以取得更好的待遇。[①] 简言之,就劳动阶级的工作处境来说,格林强调,无论农民还是工人,都必须通过合作行动才可得到他们所期盼的应有待遇。

　　准此,以由劳动阶级发起的自发性活动为其经历,格林认为,若我们想在实践上培养人民对于共善的理解与认识,最好的方式当是通过邻里之间的互动。他指出:"就一般公民的部分来说,他对于国家服务的共善之共同理解,必然是有限的;更为可能的情况是,他可能根本不曾想过'国家'呈现给他的共善是什么。相对地,关于他自己和邻居之间可能共享的利益与权利,他则较能够有更为清楚的认识。"[②]就此而言,按格林就个人自由和社群生活之关系的讨论与理解来说,人们在社群中的互动、交往乃是他们能够逐渐认识共善的重要性、了解自身社会本分的首要途径。是故,依格林之见,在现实生活中若仅是借"国家"之名来做号召,而无日常生活的实际互动、接触与共处,相同的共善理解仍将不易在人们之间形成。换句话来说,格林认为,对于国家主权与社群共善的辨识与承认,在实践上当以人们在日常实

---

① Green, *Collected Works of Thomas Hill Green*, *Volume V*, p. 239.
② Green, *Lectures on the Principles of Political Obligation and Other Writings*, p. 96.

践过程中产生的共同认知与共同利益为基础进行。①

　　承此,正因格林对于共善观念的养成与主权的运作有如上看法,他自身除不断借公开演讲评议英国政府与国会的立法施政作为外,更曾于1876年投入牛津镇议员的选举工作中,积极参与地方镇务工作;而在格林参与的镇务工作中,为牛津镇建立一所公立男子中学则是他最为关切的事项。据牛津著名的自由党人巴克尔(Robert Buckell)忆述,当他代表自由党北区联合会劝说格林参选时,格林曾反问他如若选上,他对牛津镇民又能带来什么贡献,而当时巴克尔正是以格林长期关注的公立男子中学设立问题为由,说服了格林参选。② 确实,在格林胜选、正式出任镇议员后,他所积极关注、推动的一项公共事务,便是牛津镇公立男子中学的设立。格林之所以如此重视公立中学的设立,是因为他认为通过公家的税收来成立中学,可以让更多贫困、弱势家庭的孩子,获得学习更多知识的机会、提升他们的知识水平,进而打造更为友善、对等的社会环境,以助他们实现自身的禀赋与能力。

　　1878年,当格林在自由党北区联合会的聚会上发表演说时,他即直言设立公立学校的一个重要目的,便是要协助青年"冲破出身的不利障碍"(to break through birth's invidious bar)。③ 就此而言,相比于他评论英国政府和国会的作为时,多是以自由党人的政治立场来抨击保守党,但在地方事务上,格林则曾强调,他倾向以共同福祉为根本,而希望借搁置两党的争议与

---

① 依循这个观点,格林即是以人们通过地域情感、共同生活所产生的认同和记忆,作为爱国情操的真正根源。对他而言,爱国情操乃是存在于人与人、人与社群国家之间的一种羁绊,而这羁绊乃是源自于"相互联结的社群所共同居处的地域,共有的记忆、传统和风俗习惯,共享的感觉与思考方式,以及作为呈现这些共享感觉与思考媒介的共同语言和文学"(Green, *Lectures on the Principles of Political Obligation and Other Writings*, p.97)。质言之,正因格林是以此日常实践中体现、形成的语言文化与历史记忆为根本来理解现实生活中共善及国家观念的出现,在他笔下描绘的主权,作为国家享有的特殊权利便是如前指出那般,乃是以现下的公民之共同意志和过往的公民之共同意志交相碰撞所呈现与运作的社会主导意向为根本形构。

② Green, *Collected Works of Thomas Hill Green*, Volume V, p.275, n.38.

③ Green, *Collected Works of Thomas Hill Green*, Volume V, p.333. 此为格林改写英国著名诗人丁尼生(Alfred Tennyson, 1809—1892)《悼念集》(*In Memoriam*)中的诗句"他冲破出身的不利障碍"(who breaks his birth's invidious bar)而来。

歧见来为镇民服务。① 诚然,格林的说法或许是种政治修辞,但若我们结合前述提到的他对现实生活中人们可如何共享相同的共善观念之见解来看,以搁置歧见、促进邻里和地方的共同福祉为目标来进行互动,却也正符合他的一贯思维。尔后,在格林的努力下,牛津公立男子中学最终在1881年设立,并使得牛津一地有了由小学、中学至大学的完整教育体系,而格林则由此博得了"教育家"的美名。

盖言之,对于格林来说,无论是教育改革、节制运动、工会组织,还是开放投票权和地方市镇工作,就其根本都是他作为英国公民、牛津镇民所应致力从事的公共活动与社会本分。正如他谈论个人的自由权利时所指出的,共善与社会生活乃是每个人得以享受权利保障、追求自我实现的基础,是故,促进、维系众人的共同福祉与社会关系当是身为社会群体之一分子的人们,为了自我理想的实现与生命安宅所必须且应该致力的目标。甚而,人们正是在从事这些工作的过程里,得以认识、接触共善,进而获得体悟社会生活之重要性的机会,并从通过主权以自我规训的公民处境,升华至超越客观规范与主观意向之分别的生存状态。此即,通过参与、投入社群生活的发展与维系工作,个人当可在与他人、与世界交相互动的过程中,通过不同价值观念的交错辩证,来通达、实现源生于自我内在的存有规定。就此而言,正因为格林鼓吹人们参与公共事务、推行社会改革的政治思想论述,不只是单纯从特定的政治社会立场出发,而且是以他糅合形而上学、本体论和伦理学所开展的道德思想为本,其影响力遂可深入社会公众的现实处境与知识分子的济世情怀,从而成为一代英国公共论述与实践行动的重要指引。

六、 英国自由主义思想的转向

在上一节我们看到格林以其开展的哲学理论与思想论述为本,参与、从事了诸多社会公共事务。如教育改革、禁酒节制运动、工会组织、开放投票

----

① 　Green, *Collected Works of Thomas Hill Green*, Volume V, p.274.

权与中央地方的政策议题等,皆乃格林曾经积极涉入的对象。随而,正因格林有此积极、丰沛的实践热忱,在他的热情感染下,遂有诸多后进学者与青年学生认为"他们在牛津习得的哲学不仅极富价值,将之付诸实践更是他们应尽的天职"①。如此,受到格林的言说和行动的启迪,不少英国学子即致力于参与社会公共事务的运作。除前述提到的鲍桑葵,另外像是荷兰德(Henry S. Holland, 1847—1918)、汤恩比(Arnold Toynbee, 1852—1883)、阿斯奎斯(Herbert H. Asquith, 1852—1928)、戈尔(Charles Gore, 1853—1932)、霍尔顿(Richard B. Haldane, 1856—1928)、霍布豪斯(Leonard T. Hobhouse, 1864—1929)等人,亦皆曾受格林的思想论述或实践热忱所影响。而在意大利史家拉吉罗(Guido De Ruggiero, 1888—1948)的笔下,格林便因此成为促成英国自由主义思想转变的推手,即在格林之后,英国自由主义思想遂开始朝向国家干涉主义转变,而与过往侧重个人自由、限缩政府权力的主张有所不同。②

诚然,关于格林开创的实践哲学在英国自由主义思想演变的过程中所占地位,不少学者乃与拉吉罗持相近的看法。如拉斯基(Harold Laski)认为,格林是19世纪和20世纪之交引领英国政治社会思想从个体主义向集体主义立场转变的一位关键人物;③另一方面,诸如林赛(A. D. Lindsay)、赛班(George H. Sabine)、埃布尔拉斯特(Anthony Arblaster)等学者则认为,自由主义思想是在格林的改造下才得以回应、面对日益急迫的英国社会问题。④ 不过,在1978年出版的《英国进步主义思想:社会改革的兴起》(*The New Liberalism: An Ideology of Social Reform*)一书里,弗里登(Michael Freeden)则挑战了过往学者的观点而主张,"如果没有格林的存在,自由主

① R. G. Collingwood, *An Autobiography*, Oxford: Clarendon Press, 1978, p. 17.
② 拉吉罗:《欧洲自由主义史》,杨军译,吉林人民出版社2011年版,第115—119页。
③ Harold Laski, "Leaders of Collective Thoughts", in *Ideas and Beliefs of the Victorians*, London: Sylvan Press, 1949, pp. 418 - 419.
④ 参见 A. Arblaster, *The Rise and Decline of Western Liberalism*, Oxford: Basil Blackwell, 1984, p. 285; A. D. Lindsay, "Introduction", in *Lectures on the Principles of Political Obligation*, London: Longmans, Green and Co., 1941, p. vii - xix; George H. Sabine, *A History of Political Theory*, Hinsdale, Illinois: Dryden Press, 1973, p. 656。

义仍然会变得具有集体主义性质,并赞同进步的社会改革"①。依弗里登之见,有鉴于格林对个人积极自由、个人品格的重视,在他的论说主张里,个人的价值与优先性其实仍位居核心地位;换句话说,格林实未跳脱出古典自由主义者持守的个体主义立场。此外,弗里登亦宣称,由于格林没有把他提出的共善概念"与具体的社会行为密切联系起来,也没有在社会立法的法案中表达它",是故他的共善概念虽然具有重视社群一体性、共同感的要素,但我们其实无法据共善概念的内涵来描述、界定一个与个体完全不同的社会概念。② 质言之,就弗里登的主张来说,格林的思想其实是个体主义而非集体主义的;也正因如此,弗里登认为格林的思想主张不是促成自由主义转变的关键。③

就弗里登提出的此番见解而言,里克特和格林加登(I. M. Greengarten)则有相近的看法。依里克特之见,格林探讨自由权利、国家责任等课题的核心关怀,乃是为究查个人如何可经社会政治制度的安排获享道德自主的问题。因此,从根本上来说,个人的道德自主才是格林一直关注的对象,而非宣扬某种集体主义的政治社会主张。④ 至于格林加登,他则认为格林关切的问题仍不脱个人权利、财产权、个人自由等古典自由主义者在意的议题,而仅是试图通过一种道德论述来美化、合理化资产阶级通过各种社会机制来剥削劳动阶级的作为。⑤ 质言之,依格林加登之见,重视个人道德自由与权利保障的格林,虽然谈论共善、正义与社会平等等问题,但鉴于他的论旨仍是从个人的自我实现与生存处境出发,这些有关阶级平等的讨论,其实只是他用以包装其自由资本主义论述的外衣。

---

① 弗里登:《英国进步主义思想:社会改革的兴起》,曾一璇译,商务印书馆 2018 年版,第48 页。
② 弗里登:《英国进步主义思想:社会改革的兴起》,第 48 页。
③ 依弗里登之见,真正促成英国自由主义思想朝向集体主义发展的论述,乃是演化论思想与科学研究的引入。见弗里登:《英国进步主义思想:社会改革的兴起》,第 48—50、126—178 页。
④ Richter, *The Politics of Conscience: T. H. Green and His Age*, chs. 7 - 9.
⑤ I. M. Greengarten, *Thomas Hill Green and the Development of Liberal-Democratic Thought*, Toronto: University of Toronto, 1981, pp. 100 - 106, 129.

　　明显地,主张格林的思想论述未真正促成自由主义思想转变的观点,基本上是以格林谈论的思想内容仍是以"个人"为中心来评论。然而,此番评论的立基有过于简化格林笔下的"个体"概念之虞。在格林的论说主张里,个人的自我认知与自我评价和其与他人、与外在世界的辩证互动密切相关,是故,当个人意欲追求其自我实现或是自由权利的保障时,他实无法据古典自由主义者信守的那套原子式个体主义来提出要求、开展行动。质言之,有鉴于格林强调个人的自我构成乃是植根于社群生活之中,而其自由权利是以社会承认和社群共善为基础的,在他的论说主张里呈现的,即便不是集体主义,也难以被认为是与古典自由主义者相仿的原子式个体主义。就此而言,弗里登等人的评论实如卡特(Matt Carter)所指出的,有点太过于想要淡化格林思想的重要性而走向极端。①

(一) 社会自由主义的兴起

　　相较于弗里登等人的评论,知名的英国社会自由主义者(social liberalist)霍布豪斯则主张,格林的教诲确实引起了一波反思个体主义的风潮。他说:"格林的教诲和汤恩比的热忱,使得自由主义得以摆脱个体主义式的自由观,并为我们这个时代的立法作为铺好了路。"②依霍布豪斯之见,格林的伦理学与政治哲学提供给后世最为宝贵的启发,便是他在其中呈现的一种"社会有机论"(social organism),一种以共善为核心来描述个人与国家之间关系的有机社会概念。在此,霍布豪斯所谓的"有机"不是指生物学上依自然法则运作的有机体,而是指人们可在彼此互动的过程中逐渐实现自我的社会发展历程。换个角度来说,在人与人、人与国家之间存在的相互关系,并非如古典自由主义者设想的那般是相互分立甚至对立、冲突的外部

---

① Matt Carter, *T. H. Green and the Development of Ethical Socialism*, Exeter: Imprint Academic, 2003, pp. 136 - 162.
② L. T. Hobhouse, *Liberalism and Other Writings*, ed. James Meadowcroft, Cambridge: Cambridge University Press, 1994, p. 105.

联结,而是彼此共构并在辩证互动的过程中共同成长、发展的有机关系。①
准此,对霍布豪斯而言,格林的伦理政治思想之所以重要,便在于其中呈现
了这一具发展性、建设性的社会概念,而非仅陈述了一个静态的、不具活力
的社会状态。他表示:"任何一个具有建设性的社会学说,都是以某个人类
发展概念为其奠基。自由主义的核心,遂在于了解发展并非关乎某种机械
性的运作法则,而是关乎富有生命的精神力量之解放。"②质言之,正如格林
以社群共善为善意志的真实指向之所建构的伦理政治思想所示:以追求自
我实现、探寻自我安宅为目标开展的个人生活,即涵盖了自我与他人、自我
与自我、自我与社群、自我与世界之间的种种互动关系,而无论是个人或是
社群(甚或是世界),都是在互动辩证的历程中逐渐展开其内在潜能、朝向
其所欲追求的理想状态奋进;而他在此论说中呈现的一种特殊的社会理解,
便为霍布豪斯进一步发展、提炼,成为后者反思自由主义的立基。如此,就
霍布豪斯描绘的有机社会概念之发展历程来看,纵使格林本人确如弗里登
所言,未曾提出一个明确的社会概念,彻底否定格林的思想主张对自由主义
发展的重要性,也确如卡特所言,过于极端了。

　　不过,格林的思想行动对于英国自由主义的发展带来的最主要影响,其
实不在理论思辨的层次上,而在政治与社会实践的层次上。就此而言,除了
霍布豪斯,鲍桑葵、汤恩比、荷兰德、戈尔等人也分别以不同方式承继了格林
思想中的关注社会议题、关怀弱势群体的济世精神,而自由主义的"社会"
倾向便是在他们开展的各种思想实践的过程里日益明晰。

　　首先,就鲍桑葵和汤恩比来说,他们两人都曾积极参与各类社会慈善事
业,而在学者的身份之外,另有实践慈善家的美名。自贝利奥学院毕业后,
鲍桑葵即成为学院讲师;数年后,他有了他父亲留下的丰厚遗产奥援,便辞
去教职,潜心哲学研究,并且参与诸多社会公共事务。诸如伦敦伦理会社
(London Ethical Society)、慈善组织会社(Charity Organisation Society)等,皆

---

① Hobhouse, *Liberalism and Other Writings*, pp. 60 – 65, 67 – 80.

② Hobhouse, *Liberalism and Other Writings*, p. 66.

为鲍桑葵耗费诸多心力参与的社会工作组织。相较于鲍桑葵,汤恩比自毕业后便在学院里持续讲授经济学,在社会工作方面,他亦不遗余力地参与;其中,由汤恩比推动并付诸实践的社会教育理念"大学延伸"(university extension)乃是他最广为人知的事业。此即,鉴于产业革命带来的诸多阶级差异与贫困,汤恩比认为各大学、学院应安排"延伸教育课程",安排教师和社会工作者合作带领学生到街道上、小区内,为贫困的劳动阶级做公益服务。这项为汤恩比的追随者巴内特(Samuel Barnett)称之为"实践社会主义"(Practical Socialism)的行动事业,最终被牛津大学、剑桥大学所接受,而巴内特更在1884年汤恩比逝世后的一年,于伦敦东区(也就是著名的伦敦低下阶层聚集地),设立了"汤恩比馆"(Toynbee Hall),作为牛津与剑桥学生进行公益服务时的居住场所。

由是观之,虽然鲍桑葵和汤恩比两人自学院毕业后的职业发展有所不同,但他们的相同之处则在于,除了教育或学术工作外,他们亦积极参与社会公共服务。进而,若我们细察他们参与、推动社会公共服务的理念思维,会发现他们两人实共享一项相同的公民信念:对他们而言,社会工作乃是改善阶级对立、消弭社会隔阂的重要途径。依鲍桑葵和汤恩比之见,当劳动阶级的生活处境与知识水平获得了相当程度的改善,他们便可变得更为自主、自立;而对于那些协助劳动阶级的人们来说,参与这类公共服务事业除是善尽他们身为公民的社会责任外,更给予了他们和劳动阶级直接互动的机会,从而可对劳动阶级的处境有更深刻的认识,进而有助于化解彼此之间存在的可能偏见和隔阂。[①] 就此而言,正如格林认为人们可通过邻里之间的互动合作凝聚为一整体,进而更好地辨识、形塑彼此共同认可的良善价值,借鲍桑葵和汤恩比推广、从事的社会工作之所促成的,亦即是这种人我共享的一体感。甚而,在鲍桑葵、汤恩比从事的社会工作中呈现的那种社会想象,亦即是如霍布豪斯所言,是可通过众人的彼此互动、认识、成长,进而发展、

---

① Andrew Vincent and Raymond Plant, *Philosophy*, *Politics and Citizenship*: *The Life and Thought of the British idealists*, Oxford: Basil Blackwell, 1984, chs. 6-7.

茁壮的"有机社会"。

　　受到格林论说、实践的此番社会观念启迪,荷兰德与戈尔亦于牛津毕业后积极投入社会工作的行列,和鲍桑葵、汤恩比不同之处在于,他们两人是通过教会的组织力量来推展工作。自贝利奥学院毕业后,荷兰德和戈尔都成了英国圣公会的牧师,之后于 1889 年,他们两人则携手于牛津创设了"基督教社会联合"(Christian Social Union)。以这个组织为中心,荷兰德和戈尔遂连同诸多信徒、教士、社会工作者、政治学者及进步自由主义者,致力于在现代工业社会里落实社会正义。不过,与鲍桑葵和汤恩比推展的社会慈善工作相比,基督教社会联合从事的工作则更具政治性。除借提供生活物资、传授基础知识等方式,来协助改善劳动阶级的社会处境外,基督教社会联合亦时常筹募资金,援助劳动阶级的罢工活动。即因如此,比起社会自由主义者的名号,荷兰德、戈尔和他们创设的基督教社会联合更常被论者认为是一种"基督教社会主义"(Christian Socialism)。① 然而,若我们深究荷兰德和戈尔从事这些社会政治工作时抱持的初衷,会发现他们的出发点仍然是宗教性的。

　　此即,承继了格林对基督教教条的批判态度,荷兰德和戈尔认为,教会过往信守的神学教条必然需要改变,而最为真诚且实际的改变之法,便是带领教会回归耶稣基督秉持的济世情怀。荷兰德强调:"神的国度是指凡人都无法在社会之外寻得其存在,因社会乃是个人存在的必要条件;而社会亦仅能借由众多的个人之集结存在。"②换句话说,正因为在神的国度里,人无法自外于社会,社会亦不能缺少人们的结社合作,是故,若我们想要建立神的国度、落实人性公义,便需要确保生活在社会里的每个人,都可对等地享有实践其道德能力的机会。相同地,作为基督教社会联合的共同创办人,戈

---

① Sandra M. Den Otter, *British Idealism and Social Explanation: A Study in Late Victorian Thought*, Oxford: Clarendon, 1996, p.118; Carter, *T. H. Green and the Development of Ethical Socialism*, p.106.

② Henry S. Holland, *Fibres of Faith*, London: Wells Gardner, Darton & Co., 1910, p.118.

尔也认为人的生命价值当是通过存在于他与他的同胞之间的生活羁绊来展现。① 此即，对戈尔而言，当一个人脱离了社群，没有存在于他和其他同胞之间的生活羁绊时，他作为一个人的价值、作为一个人的存在意义便将丧失。质言之，虽然荷兰德和戈尔不同于鲍桑葵和汤恩比，乃是从宗教、神学的角度来思考、推动社会工作，但是就他们推动社会工作背后所秉持的理念来说，他们的想法其实和格林主张人在社群生活之中才可追求其自我实现、寻求其自我安宅的见解相近。

言及至此，若我们从这些曾经接受格林授业或其影响的19世纪英国知识分子之实践活动来看，所谓格林的思想行动对于英国自由主义发展的影响，实无法仅从格林身后留下的著述论起，而须从种种受格林影响开展的实践工作审视起。换句话说，当我们说格林的思想行动促成了英国社会自由主义的兴起时，我们并非只是在说在格林的影响下，英国社会出现了如霍布豪斯等重要学者或论著，而更是意指种种于19世纪和20世纪之交在英国蓬勃发展的社会实践活动对于英国自由主义者的影响。

（二）社会主义与工党

说到19、20世纪之交在英国蓬勃发展的社会实践活动对英国自由主义者的影响，我们不可不提的一项重要变化，便是工党的出现。英国工党的创立，有其漫长的发展历程。在格林生活的19世纪里，英国国会选举的投票权资格历经变革。自1832年的《改革法案》始，经1867年、1884年等多次改革后，英国全境约四成的人民才得以拥有投票权，可在各级议会选举代表，监督施政。如此，随着投票资格的逐渐放宽，越来越多的劳动阶级也变得能够参与选举，并可通过自身选出的代表影响政事。对于格林长久以来支持的自由党和自由主义者来说，劳动阶级代表便是他们交好的对象，以携手对抗托利保守党的政治势力。然而，随着劳动阶级出身的代表人数日益增加，他们与古典自由主义者和自由党人之间的矛盾，便也日渐明显。

---

① C. Gore, *Belief in God*, London：J. Murray, 1921, p. 9.

　　对于19、20世纪的劳动阶级来说,社会改革的急迫性往往远比个人自由来得重要。正因如此,由劳动阶级选出的代表多倾向支持国家政府透过政策立法介入社会的运作。1884年,也即格林逝世两年后,知名的英国社会主义团体费边社(Fabian Society)于伦敦创立。而在1889年,费边社即与部分进步派自由主义者合作,赢得了伦敦市议会多数,使得伦敦市议会成为英国首个亲社会主义者主导的议会。至于进步派自由主义者之所以愿与费边社合作,则主要是因为他们都认为社会改革必然需要以渐进的方式进行,而无法借一次性的革命完成。除了渐进改革这项共通点外,费边社和进步派自由主义者也共同认为,社会改革无法不仰赖国家的力量推行,这力量的运用须借人民的普遍参与监督。质言之,与费边社合作的进步派即背离了古典自由主义者信守的个体主义立场,转而重视国家借政策立法介入、改善社会的能力。甚而,随着他们对社会问题、社会改革的关注日渐提升,在这些支持国家介入的自由主义者之中,便有不少人最终舍弃了自由党人的身份,加入1900年成立的工党。如我们前述提到的戈尔便是一例。[1]

　　如此,在社会意识、社会改革要求日益强烈的社会处境里,格林对于社会平等、阶级差异等问题的重视,则偶然地成了促使部分自由党人倾靠工党的一项因素。举例而言,根据鲍桑葵的妻子海伦忆述,鲍桑葵正是在格林的影响下,于诸多政治社会议题上日益倾靠工党的立场。她说:"自从他受到格林的影响以来,他便一直是个先进的自由主义者(advanced liberal),并对工党的志向抱有深刻同感。"[2]此外,除了鲍桑葵的妻子海伦外,和鲍桑葵相识的费边社员韦伯(Beatrice Webb)夫人亦表示,据她观察,鲍桑葵似乎日渐倒向集体主义的国家干预立场,并转而为工党效忠。[3]　诚然,正如前面讨论谈到的,鲍桑葵乃是一个关注劳动阶级福祉、积极推动社会服务工作的人,

① Carter, *T. H. Green and the Development of Ethical Socialism*, p. 127.

② Helen Bosanquet, *Bernard Bosanquet: A Short Account of His Life*, London: Macmillan, 1924, p. 97.

③ Beatrice Webb, *The Diary of Beatrice Webb*, eds. N. and J. Mackenzie, Cambridge, Massachusetts: Harvard University Press, 1983, p. 114.

是故,其妻海伦和韦伯夫人会有此评论,似乎也不甚意外。此外,除了鲍桑葵和戈尔日渐倾靠工党的政治社会立场外,在格林的影响下,知名的帝国主义者霍尔顿、伦理社会主义者托尼等人最终也纷纷加入了工党的行列。质言之,在格林重视社群共善、关注弱势阶级福祉的济世情怀感染下,受其影响的学生似乎便与 20 世纪崛起的工党气味相投。

在此,必须一提的是,虽然格林的学生如鲍桑葵、霍尔顿等人,皆在其政治社会立场上日渐倾靠工党,但这并不代表他们便由此赞同了社会主义的全部主张。究其根本,这是因为格林的学生多和他一样,仍然认为良善福祉的实现最终乃是取决于个人自身的自由意志。举例而言,费边主义者的政治社会立场之所以和自由主义者及自由党人显著不同,即是因为他们认为,个人的良善福祉必须借国家统一规划、安排的社会福利政策与经济制度来落实。① 相较于此,诚如前述讨论指出的,格林虽重视社群共善、强调国家行动的重要性,但他却也认为这些伦理的、政治的规范都必须在个人转念、自发认可之后,才会从他律的状态转变成为个人自律的表现。质言之,个人深切期盼的幸福理想,乃是在主客合置的状态下,才可获得真正实现。如是,格林与其学生或许会认同工党的政治社会政策主张,但他们之所以会有此认同,则未必是以社会主义为其根基。

不过,格林和他的学生虽然在个人如何获致良善福祉的思辨课题上,或与社会主义者的见解不同,但正因他们在政治社会议题上采取的立场和看法相近,这些原本倾靠自由党的格林学生们,遂日渐向工党靠拢。1924 年,英国工党成立的第 25 年,工党党员麦克唐纳(Ramsay MacDonald, 1866—1937)出任首相,成为第一位工党出身的首相,而这意味着工党正逐渐成为自由党和保守党之外的第三大党。尔后,英国政府与内阁的组成更逐渐演变成为工党和保守党轮流主导的局面,换句话说,英国自由党日渐丧失了其领导社会前进的政治影响力。在此,自由党之所以式微,主要便是因为自由

① Denys Leighton, *The Greenian Moment: T. H. Green, Religion and Political Argument in Victoria Britain*, Exeter: Imprint Academic, 2004, pp. 293 - 299.

党人和自由主义者"在社会结构急剧改变、阶级意识日趋对立的时代中……游移于保守与激进势力之间,既不敢坚持传统价值的意义,又不敢大胆回应新兴阶级社会正义的要求"①。就此而言,格林虽然提出了他的道德与政治思想,并希望借此改造古典自由主义的种种信条,但他的努力最终仍未能促成自由党的改革。另一方面,当 20 世纪的欧洲接连爆发了两次世界大战后,格林借汲取德国观念论的思想资源而开展的公民哲学,则在战后一片检讨德国哲学文化的声浪里,备受新兴的自由主义者批判。

(三) 20 世纪的新兴自由主义

承上,就格林的思想行动对于英国自由主义发展的影响来说,其范围似乎仅及于 19 世纪末至 20 世纪初的英国公共知识分子之间。自 20 世纪初起,在英国知识分子之间逐渐产生了两种针对格林和英国观念论哲学的批判声音。首先,著名的英国伦理学者摩尔(G. E. Moore)自 1903 年发表《观念论驳议》("The Refutation of Idealism")一文后,陆续于 1925 年和 1939 年发表《为常识辩护》("A Defense of Common Sense")及《关于外在世界之证明》("A Proof of the External World")两篇文章,驳斥英国观念论的形而上学与知识论主张。依摩尔之见,当观念论者将世界与知识的基础置于主体的意识之上时,他们的论说倾向忽略主体以外的客观世界的真实性,而把主体的心理认知模式和提供主体经验的外在世界混淆了起来。进而,在《伦理学原理》(*Principia Ethica*)一书里,摩尔更直接抨击格林以形而上学为基础证立的伦理学主张,犯下了他所谓的"自然主义谬误"(naturalistic fallacy),即任何试图从自然事实或形上事实推导出规范原则的论说主张,基本上都犯下了休谟所谓的试图从实然通则推导出应然规范的谬误。② 据此,摩尔的抨击对象遂涵盖了以人的苦乐感受为基础论说的享乐主义,以及借形而上本体论述架构一套伦理学主张的格林观点;因为对他来说,这两类

---

① 江宜桦:《自由民主的理路》,新星出版社 2006 年版,第 156 页。
② G. E. Moore, *Principia Ethica*, Cambridge: Cambridge University Press, 1903, p. 139.

见解皆涉及某种从事实推导出应然规范的论证。不过,正如前述讨论所指出,形而上学与本体论乃是格林公民哲学的基础,因此,若我们舍弃或拒斥这些基础,我们当不仅无法接受格林的道德思想与伦理学,势必也将无法接受格林的政治论述。由是之故,对于接受摩尔批判的人们来说,格林的思想行动的论证效力遂备受质疑。

尔后,由摩尔开展的批判,伴随着罗素(Bertrand Russell)的推波助澜,一直延续到伯林、艾耶尔(A. J. Ayer)的时代。就后两位思想家所处年代来说,格林和英国观念论哲学在思辨(speculative)层次上带有的整体主义及集体主义色彩,则更为论者所诟病。就此而言,事实上,霍布豪斯在1918年便曾抨击鲍桑葵的国家理论与政治思想乃是直接承继黑格尔以其形而上学架构出来的国家至上主义论述,而他认为黑格尔和鲍桑葵论说的这套论述,乃是1914年至1918年欧洲战争爆发的元凶。① 就霍布豪斯的批判内容来说,他主要抨击的对象系属黑格尔和鲍桑葵,而未曾针对格林。只不过,由于他的批判直指英国观念论哲学一贯的论说方式,即以形而上学和本体论为基础开展体系性的道德与政治论述,他所提出的这套具有浓厚政治意识形态的批判视角,遂成为另一股拒斥英国观念论哲学之声浪得以出现的重要契机。此后,随着第二次世界大战的爆发,这股批判声浪甚至延续了数十年,最终使得格林的思想亦难逃遭受批判其或排拒的命运。正如我们在第三节谈到的,伯林对于格林的批判,基本上便是延续着此类抨击路线,进而担忧格林的论述有过于强调"真自由"的单一内涵之倾向,而有将个人的多元自由与发展压缩至依此单一自由观架构出来的共善国家里之疑虑。简言之,在20世纪反思、批判德国哲学文化的氛围影响下,当时诸多英美学者遂倾向于认为,格林及英国观念论哲学和促成国家主义、军国主义出现的德国哲学有着概念上的亲近性。

另一方面,就20世纪这股弥漫于英美社会里的反集体、反国家主义知

---

① L. T. Hobhouse, *The Metaphysical Theory of the State: A Criticism*, London: George Allen and Unwin, 1918, p. 20.

识倾向来说,著名的奥地利籍政治经济学家哈耶克(F. A. Hayek)即属于其中的一位代表性人物。以改造、复苏古典自由主义为其职志,哈耶克自1944 年出版《通往奴役之路》(*The Road to Serfdom*)后,接连出版了《个人主义与经济秩序》(*Individualism and Economic Order*)、《自由秩序原理》(*The Constitution of Liberty*)、《法律、立法与自由》(*Law, Legislation and Liberty*)等书,并以"自发性秩序"(spontaneous order)概念联通了亚当·斯密等早期自由主义政治经济学者之观点,重新表述了个人自由与市民社会之关系。而在哈耶克撰写的《个人主义与经济秩序》一书里,他即抨击将社会或国家看作是自成一体而独立自存之物,系属集体主义者的特色,并宣称此类理解乃是谬论。依哈耶克之见,社会必然是一个经人与人互动产生的生活方式,换句话说,社会无法在独立于个人的情况下自存。与此相应,哈耶克强调,真正的个人主义绝非一种原子式个体主义,而必然是以解释社会生活为其导向形构的个体论述。[1]　就此而言,若依哈耶克描述的个人与社会之关系来看,他的理解其实与格林相去不远;不过,就政府在个人与社会之关系里扮演的角色来说,他的界定则与格林大不相同。质言之,由于哈耶克理解的个人主义乃是从个人的行动模式来解释、分析社会生活运作样态的论述,是故,对他而言,社会的运作模式便该是以个人的认知行动为根本展开,而政府或国家都不应介入、干预以个人行动为本发展、运作的市民社会。即因如此,相对于格林主张社会正义必须通过国家、政府与人民的共同努力加以落实,哈耶克则认为,若此类主张涉及社会整体资源的重新分配,那么便不仅会对社会秩序的自发性运作造成破坏,更将容易助长国家政府以社会正义之名,行立法干预、限制个人行动之实的风气。[2]

　　从历史的角度来看,哈耶克提出的此番有关自由主义与个人主义的诠释,于20 世纪中后期乃逐渐成为影响道德、政治、经济、法律、社会及哲学研

---

[1]　哈耶克:《个人主义与经济秩序》,邓正来编译,生活·读书·新知三联书店 2012 年版,第6—7 页。

[2]　Friedrich Hayek, *Law, Legislation and Liberty*, Volume 2: *The Mirage of Social Justice*, Chicago: University of Chicago Press, 1976, pp. 62 - 69.

究的重要论述。而就哈耶克自身的政治主张来说,他一生皆以其提出的个人主义和自发性秩序观念为据,反对中央计划经济,并坚定支持自由市场经济。不过,以哈耶克为代表的新兴自由主义论述,虽然在两次世界大战后成为影响西方世界的重要学说主张,但是当 20 世纪 70、80 年代所谓"自由与社群之争"甚嚣尘上时,社会平等、社会正义等议题又再次成为英美自由主义者内部彼此争辩、交相诘问的对象;值此之际,格林独具一格的思想论述,则也再次成为研究者关注的对象。

　　总结而言,笔者所撰《托马斯·格林的公民哲学》一文,分别由格林的道德存有论和伦理政治论两大面向出发,基本呈现了他以社群共善为核心开展的伦理自由主义公民哲学之样貌。就第一部分的论证架构来说,其间涉及的主要课题是:在后基督教时代,维系英国固有社会风俗与政治秩序的良善价值渐失其规范效力,而人该如何自处的现代存有问题。为回应此项课题,格林具体论辩的对象乃是自洛克与休谟以来,渐于英国社会成其风潮的启蒙科学研究。依格林之见,此风潮发展至 19 世纪,除有边沁、密尔论述的功利主义为其承继者外,诸如斯宾瑟、路维斯等人采用科学研究方法论说之社会进化论及实证主义,亦为其相近思维影响下的产物。换言之,以理性、科学与实证经验三者共构产生的道德与政治思想主张风潮,以及后基督教时代伦理渐丧、个人生存意义渐失的存有问题,乃是格林的哲学思想首重回应之对象。而就其回应策略来说,格林首先破除了科学与实然通则可取代伦理学研究的迷思。在此,格林除指出个人作为道德行为者具有无法为科学和实然通则所概括之能力外,更从形而上学及本体论的角度表明,科学与实然通则的研究之所以可能的前提,当是人所具有的无法抽象概括之反思能力。以此反思能力为核心,格林遂进一步架构出他的意识理论与道德存有论。进而言之,反思能力作为人之为人的独特能力,虽是各种学科知识乃至道德规范得以形成、发展之前提,但此项能力具有的分化、区隔特性,却使人不仅易于陷入和外在他者相互对立的泥沼里,更使人落入了永恒的自我否定处境中。由此说来,虽然格林试图借人的自我反思能力来证立实然通则和应然规范的不同,进而重建道德思想与伦理学的规范价值与效力,但经其论证产生之延伸推论,却是关乎人类存在境况的消极陈述。

准此,为化解由其论证产生之存有疑难,格林遂援用了诸如康德、亚里士多德、圣保罗、黑格尔等人之论述主张为其思想资源,架构了一套以社群共善为核心的伦理自由主义公民哲学。此即,每个人作为一个具有自我反思能力的道德行为者,其通过自身意识与行动而和他人、社群、世界产生联结时,即可在此互动联结过程中逐渐形构自我认知,进而助其在这群体生活中寻求存在意义。换句话说,群体生活的出现不仅和个人难以独自在自然状态中生存之课题有关,更与个人何以寻得其自我安宅、追求其自我实现等存有处境相关。进而,鉴于个人的存在样态与群体生活密切相关,格林遂表示,使群体生活之为可能的种种共善概念,便是个人组建、参与、延续社群生命的关键。依格林之见,当众人经彼此互动逐步产生、创建各种社会组织与社会制度后,社群共善的内涵便可经此历程日渐明显,而可为众人辨识、反思之价值对象。如此,以社群共善为其论辩核心,格林对于个人自由的理解遂涉及两项规定。首先,就众人何以能够共享某种社群价值来说,格林强调,这是因为参与其中的每一个人皆能对等承认彼此的身份、能力和地位;换个方式来说,这便是指社群共善之为可能的前提,乃是众人之间的对等承认。然而,若个人的自我实现是以群体生活为前提,群体生活之为可能的前提则是共善概念,而共善概念之为可能的前提则是众人之间的对等承认,那么,个人自由的落实当是以人们之间的相互承认为其预设。其次,就众人为何需要以社群共善和相互承认为媒介,在群体生活中寻求自我价值这点来说,依格林之见,这便是因为个人的道德自由仅可能在群体生活中实现。格林指出,个人虽是经反思能力的运用而可认识自我与他者之别,进而发展其理想自我的认知,但若是个人在形成这些认知的过程中,未有投身社群、为共善牺牲奉献之经历,经人我互动产生之自我认知仍将是主观的。换句话说,对格林而言,若个人意欲实现其理想自我、落实其道德自由,个人便无法且不应将种种与其互动的外在他者,仅看作某种构成其自我内涵的中介要素而已;在作为自我构成的要素之外,外在他者作为与自身对等的道德行为者,其所欲追求实现的理想亦须成为个人设想其理想自我之生活状态时一并顾及的行动目标。同样地,对于那些外在他者来说,其作为对等的道德行为者,也必须在设想其理想自我时,顾及其他道德行为者意欲追求、实现的理想。而当个人能经主观自我、客观他者的交互辩证过程企及主客合置的调和状态时,其道德自由与存在价值遂可获得实现。

　　不过,由此衍生的课题则是:个人若必然是在社群之中为共善牺牲奉献,才得以企及主客合置的状态、落实其道德自由,那政治生活的存在意义似乎便无法如古典自由主义信守的那般,仅需消极保障个人的自由权利不受外在干涉。依格林之见,以相互承认为前提结成社群、追求自我实现的人们既须维持、增进共善的落实,在他们之间自然会进一步产生各种社会体制,以确保种种共善价值不会因内部或外部的力量干预而沦丧。质言之,为确保每个人都可在群体生活中为了共善贡献己力,某种具有抵御内外之敌的主权力量便将逐渐于群体生活中,经种种社会体制、社会规范的建立而显现,并由此为每个人的自由能力提供权利保障。不过,正因为国家主权、自由权利等政治社会体制系以确保每个人都可为了共善贡献己力为目标创设,是故,向每个人提供基本而平等的自我实现条件与机会,并借各项政策立法有效分配社会资源,遂为格林论说的伦理自由主义思想与古典自由主义政治思想至为不同之所在。进而言之,由于格林认为国家的构成涵盖了政府、各类社会组织乃至全体人民,就国家作为一套政治社会体制有为每个人提供实现自我的平等机会的职责这一点来说,善尽此项职责即不仅为政府所应独揽之工作,也同为各类社会组织与全体人民所应致力参与、促成之目标。就此而言,无论是国家主权或个人自由权利的行使,还是为善尽社会本分与职责所从事之种种行动,究其根本,皆为个人在群体生活中何以能够辨识共善、为共善贡献己力,进而达致主客合置状态的必要环节。

　　如此,以种种政治社会行动为个人实现自我、寻得自我安宅的必要经历,格林遂给予了主权一项至为独特却关键的定义,此即:主权作为国家享有的权利,乃是经社会公众承认而被认可对共善有所帮助的能力。在此,正因主权是经社会公众承认,并是依社会公众共同接受之社群价值为准获得此项承认,国家主权的构成与运作遂因此是社会公众作为积极参与公共事务之公民,借以规训自我转念向善之媒介。换个角度来说,主权作为全体公民自我规训的一项政治社会机制,不是已然处于自律状态之个人的自我决定能力的具体展现,反之,主权作为公民自我规训的机制,乃是个人得以借此朝向自律个人状态迈进之必要条件。进一步来说,正因格林认为国家主权、自由权利、公民责任,或说政治生活本身,具有此项借规训以助个人朝自我实现理想迈进之面向,对格林而言,政治遂不仅是某种个人或社会借以达成其特定目的所造之工具,而且是与人的存在处境、伦理生活紧密相关之活动场域。

最后,通过阐述格林是如何借其形而上学、本体论、伦理学和政治哲学论述架构出一套公民哲学,本文另也述及了格林的理论思想及其实践行动之关联,从中我们即可看到格林是如何在其公民实践的生活历程中逐渐发现,为改革社会不平等、阶级差异等社会问题,我们当须率先革新理论。不过,正因格林的公民哲学有其独特的现实意识与所欲回应的时代课题,其思想洞见遂易于因时代变迁而被忽略;此忽略诚乃西方学界犯下之大误。正如此前概述指出的,格林意在回应的首要议题乃是关乎后基督教时代人类的生存处境之课题;以此课题为出发点,格林最终开展的公民哲学,不仅是一套有别于古典自由主义而以社群共善为核心架构形成的伦理自由主义论述,更触及了政治生活的存有论意义之讨论。就此而言,若说格林的公民哲学于今日尚有何种讨论价值,其关键便在于他的论说呈现了一种重视整体主义而非原子主义、重视社会平等而非放任自由、重视公民责任而非个人利益、重视个人的精神生活而非物欲之倾向,从而有助于我们从社群和个人的根本构成关系上,重新理解政治生活与伦理生活之联结的可能性。

资料

未完之国家哲学初稿[*]

张君劢 著

陈 立^{**} 整理

未完之国家哲学初稿（一）^{***}

　　两年前在广州国民大学担任演讲政治学，尝编《国家哲学》诸稿，仅得十章。胸中规模虽具，全书未告竣。兹视为该书之麟爪，以实《再生》篇幅。我之志愿，在关门两三年以成一部今日中国观点下之国家哲学，独苦于人世之纷纭，未能如愿以偿，兹发表以往之旧稿，俟之他日，再鼓勇另写一书耳。

廿六年四月君劢识

---

* 本文由原文共 5 篇合成。原文中的中文部分，涉及古文错误，整理者采页下注。涉及英文部分，若单词拼写大小写不一，整理者均在正文统一改正；若作者原英文单词拼写错误，整理者采页下注；近人与今人对外国学者译名不同，整理者保留作者原译名，比如今人译"卢梭"，近人（作者）译"卢骚"。另特需注明，由于作者原文行文中对同一外国学者也未统一译名，比如 Hobbes，作者既译为"霍布斯"，也译为"霍布士"等，Plato、Marx等亦如此，因而整理者均保留作者原文，非整理者误。原文中的标点符号参照现今用法进行了一些修改。

** 陈立，台湾政治大学政治学系博士生，研究领域：西方政治思想、中国近代政治思想史。

*** 原题为《未完之国家哲学初稿》，因作者在后续出的 4 篇《未完之国家哲学初稿》，篇名添加（二）、（三）、（四）、（五），为编排方便，故本文整理者将该篇题目改为《未完之国家哲学初稿（一）》。

第一讲　绪论

东西政治思想之异同,可以一语别之:曰东方无国家团体观念而西方有国家团体观念是矣。惟以团体观念为本,然后知国家之为一体,其全体之表示曰总意,全团体号令所自出曰主权,更有政权活动之方式曰政体,与夫本于团体目的之施为曰行政,反之,其无团体观念者,但知有国中之各种因素,如所谓土地、人民、政治,所谓君君臣臣、父父子子是矣。东方惟无团体观念,故数千年来儒、道、法、墨各家政治思想之内容,不外二点:曰治术,所以治民之方术也;曰行政,兵刑、铨选、赋税之条件而已。

儒家好言德治,孔子曰:"为政以德,譬如北辰,居其所而众星拱之。"又曰:"其身正,不令而行;其身不正,虽令不从。""苟正其身矣,于从政治乎何有? 不能正其身,如正人何?"

此但言乎治人者有正身修心之必要,而治人者所属之团体,则未之及也。孔子曰:"道之以政,齐之以刑,民免而无耻,道之以德,齐之以礼,有耻且格。"此亦言乎治国者应舍刑法而重道德,与希腊政治思想中注重伦理者,未为不合,然希腊之所谓伦理,则团体自身之伦理也,非君主一人之尚德或尚刑也。

孟子最认人民在一国中之重要,故曰:"民为贵,社稷次之,君为轻。"孟子对于害民之君,则不认之为君,而认之为独夫,故曰:"贼仁者为①之贼,贼义者谓之残,残贼之人谓之一夫,闻诛一夫②矣,未闻弑君也。"至于《礼运篇》"大道之行也,天下为公"等语,其所谓公者,充其量不过欧洲之所谓 Public Welfare,不得谓为此"公"字涵有团体之意义也。

道家主张无为政治,其言曰:"我无为而民自化,我好静而民自正,我无事而民自富,我无欲而民自朴。"道家既重自然而反对人为,故对于知识之进步,认为非人类之福,其言曰:"古之善为道者,非以明民,将以愚之,民之

---

① 整理者根据现今通行的《孟子》,此处应为"谓"。本文所有涉及中国哲学的原文,均参照"中国哲学书电子化计划"(https://ctext.org/zh)。

② 据今《孟子》通行本,此处应加"纣"字。

难治,以其智多,故以智治国,国之贼,不以智治国,国之福。"又曰:"绝圣弃智,民利百倍,绝仁绝义,民复孝慈,绝巧弃利,盗贼无有。"道家之根本观念在法自然,以"在宥天下"为宗旨,所谓"正",所谓"治",本非其所乐闻,与西方之所谓放任政策相合,而更过之矣。

墨家之尚贤与儒家之言必称尧舜,与"选贤与能"出于同一精神,独其所谓"尚同",与西方 Community 之意,或有相似之处,但其结论,则归于"选择贤者",恐亦不得与西方所谓 Community 相提并论。试举墨子言如下:"古者天之始生民,未有正长也,百姓为人。若苟百姓为人,是一人一义,十人十义,百人百义,千人千义,逮至人之众不可胜计也。则其所谓义者,亦不可胜计,此皆是其义,而非人之义。是以厚者有斗,而薄者有争,是故天下之欲同一天下之义也,故选择贤者,立为天子。"又曰:"国君亦为发宪布令于国之众曰:若见爱利国者,必以告。若见恶贼国者,①必以告。若见爱利国以告者,亦犹爱利国者也。上得且赏之,众闻则誉之,若见恶贼国不以告者,亦犹恶贼国者也。上得且罚之,众闻则非之。是以徧②若国之人,皆欲得其长上之赏誉,避其毁罚,是以民见善者言之,见不善者言之。国君得善人而赏之,得暴人而罚之。善人赏而暴人罚,则国必治矣③。"

依以上两段观之,本于"同"之义,而选择贤者,本于国人所谓爱利者与恶贼者而加以赏罚,是乃今日之所谓民意与舆论,依卢梭之名词言之,是所谓 Will of All,非 General Will,是各个人全部之意,非总意也④。

法家之注重法律,与近代国家中法治主义,最相吻合,管子曰:"不法法,则事无常,法不法,则令不行,令⑤不行,则令不法也。"又曰:"使民众为己用奈何? 曰:法立令行,则民之用者众矣。法不立,令不行,则民之用者寡

---

① 据今《墨子》通行本,此处应加"亦"字。
② 据今《墨子》通行本,此处应为"遍"字。
③ 据今《墨子》通行本,此处应删"矣"字。
④ 据今人理解,此处应翻译为"公意","总意"反而也为"各个人全部之意",即今日所谓"众意"。
⑤ 据今《管子》通行本,此处应加"而"字。

矣。故法之所立,令之所行者多,而所废者寡,则民不诽议,[1]则听从矣。法之所立,令之所行,与其所废者钧,则国无常经;国无常经,则妄行矣。法之所立,令之所行者寡,而所废者多,则民不听;民不听,则暴人起而奸邪作矣。"商君曰:"世之为治者,多释法而任私议,此国之所以乱也。"又曰:"是故先生知自议私誉[2]之不可任也,故立法明分。中程者赏之,毁公者诛之,赏诛之法,不失其议[3],故民不争。""故明主慎法制。言不中法者,不听也;行不中法者,不高也;事不中法者,不为也。言中法则辩之,行中法则高之,事中法则为之;故国治而地广,兵强而主尊,此治之至也。人君者不可不察也。"

管子、商君等但知法律之当严守而已,至于法律与人民意志之关系如何,制定法律之权应属于何人,法律应代表全体之意志,皆非彼等所见及也。

我辈执西方学者之言论,以评儒、道、墨、法四系之主张,初非有□[4]薄先人之意,不过思想上有此大不同之点,因而影响东西两方之政治,故不可不抉而出之。

自秦以后,君主专制政体确立,朝野所讨论者,更不外行政之制度曰田赋,曰考试,曰兵制,曰封建,试举《通典》《通考》等书而考之,皆不外此。一民族之中,其本体曰国家,其活动曰政治,因政治之目的而有所施设,是曰行政。秦以后之中国,但有行政制度之讨论,无所谓政治、更无所谓国家。

一国人民之政治思想,不从国家本体着眼,不从主权行使之方式着眼,虽谓其国中绝无政治思想可也。

反而观之,欧洲希腊与夫近代各国,其政治学之重心,厥在以国家为团体,以国家为道德的团体。人类不能一日而离团体,离团体则物质上无以生活,道德上无以立己立人。希腊之所谓团体,即各人所隶属之国家也。亚历斯多德曰:国家先个人而存在;又曰:人类者,政治的动物。皆言乎人类不能

---

① 据今《管子》通行本,此处应加"民不诽议"。
② 据今《管子》通行本,此处应为"自议誉私"。
③ 据今《管子》通行本,此处应为"义"字。
④ 原文此处印刷不清,无法辨别。下同。

一日离国家也。国也者,积民而后成,然所谓民,非乱石之堆积,非泥沙之散布,其间有互相维系之关系,犹之一人之身,手自手,足自足,头目自头目,则不成为人,必合手足头目而成为运动自如之一体,而国之所以不可不成为一体或曰有机体者,即以此也。国之所以为国,非徒曰各人之饱食暖衣已焉,其间有公善之追求 Pursuit of Common Good。曰治安之维持,曰文化之发展,曰国民生活之改善,曰国家对外之生死存亡,此皆可谓公善,而当有以实现之者,故亚氏曰:国家者,人类求公善实现之组织也。柏拉图更考求国家所以实现此善之法,在以公道为精神,其所谓公道,即各人应于其地位而尽其应尽之职责,即一国之内,有治者,有兵,有农,有工商,此等等人,各具真知,各具专长而不忘其应尽之职责,则国家治矣。若是,国家庶几为道德的团体。

迄于近代,社会公约(Social Contract)之说昌,国家之为人民公共团体之理因以大明,由此而释之,则有卢梭之总意说,以立国之真基础,更有黑格尔之客观精神说,以明国家与其制度,皆为人种在同一地域上精神之实现,虽二氏之说,难者蜂起,然国家为一体(Unity)之义,则欧洲各国不独公认,固已现之于事实,若法律上之人民主权说,若国会为民意之机关,若战时国民采对外一致之态度,非所谓"一体"精神之至显者乎? 国家之为性,其在对外之日,无所谓道德,诚哉然矣。然一国以内人民在法律前之平等,人人有生活之权利。人人求智识而受教育,以养老金制,予人民以老年退居安息之乐,以征兵制平等各人执干戈而卫社会之义务,盖亦可谓合于善字之义者矣。

国人或有解民族之义,视之与国家同,以为了解民族之意义,同时即了解国家之意义,而实误矣。民族者,同言语,同历史,同风俗之人种而已,学者名之曰自然概念,其地位与领土之为地理的因素等。国家云者,发号施令之主体,因其政策而能生死人民,故德人名之曰价值概念,意谓道德上善恶是非之标准存乎其中也。民族之所以能对外有力者,以其为国家之故,若但有民族而无国家之组织,虽有林林总总者同处于一隅,然亦无对外争存之能力如吾国今日是也。故民族之义,固为国人所不可忘,然苟不能以民族二字与国家相连续,以成所谓"民族的国家",则所谓买椟而遗珠,但存其外壳而失其至宝矣。读者既明此二者之异同,则三义相缘以生:(一)国家之存在理由(Raison D'etre)在一切之上;(二)个人利益应因国家之利益而牺牲;(三)国难之日,以举一致之态度对外,不得逞私人意气之争。惟如是,国家团体之观念,俨如道德上之规律,为国人所当共守者矣。

惟欧洲之政治以国家团体说为出发点,故有所谓国家本体说、国家目的说,乃至议会之制、各人根本权利之说、政府官吏为国家之公仆而不应自居于主人云云,皆此种学说之效果也。惟吾无此种学说,数千年来以国家为力争经营之具,以国家为君主之私产。项羽曰:彼可取而代焉;高祖曰:仲之所就,孰与某多。皆不以国为团体之环境中所产而出者也。国家既非团体,为英雄豪杰者,尤便于操纵,人民之品质,虽日令其堕落而不加爱惜,曹操下令国中,求不忠不孝之人才,唐太宗视考试之制,则曰天下英雄皆入彀中,彼等心目中,岂尝计及国民之品质可以影响于国家之存亡者哉?乃至国家对外之日,个人意气之争持,重于外患之应付,亦为此种学说中只知有个人之流毒,有以致之。若是乎今日东西政治之优劣,惟以团体说之有无为关键,诚非过甚其辞之言矣。

吾人以三四千年来吾国之国家观念,与欧洲今日互为比较,则两方之差别,尤为显著,试表而列之:

历史上吾族之国家观念	欧洲之近代国家观念
(一)吾国尚未脱中世纪之天下观念,或曰世界观念,其所以搏成一国者,除汉族因夷夏之界而稍具有自觉性外,蒙藏等皆由历史之因袭而来。	(一)欧洲之近代国家,以民族为本位,以同言语、同风俗、同历史之民族成为一国,其有属地之国家,则属地另为一单位。
(二)政体为专制君主,主权在君主一人之手中,领土主权视同君主私产。	(二)近代国家之主权,为宪法所限定,有为民主国,有为君主立宪,有主权属于人民全体之规定。
(三)立法、司法、行政三权,同属于行政机关。	(三)立法、司法、行政分属于三机关。

（续表）

历史上吾族之国家观念	欧洲之近代国家观念
（四）行政权力不集中，故无所谓真正之统一，其影响于国防者尤大。	（四）近代国家为民族之组织，故保持中央权力之统一。
（五）君主平定天下后，分封同姓异姓，故封建遗迹，至今犹有存者。	（五）欧洲虽亦存封建之迹象，然近三百年经君主专制之阶段后，已成为民族的统一国家。
（六）吾国数千年立于君主专制政体下，故无所谓个人自由，或曰人民之权利。	（六）近代国家确认各阶级中各个人之根本权力。
（七）惟其不承认个人之权利，故公法与私法混而为一，即民事案中原被告同受刑讯。	（七）近代国家公法私法完全划分，公法所以限制为家，私法规定个人之事。
（八）以君主之喜怒为法律，无有宪法，故称曰德治国。	（八）近代国家之统治，以立法为法律之源，且为法治国。
（九）所以统治之方，听君主大臣之意思冲动，并兼重成例。	（九）所以统治之方，出于自觉性，其行动侧①量理性。
（十）社会组织之基础为家族，且有所为②连坐法。	（十）西方以个人为本位，各个人自负其责。
（十一）教育委之于士大夫之手。	（十一）教育为国家之职掌，以强迫教育施之于全国人民。
（十二）吾国古代之国家观念，合道德、法律、政治、学术于一体，故有所谓名教罪、文字狱、教匪案。	（十二）近代国家之行动，在一定范围以内，以法律与政治为限，不涉及宗教与学术。
（十三）吾国虽无宗教，然教权操于君主，故可以得罪名教罚人民。	（十三）神道设教之制，与国家无涉，以国家专管人事，不管宗教。
（十四）中国对于外族，名之曰夷狄，向不认识外族之团体性。	（十四）欧洲各国对内之民族性固发展，同时认外族为平等之国，故有所谓国际法与国际关系。

---

① 原文中是"侧"。
② 原文中是"为"。

未完之国家哲学初稿（二）：
科学派之国家观与哲学派之国家观

　　蒲徕士氏，英之学者而政治家也，以深知美情而为英之驻美公使。其名著二，曰《美国共和政治》（*The American Common Wealth*），曰《现代民主政治》（*Modern Democracies*），蒲氏以纪实（accuracy）之方法，研究政治，直欲推进政治学使得列于科学之林。然其《近代民主政治》①有语曰："关于外面自然界之研究，与关于人事之研究，其间有根本异点，即两方'所观察之事实'之性质各异是也。化学家、物理学家所见之现象，乃至生物学中之大部分，可以说无地而不同，无时而不同。欧洲之养②气硫磺与澳洲之养气硫磺，乃至雪罗斯之养气硫磺，绝无异同可言。独至政治现象如所谓选举者，不独两国之选举互异，即同一国中之选举，二十年前二十年后，亦各不同。故瑞士之选举与阿根廷之选举，其名同而现象则异，瑞士二百年前之选举与今日之选举异，阿根廷二十年前之选举，亦与今日之选举异。化学家所应付之物质，可称可量，而人类之情感与行动不能称，不能量。物理学中之试验，可以一试再试，至于得其最后结果而止，至于政治上所谓试验，决不能加以一试再试，以两次中之情形，不能完全相同，即希腊哲人海兰克立都司（Heraclitus）有语云，抽足再入，已非前水故也。将于物理界现象，可以预测其变化而正确，至于政治上之预测，至多得其或然性。政治学范围内之理论，所以往往为空泛与疑惑所环绕者，非政治学者于其考定事实之际，漫不经意，实以其对于所目击之事实，别有感触故也，关于政治学，即令搜集材料甚多且精，然欲期政治成为科学，犹如化学、植物学之成为科学，不可得矣。"

　　如上所言，可知人事及自然界之异同，亦可知关于人事之政治及关于自然界之物理学、生物学与化学之异同。盖人者，活动者也，有心灵者也。甲

---

① 　根据上文，此书应为《现代民主政治》，此处疑似作者笔误。
② 　原文中是"养"，下同。

有甲之活动与心灵,乙有乙之活动与心灵,百千万亿兆之人,又各有其百千万亿兆人之心灵与活动。政治学或历史学,或社会学,或法律学,即从此百千万亿兆人之活动心灵中,而求其共同之现象、共同之原则,其不能与化学中之轻①气养气,物理中之运动速率等量齐观,有断然矣。人类之所以为人类,在其心灵,甲因某事而盛怒,乙因某事而淡然,甲断某事之将成,乙断某事之将败,甲以某为贤,乙以某为不肖,此之谓情感,与化学家之绝不因其为养气而爱之,因其为炭气而恶之者,又大异矣。同一制度,施之甲群而适,施之乙群而不适;同一学说,施之甲群而得正果,施之乙群而得负果;同一运动,甲群中出之以真挚,乙群中行之以轻躁。此则以各群之中,各有其所谓历史、风俗、心理与宗教信仰之故,而所以反应之者,亦因之而异。社会现象之研究,所以不敌自然现象之研究之进步者,其原因在此。

自有人类,即有政治。所谓政治,或为帝王之治人,而有其政令之设施,或为人民之反抗,而有所谓革命,大抵一二英雄好汉,本其意思冲动,以发号施令,以攘臂一呼,绝无所谓以科学方法施之于政治者。近数百年来,自然科学既日新月异,或探天界之旷远,或穷生物之幽微,或本于物理学而有大工程之建筑,或本化电诸学而有利器之发明,其有造于人类也如是,于是有欲推而广之于人类社会者,乃欲以科学方法,如所谓观察、试验、归纳、演绎者,以施于社会,希冀人类现象,苟亦可以自然律从而驾驭之,则人事之处置,可去各人之主观,而代之以客观,或者人类之进步,较之以往二千余年,更为捷速而合理,此盖社会理论家之希望,亦实行的政治家所同欲者也。

居今日而言政治,盖有二派。其一为科学派,欲以自然科学方法行之于政治,自马几维里(Machivelli)以下,逮于霍布士(Hobbes)、孔德(Comte)、马克思(Marx)与英美主张收集事实之人是也。其二为哲学派,此派以为人类有意志,有理性,所以解决社会与政治问题者,常以道德为标准,以目的论为方法,自柏剌图开其端,而后来德之黑格尔(Hegel)、菲希德(Fichte),与夫

---

① 原文中是"轻"。

英国之格里恩(Green)、濮山圭(Bosanquent①),皆承此传授之衣钵者也。

甲、科学派

科学派认为对于宇宙事物,应以观察、试验之法,求其前因与后果间必然之关系,是曰自然律。此法初试之于天文、力学,继行之于动植物,而皆大收其效。其屡试而尚未成功者,为社会学,为政治学。当思想家中认为社会学与政治学中自有同样公例可求者,不乏其人。兹举三派之言,以代表之:

第一,实证主义者孔德氏。孔德氏生于十九世纪初期,受其师圣西门之教,创所谓实证哲学(Positive Philosophy),其意以为昔日人类之求知,上溯之于神与不可知之原因(Cause)或目的,是名神学时代与形上学时代,今日以后所当致力者,对于经验界之事实,本观察之所得,求其前后相关联之关系,即所谓自然公例,故实证云者,即客观的现象之恒常关系之谓也。兹举孔氏实证哲学中论三时代划分之语:

(一)神学时代,人类所求者,厥在事物之最初与最终原因,或曰绝对知识(Absolute Knowledge),以为一切现象,皆由神之直接行动而来。

(二)形上学时代,视第一期稍异,去神而代之以抽象的力(Abstract Force)与事物内部之真体(Veritable Entities)且以为现象所以生者,即由于此。

(三)最后乃达至实证时代,人类放弃所谓绝对概念(Absolute Notions),所谓宇宙之源始以及所谓现象之原因,而但求现象之公例,换言之,即现象相继相似之不变的关系。推理与观察,为此时代求知之二方法。

孔氏为人类一切智识,皆经过前两期而进于最后一期,天文学之由星占术蜕变而来,化学由点金术转变而来,是其证也。天文理化,今已进于实证,独人类社会学尚未能进而为社会的物理学(Social Physics)实恨事也。孔氏

---

① "濮山圭"应该是指"鲍桑葵",而鲍桑葵的英文名应是 Basanquet,原文中写成了 Basanquent,下同。

乃建立一科学系属表(Hierarchy of Sciences)。以数学列第一,累进而为天文、物理、化学、生物,所以列此序者,视其科学性质之繁简,简者先而繁者后,繁者以简者为基础,社会学之内容,既以前五者为本,而复杂之性又过之,此其成立所以独后也。社会学(Sociology)之名,孔氏所创,世目孔氏为社会学之开山祖,以其心力所集注者在此也。

孔氏本此实证哲学之原则,以施之政治。其意谓政治与其他人类行动同,亦经过上列三时期:第一,神学时期,以神学或帝王为之主,各人从而服从之,如原始部落之君主制、犹太人之神权政治、中世纪之教王,乃至后来之主张神权说者属之。第二,为形而上学时期,此时期之擅断性与第一期同,所异者,为之主者非神,非"超自然之人"(a non-natural man)而为抽象观念,如所谓权利,所谓自然。此形上学的概念,虽去合理的说明尚远,然所以破坏既往,而为科学发展之张本。至于实证时期,去前二期之擅断马逞臆,而代之以严格观察,去最后目的说与天赋权利说,而代之以经验,但求政治现象中自然公例之运行而已。孔氏尝谓其实证哲学有四大效用:(一) 发见人类智识进步之原则,(二) 知各科学之互相联系,可以本此而革新教育,(三) 知各科学之相关联,可以促进各科学之进步,(四) 最后更有一大目的,是为社会改造。盖孔氏本科学公例期揩社会立于强固不拔之基,庶几由纷乱而返于常轨。

第二,革命社会主义者,马克斯氏。孔德氏欲以社会学公例,改造社会,以图国家之安宁。马克斯氏,与之相反,彼以为本诸历史的社会的及经济的变迁之趋势,可以预测今后之社会革命。其学说关于历史者,曰惟[①]物史观,曰阶级斗争;关于经济者曰剩余价值。彼以为社会改革与政治革命,当求其原因于经济状态,而今日资本之集中,已形成劳资两方之对峙,是即他日资本主义崩溃之大因,亦即彼所认为社会革命之公式也。马克斯学说概括于"科学社会主义"一名之下,其措辞好用"必然"(Necessity)与"法定"(Determine)字样,皆科学家之术语也。兹举马氏及其同志恩格斯之言数

---

① 　原文中是"惟",下同。

节,恩氏曰:"历史中之事情,表面上似乎偶然所支配,表面上似偶然有其用武之地,实则内部有隐然之公例以管辖之。"又曰:"历史的行历(Historical Process)虽为此种种因素之相互的影响之演变,而在无穷次偶值之事情中,惟有经济的活动以必然性之方式,宰割一切。"所谓经济的动作支配一切云云,更可以马氏之言说明之:"生产关系之总和,造成社会之经济的组织,此为实在的基础,在此基础上,产生法律的政治的上层构造,更有社会上种种意识之方式(即学术宗教等)与此基础相应合。此物质品之生产方法,制约政治的、社会的、精神的生活。非人类之意识决定人类之生存,乃人类之社会的生存,决定人类之意识。人类发展之某阶段中,此物质的生产力,与其现存之生产关系,或以法律术语名之,与其财产关系,发生冲突,此生产关系,原为发展之方式,乃一变而为发展之桎梏,于是社会革命之期至矣。"此即马克斯之惟物史观与其所以预测社会革命将届之公式也。曰决定,曰制约,皆所以明历史之具有必然性,且所以证其社会主义为科学的。俄之濮兰哈诺夫当解释之曰:"科学的社会主义之特点,今已完全明白。其鼓之人,初不以一种希望为满足,曰社会主义之理想能吸引人之同情而终归胜利已焉,而在乎得其确实性(Certainty)。此同情之吸引,乃必然的社会行历(a necessary social process)也。此确实性之来源,由于现代经济关系,及此关系之发展之分析中得之。"

孔氏、马氏之言,俱非真科学。一为社会史观,一为惟物史观,名科学而实为哲学,独二氏之立场为现实,为经济,且彼等既托名于科学,故亦以"科学派"名之。

第三,搜集事实之政治学者。以上孔氏、马氏立言与方法,虽近于科学家,实则本其一隅之见,以解释全部宇宙现象。其真能以事实为主,而不作武断的推论者,如蒲徕士者,庶几近之。蒲氏之言曰:"处二十世纪,有一广大之区域于吾辈之前,即新国家之产生与老国家之蜕变。此区域内之研究者,实有增加之必要。关于人群之政治心理,关于群众行为,关于野心与贪墨之表现方式,历史家、道德家论之已详,无须再述。至于制度与法律之运用、自由与秩序保障之最良方法,与夫柄权者之选出,此等等者,宜就各国所已行者之或良或□而研究之。质言之，吾人所需者，事实而已①。故应大声疾呼曰："事实！事实！事实！盖事实既备，任何人能加以推理。"

欧洲现代之政治学者，重视事实如此，故公私方面均设调查机关，如所谓政制调查所（Governmental Reserch Bureau）、市政调查所（Municipal Reserch Bureau），与夫社会方面及乡村方面之试验所（Experimental Station），犹物理化学之实验室也。美国卡德林氏（Catlin）著《政治之科学与方法》一书中，亦有语曰："为免除傲慢、速断、偏见之弊……不特需要民主的监督机关，且应设公私两方之调查事实之机关。此乃社会治疗之不可缺之条件，亦即今日负文化重责之社会之自致于健康之希望所系也。今日政治界曰狄克推多与民主之争，曰纯粹之专家政治与工器政治（The Instrumental State）（即舍古伦理观念，而但以工善其事之观念治国家之谓也）之争，其关键所系，不外一事，曰绝对权力是否为达科学的管理之目的计所必须付之代价，或曰在现代国中运用政治，是否需要最后之决定权，与工商界之管理等事。""如上所言，原非为学者或专家自居于旁观者作辩护人……要知放弃公平的调查与斟酌的判断，乃养成人类自欺或虚伪之恶习，犯此习者，对于不愉快之事，充耳而不闻，对于日变之世界中层出之问题，不为之求解决之法。此类自欺之习，自以为已得一切难题之解决法，实则与世界中真因果真事情相去益远，及至一旦危机发生，事实世界跳跃而出，梦想世界为之惊破，而社会中人乃彷徨失措，欲求所以安立之地而不可得。"

蒲氏、卡氏之言，虽不能使政治学自跻于真正科学之林，然搜集材料之说，有益于人群，因此而免于政治上入主出奴之见，而养成科学家之态度，其功不可没焉。

乙、哲学派

依上所言，宜乎科学派之国家观可以解决政治上之难题矣。而自古代迄于今日，哲学家之国家观，犹为吾人所不可缺者，其故何在哉？国家者，宇宙现象之一也。宇宙间之事物，有种种观察之法，有自科学以观之者，有自

---

① 着重号为原文中所加。

哲学以观之者。自然界之现象,既因科学家之研究而日趋于确实,然犹少不了哲学中宇宙之为机械体,抑为有机体之辨,宇宙之变迁,有无目的以支配之之争,宇宙演变有无进步之讨论。则国家之为□,介于自然与人事之间,有善恶是非之念,参乎其间者,其不能纯以事实的说明为已尽国家论之能事,显然矣。国家之哲学的讨论,其动机有四:

一、哲学的动机

哲学之所以异于科学者,在乎其全体观(Synoptic View)。伸言之,科学家所注重在其分,哲学家之所重在其合。哲学家之穷究事物也。对于题材之本身、题材之全部意义、题材在宇宙中之位置如何,皆从而讨论之。科学家既取自然界而分之为天文、地理、理化、动植、人生诸科,然自然界之本身,其为机械乎,其为有机体乎,是为科学家之所不论,而哲学独起而任之,不徒以之为分拆之材料,更视其自身为瞻仰,为摸索中之一体。此所谓题材之本身(for its own sake)也。科学家分自然界为天文、地理、理化、动植、人生诸科,其中有为因果律所支配,有不为因果律所支配者,合而言之,因果与自由之关系如何,机械论与目的论之关系如何,必如此乃可以穷尽宇宙之全部意义(Full Significance)。自然界之横于吾人官觉之前,固事实也,其中有为物质,有为生命,有为意识,此三者之先后如何,孰为主,孰为客,此即题材在宇宙中位置如何之问题也。哲学家与科学家工作之异点如此,以此而推之政治,亦复如是。政治学承认国家之造成为一种事实,进而研究之,曰国体如何,曰政体如何,曰政府机关如何,曰人民与政府之关系如何,至于国家之为机械体乎,有机体乎,理性之支配几何,强力之支配几何,其为人类进化之最终点乎,抑为进于大同之一阶段乎,不徒一国家为分析之对象,更视为可歌可泣中之一体,若此者,皆寻常政治学教科书所不见,而且待于国家哲学之讨论,此之谓哲学的动机。

二、道德的动机

国者,人类所造成,而人类心目中有其善恶是非之辨,以西方哲学家之言名之,曰价值判断(Value-Judgement)。横暴也,贪暴也,以百姓为刍狗也,人名之曰恶;慈祥也,廉洁也,以百姓为人类也,人名之曰善。盖政治论之不能一日而离道德价值之判断,显然矣。希腊时代视政治与伦理合而为一,故柏剌图之《共和国》,以公道为国家之基本特色,亚历斯大德之《伦理学》与《政治学》,虽分两部而实为一书,皆由道德与政治合一之观念来也。柏氏与亚氏之论国家曰国家者,所以实现最善生活,又曰,国家者,人类所以追求公善之组织。既以善生活为出发点,乃求所以实现于国家者,于是柏剌图 Republic 之著作中,以各人本其专精之智识,尽其应尽之职为本义,而提出其理想国之方案。亚氏之方法,虽重历史,重现实,与柏氏之以理想为目标者异,然其以"善"为国家之最要成分一也。自是以来,或仿柏氏而为乌托邦式之论著,或就现状而要求政治改良、社会改良,或主张社会革命、政治革命之说,何一非道德的动机有以驱使之。而自学术方面言之,文艺复兴以来,欲使政治学说脱离道德的动机者,岂无其人,然学者中至今不满其所为,而别以道德观念补充之者,如德之黑格尔(Hegel)、英之濮山圭(Bosanquent)、美之霍金(Hocking)、德之温德(M. Wundt)皆是也。政治学以事实为起点,但有说明而无要求,国家哲学以善恶为起点,乃有改进方案,如是,善恶观念一日存在,即国家哲学一日不能消灭。

三、教育的动机

人类之性质,一成而不易乎,抑可导之而为善乎? 政治学者但曰国家之因素如何,国家之机关如何,但求其如是(as it is)方面立言,而于所以改善之道,则未之及,盖彼等于人类性质之化成,初不注意故焉。孔子之言曰:道之以德,齐之有礼,有耻且格;荀子之言曰:君者,槃也,槃圆而水圆,君者,盂也,盂方而水方。皆言乎德化之能转移国民也。柏剌图之书,注意教育,尤注重治者之教育,故法之卢骚不以《共和国》为政治书,而视之为教育书。亚氏《政治学》之第七、第八两卷,亦专言教育,诚以由如是之一境,而求所以改善之,舍以人类为可教外,舍教育外,无他法也。今日国中言改革者,有斥武力而尊教育者,亦沿此人类可教之成说而来。质言之,视国家全部为教育的机关(Educational Institution)之义,乃政治学者之所忽,而政治哲学家之所重者也。

四、情感的动机

国家云者,自政治学者言之,曰因素如何,曰种类如何,曰机关如何而已,若引起爱国之念责之政治学,不可得焉。何也? 政治学以国家为理智之对象,不以之为情感之对象故也。古往今来,于国家之存也,思所以保之,于国家之亡也,思所以复之,其视国也,如烈士之于宝刀,英雄之于红粉矣。试引希腊政治家丕烈克尔(Pericles)对于阵亡将士之追悼辞以明之:

有城如此,而此战士乃为之牺牲,为之战死,不独死者之心中不忍见国家之为人攘夺,即生者之乐为之效死,与之相等。我愿诸君每日注目于希腊之伟大,以待诸君心中充满爱彼之情为止;诸君诚识希腊之光荣,当知固有人焉能知其责任之所在,有尽责任之勇气,在有不甘受辱之心,与不得已时甘以性命殉之之决心,乃能致此者也。①

希腊人视国家若己身,复以己之性命为国家之性命。此种精神传至今日,是为爱国心。菲希德氏之《对德意志国民演讲》与玛志尼(Mazzini)之关于意大利复兴运动之文字,庶几足以代表之。此则不仅以国家为分拆之对象,而以之为崇拜之主体矣。

以上四种理由,即国家哲学所以存在之理由。其与政治学所以异同之故,更比较而列之:

政治学	国家哲学
第一,以国家之存在为事实。	第一,认国家存在之事实,而更求其正当理由所在。
第二,以国家为题材而分拆之。	第二,研究国家之本身与其全部意义。
第三,注重政府机关及制度之说明。	第三,制度之来源,推本于人类精神。
第四,侧重政治之如是方面。	第四,侧重国家之"理所当然"方面。
第五,视教育为行政制度之一部。	第五,教育所以改善民性,养成政治家,亦即公善实现之方法。
第六,以政治为经验界之事实。	第六,以国家为全宇宙成绩中人类精神之实现。

---

① 此段着重号为原文所加。

　　凡此比较之中，可知两方之言，各有短长，而不必有或此或彼之取舍。若某区域、某范围内之小问题，自可先之以调查，继之以方案之提出，则科学家之言自适于用。当国家生死存亡之顷，与夫社会大改造之日，宜本道德观念以定其是非利害，宜发展爱国情感以循致于独立者，则其国中无固定之政制，非调查事实所能补救，而国家哲学所负之责任，乃尤重矣。

未完之国家初稿（三）：国家哲学之两主潮

　　自哲学全部言之，派别至繁，然有可简之之一法，曰视其所认"真有"（Reality）之种类，以为区分之标准。其认"真有"惟有一种者，是为经验派（Empirist①），或曰实在派（Realist），或曰物质派。经验派、实在派惟知有官觉中所呈现者为真，物质派认定"真有"独存于物质中，其有心的现象，皆不过为物质之附庸。反之，其在意典主义者，虽知外界之不可缺，以无外界则经验无自而生，然因与外界接触而生之经验，必需思想工作，必需范畴以整齐而条理之，而后成为科学的智识。如是，超于外界与经验之上者，固另有超上一层之"真有"在。因是哲学上一切派别，可分为两类，其但认一种"真有"者经验派与物质派是，其认超于经验派之所谓"真有"之上，尚有他种"真有"者，意典派是。

　　意典派所以必认超上一层之"真有"者，则有故焉。官觉接触之中，固知有外界在矣，然官觉之纷然杂然者，应有以约之使成为秩然井然者，于是有所谓定义也，分类也，统系也，皆出于心之运用，此自认识论言之也。人类之生斯世也，不能一日而离生活之准绳，是曰善。人人竞生求存，而以暖衣饱食为未足，别求所以善其群者，是其心中不以现状为满意，而更有其理想中之境界明矣。此自道德论言之也。此两方面所以告吾人者，咸谓一种之"真有"，不足以解释宇宙一切，而应求第二种之"真有"以补充之。

　　以上两派关于一般哲学之立场，施之于国家方面，情形正复相同。经验

---

①　原文有误，英文应为 Empiricist。

派、实在派与夫物质派皆曰人类之性质,自利而已,自保而已,去痛苦增快乐而已,甚则曰人类以争夺为天性,因而其政治上之主张曰个人主义,曰阶级斗争,曰认强力之不可缺,所以立法者,曰是出于多数,而不知有真正一致之团体。反是,其为意典派者,以其认人类之性善,乃有所谓团体说、总意说,所以解释法律者,曰此乃团体公共之行为,不特无背于自由,且有益于自由。盖因哲学上立场之异,而所以观察人情者不同若是,所以立为学说者不同若是,所以说明制度者不同若是,真可谓毫厘之差,千里之谬矣。

英儒霍布花斯有言曰:

> 人类就社会问题而研究之者,必其社会生活中已有错乱失常之病。凡人健康之际,初不同气血肠胃之运行如何,及疾病发生,乃始究心于生理构造。人之于社会犹是焉,社会状况初不违反多数人所公认之标准,则其社会中无问题之可言。人类惟消化力不强之日,始关心于胃之构造为何状,国中政治法律有错乱颠倒之处,而后有人就国之政法而加以议论。人之思想,因此为起点,由特殊者而更进于关于社会之普遍概念。始焉就不公道者而评之,进焉更求公道之为何义。始焉研究社会之絮乱,继焉推求社会秩序之性质与夫社会所以存在之目的。若此类社会理论,实即价值,终极与其目的之理论。其终焉,成为伦理学或道德哲学。盖其所注目者为人类之权利义务,为实现合于权利义务分配公平之社会制度。

> 以此方法,研究社会问题,原无不合,然有其特殊缺点。此类研究法,追求理想所在,而失却实际所在。惟其但分析制度所以存在之意义,因而忽略制度之实际运用。苟墨守此方针而不变,徒赢得若干条抽象原则,不切于实际情形,仅以资狂信者号召之口实,虽谓其忽社会之实际利害,而冥心于乌托邦之构成可焉。对于此派方法,有起而反对之者曰,社会研究之第一任务,在乎调查如其现状中所呈现之事实,社会之史的发展与其中各种之制度,现存社会之统计的说明,且确定社会生活中因果关系之公例。如是其所得者,非社会哲学,而为社会科学……

霍氏所谓以伦理，以道德为目标之社会，即吾所谓意典派焉，拍①拉图、黑格尔、濮山圭辈属之，其研究社会之动机或如霍氏所云因激于社会之颠倒错乱而起，然其所以解释社会与社会制度之由来者，自有其理论的根据，非乌托邦三字所能尽焉。至于以事实为主旨之研究，同一现象也，而调查互有正反，如马克思认为人类之初有所谓原始共产主义，而霍布花斯氏自身尝考之初民情况而予以反证。同一人性也，而所以解释之者各异，甲曰人类之性在自利，乙曰人类之性在争夺，可知事实云云，自表面观之，自有其不可易者，而实则决不若是之简单。故两派之短长、得失，暂置不论，在思想上自有此两大方向，则吾辈与霍氏所见，无二致焉。兹名意典派为甲派，其他派如经验派、实在派、物质派为乙派，分述两方之异同如下：

康德尝有言曰，法律家关于权利事项，常在诉讼案中，分其问题为二，一曰理的问题（Question of Right），二曰事实问题（Question of Fact）。康德所谓理的问题，可引而伸之曰，理之当然问题（ought to be），所谓事实问题，可引而伸之曰，事之如是问题（is）。政治哲学家有认人事界中有理之当然者，有但认人事界中独有事之如是之一境者，后者如马基维里与霍布斯，前者如卢骚及康德辈是也。马氏之言曰：

> 吾之目的，在以有益于事者，笔之于书，以告君王之能了解者。惟其然也，我求事实之真（即所谓事之如是），而不取关于各事之想像②境界。古代以来关于共和国与君主国之著书何限，此等国皆出于冥想，而非真实存在。要知吾人生活之现状，与按之理之当然应如何生活，乃绝然两事，政治家舍生活之现状，而冥心于按理如何生活，未有不自取灭亡者，政治家自求合于善之最完标准，而与诸不善人相争，其何能不败乎？

---

① 原文中是"拍"。
② 原文中是"像"。

马氏既知有生活之现状,即所谓不善人之境界,亦知有理之当然之生活,即其所谓合于最完标准之善,然马氏则侧重事之如是之人也。至于卢骚与马氏异,虽自谓取事之如是与理之当然而调和之,而实偏于理之当然者也。卢氏《社会契约论》中开宗明义之言曰:

> 我所欲从事者,即以现状如是中之人类与今日所能制定之法律二者为前提,而研究国家行政之公平与确实标准安在。此项研究之中,我努力将理之所许与利之所要求者而调和之,庶几公道与功用不至离而为二。

理之所许,即当然也,利之所要求,即事实也。卢骚自谓取此两种境界而调和之,实则理之一境既承认,即不免于执"理之当然"以评衡"事之如是",故曰卢氏侧重于理者也。政治学说中如所谓政治目的,如所谓革命权利(Right of Revolution),如所谓基本权利,如关于正轨政体与变相政体之说,皆以理之当然为背景。不以"理"为标准,则政治目的、革命权利、基本权利与政体之正变诸说,皆无自而生,而经验与实在派每执之"事实如是"四字以为解释一切之根据,此两派之第一阵线也。

孔门至战国而分为二派。孟子主性善之说,其言曰:恻隐之心,人皆有之,羞恶之心,人皆有之,恭敬之心,人皆有之,是非之心,人皆有之,且伸言之曰,我固有之也。荀子之言曰:从人之性,顺人之情,必出于争夺,合于犯分乱理而归于暴,故必将有师法之化,礼义之道,然后合于辞让,合于文理而归于治,用此观之,然则[①]人之性恶明矣,其善者,伪也。此性善性恶之说,影响于两家之哲学甚大,孟子以人性为善,故归结于先立乎其大者与王者之法政施行,荀子以人性为恶,故重视礼法之隐括丞矫。吾初以为东方学说好以人性为出发点,继而观之,西方,亦以人性为学派之分界线。柏剌图、亚历

---

① 据今《荀子》通行本,此处应删"然则"。

斯大德、黑格尔辈以性善为立场,反之如马基维里、霍布斯、马克思则以性恶为立场者也。柏剌图与亚历斯大德之学说各不同,然其视"善之达到"(attainment of good)为人生之目的则一。伦理为善之实现,不特言矣,以云国家,亦所以善求生活之实现,更辅之以教育,俾其隐藏于性中者,得以萌动而出。后世之持意典主义者如康德、菲希德、黑格尔皆不能出其范围者也。至于霍布斯氏正与之相反,其言曰:

> 善恶者,人类嗜欲好恶之代名词,因各地性情、习惯、学说之异而异,不独关于色、声、香、味、触五者,即关于合理与否之标准,皆因人而异,同一人也,又因时代而异,时而褒某物而名曰善,时而贬某物而名曰恶,此乃争议与战斗所由起也。

霍氏对于亚历斯大德氏蚁蜂二者为社会动物,以譬人类能群之说,提出六种理由以反驳之,以明人类之不如蚁蜂:

> 第一,人类好争名誉,因而互相妒忌仇恨,而蚁蜂则否;
> 第二,蚁蜂群中公私二者为同一体,人类好与人计较,故各不相下;
> 第三,蚁蜂无理性,故不知他人之得失,而人类好眩己①之长以形他人之短,引起社会之纷乱;
> 第四,蚁蜂虽小有声息,然无言语,不如人类以有言语之故,而巧于颠倒是非,是者非之,非者是之,以蛊惑人心;
> 第五,蚁蜂不辨孰为损,孰为害,苟能饱食,斯已足矣,而人类反是,其饱食暖衣者,愈好议论是非,犯上作乱;
> 第六,蚁蜂之契约,出于天然,故不易破坏,人群契约,出于人为,故非有治者不可。

---

① 原文中为"已",根据上下文,应为"己"。

　　由是观之,霍氏之人性论,与荀子所谓人生而争夺,生而残贼,生而淫乱者何以异乎？及至马克思、恩格尔斯辈之论人类,以为人类除自利、贪诈、淫欲、残酷以外无他长,故恩格尔斯尝有言曰:黑格尔氏对于人能言人性之善者,视为伟大之言,不知能言人性之恶者,乃尤为伟大之言。此两派之第二阵线也。

　　凡承认"理之当然"者,常合伦理(或道德)与政治而为一,柏剌图之《共和国》,冶政治、心理、伦理、形上学于一炉,亚历斯大德之《伦理》与《政治》,虽二书,而实为一书。盖希腊时代之政治学,以为国家者,所以追求公善之组织,既以善为目的矣,自不能不以道德为标准而求所以实现之之法,所以以公道为立国之最高原则者,即以此也。此种合政治与伦理为一之立场,柏氏、亚氏倡之,至卢梭,黑格尔后兴于德,继则及于英而成为英国黑格尔主义学派。然马基维里氏、霍布斯氏则反对之。马氏之著书,尝言但求事实之真,霍氏以性恶为出发点,认人类自身决不能免于争夺残杀,惟有以专制政府临之,然后乃有所畏而不敢为恶。霍氏目的,在以物理界之机械主义适用于人类,谓物之各原子所以凝聚者,有其吸力焉,有其压力焉,人之聚而成国,除在上者之专制外,无他道焉。英之伏绸氏尝评之曰:霍氏取人类团体内之道德动机而排除之,取人类同情心而摈弃之,各人与各人之间,直无道德的关系,并直可谓之无关系,简单言之,霍氏之系统中,既不知有善,自无由以道德混于政治之中矣。现代学者虽不尽附和霍氏性恶之说,然以为必舍道德的立场,而政治学基础乃能立于科学方法之上,兹举卡德林氏(Catlin)反对英之海格尔主义者之言如下:

　　　　忠告也与夫关于团体生活之向上之默索也,时见于英海格尔主义者之著书中,然此等立言,谓为与政治学无关可焉。各人在社会中之地位如何,各人所负之义务如何[此二语出于蒲拉特兰(Pradley)书中],乃伦理的研究,非政治的研究也。吾人之立场,如认为正确,不能不谓希腊思想家之不分清政治与道德之界线,与其所研究之对象为善之性质为理想的国家,乃陷政治学以误入歧途矣。亚历斯大德之《政治学》

（第四卷）中，尝标人类可欲之生活之说，其负谬误之责一也。政治学但就事实研究，置各人对于价值之意见而不问，自可求其有大进步之日。政治学者之任务，在研究事实，不必教人以政治的价值论，犹之雕刻家但教学生以雕刻之技术，而无取乎书及艺术表现之理论与理想也。

国家为人类之团体，而团体之组织，不离乎善恶之标准，故甲派以为应以道德为衡，而乙派反之，谓苟如此，不免于以主观意见混入事实之中，此两派之第三阵线也。

国家哲学始于希腊，由柏剌图传至亚历斯大德，已裂而为二，一则以善为标准而贯澈①于全书，一则徘徊于理想与事实之间，亚氏关于反常政体之立论，皆侧重事实者也。迄于今日，两家之于西欧，在德以柏氏之力为大，在英以亚氏之力为大。然英、德虽沿两氏之旧而各有其演进之特点，德则重国家本体论，英则以政府论为主者也。盖德人之意，以为国民所当了解者，惟在国家本体，由同血统同地域之民族，进而为自觉的公团（Bewussli gemeinschaff）与理性的公团（Vernuftige gemeinschaff）。其政制为客体精神（Objective geist）之表现，其立法也，出于全团之总意。惟其由国家本体立论，故政府也，制度也，职掌也皆国家论之附庸，而国家哲学之名之由来，即由于此矣。反之，其在英国政治学之著作，除其十九世纪新发生之英之海格尔主义外，大抵以政府论为名，如陆克之书名《政府二论》（*Two Treatises of Civil Government*），边沁之书名曰《政府零拾》（*Fragment on Government*），穆勒之书名曰《代议政府》（*Representative Government*），皆注目于所以为治之机关之权力分配者也。英人之意，既有同类之民族，乃有统治之组织，而统治者每好滥用权力，宜有以防制之，乃有责任内阁、议会监督与夫预算通过之制，皆所谓牵制与平衡（check and balance）之作用也。此两派之立场，各有短长得失，德人重本体，易于说明民族国家之为一体，如彼所言，制度为客观精神之具体化，则因制度而生种种越权滥用之事，何自而来，因其重本体而

---

① 原文中是"澈"。

制度之出于防弊者不免于忽视矣。英人不乐闻制度出于客体精神之说，但就人之情伪，设为钳制之法，且以为惟在互相牵制之中，乃能令政治入于正轨，其议会之制，其司法独立之制，皆由于防弊之精神而来，此两派之第四阵线也。

自卢骚以来，创总意（General Will）之说，意谓国家为团体，故有其意志，其表意者虽为多数之个人，而当其为公善表示之时，即为团体之意志，即总意也。一国之内，有个人之意志，有多数人之意志，此皆个人性质之意志，惟其为团体公善表示之意志，虽借经于个人，而实受团体之委托，故独谓此团体之意志为真意志。此派学说，始于卢骚，中经海格尔之阐发，终集大成于英之海格尔主义者，彼辈认普遍而真的意志，独在团体中，其个人所表示者，皆偏而误者也。英政治学者赖斯几氏，当代此派说明其意曰：

当真意志形成于吾辈行为之日，吾辈个人乃能完成其真我。此真意志，证之于团体之各员而靡不同，所以能靡不同者，各个人之真意志，即此公共意志之一部分。公共意志之最高格式，即为国家，如是言之，国家者，吾人之最高部分也。国家之为物与其所作为，不外乎吾人意志中孳孳兀兀之所求，去其暂而存其常，去其一时而存其永久，去其反乎理性而存其合乎理性者，是即国家之所代表者也。换词言之，各个人之所经历，常不免于走入歧途与夫思想错误，在此各人经历中，去非存是后之永久目的，即国家也。

赖氏既述其说，又从而反驳之曰：

政治哲学出发点，有千钧万马之力，不能动摇者，即人类意志之各不相同是也。人类之意志，不能构成一继续线。各人欲求之目的物，自有共同者在。譬之凡为市董者无不求市税率之低减，为财政总长者，无不希冀预算之额外收入。而甲董事与乙董事之真意异焉，甲财政总长与乙财政总长之真意异焉。何也，纵其所遇之事物，生同一影响，引起同一意志。然不能谓相同之感觉与相同之意志，即相合而生单一之意志，单一意志云者，世间决无此物，惟在乎譬喻中耳。

赖氏更举例以明之曰：

夫意志之本身，既因各分子而独立，则惟一公共意志说之不能成立，愈属显然。盖考察现代生活之性质者，咸知一社会中有千百万意志之存在，而绝无所谓互同之目的。罗马教徒之意志，以隶属罗马教为救世之惟一方法，此一点信仰，即其自我之最真部分，试以此罗马教徒之意志，较诸其他反宗教家意志，有何事可谓为相同者乎？英之任一普通银行家之意志，又有何事与共产党员为第三国际鼓吹奔走者相同乎？而罗马教徒也，反宗教家也，银行家也，共产党员也，各人之意志相互影响，则成事实。此各人之意志，相争不决，各就所持之说有所陈述，因得以去其皮相而存其实际。若因此之故，谓茫茫尘世中百千万人之意志之后，有一总目的在，而此各人之意志，即为总目的之部，则断不可。惟政治上之意志，试为之分类，常以一体之名称之。譬如保守党如何，即指保守党之意志而言，英吉利如何，即指英国之意志而言，英国教会如何，即指英国教会之意志而言。此所谓一体者，谓其各分子之意志，化合无间，而甲意志或乙意志之凌驾其他分子而上之痕迹，不可得而见，故自外人观之，即谓为一体。是一体云者，自吾人所认定言之，仅其名意志融合之状，至于何等耳。是非客位之一体，乃主位之一体。总之此等一体，非即张姓或李姓人格之一体也。盖团体人格与团体人格之意志之所以为实在者，即在团体既成，各分子受其影响，其行为较团体未成立前，有迥然不同者。至于各人之所以为个人，自有其独具之经验，如前所云者，固非此类之一体说所得而概括焉。所谓大英国之一体者，谓其因千百年历史之遗传，多数人民之言行，自出于同一方向，决非超于数千万之上，别有一神秘之超个人之意志在焉。

自有卢骚、海格尔辈团体总意为真意志，而个人意志则否之说，关于自由问题、刑罚问题，两派各有其解释。甲派以为自由者，各人还其真我之谓，而人之为真我，不离团体，故受团体之拘束，不得谓为自由之剥夺，而正所以范围自由。其在乙派则以不受拘束为自由，故认自由与拘束为对峙之二物。乃至刑罚问题，刑者团体所立之法也，惟其为团体之法，故受法之制裁，无异于团体加惩罚以完成真我，以卢骚之语言之，即所谓受强迫之自由焉。其在乙派则反对之曰：岂有受刑讯与牢狱之苦，而尚可为固其心之所愿者乎？此两派之第五阵线也。

古今之学者，每于国家社会之中，察其所以合所以和协之道，故有柏剌图之公道说及卢骚辈社会契约之说，马克思氏最为奇特，于国家社会之中，但见其所以分所以斗争之道。盖一则求社会之所以平，一则因其不平而鼓煽之也。马氏生当十九世纪，目击欧洲资本主义之发达与工人之受欺凌，乃竭其平生之力，从经济学、政治学、历史学方面，以揭穿工主之榨取与工人之受欺为事，所谓剩余价值，所谓国家为甲阶级压倒乙阶级之工具云云，皆自此动机来也。马氏等认为古今历史之变迁，惟有"阶级斗争"（Class Struggle）四字足以尽之，其言曰：

> 今日以前社会之历史，阶级斗争之历史也。
> 过去社会之历史，惟在于阶级仇视之发展中。

> 自有世界文化以来，生产事业开始之际，即以阶级仇视心为基础，至于今日，则为劳动者与资本家之仇视。

> 此阶级仇视心之敏速与热烈之发展……可以使革命成为社会的政治的进步之有力动因。

窃以为古今社会之中，其在封建时代有贵族与农奴，其在今日有资本与劳力,皆事实之至显而不容忽视者也。若谓社会与国家之中,除此阶级斗争外,他无所有,则其社会与国家之精力,何能历千百年之久,不至因争斗而消耗以尽乎？试观一国一社会之内,惟其以血气心知之同,乃有语言思想之相通,其进于近代国家之组织,乃本平等原则以实行放奴,并以人民智识之不普及,而有义务教育之制,且以维持国防之生存,而有义务征兵之制,于外患发生之日,则全国上下争先恐后,效力疆场,期于不至为外人奴隶,若此类者,皆国家社会之所以合所以和谐,而决非仇视心之谓,此两派之第六阵线也。

试将以上两派之言,简单表而出之：

甲、意典派	乙、经验派,惟实派,物质派
(一) 认"理之当然"。	(一) 认"事之如是"。
(二) 认人类有合理性,且求善之实现。	(二) 经验派谓人类惟如自利,物质派如霍氏、马氏力言人性之恶。
(三) 认团体为真。	(三) 惟实派认个人为真,物质派认阶级为真。
(四) 认自由在团体之中。	(四) 认自由之性质,在于个人不受束缚。
(五) 视国家为道德的人格者。	(五) 物质派认国家为压迫之工具。

凡此两派之言,若薰莸之不同器,黑白之不同色,而自高处大处言之,初非不可两利而俱存之。宇宙之间,有其如是,亦有其当然,由如是乃进于当然,舍如是即无所谓当然,故既知人性之善矣,同时不可不知人性之恶,仁义礼智之性与杀盗淫妄之习,岂不同时呈现于光天化日之下？惟有善性,乃有其公而共者,是为道德、法制、学术,同时则有其分而私者,智愚之不等,贫富之不均是也。因公且共者,而有团体有国家,其最高之格式,为道德,为法律,其为真实,无疑义矣。然社会文化之进步,源于个人之创造力,故各国对于个人思想言动之不不①可侵的范围,必善为维持、爱护。穆勒氏言个性之

---

① 原文中是"不不"。

当尊重,赖斯几曰:"个人之真我,即离群之真我也,本其一人冥心孤性之所得,以贡献于人人所想望而求实现之公善,则真我在是矣。"如是言之,如是也,当然也,性善也,性恶也,个人也,团体也,道德也,强力也,岂不可调协于一个大综合之中哉?

未完之国家哲学初稿(四):国家之性质

国家之为国家,其显然不易之元素三,曰领土,曰人民,曰主权,历来之治政治学与宪法学者,对于此种分析,向无疑问,盖此三元素为共见共闻之事,故得人之同意也易。反是者,国家之本性,其为有机体乎,其为机械体乎?其出于英雄之造成乎,其出于社会契约或民族精神之孕育乎?则甲是乙非,绝无定论,兹将以上两点依次述之,并究其甲是乙非之由而折衷之。

自西方言之,希腊时代亚①典之所以自称者,曰"布立斯"(Polis),译言市府。市府之中,有政府,有民意机关,有法官,盖彼等心目中视市府与国家同为一体,故谓希腊人之观念中,市府即国家(City, State)可也。其在罗马时代,称罗马城为治体(Civitas)或曰共和国(Republica),至于意大利或他省皆为罗马之附属,直至一五七六年法儒布丁犹名其政治学书曰 *La Republigne*。故罗马至中世纪时代国家之第二名实为 Republigne。自十六十七世纪以降,英文之 State,法文之 Stat,德文之 Staat 始渐流行,而成为今日国家之定名,盖指居于一定土地上而受治于统一的主权下之人民之集团言焉。

关于国家之定义,略举过去,与现在欧美学者之言如下:

哥罗修氏(Grotius)之言曰:"国家者,自由人之完全社会,其互相结合也,所以共享公是之盖与公共实惠。"

哥氏之说,源于罗马之雪雪罗氏,意谓国家之所以成立,有二础石,一曰公共之是非观念,二曰利益之共享。

---

① 原文中是"亚"。

德人柏伦智理氏（Bluntschli[1]）之言曰："国家者，有政治组织之人民，居于一定领土之上者也。"

英人霍尔氏（Hall）之言曰："团体之有集合的能力者，第一独立管辖其领土内之人与物，第二其对待外国也，但遵守国际法之规定而不受他国之指挥，第三其成立也可以永久，具此三资格者，可称之为法律上之人格者（A Person in Law）。"

霍氏所谓团体之有集合的能力者，即国家也，惟其以国际法为立场，故尤注重于其对外之独立。法人拉维兰氏（Laveleze）于其《民主国之政府》中有言曰："国家者，独立之团体，居于一定之土地上，其组织一期之久远者也。"

各家中亦有列举国家之原[2]素，甲为一群人类之集合，乙为占据一定之土地，丙为有其最高统治之机关，执行其集合的意志，丁曰不立于他国指挥之下，前三点就国家内部言之，末一点则一国在国际团体间独立之标帜焉。

十九世纪以来，国家之成立，以民族原则为基础，意谓同种族之人民，乃能立于同一国之统治之下，德意志之统一，意大利之复兴，此原则之实现焉。欧战前巴尔干半岛上各国之离土耳其而独立，欧战后波兰、捷克之复国，亦此原则之实现焉。如是，今世之立国，其以民族之同一性为标准乎？应之曰，非也。瑞士之立国，合德、法、意三种人而成，捷克国内有德国人种，英帝国之内有印度人，有非洲人，有加拿大之法人，其种族尤为复杂，如是，所谓国家者，不必为单一种族，伸言之，同一国家，不必为同一种族。因此之故，民族（Nation）与国家（State）二名词，有当分别言之者。

伯伦智理当有言曰：

民族者，各种职业不同地位不同之人民之结合，其种族、情感、精神之同，由于其语言、风格、文化之同，因此觉其为一体而有以自别于外

---

① 原文中是 Blunts chli。
② 原文中是"原"。

人，至其是否立于同一国统治之下，可不计焉。

国民者（Volk，People），一国家内各分子之集合，受同一国家之统治与组织者也。

柏氏之意，因种族、语言、风俗之同而有休戚相关之感者，是为民族，然固有同为一族，而不立于同一国家之下者，如德国外之德人，有居于捷克，有居于波兰者是。反是，所谓国民者，指一国以内之人民言之，其种族不同，而受治于同一国家之下则一，如加拿大之法人是。此二者之区分，一以种族为标准，一以政治的统治为标准也。

近世之言民族立国者，颇有混民族与国家而为一，若二者为同义异字之名词，而实非焉。民族者，自然概念（Naturbegriff）或种族概念（Ethnic Concept）也，既因种族之分界，而有其语言、风俗之殊异，此属于自然界之现象，故德人名之为自然概念，英人谓之为种族概念（Ethnic Concept）。至于国家云者，包含法律秩序（Rechtsordunng）之成立与政局之稳定（Political Stability），此则源于人类之行为与人类是非善恶之标准，故德人名此曰价值观念（Wert begriff），英人名此曰法律观念（Legal Concept），或政治概念（Political Concept）。凡为政治家者，但知民族立国之可贵，至于国家组织之是否完善，则略而不问，不得谓为善学德相卑士麦与意之爱国志士玛志呢者矣。

各国以内，关于国家之定义，常因其国情之需要而定，英帝国既包括举世界一切种族，故其学者于民族性为立国要素云云，绝少有主张之者。德人反是，德意志国之成立，以民族精神为出发点，故其学者关于国家之定义：每以民族与国家联结为一。萨维尼氏（Savigny）有言曰："国家者，民族之精神的共同性之有形的格式也。"（The State is the bodily form of the spiritual communit of the Nation.）

麦克司·温德氏（Max Wundt）曰："国家者，由民族性之自觉的理性的动机中凝成之一体也。"

温德氏认为国家之成立,由土地与血统二者之自然的共同(Naturliche Gemeinschaft)进而为语言、风俗二者之自觉的共同(Bewusste Gemeinschaft),由自觉的共同,更进而为教育与道德法律二者之理性的共同(Veruunftige Gemeinschaft)。简而言之,温氏以为国家之政治法制的组织,由血统共同之条件中,一贯而下者也。

窃以为以一民族组织同一国家(One Nation,One State),其情感意志既同,其政治法制之组织易于就绪。故根据民族性之共同,以期达乎国家之完善组织,自为势顺理明之学说。然固有民族既同一矣,而政治组织尚未达于完善如吾国今日之汉族是矣,亦有民族虽不同一,而政治已入于正轨,如瑞士是也。如是,民族与国家,乃绝不相同之两观念也,其能合而一之者,乃民族之善于组织国家者,其不能合而一之者,则民族同一之条件虽具,而政治智识、政治能力尚未发展故也。对于后一类之民族,当因其民族同一之固有基础,而导之以人于温氏所谓理性的共同,即国家是也。

凡上所论,皆关于国家事实方面之言,惟其为事实,故各方意见之归于一致也易。然国家云者,合多数人而成,有其统治之机关,有被统治之人民,治者之发号施令,非徒曰吾一人之意志,而必寄名义于国家,其征税也,曰国家之令;其征兵也,曰国家之令;其理刑名也,曰国家之令;其征孩童入学也,曰国家之令,然其所谓国家者,其本身性质之如何,不可不研究焉。兹举各家相对待之说如左①:

甲 $\begin{cases}第一,理性说 \\ 第二,强力说\end{cases}$

乙 $\begin{cases}第一,生机体说 \\ 第二,机械体说\end{cases}$

丙 $\begin{cases}第一,大人物说 \\ 第二,民族精神或社会契约说\end{cases}$

① 因本文发表于《再生》杂志上时是竖排,所以此处用词"如左",意即"如下"。

（甲）吾国有"成则为王，败则为寇"与"窃钩者诛，窃国者侯"之谚，言乎政治上之是非功罪，决之于强力。其在西方，希腊之辩士（Sophist）亦有言曰：政府之于人民，犹牧者之于羊，其所以牧之也，为一且宰割之用。政府之发号施令，皆所以为强者计，非为弱者计，故衮衮诸公口中之所谓公道，皆所以保护强力之利益而已。迄于近代，持强有力为国家要素说者，至今不衰，英之休谟氏（Hume）于其《原始契约》（*Original Contract*）中尝论国家之成立，由于酋长率领部属制胜他人，因而在休战后，其统辖力自较他人为强，且维持于长日月之中，言乎强力为国家始生时不可缺乏原素也。德之哈雷氏（Carl Luduiz Von① Haller）有言曰：法律也，国家也，非人工之产物，乃天然界中能力不平等之所造成，动物之中，强者吞噬弱者，人之所以制动物或凌驾同类者，亦复如是。推此现象，以及于政治界，则曰法律者，所以维持此不平等者也。波兰之贡勃罗威兹氏（Yumplowicz）曰，国家之统治，以少数之强者强迫多数人之服从。俄之列宁曰：国家者，所以压制反对派而已。凡此诸说，皆以为国家之本质在乎强力。

虽然，法之卢骚氏反对之曰，世虽有至强者，不能永为强者，惟其然也，非改造强力（Strength）为权利不可，非改造服从为义务不可。（《社会契约》第一卷，第三章）此言乎强力之用有时而穷，必有是非或法律之标准，而后此强者乃能久安于位，则于强力之外，不能不以人民之意志为基而立法制宪焉，此所谓理性是矣。德之黑格尔氏演卢氏之余绪而名国家为伦理的意典之实现（The state is the realization in history of the ethical idea），黑氏以为一国之中，有其风俗焉，习惯焉，教育焉，法制焉，皆出于人民意志（Will），或合理的意志（Reasonable Will）之所同欲，惟此诸制度皆出于理性，则谓国家为理性之外现（The state is externalised reason）有何不可乎？以上两说之是非，姑置之不议，俟下章再详论之。

（乙）十六世纪天文学物理学发达之日，歌白尼、克魄雷、格律雷诸氏以

---

① 应为 von，但原文中写作 Von。

动（Motion）、力（Force）、质（Mater①）诸概念解释自然界之现象，培根氏尝有物理学为诸学之母之书，霍布斯氏以为物质运动之说，既可施之于物理界，奈何不可施之于心理与人类乎？于是倡人类感觉（Human Sensation）本于质点运动（Motion of Corporeal Particles）之说，外界之质点运动，达于吾人之五官，由五官而传于脑与心，而后吾人身中起一种反应运动（An Answering Movement），如是，所谓感觉者，非吾人之主观为之，而物质运动有以致之也。霍氏推广其说于政治，谓人群之始，一切人与一切人争之社会也，彼等大惧相争之结果，无以自存，乃各放弃个人之自由，由自然状态而进于政治社会，政治社会中之君主，必为专制君主（Absolute Monarchy）。盖其权力既强，乃能镇压一切纷扰，如是，人群之中，无所谓情感，惟有力（Force）之束缚驰骤，此则霍氏国家机械体说也。

物理界之现象，若质之运动，质之分合，皆力为之也，反而观之动植物，始为种子之孕育，继则渐次长成，有其全体，有其官骸（Organ），有其机能，乃至有其生死之行历（Life-process），若是者名曰生机体（Organism），植物虽具此诸条件，而不如动物之完备，至于人之为生机体，则驾乎一切之上矣。学者中反对国家为人为的无生命的机器（No mere arfificial life less machine）之说者，则持国家为生机体之说（organic theory of the state），而以国家比一人之身：在人为头部，在国家为主权；在人为脑，在国家为法律与习惯；在人为意志，为感觉，在国家为行政官与法官；在人为口与胃，在国家为农工商；在人为血，分布于全身，在国家为经济财政，与全国人之生死休戚，息息相关者也。学者中以国家比人身者，在十九世纪中叶之德国为最盛，如伯伦智理氏不仅认两方各部分之相似，且定国家为男性，教会为女性，然伯氏虽能别其男女两性，而此男女究无生殖子女之可能，有何用乎？英之斯宾塞氏亦谓二者有相似之处。在低等动物，饮食、排泄诸机能集于一处，在初民社会，以一人而兼战士、猎人与工匠；在高等动物官骸之构造，由单调而复杂，在人类社会，有士农工商之分工；在动物之身，因一部分之不适，而为全身之病痛，在

---

① 原文有误，英文应为 Matter。

社会中因为工人之罢工，其他职业者同受其累；在生机中有血球之新陈代谢，在社会中则有分子之生老病死。斯氏再三研究之后，终认为二者有不容比拟者在，其在生物，部分之于全体，有不可离之关系，其在社会，各分子虽同处于团体中，然仍为各自独立，此其异一。生物有脑神经，而社会则无，此其异二。因此相异之故，斯氏卒弃其国家生机体说，而置国家重心于各分子之身，换言之，不以团体为重，而以个人为重。虽然，试细思之，国家生机体说，自有其不容抹杀之点：第一，国家者，非徒分子之总和，而另有其超于个人以上之生命，国家固依赖其分子，同时分子亦依赖国家；第二，国家之制度，犹之动植物，须经相当培养，非一时人力所能强为，如是，国家自身，非机械体也，而与生机体有相类者矣。

（丙）英雄造时势耶，时势造英雄耶？世所认为问题之不获解决者也。执此理以验诸国家，亦复如是，国家云者，其为多数人之所造成乎，抑为少数特殊人物之成绩乎？考诸古今历史，世界之国家，其初皆由于一二伟大人物之控搏而成，如英之威廉胜王，法之路易十四世、拿破仑一世，普之飞烈大王与吾国之秦皇、汉武、唐太宗其人是也。反之，十九世纪以降，多数人民受教育，有智识，且参与国政，左右社会，于是"民族意识""时代精神""群众运动"等等之名词，因以出现，盖国家社会之重心，由少数人而移于多数人或团体矣。兹举两派之言如下：

英国卡兰伊氏（Carlyle）之言曰："依我观之，此一部世界史，实少数大人物之成绩耳，彼等为人类之领袖，人类之首出庶物者，多数人之所以有今日，皆由彼等为其雕刻者镕铸者或曰创造者。"卡氏之视人类史，直为英雄之传记。德之脱立挚几氏（Treitschke）亦有言曰："历史由若干人格者（Personlichkeiten）所造成，如马丁·路得、飞烈大王、卑士麦是也。"梁启超氏亦有言曰："试思中国全部历史如失一孔子，失一秦始皇，失一汉武帝……其局面当何如？佛学界失一道安，失一智顗，失一玄奘，失一慧能，宋、明思想界失一朱熹，失一陆九渊，失一王守仁，清代思想界失一顾炎武，失一戴震，其局面又当何如？其他政治界、文学界、艺术界，盖莫不有然。"然梁氏之结论，谓首出的人格者不能离群众，同时群众亦不能离首出者而存在。

反之，其注目于国家全体或社会集团者有两派：（甲）卢骚之以社会契约解释国家起源者，卢氏之目的，在以国家主权归诸国民之手，于是设想国家之成立，源于一种社会契约，各人相约，各以其所有贡献于团体，于是有全团体之总意或曰主权者，而个人之生命财产，在此总意之下而得其保护。夫国家之起源，是否如卢氏所言，昔人辨之者众矣，至其论国家之性质，以总意说为基础，实为说明之善法，盖惟如此，而国家之性质，乃明了焉。（乙）继卢氏后之社会学者或社会主义者益否定个人之独立性，而侧重于集团。贡布罗威兹氏曰："个人虽能思想，实则思之者非个人，而社会的集团，盖思想之源，不在于个人，而在于个人生活之社会环境中。"马克斯曰："人者，诚如亚历斯大德氏所谓政治动物，抑不仅为社会的动物而已，乃一在社会之中而后其个人乃能发展之动物也。"（Man is in the most literal sense of the word a good political, not only a social animal, but an animal which can develope into an individual only in society. ）马氏又曰："人性者，非徒各个人一身以内之抽象体也，按诸实际言之，乃社会条件之总和也。"（But humanity is not an abstraction dwelling in each individual in its utility it is the ensemble of the conditions of society. ）马氏本此宗旨以论历史，以论革命之成败，自然归宿于社会条件之具否，而个人之价值则下降矣。

窃以为以上各家之论国家性质，大抵因其各人之立场而异，其立场为个人，自然侧重于大人物说、机械说与强力说，其立场为团体，自然侧重于民族、社会、理性与夫生机说。霍氏之机械主义，归宿于力与夫专制君王，此即重视个人之明证也。德人之论国家，由同血统之公团进而为理性之公团，自然接近于生机体说，此即重视团体之明证也。吾人以为论国家之性质，不可但知有国家而忽个人，亦不可但知有个人而忽国家。何也？国家者，积个人而后成，个人虽入于国家中而受其统治，受其约束，然仍自有其心思，自有其行动，惟其然也，思想之推进，社会之改造，皆由个人起而任之，故虽有民族精神与社会条件之牵制，而其所以推进者，仍不离乎个人，此所谓不可但知有国家而忽个人也。反而言之，大政治家、大思想家之出现，必以国情，以社会条件为背景。惟有十九世纪初期德国之民族自觉运动，而后卑士麦乃能建统一之业，惟有法国大革命之空气，而后拿破仑之铁骑乃能纵横全欧，惟有哲学界上经验主义与理性主义为先驱，而后康德之批导主义乃能成立，惟有十九世纪工商业之发达与资本家之权威，而后马克斯之资本论乃以行世，此所谓不可但知个人而忽国家或社会也。吾人之立场，既异于以上各家，故其持论亦自不同矣。

　　吾人以国家与个人为同时并重之基点，由个人以察其所以分所以争，由国家以察见其所合所以和。自国家全体而言也，既有语言风俗之相同，又受制于同种思想，同种法律之下，自必有理性以贯注于其间。然历来所以昭示吾人者，曰宗教争议，曰王侯争夺篡弑，曰今日劳资对抗中之工潮，则社会上自有"反乎理性"者（Unreason）在，而所以制之者惟有强力，此理性与强力二说之当并存也。自其公且共者言之，语言、风俗制度等等，何一非经长期之演化而后成立，英有英宪乃生长而非造成（grown, not made）之谚，即此意也。然各国当其改革之际，何尝不由一二领袖，本其雷霆万钧之力，缩短社会进步之时日，如日本天皇之大政维新、大彼得之欧化俄国，与夫苏俄近年五年之计划，自皆出于少数人物之坚持，而霍布斯之械机主义①寓乎其中，则机械与生机，大人物与民族精神之二说之当并存也。且不观今日之欧美乎，因世界市况萧条之故，财政入不敷出，工商相继倒闭，工人尽流为失业，于是各国暂停宪政之常轨，而以大权授之政府领袖，使得为临时应急之处置，亦曰为应变计，不能不侧重于个人与强力，而决非团体说理性说之所得而解决也。如是，合政治之常与变言之，殆不能不以甲、乙、丙对立之学说，两利而俱存之。诸君其以为调和论、折衷论乎，为合于事与理计，不得不如是焉。

---

① 原文即为"械机主义"。

未完之国家哲学初稿（五）：国家之演化

国家之第一问题，即国家之何自而来，此数千年中，其经过如何，亦有进步之可言乎？吾人所以答此问题者，以为国家之演化，乃事实问题，故当求其证据于社会演化中，至于此演化之中，有无进步可言，有无意义可言，则国家哲学的事也。

古代关于国家起源论，有所谓神造说。《圣经》中之言曰："一切人应服从超世间之权力，除上帝权力外，无他权力，世间存在之权力，皆上帝所命者也。"（Let every soul be in subjection to the higher powers; for there is no power but of god; and the powers that be are ordained of god. ）此与《书经·秦誓》所云："天佑下民，作之君，作之师，惟其克相上帝，宠绥四方。"殆思想之同一方式者也。欧洲中世纪以神造论为定说，迄于十六十七世纪，变而为帝王神权说（Divine Right of the Kings），谓帝王之治权，由于神授者也，自英法革命后，而帝王神权论渐衰落矣。

近代国家起源论中最有力之学说，莫如社会契约论（Social Contract Theory）。彼等假想人类在国家未成之前，有一状态，名曰自然状态（State of Nature），此各家之所同也，以自然状态之不能永久，乃进而谋政治社会之组织，亦各家之所同也，然自然状态内究为何种情形，霍布斯曰："此为相争相杀之社会，与动物社会等。"陆克氏曰："自然状态中，所以支配之者，惟有自然法，各不应相犯，各不应相扰，惟其无公共执法之人，于是各人自居于法官而执行之。"卢骚氏曰："自然状态中，一切属于公众，凡非我所亲许者，不得谓我有负于人，其无用于我者，我乃认为属于他人。"（I owe nothing to those to whom I have promised nothing. I recognised as belonging to other; only what is not useful to me. ）此三家论自然状态之内容各异也。至其所以脱离自然状态以进于政治社会，三家之说，又复各异。霍氏曰：彼等以居于自然状态之不安，乃放弃其自然权利，以共戴一专制之君王。陆克曰：彼等之契约，应分为二，第一，为脱离自然状态以入于政治社会之契约，第二，此政治社会复兴王权者互结一契约,以规定治权之方式。卢骚氏曰:各人各以其所有奉诸团体,所谓团体,由全体人民自组织而为主权者,且委任其施政之官员,非若霍氏所谓专制君王也。此关于政府组织法三家之说各异也。十七十八世纪以降,欧洲学者根据其所共信理性说,以说明国家之成立,以图在政治上另开一新局面,而社会契约说乃应运而生,其表面上在研求国家之起源,而实为对于人民与治者之关系上之合理的说明而已。然则,吾人在今日而求真正之国家起源说,舍求之社会学家之言,无他法矣。

英儒霍勃花斯对国家之演进,分为三期:

甲期　以血属关系为本之结合(The Principle of Kinship)

乙期　以权力为本之结合(The Principle of Authority)

丙期　以公民权利义务为本之结合(The Principle of Citizenship)

(甲期)以血属关系为本之结合,美国社会学者吉定斯氏(Yiddings)亦名之曰种族的社会(Ethnic Societies),名虽二而义一。血属结合,细分之,可得三四种成分,合眷(Family)(注意,此为男女之交配,尚非现代所谓家,故以眷字别之)以成族(Clan)或属(Horde),由族与属进而为部落(Tribe),兹就此等名词而解释之。

人类之始,男女关系而已。在野蛮时代,所谓婚姻,所谓血统,大异于今日,有为内婚制者,本群之男以本群以内之女为妻,有为外婚制者,本群之男惟有娶外群之多[①]为妻,有为一夫而多妻者(Polygyng),有为一妻而女夫者(Polyandry),其血统有以女为标准,是为母系(Metronymic),有以男为标准,是为父系(Patronymic),其所谓眷者如是。合此二十三十之眷,以成一属。凡同代之男女,互称为兄弟姐妹;对于高一辈之女,皆称曰母;对于高一辈之男,皆称曰父;对于下一辈之男孩,皆称曰子;对于下一辈之女孩,皆称曰女。此所谓属。更自其血统方面观之,其以女为标准者,自第一代之母起算,包括其所生之女与孙女等等,至其子与孙之后辈则摈除之,是为母系的族

---

① 　根据上下文,此"多"字应为"女",疑似与下文"有为一妻而女夫者"中的"女"字位置排反。

（Metronymic Clan）；其以男为标准者，自第一代之父起算，包括其所生之子与孙等，至其女与孙女之后辈则摈除之，是为父系的族（Patronymic Clan），此时代之族与属，认所谓图腾（Totem）为其祖宗，族人共敬仰之，同族之人之身，各画一种图腾之象，以明其隶属于同一族。此所谓属与族，或因抵抗外敌，或因迁徙结队，更相互联合，以成部落（Tribe）或由部落而成所谓盟（Confederation）。其时之血统，由母系而归于父系，男子不必因其妻之故而出居于外族，其组织益坚定益巩固，而祭祖之制与父权之制因以垂诸永久，更益以军事的道德的训练以约束其内部，则酋长与可汗之制以生，是则由血属而将进于政治社会矣（Civil Society）。此时期之前半，殆所谓生番或尚不及生番，及其有所谓风俗与禁忌（Taboo），即后日之法律也，又有长老之指导，即后日会议制与君主制之政府也，如是胎形的国家（Embryonic State）已寓乎其中。

（乙期）团体之以系统以婚姻为基础者，施诸小组织可焉，及其所居之区域既广，或进而与其他部落战争，则必有统帅之主将，立于万人之上，而御之以无限之威权，于是部落时代之合议制废，而"首出庶物"之君王生矣。社会学者言非洲野蛮部落中之酋长，已有操生死人民予夺财产之大权者，不必定至农业时代人民土着而后然焉。因战争之关系，外族之被虏者，驱使之若奴隶，委之以耕作与其他贱役，其社会中乃有各种阶级之发生，或为主人，或为奴隶，其稍愈于奴隶者，则为农奴（Serf），而印度卡斯德（Cast System）之制，殆亦以此种原因而发生者也。此时代中由"巫"之降魔术进而为宗教，凡祈天祷雨之事，亦以属之君主，所以使君主神圣化焉。外族之被战胜者日多，血属关系益减少而领土益扩张，对于内外之臣属者，封之为公侯伯子男，所以羁縻①之，且以直接不能行使之权委之代行，于是有封建制度，吾国古代所谓禹会诸侯于涂山，执玉帛者万国，文王观兵于盟津，诸侯不期而会者八百，殆皆攻取之力招之使来者也。然为君主者势不能徒恃强力，而无仁民爱物之方，《书》有"天视自吾民视，天听自吾民听"之训，所以明君主之位，

---

① 原文中是"糜"。

虽出于天佑,然不能不为人民幸福计焉。专制君主之地位,始之本于强力者,乃转而为伦理化,霍勃花斯氏尝论中国君主之地位,深窥吾国国情,录其言如下:"中国之君主,表面为绝对的专制主义,而所以治理之者,不背乎伦理原则。帝王之责任,常为古代道德学者讨论之问题,彼等主张政府之中,应设御史台以规谏君主之过失。"

所谓权力之结合,与君主专制时代相当,所以统一全国者,由乡村而郡县,由郡县而中央;其结合一群而实内外之界也,以语言、风格、文化为标帜,即吾国所谓内诸夏而外夷狄之类,至于昔日之血属关系,仅有父权男系之制,尚存于家庭中耳。其所谓法令,为治者对于被治者之命令,为上对下之命令,与前期之以风俗为本者异,与后期之以民意为本者亦异焉。

(丙期)血属之结合,但知有同血属之分子,权力之结合,但知有所隶属之臣民,逮乎民族国家民主政体发生,而其统治关系又复一变,政府则国人之公仆也,法律与政策,则人民意志也,人民对于政府有监督之权利,同时有其所负担之义务,人民本其所享之权利,得对抗他人,同时亦得根据法律控告国家官吏之过失,质而言之,政府之成立,赖乎人民之同意,国家之统治,以法律为基础而已。试思十九世纪以来欧洲之民主国或君主立宪国,政府受人民代表之监督,遇有政策问题,则举行大选举以征人民之同意,其举措有失当,则人民代表得而易置之,盖法律之构成与政策之施行,绝不似前期中自上而下之命令式矣。全国之中,以一切国民之发展为目标,以期内达于平等,外与他国相抗衡,政府既对人民之教养,竭力促进,又在宪法上规定人民言论、出版、结社之自由权,所以图各人人格之实现,而谋国家全体之发达。霍勃花斯有言曰:"个人之权利,决无有与全国体之安宁相背,而尚得成为权利者,亦决无有加害于全社会,而尚得成为权利者,于以知个人权利之存在,即其全社会之公善上所认为正当者。"

此言乎个人权利与国家公善之不相冲突也。其为团体与分子谋者,如是其周且至,前此历史中所未曾见焉。兹举霍勃花斯氏关于三期演进之简明表如下:

（甲）血属结合中，有族、属与部落，细分为两类：

　（一）母系的族。

　（二）父系的族。

（乙）权力结合，即专制政治，细分为三类：

　（一）个人专制——有为军权专制，有为官僚专制。

　（二）封建的君主。

　（三）兼并数国之大帝国。

（丙）公民权利义务之结合，以公善与个人权利为目标，细分为二类：

　（一）希腊之市府国家。

　（二）近代之民族国家。

　自上表观之，更自人类他方之生活以比较之，不能不谓人类生活为进步概念（Idea of Progress）所支配矣。人类之始，由食人主义（Cannibalism），进而为渔猎部落，由渔猎部落进而为土著之农国，更进而为商国工国，其生计生活之进步显然矣。自其婚姻制度言之，由团体婚姻进而为个人婚姻，个人婚姻复分掠夺（Capture）、买卖（Exchange）与同意（Consent）诸阶段，则婚姻制之进步显然矣。合生计、婚制与夫政治言之，人类历史之中，有一原则以支配之，则进步是矣，自由是矣。

　法之丢尔哥（Turgot）曰：人类之进步，即人类性质全部之进化与向上，如智慧之开明，情感之扩大与纯洁，与其世间生活之改良，简而言之，真理、德性、自由与幸福四者之善及于各阶级是矣。黑格尔氏尝谓宇宙之目的，即为精神之发动，以求自由之实现（The final cause of the world is the realization of its own freedom by spirit），彼推此原则以适用东西之政制，谓东方为一人之自由（The oriental world knows only that one is free），谓希腊罗马为少数人之自由（The Greeks and Romans recognize some as free），独日耳曼民族认识全体人自由之义（The German nations have attained the knowledge that all are free），黑氏标自由之义，而以一人、少数人与全体人为区分三方之法，其是非当否，暂不置论，而自初民以迄今日之民主政治，其为自由之意典（Idea of Freedom）所支配，殆无可疑焉。

　　或者曰,依霍勃花斯之说,谓希腊之政治与今日之民主国家,立于同一水平,以时隔二千余年之久,而十九世纪之欧洲,不过返乎希腊之旧,有何进步可言乎? 应之曰:世间事情,至繁复矣,种族至不一矣,往往甲族已经进于高度之文化,而乙族之野蛮者从而阻挠之,如罗马之受制于日耳曼种,吾国受制于辽、金、元是矣,亦有以世界一时之变故,如近年商业萧条之情况,而各国中除少数国家外,竟毁其民主之常轨,而返于专制与独裁,此则政治上进步之曲折线(A Zigzag Line),不可不知者也。全人类之生命至长,个人之生命至短,于数十年之短日月中,但见甲起乙伏,甲族兴乙族衰,安有进化之阶段可言哉,故求人类演进之迹象者,当放眼以观初民以至今日之变迁而已。

书　评

"古典法学"如何思考现代

——黄涛《法哲学与共同生活——走向古典法学》读后

杨洪斌 *

一、个人主义、自由主义与共同体问题

在新出版的论文集《法哲学与共同生活——走向古典法学》(北京大学出版社,2020 年 6 月版)中,黄涛博士延续了他此前对共同体和共同生活的关注。在他看来,现代法政文明"以个体性为核心","现代政治生活的起点是孤独的个人",但建立在利益基础上的个人权利并不足以支撑起现代人的美好生活,"(只)追求利益的原子式个体"也无法成为现代社会的根基。因此,"个体的生命最终必(须)走向……一个人与人相互承认和尊重的共同体"——这个共同体意味着"一种共同生活的感觉或意志",它是"一切规范生活的支撑"(自序,第 14—17 页)。

对共同体和共同生活的呼唤,传递出的显然是"一种反个人主义的立场"(吴彦序,第 5 页),或者更准确地说,是对"原子式个体"的反省和批判。这里有一个陷阱需要留意,即把个人主义直接等同于所谓的"原子式个体"。实际上,越是在专制国家——也就是说,越不尊重个人、个人越没尊

＊ 杨洪斌,郑州大学法学院讲师。

严的国家——个人越是容易走向原子化。比如我国秦代规定的"民有二男以上不分异者,倍其赋",再如汉代法律中规定的群饮酒罪,如此等等,无疑都是为了防止人民任何形式的联合,从而杜绝对专制政权可能构成的任何威胁。用梁启超的话说:"我国万事不进步,独防民之术乃突过于先进国。"这样的防民之术,两千年日积月累下来,产生了惊人的效果。正如近代以来的"国民性批判"所展示的那样,国人变得极度自私、冷漠,毫无共情能力,各自为战,陷入了彻底的孤立,诚可谓标标准准的"原子式个体"。相比之下,现代自由民主国家的公民反倒并不原子化。托克维尔固然提醒人们注意"原子式个体"可能对自由造成的威胁,但他在美国看到的却是一幅完全相反的图景——由于公民享有结社自由,因此美国的社团极度发达,人们镶嵌在各式各样的社团网络之中,生活红火热闹、丰富多彩,并不存在任何原子化的问题。

基于上述比较,我们可以说,没有真正的个人,便不会有真正的共同体。正如黄裕生教授在给作者的另一本著作所作的序言中指出的:"从根本上说,共同体是由承担着普遍的自由精神的个体展开、实现出来的,没有这种自由的个体,就不可能产生出共同体,简单说,唯有自由存在者才能'生活出'共同体。同时,只要是自由的存在者,他就必然要开显出共同体,因为自由存在者因能相互敞开、相互理解而必然进入相互性的关系,而这种相互性关系是一切共同体的基础。"①质言之,个人主义不等于唯我主义,也并不必然导致"原子式个体",健全的个人主义是完全可以和共同体以及共同生活并行不悖的。

由于个人主义是现代自由主义政治传统的根本要素之一(吴彦序,第6页),因此对个人主义的反思,顺理成章地就引出了对自由主义的反思。本书对自由主义的批评,主要调用了刘小枫和施特劳斯学派的理论资源。施派的自由主义批判的核心在于对自由主义的"相对主义"性质的批评,其代表便是施特劳斯对伯林的批评。在《走向古典世界——重读〈刺猬的温

---

① 黄裕生:《德国哲学论证自由的三个向度》,载《陕西师范大学学报》2020 年第 1 期。

顺〉》一文中,作者也延续了这种进路。不过,伯林的自由主义是否可以等同于相对主义,中外学界一向都是很有争议的,比如马华灵博士就曾有专文指出,伯林的多元主义既不是相对主义,也不是绝对主义,而是普遍主义,因此施特劳斯的批评不能成立。[①] 类似的"反批评"是需要作者加以回应的。

当然,黄涛博士并没有彻底否定现代个人主义和自由主义,而是强调要给它们添上一个共同体和共同生活的维度,强调理性、利益之外/背后的情感、意志和爱欲,因为"稳定且美好的共同体生活不能仅仅建立在利益基础上。……除非我们认信某种东西,否则一种具有特定品质的、稳固的制度是无法建立起来的,即便曾经被建立,也无法得到持久的维护"(自序,第12、16页)。在一个权利爆炸的时代,一个人人口中都是"我……我……我……"的时代,这样的提醒当然是很有必要的。只知追求利益/私利的人群,结果势必要陷入集体行动的困境,是根本不可能建立起真正的政治共同体(body politic)亦即自由的共和国的。张千帆教授亦曾指出,"权利话语听起来软塌塌的",因为其中带有强烈的经济理性色彩,极易变成自私自利、一盘散沙;相比之下,"尊严"一词则突出了一种道德义务感,因此是一个比"权利"更有战斗力的概念。[②]

但是,这里又有两点需要注意。一者,由于我国传统思想中一向鄙视"言利",再加上新中国曾经狠斗私利,因此在我国的文化和社会背景下,追求利益、私利一向都承受着巨大的道德压力,直到改革开放以后——尤其是1990年代市场化改革以来——才有所改变。就此而言,目前我们似乎应该继续大力地鼓励,而非批判人们追求私利。二者,所谓"权利"也绝不只是利益,它还有着更丰富的意涵——用作者的话说,它确实是带有"理想情怀"的(第5页)。即便是利益法学的开创者耶林,在讲到权利/法权时,也

---

① 马华灵:《多元主义与相对主义:伯林与施特劳斯的思想争论》,载《学术月刊》2014年第2期;《普遍主义与绝对主义:伯林与施特劳斯的思想纷争》,载《学术月刊》2017年第8期。

② 《张千帆 身体力行的宪法人》,https://site.douban.com/186149/widget/notes/11249410/note/253654629/。

并没有把它简化为纯粹的私利,而是着力强调其中所包含着的深沉的法感情以及所体现出的现代自由人格。① 正如托克维尔所说:"总的来说,没有任何东西能够比权利的思想更能使人的精神得到升华和维护。权利的思想中存有一种伟大而雄壮之物,它可以抹去任何请求中的哀怜乞求之状。"②

　　此外,在反思个人主义和自由主义时,我们还需牢记我国近现代史上的一个十分吊诡的现象和逻辑。我们知道,"个人主义"主要有两个层面,一个针对大共同体,一个针对小共同体。针对大共同体(亦即国家)的个人主义意味着每个人都是自己的主权者,其人身、人格不受侵犯,具体则表现为现代法政领域的一系列制度设施对个人自由的保障、对国家权力的控制;针对小共同体的个人主义则主要表现为个人的独立和自主,尤其表现为对宗法血缘共同体以及其他小共同体的摆脱。因此,自近代以来,国人在争取个人自由的斗争中,其实是双线同时"作战"的———一方面要摆脱大共同体的束缚,即自秦代以来的大一统君主专制,确立现代的有限政府和自由民主制;另一方面又要打破小共同体,即所谓冲决罗网、砸碎封建礼教对个人的束缚。但问题在于,在我国的近代化转型过程中,由于救亡的巨大压力,因此在很大程度上,国家需要的是集权、扩权,而不是限权;国家要求个人要有组织、有纪律、整齐划一,而不能自由散漫、自主多样。于是就出现了一个十分吊诡的结果,即当新文化运动和"五四"青年们"打倒孔家店",把个人从封建礼教/小共同体中解放出来之后,个人很快就蜕变成了原子式个体,并迅速被大共同体收编。③ 因此,无论就上述两个层面的哪一个来说,国人的个人主义和自由主义一直都是很不够的,而从不存在过量的问题。我们仍然要警惕封建沉渣泛起(比如父权、夫权、师长权的复兴),仍然要继续推进现代化转型中尚未完成的"控制国家"的历史任务。

----

① 参见鲁道夫·冯·耶林:《为权利而斗争》,郑永流译,法律出版社 2007 年版。
② 姜峰:《立宪主义与政治民主:宪法前沿十二讲》,华中科技大学出版社 2013 年版,第 158 页。
③ 秦晖:《反法之儒:近代中国学习西方的原动力》,http://www.aisixiang.com/data/ 22596.html。关于此一问题的分析,另见秦晖:《"大共同体本位"与传统中国社会——兼论中国走向公民社会之路》,载秦晖:《传统十论》,复旦大学出版社 2003 年版。

二、古典法学与"古今、中西之变"

（一）情感、爱欲与现代法律

个人自由是现代性的核心要素，权利意识是现代人的独有特征。黄涛博士对此并无异议。他感到忧心的是原子式个体的那种挥之不去的孤独感，是个人和法律、制度的疏离。有鉴于此，对于法律和道德的关系问题，法律实证主义的"分离命题"就不能令人满意了。作者指出，"现代法学若不凭靠着一种道德，就无法稳固地建立起来"。基于理性、由规范构成的现代法律世界需要和公民的内在生命（道德、情感、意志和爱欲）建立联系、发生化学反应，不然就只是死的教条，只会导致"规范的世界（变）成一个外在于我们的，甚至对于我们来说是纯粹强制的异化的世界"（自序，第11、15页）。

在《爱欲与法治——评〈我不是潘金莲〉》一文中，作者以小说《我不是潘金莲》为例，详细地展示和分析了法律和人民的生活世界相撕裂所造成的困境。和《秋菊打官司》中的秋菊不同，在李雪莲的上访故事中，法律和制度是缺位的，有的只是"一群热衷于利益算计和追逐的人"。李雪莲打官司、上访的目的是找回失去的信任——夫妻之间的信任、官员与公民之间的信任、朋友之间的信任等等。然而，在小说中的那个（至少作者认为）显然已经异化了的世界里，人与人之间、公民与政府之间是毫无信任可言的，而且"现代的法治（也）无法给她提供这种信任"。于是，"法制被人的欲望所吞噬，对于正义的寻求结果成了各方的交易"，"李雪莲整个上访过程就是被各方的利益算计推动向前的"，"上访成了一群人满足自身利益的工具"（第254—256页）。

现代法治之所以严格区分法律和道德，不介入人们的道德和情感世界，是有着深刻的理由的。因为只有把芜杂多样的细节去除掉，把有血有肉的人抽象为统一的"法律主体"，并完全只基于"合法/非法"的二元区分而运转,现代法治才能够发挥它指引人们的行为、稳定行为预期的功能。[1] 作者当然对此知之甚明。但他又忍不住对李雪莲的遭遇抱有极大的同情。通过对李雪莲的上访故事的重述,他为我们呈现出了一个受人欺骗和侮辱、被法律拒绝的女性形象以及一个扭曲、异化了的上访和维稳体制。由此,他试图提醒我们的是,制度是受制于人性和人的情感的,"如果人与人之间缺乏信任,制度生活就无法成为可能"(自序,第 15 页)。这样的提醒是值得我们深思的。须知,共同体本身就意味着"信任的制度化",法律和制度的职能就是要增加人们彼此之间的相互信任;而如果法律和制度不但没有加强信任,反倒使人和人之间失去了原有的信任,互相戒惧,甚至人对人就像是狼一样的话,那共同体也就不复存在了。[2] 因此,作者强调,法学研究应当扩大其视野,不能只研究规则和制度,还要"关注人的情感生活,关注人对于美好生活的期待",注意法律和人情、道德之间关系的复杂性;必须把"规范背后的世界"纳入观察和研究的范围,着力探究"我们何以会进入一个法律规范的世界,或者说一个法律规范的世界究竟需要有怎样的品质"等问题(第 11 页)。而这就进入所谓的"古典法学"的研究范围了(详下)。

关于孤独,还可以补充说明如下。孤独是现代人的宿命。在作者看来,这是现代人的大不幸;但换个角度来说,这又何尝不是现代人的大幸呢?被"抛入"这个世界的现代人的所谓孤独,意味着他首先"是一个独立个体,(是一个)利益主体,同时还必然是一个权利单元。除此之外,作为一个意思自治单位,(他还)是纯粹理性主体,也一定是道德实践主体"[3]。换句话说,现代人没了主人,自己成了自己的主人。主人不同于奴才,他要运用其自由意志,要不时做出艰难的抉择并独立承担责任。正是因为现代人没了依靠,只能自己靠自己,自己给自己做主,因此现代的自由主义个体理论乃

---

[1] 陆宇峰:《现代法治的"为"与"不为"——从"李雪莲"的两项诉求说起》,载《浙江社会科学》2017 年第 7 期。

[2] 参见塞缪尔·P. 亨廷顿:《变化社会中的政治秩序》,王冠华等译,生活·读书·新知三联书店 1989 年版,第 26 页。

[3] 许章润:《什么是"人民"》,载许章润:《政体和文明》,法律出版社 2015 年版。

是"一种强者的伦理学",它"将人还原为无所依傍的个人,要求以自家充分刚健的独立门户来面对漫漫人生。(必须)在此个体位格的预设和预期中,'收拾精神,自作主张'"①。可以说,现代人的幸与不幸均在于此。

在现代社会,未经启蒙的人由于不能大胆运用自己的理性,承受不起自由意志和选择的重负,因此处于一种不成熟状态,时常感到无所适从,正如刚刚获得自由的奴隶可能无法恰当运用其自由一样。而要想摆脱这种疏离和无所适从之感,那就必须通过自我教育和自我启蒙,告别自己加之于自己的不成熟状态,成为真正独立、自主的个体,进而通过和他人组成共同体来颠覆天生的孤独状态。正因为此,奴才不可能是真正的现代人,因为他们无法理解独立、自主、平等的个人,他们渴望主人,或者渴望成为主人。无论是不能自作主张的奴才,还是总想替他人作主张的人,都不可能建立真正的共同体,他们是现代共和国的敌人。

(二) 古今、中西之变

无论是对个人主义和自由主义的反思,还是对现代人生存处境的忧虑以及对实证主义法学的"分离命题"的批评,大体上说都属于"现代性批判"的范畴。而对现代性的反思,自然地就把作者的目光引向了"现代"诞生的时刻,即所谓的"早期现代"。按照高全喜教授的说法,早期现代的学术和思想主要解决了两个核心问题——它们同时也就是通常所谓的"古今之变"的主题,即"建国"(打造一个立宪的现代民族国家)和"新民"(现代人和现代公民的诞生)。这样的问题意识显然超越了实证主义法学兴起以来的狭义法学研究(即近年来所谓的"法教义学"),而与政治哲学、道德哲学紧密相关,大体可归入法哲学的范畴,作者则称之为"古典法学"。

从逻辑上说,古典法学乃是一种前置于实证主义法学的法学,是"立法者的法学"而不是"法学家的法学",它"可以通过展示共同体生活中的那些美好的部分而成为一种塑造秩序的力量,弥补规范生活的不足"(第314

---

① 许章润:《什么是"人民"》,载许章润:《政体和文明》,法律出版社2015年版。

页）。和它相对的则是"晚近一两百年由各种实证主义、相对主义思潮所促生的那种注重'技术''丧失目的之思考'的法学"（吴彦序，第7页）。而且，按照作者的说法，古典法学关注的时间范围甚至还不限于早期现代——古希腊、古罗马、中世纪、中世纪晚期的法政思想（甚至文学、哲学、宗教作品），都可以成为古典法学的研究对象，都可以拿来为我所用，只要它有助于我们思考现代人的命运，有助于探究现代世界的法律规则"背后的精神世界的原理"，有助于我们想象"适合于人类的法律世界究竟可能是怎样的形态"，有助于"看清楚为什么选择一种以法律为中心的共同体生活，看清这种以法律为中心的共同体生活有何种内在品质，在法律秩序下的人们有何种爱欲"（第12—13页）。由于我国目前仍处于现代化转型亦即"古今之变"当中，因此我们面临的许多问题和西方国家当前面临的问题很不一样，反倒是和早期现代的西方所面临的问题有更多的同构性。从这个角度来说，"古典法学"的问题意识显然和我国当下有着十分重大的相关性。本书上编的四篇论文和下编中的《爱欲与法治——评〈我不是潘金莲〉》《走向古典世界——重读〈刺猬的温顺〉》两文即聚焦于此，也是全书最精彩的地方。

　　值得一提的是，我国的现代化之路之所以尤其艰难复杂，是因为除了"古今之变"之外，另外还面临着一个"中西之变"的维度。简言之，由于中国巨大的体量和规模，一种主体性焦虑始终伴随着中国的现代化过程，即中国作为一个文明体，其独特性何在，中国的传统如何能够通过一种创造性转化而保持其生命力。当黄涛博士说道，"在熟悉了马基雅维里到康德以来有关共同体的哲学思考之后，我有一种强烈地想要一窥属于中国人自身共同体的愿望，想要书写和勾勒古典中国对共同体的感觉"（自序，第11页），其中透露出的便是上述焦虑感。中编的几篇论文在这方面做出了初步的尝试，但是看起来进展并不顺利——无论是对"养士"的分析，还是对《韩非子》的细读，在现代读者看来，想必都会感到一种巨大的隔阂。自周秦之变以来，在"儒表法里"的机制下，古代中国的政治和政治文化本质上等于皇帝（主）和臣子（奴）以及臣子（奴）和臣子（奴）之间互相揣摩、算计的一种心理"游戏"，一种勾心斗角的权谋术和厚黑学——这在中编的几篇文章中也有所反映——这样的政治和政治文化完全丧失了"公共性",和现代的自由民主政治有天壤之别。因此,作者试图调用传统中国的资源来服务于现代中国的政治共同体之构建,自然也就会感到困难重重了。

对于这个问题,笔者认为,"中西之争"是(而且也应该是)附着于"古今之争"的,因此学者能做的最多不过是依托于现代的自由民主的框架,尽量在中西之间架起桥梁,把西方的理论资源和中国传统思想中的一些有活力的因子相嫁接,从而使得传统资源成为现代化转型的助力而非障碍。借用李泽厚先生的术语来说,这大概也可算是"西体中用"吧。至于焦虑则大可不必。窃以为,许多人的焦虑都是为了焦虑而焦虑,可谓杞人忧天。如果因为主体性焦虑而走向了反现代性的极端保守主义(近年来国内出现的原教旨主义儒教即是如此),那就更是本末倒置了。这种焦虑,说到底,恐怕还是传统士人"作之君、作之师"的自我期许在作怪。知识分子应该克制自己教化万民的"情怀"。毕竟,无论是古代中国的教化传统所造成的"吃人礼教",还是法国大革命以来以"自由"之名(或者别的什么名义)对他人的强迫,人类已经见证了太多悲剧和惨剧。每个人都是自己利益的最佳判断者,不劳他人来教化。无论是接受了个人主义、自由主义,还是信仰了共产主义或者皈依了基督教,中国人始终还是中国人。

三、 "古典法学"之有用与无用

需要注意的是,"古典法学"强调对早期现代的"建国""新民"以及情感、爱欲和共同体等问题的研究,但这并不意味着它就比"技术性"的法学研究更重要或者更有价值。法学研究和法学教育的重点当然应该是技术性的法条研究,亦即近年来所谓的法教义学——这里所谓"技术性",并无任何贬低的意思,因为现代法律在极大程度上不过是一套治理技术罢了。法学乃是一个职业,法科学生必须能够凭着所接受的法学教育为他人提供专业服务,如果整日流连沉迷于永恒、正义、洞穴、爱欲等等,恐怕生存要出问题。人要逐利,法学要应用,因此古典法学和经典研读无人问津是正常的。

社会并不需要那么多人来研究古典法学,正如社会并不需要那么多人来研究哲学,不需要那么多诗人一样。

然而由于古典法学毕竟仍属于"法政学科",而法政学科的性质本身又往往使得它被期待对现实发挥积极影响,于是古典法学遂产生"有用/无用"的焦虑感。其实大可不必。文学并不焦虑自己是否有用,电影也不焦虑,音乐也不焦虑。如小说《斯通纳》中所说,大学乃是一个避难所,养着这么一批"无用之人"。在古代世界,这些"无用之人"(比如苏格拉底)在社会上是没有立足之地的,但现代的大学为他们提供了一个立身之所。说到底,虽然没有直接的效用,但终究还是要有这么一些"无用之人",来思考那些宏大、深邃、永恒但却无用的问题,因为人终究还是得审视、反思自己的生活。

关于法哲学的无用,近年来法理学界其实已经达成了一定的共识。如学者所说:"法哲学不探究已不再具有理论探讨价值的现实问题——这是掌权者的任务,它要求的素质是审慎性与决断力。法哲学只探究那些还没有被解决的理论问题;让法哲学家去说明自己的哲学的现实意义,本来就是错误的;他只应被要求说明自己的哲学的理论意义;一旦它的理论意义已被说明,它的现实意义也就不说自明。"[1]本书作者也表达了与此类似的意思:"理论生活应该保持与现实生活的距离,甚至保持一种与现实生活敌对和不合作的态度,这是唯一一个走向世俗世界却还能确保人类精神生活尊严的生活方式。"(第5页)

当然换个角度来说,古典法学倒也未必全无用处。比如以下这些观察和论断,都是可以归入古典法学的研究范围的,但谁能说它们没有"用"呢?而且岂止是有用,说它们有移山倒海、颠倒乾坤之力也毫不为过。请看:

> 那些为了安全而放弃自由的人,将会既得不到安全也得不到自由——而且也不配得到。(富兰克林语)

---

[1]　翟小波:《无用之大用:法哲学的性质与用途》,载《中国法律评论》2018年第3期。

谁在自由中寻求自由本身以外的其他东西,谁就只配受奴役。(托克维尔语)

权力导致腐败,绝对权力导致绝对腐败。(阿克顿语)

稿约和体例

宗旨

《法哲学与政治哲学评论》（以下简称《评论》）以纯粹的学术为根本。旨在译介西方经验、反思自我处境、重提价值问题。以开放和包容，促进汉语学界有关法哲学和政治哲学的讨论和研究。

投稿方式

一、《评论》采双向匿名审查制度，全部来稿均经初审及复审程序，审查结果将适时通知作者。

二、本刊辟"主题""研讨评论""经典文存""书评"等栏目。"主题"部分欢迎以专题形式投稿，有意应征者准备计划书（一页）以电子邮件寄交《评论》编辑部，计划书包含如下内容：

（一）专题名称（以中外法哲学和政治哲学论题为主题，此主题应具有开放出问题且引发思考之可能性）。

（二）专题构想（简短说明专题所包含的具体研究方向，说明本专题的学术意义或价值）。

（三）预备撰写论文人选与题目。提出4—5篇专题论文撰写者与论文（或译文）题目清单，另附加1—2篇专题书评之清单。

（四）预备投稿时间（本专题计划书经审查通过后，应能于半年内完成）。

三、凡在《评论》刊发之文章，其版权均属《评论》编辑委员会，基于任何形式与媒介的转载、翻译、结集出版均须事先取得《评论》编辑委员会的专门许可。

四、稿件一经刊登,即致薄酬。

五、来稿请提供电子档,电子邮件请寄交至下述地址:shenyanw@163.com。

体例

一、正文体例

(一)文稿请按题目、作者、正文、参考书目之次序撰写。节次或内容编号请按"一""二"……之顺序排列。

(二)正文每段第一行空两格。独立引文左缩进两格,以不同字体标志,上下各空一行,不必另加引号。

(三)请避免使用特殊字体、编辑方式或个人格式。

二、注释体例

(一)文章采用脚注,每页重新编号;编号序号依次为:①,②,③……

(二)统一基本规格(包括标点符号)

主要责任者(两人以上用顿号隔开;以下译者、校订者同)(编或主编):《文献名称》,译者,校订者,出版社与出版年,第×页。

(三)注释例

1. 著作类

邓正来:《规则·秩序·无知:关于哈耶克自由主义的研究》,生活·读书·新知三联书店 2004 年版,第 371 页。

康德:《实践理性批判》,邓晓芒译,杨祖陶校,人民出版社 2003 年版,第 89—90 页。

2. 论文类

邓晓芒:《康德论道德与法的关系》,《江苏社会科学》2009 年第 7 期。

3. 报纸类

沈宗灵:《评"法律全球化"理论》,载《人民日报》,1999 年 12 月 11 日第 6 版。

4. 文集和选集类

康德:《论通常的说法:这在理论上可能是正确的,但在实际上是行不通的》,载康德:《历史理性批判文集》,何兆武译,商务印书馆 1990 年版,第 202—203 页。

5. 英文类

(1) 英文著作

John Rawls, *A Theory of Justice*, Cambridge, M. A.: Harvard University Press, 1971, pp. 13 – 15.

(2) 文集中的论文

Niklas Luhmann, "Quod Omnes Tangit: Remarks on Jürgen Habermas's Legal Theory", trans. Mike Robert Horenstein, in *Habermas on Law and Democracy: Critical Exchanges*, Michael Rosenfeld and Andrew Arato (eds.), California: University of California Press, 1998, pp. 157 – 172.

(四) 其他文种

从该文种注释体例或习惯。

(五) 其他说明

1. 非引用原文,注释前加"参见"(英文为"See");如同时参见其他著述,则再加"又参见"。

2. 引用资料非原始出处,注明"转引自"。

3. 翻译作品注释规范保留原文体例。

著作权使用声明

本刊已许可中国知网等网络知识服务平台以数字化方式复制、汇编、发行、信息网络传播本刊全文。所有署名作者向本刊提交文章发表之行为视为同意上述声明。如有异议,请在投稿时说明,本刊将按作者说明处理。

图书在版编目（CIP）数据

魏玛国家学 / 吴彦主编 . —北京：商务印书馆，
2021
（法哲学与政治哲学评论 . 第 6 辑）
ISBN 978-7-100-19832-5

Ⅰ . ①魏… Ⅱ . ①吴… Ⅲ . ①法学－文集 Ⅳ .
① D90-53

中国版本图书馆 CIP 数据核字（2021）第 064604 号

本书得到同济大学
"中央高校基本科研业务费专项资金"资助

权利保留，侵权必究。

法哲学与政治哲学评论（第 6 辑）
魏玛国家学
吴 彦 主编

商 务 印 书 馆 出 版
（北京王府井大街 36 号　邮政编码 100710）
商 务 印 书 馆 发 行
江苏凤凰数码印务有限公司印刷
ISBN 978-7-100-19832-5

2021 年 6 月第 1 版　　　开本 787×960 1/16
2021 年 6 月第 1 次印刷　　印张 30½
定价：148.00 元